지은이 **크리스 예**Chris Yeh

하이테크 █████████████████████████████████ 업가. 스탠퍼드대학교
에서 상위 ████████████████████████ 공학 학사 학위를 받았고,
하버드 비즈████ ██ 상위 5%에 드는 성적으로 MBA를 취득한 수
재다. 창의성과 경영 능력까지 뛰어난 그는 이제 막 사업을 시작하는 초
기 단계의 스타트업을 지원하는 와사비 벤처스(Wasabi Ventures)를 창업,
지금까지 100개가 넘는 하이테크 스타트업에 조언과 투자를 아끼지 않았
다. 지은 책으로는 《얼라이언스》가 있으며, 〈뉴욕타임스〉 베스트셀러에
올랐다.

BLITZ-SCALING

블리츠스케일링
BLITZ-SCALING

단숨에, 거침없이 시장을 제패한 거대 기업들의 비밀

리드 호프먼·크리스 예 지음
이영래 옮김

다가올 기회는
대단히 좁고 빨리 닫힌다

_빌 게이츠

나는 오랫동안 리드 호프먼을 알고 지냈다. 그와의 우정은 호프먼이 파트너로 있는 벤처 캐피털 회사 그레이록 파트너스(Greylock Partners)에 방문하기 위해 실리콘밸리를 가면서 시작되었다. 덕분에 그들이 투자하고 있는 회사들에 대해서도 알게 되었다. 나는 그의 날카로운 통찰력과 뛰어난 사업 감각에 깊은 인상을 받았다. 호프먼은 사람들과 대화하느라 밤늦게까지 저녁식사를 하는 것으로 유명한데, 나 역시 기술 업계에 대해 논의하고, 인공지능의 전망에 대해 분석하느라 그와 자주 저녁을 함께했다. 그중 마이크로소프트 CEO 사티아 나델라(Satya nadella)가 링크드인을 인수하겠다고 이야기를 꺼냈을 때, 굉장히 잘한 일이라고 생각했다.

호프먼과 논의한 많은 주제 중에 가장 시사하는 바가 큰 것은 단연 '블리츠스케일링'이었다. 그와 크리스 예가 이 책에서 설명했듯이 블리츠스케일링은 다양한 업계에 적용되는 아이디어다. (불확실한 상황에 직면해서도) 신중함보다 속도를 우선하는 것은 비즈니스 모델이 많은 참여자를 필요로 하고 그들의 반응에 의해 좌우될 때 특히 중요하다. 경쟁자들과 달리 일찍 규모를 키우고 반응을 얻기 시작했다면, 성공의 길에 들어선 것과 마찬가지일 정도다. 특히 대부분의 사업은 규모가 아주 중요한데, 이때 빠르게 규모를 키운다면 경쟁자와 큰 차이를 만들 수 있다.

　두 사용자 그룹이 서로에게 긍정적인 네트워크 효과를 일으키는 양면적 비즈니스 모델이라면 더 그렇다. 예를 들어 비즈니스·구직 네트워크로 유명한 링크드인은 일자리를 구하는 사람들은 물론 그들을 채용하고자 하는 고용주들을 끌어들이려고 한다. 에어비앤비는 숙박할 만한 곳을 찾는 손님들은 물론 대여할 공간을 가진 호스트들을 원한다. 우버는 운전기사는 물론 승객을 끌어들이고자 한다. 판매용 운영체제를 가진 소프트웨어 기업은 애플리케이션 개발자는 물론 이것을 사용할 고객도 원한다. 마이크로소프트는 블리츠스케일링 단계를 거쳤다(당시 우리는 그것을 블리츠케일링이라고 부르지 않았지만). 우리는 빠르게 학습곡선(learning curve)을 올렸고 만만치 않은 기업이라는 평판을 구축했다. 또한 열심히 일하면서 빨리 일을 처리하는 강력한 문화를 가지고 있다.

블리츠스케일링을 뒷받침하는 아이디어들은 단지 스타트업과 스케일업을 위한 것만이 아니다. 그런 아이디어들은 이미 자리를 잡은 대기업에도 중요하다. 행동이 필요한 기회의 창은 대단히 좁고 빨리 닫힌다. 단 몇 개월만 망설여도 도망가는 자와 쫓는 자의 격차가 벌어질 수 있다. 호프먼과 예의 아이디어들은 그 어떤 것보다 현실적이다. 수십 년 전에는 실현 불가능했던 방식이었지만 이제는 빠르게 성장하는 일이 가능하기 때문이다. 지금의 생태계에는 급속한 성장을 지원하는 아웃소싱 기업과 서비스 제공자들이 넘쳐난다. 많은 기업이 제 나름대로 커다란 성장을 추진해오면서 배울 수 있는 사례도 많다. 끊임없는 데이터의 흐름을 통해 사용자의 피드백이 제공된다. 제품 사이클은 몇 해에서 몇 주, 며칠

단위로 짧아졌다. 제품 사용 후기들이 온라인을 통해 즉각 전파되기 때문에 우수한 제품은 빠르게 그리고 엄청난 규모의 고객을 끌어들일 수 있다.

　이 책에서 탐색하는 사례와 방법론은 그 어느 때보다 적절하다. 지금 이 책을 읽기에 더없이 이상적인 순간이다. 호프먼과 예가 귀한 식견을 나눠줘서 정말 다행이다.

| 차례 |

겟 빅 패스트
Get Big Fast!

샌프란시스코, 에어비앤비 본사

"아마도 그들이 당신들을 무너뜨릴 겁니다."

때는 2011년, 당시 직원 40명을 둔 작은 스타트업 에어비앤비의 사무실에서는 공동창업자이자 CEO인 브라이언 체스키(Brian Chesky)가 끔찍한 소식을 듣고 있었다. 그는 그루폰의 공동창업자이며 CEO인 앤드루 메이슨(Andrew Mason)이 막 들려준 불길한 예언이 무슨 뜻일지 곰곰이 생각했다. 어쨌거나 마음에 들지 않은 말이었다. 체스키와 공동창업자 조 게비아(Joe Gebbia), 네이선 블레차르지크(Nathan Blecharcyzk)는 에어비앤비를 만들기 위해 온갖 장애를 헤쳐 왔다. 사람들이 웹사이트에서 방이나 집을 쉽게 빌릴 수 있다는 것을 들은 초기 투자자들은 창업자들의 투자 요청을 거절했고, 더 심한 경우에는 그들을 무시했다. 지금이야 회사가 잘 나가고 있지만, 창업 초기 이런 고통스러운 기억은 여전히 그들의 뇌리에 생생히 남아 있었다. 그들은 또 다른 전투를 원치 않았다.

스타트업 액셀러레이터인 와이콤비네이터(Y Combinator, YC)의 창업자로 존경받는 폴 그레이엄(Paul Graham)은 에어비앤비 창업자들을 처음 만났을 때 그들의 아이디어가 형편없다고 단언했다. "사람들이 정말 이렇게 한단 말입니까?!" 그는 믿지 못하겠다는 듯이 물었다. 체스키가 그렇다고, 사람들이 정말로 주거 공간을 다른 사람들의 잠자리로 빌려주고 있다고 답하자 그레이엄은 이렇게 반응했다. **"도대체 왜요?"** 하지만 그레이엄은 에어비앤비 사람들을 3개월 동안 진행되는 YC프로그램에 참여시켰다. 물론 에어비앤비 사업에 영감을 받아서 그런 것은 아니었다. 다만 그들의 패기가 인상적이었기 때문이다. 그는 체스키와 공동창업자들이 에어비앤비를 키우려 애쓰는 동안에 밀려드는 청구서를 처리하기 위해 어떻게 했는지 (지금은 유명해진) 이야기하는 것을 즐겼다.

2008년은 미국 대통령 선거가 있는 해였다. 그들은 '오바마 오즈(Obama O's)'와 '캡틴 맥케인즈(Cap'n McCains)'라는 특별판 시리얼을 만들어 팔았다. 그해의 대통령 후보인 버락 오바마와 존 매케인에 대한 달콤한 패러디(또는 관점에 따라 애정의 표시)였다. '시리얼 기업가[새로운 기업을 계속해서 만들어내는 연쇄 기업가란 뜻의 'serial entrepreneur'가 아닌 'cereal entrepreneur'를 말함]'로서 보여준 창의성과 인내 덕분에 에어비앤비 창업자들은 와이콤비네이터의 문턱을 넘을 수 있었다. 프로그램에 참여한 그들은 사업을 세부적으로 다듬었고, 손꼽히는 벤처 캐피털 회사인 세쿼이아 캐피털(Sequoia Capital)과

(내가 제너럴 파트너인) 그레이록 파트너스의 투자를 받게 되었다. 그로부터 약 4년 뒤, 그동안 해왔던 힘겨운 노력이 마침내 빛을 발하기 시작하는 듯했다. 예약이 100만 건을 돌파하면서 운전자금을 충분히 확보했고 사업의 콘셉트 또한 가치 있다는 것을 확실히 증명했다.

하지만 성공적인 사업은 경쟁자를 끌어들이기 마련이다. 그리고 때로 그 경쟁은 치명적인 위협이 된다. 에어비앤비를 위협하는 경쟁자는 독일 쾰른의 삼형제 올리버(Oliver) · 마르크(Marc) · 알렉산더 잠버(Alexander Samwer)였다. 그들은 성공한 미국 회사들을 분석해서 재빨리 유럽에 카피캣을 만든 후 그 '복제'한 기업 대부분을 영감의 원천인 미국 회사에 되팔아 억만장자가 되었다(물론 카피캣 회사를 직접 운영하며 키워나가는 경우도 있었다). 일례로 '유럽의 자포스'라고 불리는 잘란도(Zalando)는 1만 명이 넘는 직원을 두고 있으며 2017년의 기업가치가 100억 달러를 넘어서기도 했다.

잠버 형제들의 첫 번째 성공작은 알랜도(Alando)였다. 이 회사는 이베이의 복제품으로, 회사를 차린 지 100일 만에 4,300만 달러에 이베이에 팔렸다. 이후 잠버 형제는 유튜브 · 트위터 · 페이스북의 독일 버전인 마이비디오(MyVideo) · 프레이저(Frazr) · 스터디VZ(StudiVZ)에 투자했다. 자신들의 스타트업 스튜디오 로켓 인터넷(Rocket Internet)을 만들기도 전의 일이었다.

20011년 초, 체스키와 그의 팀은 에어비앤비 사용자들이 웜두

(Wimdu)라는 새로운 회사로부터 스팸메일을 받고 있음을 발견했다. 윔두에 대한 투자사는 다름 아닌 로켓 인터넷이었다. 그들은 잠버 형제와 협력관계였다. 스웨덴의 주요 투자회사로 알려진 킨네비크(Kinnevik)도 투자에 참여했다. 투자금액은 9,000만 달러로 당시 유럽 스타트업으로서는 최고액이었다. 문제는 윔두의 비즈니스 모델과 웹사이트가 에어비앤비의 것을 복제했다는 것이다. 2011년 3월 베를린에서 창업한 윔두는 불과 몇 주 만에 400명의 직원을 고용했고 유럽 전역에 20개의 지점을 개설했다.

이 사업 모델의 원형인 에어비앤비는 그에 비해 규모가 훨씬 작았다. 지점은 샌프란시스코에 있는 본사 딱 하나. 직원은 총 40명, 매출은 700만 달러에 불과했다. 초대 CEO였던 체스키는 다른 대륙에 수십 개의 지점을 두는 것은커녕 **두 번째** 사무소를 여는 일에도 무엇이 필요한지 확실히 알지 못했다. 체스키는 윔두가 유럽 시장을 지배하게 되면 에어비앤비는 생존할 수 없을 것이라는 것을 직감했다. 그는 2015년 스탠퍼드대 블리츠스케일링(Technology-Enabled Blitzscaling) 수업에서 이렇게 말했다. "여행 사이트가 유럽을 감당하지 못합니다. 그건 에어비앤비의 끝을 의미합니다." 잠버 형제는 그런 그들에게 흥정을 걸어왔다. 윔두를 넘기는 대신 대가로 에어비앤비 지분 25%를 요구했던 것이다. 체스키는 힘든 결정을 할 수밖에 없는 상황이었다. 어떤 선택을 하든지 결과는 고통스러울 터였다.

체스키는 자신이 해왔던 방식 그대로 판단을 내렸다. 먼저 세계적인 전문가들에게 자문을 구했다. 그의 첫 번째 통화 상대는 당시 그루폰의 CEO 메이슨이었다. 선구적인 소셜 커머스 회사 그루폰 역시 과거 비슷한 경험을 한 바 있었다. 2009년 12월, 잠버 형제는 그루폰과 흡사한 회사인 시티딜(CityDeal)을 만들었다. 결론적으로 말하면, 6개월 후 그루폰은 이 경쟁업체를 인수하기 위해 수십억 달러를 써야만 했다. 당시 기업가치의 10%에 가까운 금액이었다. 체스키와 그의 팀을 괴롭힌 문제는 이런 것이었다. 에어비앤비도 그루폰이 쓴 전략처럼 이 카피캣 회사를 사들여야 할까? 하지만 체스키의 직감은 "아니."라고 말하고 있었다. 재정과 지표 중심의 윔두와 팀을 통합하는 것이 오히려 디자인 중심의 에어비앤비 문화를 손상시킬 수 있었기 때문이다. 그는 시장에서 새로운 가치를 창출하려는 진심 어린 시도 없이, 법을 교묘히 이용한 부정한 돈벌이에 휘둘리고 싶지 않았다.

그럼에도 체스키는 잠버 형제의 윔두 인수 제안을 고려해야 할 책임은 있다고 느꼈다. 메이슨이 한 이야기 때문이었다. 그루폰이 시티딜을 인수하는 데에는 물론 많은 문제가 따랐다. 하지만 그로 인해 그루폰의 유럽 시장 진출이 가속화되었고, 이것이 전체 매출의 약 30%를 차지하게 된 것도 팩트였다. 이 정도면 지분 10%에 시티딜을 인수한 일이 그루폰 입장에서는 썩 괜찮은 거래였다고 봐도 좋았다. 하지만 시티딜을 통한 계책이 성공하자 잠버 형제는 더욱 대담해졌다. 에어비앤비에 훨씬 많은 지분을 요구했기 때문이다. 무려 25%였다.

에어비앤비가 이들의 제안을 거절하고 맞서 싸우는 방법도 있었다. 하지만 윔두에는 10배에 달하는 직원 수와 10배가 넘는 자본은 말할 것도 없고, 홈그라운드라는 이점까지 있었다. 그들과 직접적으로 경쟁하게 된다면 엄청나게 고통스러운 싸움이 될 것이 확실했다. 힘겨운 자금 조달, 특히 감정적 손실에 지친 체스키는 이 새롭고도 골치 아픈 싸움에 나서야 할지 알 수가 없었다. 그렇다고 4분의 1 지분을 포기한다고? 그와 그의 팀은 와이콤비네이터에 참여하기 전 결과 없는 일을 하느라 1만 달러의 카드 빚을 져가며 피땀 섞인 눈물로 18개월을 보내야 했다.

결국 체스키는 윔두를 인수하지 않기로 결정했다. 이 결단에는 핵심 조언자들의 주장이 한몫을 했다. 페이스북의 창업자 마크 저커버그는 그에게 싸우라고 조언했다. "윔두를 인수하지 마세요. 결국은 가장 좋은 제품이 이길 것입니다." 와이콤비네이터의 그레이엄도 비슷한 충고를 했다. "그들은 돈 버는 데에만 관심이 있는 장사치일 뿐이지만 당신들은 시장에 선한 가치를 퍼뜨리려는 선구자입니다. 그들은 흡사 원치 않는 아기를 키우는 사람들과 같죠." 체스키가 내게 연락해서 똑같이 조언을 구했을 때, 나 역시 윔두를 인수하지 말라고 충고했다. 중요한 것은 인수 가격이나, 합병으로 인한 기업가치의 변화가 아니었다. 문제는 도리어 합병이 속도와 성공을 방해한다는 데 있었다. "윔두를 인수해 회사를 통합하는 것에는 상당한 리스크가 따릅니다. 그것도 그루폰이 시티딜을 인수한 때의 3배에 달하는 리스크 말입니다. 회사 문화와 경영진을 합병하는 것은 치명적인 리스크를 만들 수 있습니다. 성장 속도를 둔화시키는 경우에는 특히 더 그렇죠. 에어비앤비는 이미 네트워크 효과에서 이익을 보는 사업을 가지고 있습니다. 충분히 이길 수 있습니다." 이 생각은 지금도 변함이 없다.

에어비앤비의 창업자들은 자신들이 잠버 형제들과 맞서 싸워 이겨낸 최후의 승리자가 되길 원했다. 하지만 어떻게 그렇게 할 수 있을까? 그 열쇠가 바로 우리가 **블리츠스케일링**이라고 부르는 공격적이고 전면적인 성장 프로그램이다. 블리츠스케일링은 불확실한 환경에서도 효율보다 속도를 우선하여 '전광석화'와 같이 빠른 성장을 이루도록 도와준다. 이는 에어비앤비가 잠버 형제와의 대결에서 이길 수 있도록 한 동일한 전략 전술이기도 하다.

몇 개월 후, 체스키는 잠버를 능가할 정도로 회사 규모를 키우려고 애썼다. 우선 필요한 자원을 마련하기 위해 1억 1,200만 달러의 추가 벤처 캐피털을 받아들였다. 이후 에어비앤비는 세계시장을 겨냥해 공격적으로 확장해나갈 계획을 밝혔다. 이 계획에는 독일의 에어비앤비 카피캣 회사인 아콜레오(Accoleo)를 인수하는 일도 포함됐다. 다행인지 이 회사는 윔두보다 규모가 작고 가격이 저렴했다. 이로써 에어비앤비는 윔두의 홈그라운드인 유럽 시장에서 그들과 직접 경쟁하는 수준으로 성장했다. 2012년 봄까지 에어비앤비는 런던 · 함부르크 · 베를린 · 파리 · 밀라노 · 바르셀로나 · 코펜하겐 · 모스크바 · 상파울루에 9개의 지사를 세웠다. 전년도 2월 이래 예약은 10배 증가했다. 더욱이 2012년 6월 에어비앤비는 예약 1,000만 건 달성을 발표했다.

"잠버는 우리에게 선물을 주었습니다." 체스키는 수년 후 블리츠스케일링 수업에서 이같은 사실을 인정했다. "그들 때문에 우리는 당초 생각했던 것보다 빠르게 규모를 확장하게 되었습니다." 에어비앤비는 맹렬한 속도로 성장하는 쪽을 선택했고, 덕분에 시장에서 우위를 점했다. 체스키와 공동창업자들은 이 전략을 실행해 도전자와 맞섰고 결국 그들을 물리칠 수 있었다. 베를린에 기반을 둔 윔두가 인력 · 금융자본 · 유럽 시장에 대한 지식 등 초기에 가졌던 이점에도 불구하고 거둔 승리였다.

중국 선전, 텐센트 본사

에어비앤비가 블리츠스케일링의 여정에 나서기 약 1년 전, 지구 반대편에서도 비슷한 움직임이 일어나고 있었다. 그곳에 자리한 다른 CEO 사무실에는 모든 것을 바꾸어놓을 메시지가 한밤에 도착했다.

2010년 가을, 마화텅(馬化騰)은 1998년 선전대학 동기 4명과 설립한 후 지금까지 경영해오던 텐센트가 앞으로 해야 할 일이 무엇일지 고민하고 있었다. 그들의 핵심 제품은 PC용 메신저 QQ였다. 월간 활성 사용자가 6억 5,000만에 달하는 QQ 덕분에 텐센트는 매출 20억 달러, 시가총액 330억 달러, 직원이 1만 명이 넘는 고부가가치 인터넷 기업이 되었다. 하지만 QQ는 1990년대 말 기술을 기반으로 하는 데스크톱 제품이었다. 더 이상 성장이 어려웠으며, 사용자 역시 더 이상 늘지 않았다. 텐센트와 비슷한 미국의 AOL 인스턴트 메신저(AOL Instant Messenger)는 이미 빠른 하락세에 접어든 상황이었다. 마화텅은 텐센트가 신생 스마트폰 플랫폼에 적합한 새로운 제품을 개발해야 한다고 확신했다. "상황에 대응할 수 있는 인터넷 기업은 살아남을 것이고 그렇지 못한 기업은 사라질 것이다."라는 게 그의 말이다.

그날 밤 마화텅이 읽은 메시지는 텐센트의 직원 중 1명인 장샤오룽(张小龙)이 보낸 것이었다. 그는 텐센트가 5년 전 인수한 폭스메일(Foxmail)을 창립한 동료 기업인이기도 했다. 장샤오룽은 당시 텐센트의 선전 본사에서 차로 2시간 거리에 있는 광저우에서 R&D 부문을 맡고 있었다. 그는 특히 젊은이들 사이에서 인기가 높은 새로운 소셜 메시징 제품 킥(Kik)의 급속한 성장을 모니터해오고 있었다. 그는 텐센트도 모바일 소셜 메신저를 만들어야 한다고 판단했다. 그것도 빠른 시간 안에 말이다. 장샤오룽은 곧바로 마화텅에게 제안했다. 하지만 이런 제안은 기회가 큰 동시에 대단히 크고 불확실한 리스크를 감당해야 할 수도 있었다. 새로운 메신저 서비스는 젊은 층에게는 매력적으로 다가가겠지만 어쨌든 텐센트의 핵심 사업인 QQ의 매출을 급감시킬 것이기 때문이다. 더구나 텐센트는 중국이동통신(China Mobile)과 같은 손꼽히는 이동통신 사업자와 제휴를 맺은 덕에 QQ 사용자들이 휴대전화로 메시지를 보낼 때 과금되는 SMS 요금의 40%를 받고 있었다. 새로운 서비스는 텐센트의 매출에 손실을 가져올 뿐 아니라 중국에서 가장 영향력 있는 기업들과의 관계를 위협할 수도 있었다.

직원 1만 명을 둔 상장회사라면 이러한 경우 좀 더 심도 깊은 시장 조사를 바탕으로 결정해야 한다. 이는 당연히 이사회에 회부해야 할 안건이었다. 하지만 마화텅은 틀에 박혀 움직이는 기업 중역이 아니었다. 그날 밤, 그는 바로 장샤오룽에게 아이디어를 추진해보라고 허락했다. 장샤오룽은 새로운 제품을 만들고 출시하기 위해 7명의 엔지니어가 포함된 10명 규모의 팀을 꾸렸다. 단 두 달 만에 장샤오룽의 팀은 QQ와 정반대되는 미니멀하고 명료한 디자인의 모바일 중심 소셜 메시징 네트워크를 만들었다. 마화텅은 그 서비스에 웨이신(微信)이라는 이름을 붙였다. 중국어로 '마이크로 메시지'라는 의미다. 중국 밖에서는 이를 위챗(WeChat)이라고 불렀다.

충격적인 것은 그다음 일어난 일이다. 장샤오룽이 한밤중에 마화팅에게 운명의 메시지를 보낸 그날 이후 단 16개월 만에, 위챗은 사용자 1억 명이란 기록을 세웠다. 그러고 나서 6개월 뒤 사용자는 2억 명으로 증가했고, 또 4개월 뒤에는 3억 명으로 늘어났다. 늦은 밤 마화텅이 한 베팅의 결과는 엄청났다. 텐센트가 2016년 발표한 매출이 220억 달러였는데, 이는 전년도 대비 48%, 위챗의 출시 직전 해인 2010년 이래 700%나 증가한 수치였다. 2018년 초 텐센트의 시가총액은 이미 5,000억 달러를 넘어섰다. 세계에서 시가총액이 가장 높은 기업 중 하나가 된 것이다. 또한 위챗은 세계에서 가장 광범위하고 많이 사용되는 서비스가 되었다.

〈패스트 컴퍼니(Fast company)〉는 위챗을 "다 되는 중국의 애플리케이션."이라고 불렀고, 〈파이낸셜 타임스〉는 사용자의 절반 이상이 하루 90분 이상 이 애플리케이션을 사용한다고 보도했다. 미국으로 치면, 위챗은 페이스북 · 왓츠앱 · 페이스북 메신저 · 벤모 · 그럽허브 · 아마존 · 우버 · 애플페이 · 지메일, 심지어는 슬랙까지 단일 서비스에 이 모든 걸 합쳐놓은 애플리케이션이다. 위챗을 이용하면 사람들에게 문자 메시지를 보내고, 전화를 걸고, 소셜 미디어에 참여하고, 기사를 읽는 평범한 일들은 물론, 택시를 부르고, 영화 티켓을 예매하고, 병원을 예약하고, 친구에게 돈을 보내고, 게임을 하고, 집세를 내고, 저녁식사를 주문하는 등 많은 일을 할 수 있다. 스마트폰에 다운받은 애플리케이션 하나로 말이다. 마화텅 역시 한 인터뷰에서 "되돌아보면 그 두 달은 삶과 죽음의 기로에

선 시간이었습니다."라고 당시의 결정을 회고하기도 했다. 그 결단이 얼마나 중요했는지를 인정한 것이다. 캘리포니아든 다시 지구를 반 바퀴 돌아야 만나는 중국이든 이런 급격한 성장 스토리는 블리츠스케일링이 무엇이며 어떻게 작동하는지 공부하는 게 왜 가치 있는지 보여주는 완벽한 사례다.

단숨에 경쟁자를 앞지르는 비밀병기

스타트업이 주력 제품과 상당한 규모의 확실한 시장, 견고한 유통 채널을 갖출 정도로 성장하면 '스케일업(scale-up)'이 된다. 이는 수백만, 심지어는 수십억 명의 사람들에게 영향을 미칠 뿐만 아니라 세상을 변화시키는 회사가 될 기회다. 스타트업이 스케일업으로 가는 가장 빠른 직선 코스는 단연 블리츠스케일링을 통해 초고속으로 성장하는 것이다.

기업용 소프트웨어업체인 슬랙은 팀 메시징 애플리케이션이 초기 시장에서 얼마나 신속하게 채택되는지 입증하며 스케일업 단계에 도달했다. 슬랙이 설립되고 제품을 처음 출시하기까지 거의 5년이 걸렸다. 하지만 일단 출시 후에는 슬랙 사용자들이 단숨에 늘어났다. 처음 사용한 사람이 한 번에 여러 명의 친구를 추가했기 때문이다. 또 아이튠즈나 구글 플레이에서 다운로드하는 모바일 애플리케이션이나 간단한 웹 애플리케이션을 통해서 쉽게 깔 수 있는 편의성도 새로운 사용자를 끌어들이는 데 도움이 되었다. 그 단계에 도달하자 슬랙은 직원·자본·고객을 맹렬한 속도로 늘리면서 급속히 회사 규모를 키우기 시작했다. 그들은 첫 5년 동안 1,700만 달러 규모의 투자를 유치했고, 출시 후 8개월 만에 1억 6,300만 달러를 끌어모았다. 2017년 말에는 투자받은 규모만 8억 달러에 이르렀다.

세계적인 대기업에서 시작하든 공동창업자 1명의 집 차고에서 스타트업으로 시작하든 누구라도 에어비앤비·위챗·슬랙처럼 주력 사업을 키우고 싶을 것이다. 하지만 실제로 체스키나 마화텅처럼 해내는 사람들은 극소수다. 왜일까? 무엇이 다른 회사들과 차별화되는 걸까? 그 핵심이 바로 블리츠스케일링이다. 이는 오늘날과 같은 환경에서 거대한 사업을 빠르게 구축하는 열쇠가 된다. 이 공격적인 성장전략은 스타트업과 기존의 기업들 모두 기록적인 시간 안에 세계를 지배하는 일류 기업으로 키워주는 기법이다.

먼저 쳐서 앞서야 한다

지난 20년 동안 인터넷은 우리의 일상생활과 비즈니스 세계를 완전히 변화시켰다. 1995년 8월 9일 엄청난 성공을 거둔 넷스케이프의 신규 상장은 닷컴 붐과 내가 "네트워크 시대(Networked Age)"라고 부르는 것의 시작이 되었다. 당시 닷컴 붐으로 인한 주식가격의 상승은 엄청난 관심을 끌고 있었다. 하지만 가장 큰 변화는 인터넷이 우리 모두를 사람 · 정보 · 자원 · 다른 네트워크와 연결시키기 시작한 것이었다. 물론 과거에도 다른 혁명들이 있었다. 바로 떠오르는 것은 증기기관 · 전기 · 무선통신 정도다. 하지만 인터넷이 미치는 영향을 그토록 특별하고 광범위하게 만드는 것은 인터넷이 모든 것을 훨씬 더 빠르게 만들었다는 사실이다. 오늘날 모든 개인은 다른 어떤 개인과도 바로 접촉할 수 있으며, 그렇게 증가된 속도야말로 블리츠스케일링을 가능하고도 강력하게 만드는 요인이다.

인터넷의 속도는 기업과 조직이 성장하는 방식을 바꾸는 등 다양한 2차적 효과를 낳았다. 예를 들어 인터넷은 이전 시대에는 실현할 수 없었던 방식으로 세계시장에 접근해서 엄청난 확장 가능성을 가진 유통 경로를 활용하게 해줬다. 하지만 아마도 기업에 미친 가장 중요한 영향은 제품이나 서비스의 사용이 늘면 다른 사용자가 제품이나 서비스에 부여하는 가치도 커지는 소위 네트워크 효과의 중요성과 보급의 증가일 것이다. 예를 들어 에어비앤비 호스트가 1명씩 늘 때마다 다른 모든 에어비앤비 고객들은 조금씩 더 다양하고 질 높은 서비스를 얻게 되며, 그 반대도 마찬가지다. 동일한 논리로 위챗 사용자가 1명씩 늘어날 때마다 다른 모든 위챗 사용자들은 조금씩 더 가치가 높은 서비스를 이용하게 된다. 네트워크 효과는 그 효과를 누리는 첫 제품(또는 서비스)이 확고한 경쟁우위를 굳히게 하는 선순환을 낳는다. 예를 들어 네트워크 효과 덕분에 1995년 창립된 이베이는 20년이 지난 지금까지도 P2P 상거래 분야에서 독보적인 위치를 유지한다. 에어비앤비는 전 세계 6만 5,000개 도시에 300만 개가 넘는 숙박지를 제공한다. 신생 기업이 그 같은 선택권이나 가치를 제공하는 것이 얼마나 힘들지 생각해보라.

영화 '글렌게리 글렌 로스(Glengarry Glen Ross)'의 명장면이 떠오른다. 알렉 볼드윈이 분한 주인공 블레이크는 세일즈맨들에게 이렇게 말한다.

모두들 아시다시피, 1등상은 캐딜락 엘도라도입니다. 2등상이 뭔지 알고 싶습니까? 2등상은 스테이크 나이프 세트입니다. 3등상은 당신이 해고당하는 것입니다. 이제 좀 아시겠습니까?

소비자 소셜 네트워킹의 첫 번째 물결에서 1등상을 차지한 것은 페이스북이었다. 2등상은 마이스페이스에, 3등상은 프렌즈터에 돌아갔다. 프렌즈터를 기억하는가? 어떤 분야도 마찬가지겠지만 특히 인터넷 시대에 살아남으려면 결국 1등을 해야만 한다.

경쟁의 강도가 너무나 가혹한 것처럼 보인다. 하지만 네트워크 시대는 기업들이 역사상 어떤 시점보다 훨씬 빠르게, 엄청난 보상을 거둬들이게 해준다. 이를 극대화한 전략이 바로 '블리츠스케일링'이다. 블리츠 전략은 불확실한 환경에서 효율보다 속도를 우선시한다. 이를 통해 매우 급속한 성장을 추진하고 관리하는 전략이자 일련의 기법이다. 달리 표현하면, 블리츠스케일링은 기업이 맹렬한 속도로 성장해서 경쟁자를 완전히 제거할 수 있게 하는 촉진제다. 블리츠스케일링을 하려면 초고도 성장이 필요하지만, 그것은 단순히 "겟 빅 패스트[get big fast, '빠르게 실행해서 크게 만들자'라는 뜻의 아마존이 내세우는 모토로. 무엇보다 고객을 늘리고 트래픽을 올리는 데 집중하는 것을 말함]"를 말하진 않는다. 블리츠스케일링은 이 같은 투박한 전략을 넘어선다. 블리츠스케일링은 전형적인 비즈니스 관점으로 이해되지 않는 대목조차도 뚜렷한 목적을 갖고 의도적으로 접근하기 때문이다. 이 과정에서 어려운 결정을 내려야 한다.

· 회사를 블리츠스케일링하는 데 따르는 추가적인 리스크와 손실을 감수해야 한다.
· 우리가 블리츠스케일링을 하기 전 경쟁업체가 먼저 나서면 **패배자**가 되는 더 큰 리스크를 받아들여야 한다.

유럽 시장으로 확장한다는 에어비앤비의 결정(핵심 사업을 망칠 수도 있는 조치)이 효율적이거나 성공을 확신할 수 있는 것이었을까?

그렇다고 말하기는 어렵다. 오히려 에어비앤비는 윔두의 손에 유럽 시장을 넘겨준 뒤 자본마저 바닥내고 실패할 확률이 높았다. 하지만 그 위험해 보이는 결정은 결국 옳은 결정이 되었다. 블리츠 전략은 새로운 기술과 비즈니스 모델로 음악·영상·게임·통신과 같은 다양한 업계 전체를 와해시키기도 한다. 실제 단 한 곳의 회사가 이 사례를 보여주었다(아이팟·아이튠즈·아이폰·아이패드 등을 생산하는, 우리가 아는 바로 그 회사다). 이러한 와해의 물결은 우리가 하는 일에서부터 사용하는 제품, 서로 교류하는 방식에 이르기까지 일상생활의 모든 측면에 영향을 준다.

와해 자체는 사실 좋을 것도 나쁠 것도 없다. 하지만 거기에는 항상 변화가 따른다. 10달러짜리 상품을 질이 같거나 그보다 더 나은 1달러짜리 상품이 대체하는 것은 기존 기업이 보기에 재앙이다. 하지만 사회 전체 측면에서 보면 더 큰 생산성을 의미한다. 구매자들은 원하는 상품을 얻고 나서도 다른 것에 투자할 수 있는 9달러가 남는다. 넷플릭스라는 존재는 방송국과 케이블 방송국에는 나쁜 소식이나, 영화와 TV 팬과 창작자들에게는 대단히 좋은 소식이었다. 이렇게 와해는 승자는 물론 패자도 만들어낸다. 하지만 전체적인 측면에서 보면 무시할 수 없는 성장의 필수 원천이자 기회다. (우연히도) 와해의 미덕을 찬양하는 사람들이 승자인 경향이 있다는 점을 명심하라.

여러 혜택과 새로운 기회들을 널리 퍼뜨리는 와해는 사회에 있어서 이익이다. 다행히 대부분의 와해는 이 범주에 든다. 예일대의 경제학자 윌리엄 노드하우스(William Nordhaus)는 2004년의 조사 보고서 〈미국 경제의 슘페터 이익: 이론과 평가(Schumpeterian Profits in the American Economy: Theory and Measurement)〉에서, 1948년부터 2001년까지의 미국 경제를 진단했다. 그는 누적된 데이터를 근거로 "'기업들이 혁신적 활동을 통해서 얻은 수익을 독점할 때 생기는 이윤'의 2.2%만이 와해자들에게 돌아갔다."라고 결론지었다. "기술 변화로 인한 혜택의 대부분은 생산자들이 아닌 소비자에게 돌아갔다."라는 것이 그의 결론이다. 좋든 싫든 변화는 불가피하다. 하지만 그 변화는 전적으로 예상할 수 있는 것이다.

미래학자 앨빈 토플러는 《미래의 충격》에서 "변화는 유일하게 불변하는 것"이며, "이른바 미래의 충격을 피하고 생존하려면 개인은 적응력과 역량을 전례 없이 향상시켜야만 한다."라고 적었다. 이 이야기가 처음 나온 것이 1970년이다. 변화의 속도는 그 이후 점점 빨라졌다. 누구나 블리츠스케일링을 어떻게 해야 하는지 배워야 한다. 이미 그것이 사람들의 삶에 영향을 주고 있기 때문이다. 블리츠스케일링을 어떻게 하는지 알게 되면, 세상을 바꾸는 데 그것을 사용할 수 있다. 미래가 강제로 주어진다고 느끼기보다는 **미래를 만드는 일의 일부**가 되어야 한다. 블리츠스케일링은 세상이 변하면서 사라지는 스타트업들과 시장의 선도자가 되고 미래를 만들어가는 스타트업들을 구분 짓는 존재이기도 하다.

이 책은 우리가 스탠퍼드대에서 진행했던 강의에서 탄생했다. 세계 최대의 기술기업들이 어떻게 성장했는지 그 과정을 분석하고 그에 기여한 기법과 판단을 체계적으로 정리했다. 강의는 이 작업의 결과다. 여기에서 우리는 단 몇 년 안에 수십억 달러 가치의 기업을 키우는 방법과 구체적인 원리를 설명한다. 이 책을 쓰면서 우리는 수백 명의 기업가, CEO들과 이야기를 나눴다. 거기에는 페이스북·알파벳·구글·넷플릭스·드롭박스·트위터·에어비앤비 등 세계에서 가장 가치가 높은 기업의 리더들도 포함된다. 이 회사들이 급부상한 이야기는 여러 방면에서 서로 큰 차이가 있었지만, 그들 모두가 공통적으로 가지고 있는 것이 있었다.

그것은 성장하기 위해 극도의, 가차 없는, 위험한, 비효율적인, 죽기 아니면 까무러치기 식으로 사업에 접근하는 것이었다. 이 세계 일류 기업들에게서 얻은 교훈을 바탕으로 블리츠스케일링을 언제, 어떻게, 왜 실행해야 하는지 설명할 것이다. 바로 지금 당신 주변에서 블리츠스케일링을 실행하고 있는 회사가 전 세계에 어떤 영향을 미치고 있는지 보여줄 것이다. 다양한 곳에 다양한 기업들이 있겠지만, 그중 유난히 우리의 눈길을 사로잡는 곳이 있다. 바로 실리콘밸리다.

실리콘밸리의 비밀

남극을 제외한 모든 대륙에서 다양한 기업들이 성공적으로 블리츠스케일링을 적용하고 있다. 하지만 그중 가장 두드러지고 집중적으로 시행하는 곳이 있다면 단연코 캘리포니아주 실리콘밸리다. 실리콘밸리에서 효과를 본 전략들을 단순히 상하이에 붙여넣기만 한다고 먹히지는 않는다. 마찬가지로 상하이에서 가져온 전략을 스톡홀름에서, 스톡홀름의 전략을 상파울루에서 그대로 적용한다고 같은 효과를 기대할 수는 없다. 그래서 우리는 보편적인 교훈을 뽑아내 그것들을 세계 전역에 어떻게 적용시킬 수 있는지 알아볼 것이다.

2017년 말 기준으로, 시가총액 1,000억 달러가 넘는 상장 기술기업은 전 세계에 단 14개다. 그중 실리콘밸리에 몇 개나 있을까? 7개다. 이 숫자는 세계에서 가장 가치가 높은 기술기업의 **절반**을 의미한다. 실리콘밸리에 있는 상위 150개 상장 기술기업의 가치를 합치면 **3조 5,000억 달러**다. 우리가 감히 가늠할 수 없을 정도로 큰 금액이다. 상상이 안 된다면 이렇게 생각하면 쉽다. 이 150개 기업들이 나스닥의 가치 중 50%를, 전 세계 기업들의 시가총액의 50% 이상을 차지한다. 실리콘밸리의 인구를 350만에서 400만 명 정도로 계산했을 때, 세계 인구의 0.5%에 불과한 지역 한 곳에서 만들어내는 부가가치로는 실로 엄청나다.

앞으로 상황이 어떻게 바뀔지 모르겠지만, 지금까지 이룬 성과를 고려했을 때 실리콘밸리는 우리가 알고자 하는 빠르고 큰 도약에 관한 궁금증에 답을 줄 수 있는 완벽한 공간이다.

외부에서 실리콘밸리를 바라보는 사람들은 이 질문의 열쇠가 혁신적인 기술이라고 생각한다. 하지만 기술 혁신만으로는 최고의 기업을 만들 수 없다. 실리콘밸리 내부자들과 정통한 외부인들은 그 열쇠가 재능, 자본, 새로운 기업을 쉽게 시작하게 하는 기업가적 문화의 조합이라고 생각한다. 하지만 이것 역시 틀렸다. 물론 실리콘밸리는 고급 기술을 갖춘 재능 있는 인재들과 벤처 캐피털의 중추다. 하지만 처음부터 그렇게 시작된 것은 아니다. 물론 스탠퍼드대, 버클리대와 같은 좋은 대학들이 주변에 있는 축복을 받긴 했다. 그러나 그런 이점을 가진 지역은 다른 곳에도 있다. 정답이 벤처 캐피털과 대학, 똑똑한 사람들의 조합이 될 수 없는 이유다. 이런 요소들의 조합은 전혀 특별할 것이 **없다**. 이와 동일한 기초 요소들의 조합은 오스틴 · 보스턴 · 뉴욕 · 시애틀 · 상하이 · 뱅갈루루 · 이스탄불 · 스톡홀름 · 텔아비브 · 두바이 등 미국을 비롯한 세계 전역의 여러 스타트업 집단에서 쉽게 찾아볼 수 있다.

실리콘밸리 성공의 비밀을 밝히려면 일단 일반적인 탄생 스토리 너머를 살펴볼 필요가 있다. 사람들이 실리콘밸리를 생각할 때 가장 처음 떠오르는 것들이 뭘까(HBO의 드라마 '실리콘밸리' 이후에). 유명한 스타트업의 이름 애플 · 구글 · 페이스북 그리고 그들만큼이나 화려하게 미화된 창업자들 스티브 잡스·스티브 워즈니악, 래리 페이지·세르게이 브린, 저커버그다. 이런 신성시되는 이름들의 성공 스토리는 너무나 친숙하다. 전 세계 어느 나라의 사람들이든 샌드힐로드(Sand Hill Road)에 있는 벤처 투자자들만큼이나 익숙하게 이야기할 수 있을 정도다.

스토리는 이렇게 진행된다. 뛰어난 기업가가 믿기 힘든 기회를 발견한다. 대학을 그만둔 그 사람은 지분을 염두에 두고 기꺼이 그 일에 뛰어든 사람들과 소규모 팀을 꾸린다. 초라한 차고에 사무실을 차리고 푸스볼[foosball, 테이블 축구]을 하면서, 현명한 벤처 투자자에게서 투자를 받는다. 그리고 세상을 바꾸어나간다. 이후 창업자들과 초기 멤버들은 모아둔 부를 이용해서 새로운 세대의 기업가와 자신들의 이름을 붙인 스탠퍼드대 컴퓨터공학과 건물들에 자금을 댄다. 그렇게 오래오래 행복하게 살았다는 엔딩. 흥미롭고 자극되는 스토리임에 분명하다. 우리는 이런 이야기에 매력을 느낀다. 다만, 한 가지 문제가 있다. 이런 스토리는 여러 가지 중요한 방식에서 불완전하고 모순적이다.

첫째, 오늘날 '실리콘밸리'와 '스타트업'은 거의 동의어처럼 쓰이지만 실제로 실리콘밸리에서 생겨난 스타트업은 전 세계 스타트업 중 아주 적은 숫자에 불과하다. 스타트업 지식이 전 세계로 퍼져나가면서 실리콘밸리만의 장점은 상대적으로 축소되었다. 인터넷 덕분에 어디에 있든 기업가들은 동일한 정보에 접근할 수 있게 됐다. 더욱이, 다른 시장들이 성숙해지면서 현명한 창업자들은 실리콘밸리로 이주하는 대신 모국의 스타트업 중심지에 회사를 만들고 있다.

둘째, 단순히 회사를 시작하는 것만으로는 충분치 않다. 엄청난 가치를 일군 스타트업들은 경쟁업체에 비해 엄청나게 빠른 속도의 스케일업으로 성장하는 길을 발견한 기업들이다. 그렇다면 실리콘밸리에는 어떤 비밀스러운 연금술이 있기에 세계 최고의 IT기업들이 급격하게 성장할 수 있는 동력을 공급할 수 있는 걸까? 비결이 있다면 그것을 밝혀내서 분석하고 다른 곳에도 적용하는 것이 가능한 일일까? 가능하다. 그 비결이 바로 블리츠스케일링이다. 블리츠스케일링이 그렇게 중요한 이유는 실리콘밸리 고유의 것이 아니기 때문이다.

흔한 오해가 있다. 실리콘밸리가 세계의 가속장치라고 믿는 것이다. 세상은 점점 빨라지고 있다. 사실 실리콘밸리는 이에 발을 맞추는 방법을 발견한 첫 번째 장소일 뿐이다. 실리콘밸리가 앞으로 이 책에서 제시할 기법을 더 쉽게 적용할 수 있도록 하는 중요한 네트워크와 자원을 많이 갖춘 것은 분명한 사실이다. 하지만 블리츠스케일링은 지역에 의존하지 않는 기본적인 원리들로 이루어져 있다. 우리는 디트로이트(로켓 모기지)와 코네티컷(프라이스라인)과 같이 쉽게 간과되는 미국 내 지역들은 물론 위챗과 스포티파이(Spotify) 등 세계 기업의 사례들을 보여줄 것이다. 그 과정에서 블리츠스케일링의 가르침이 거의 모든 생태계에서 어떻게 적용되어 훌륭한 기업을 만드는지 볼 수 있을 것이다.

이 책의 사명 또한 이것이다. 우리는 실리콘밸리가 인구지수를 크게 능가하는 (100배 이상) 성과를 올리도록 만든 비밀병기를 공유해서 그 가르침이 골든게이트에서 산호세에 이르는 (약 100km에 달하는) 구간을 훨씬 넘어선 곳까지 적용되게 하고 싶다.

절실히 필요한 일이다.

깜짝 놀랄 사실이 있다. UN의 지속가능 발전목표(sustainable development goals)를 달성하려면 세계경제는 2030년까지 **6억 개의 새로운 일자리**를 창출해야 한다. 15년도 남지 않았다(이 책을 쓰고 있는 시점에서). 하지만 세계가 필요로 하는 것은 단순히 새로운 기업과 새로운 일자리가 아니다. 세계는 완전히 새로운 업계를 필요로 할 것이다. 그런 업계들은 스타트업은 물론 스케일업도 더 잘 만들어낼 것이다. 직원 10명을 둔 새로운 기업 6,000만 개보다는 직원 1만 명 규모의 새로운 기업 6만 개를 만드는 편이 6억 개의 일자리를 더 쉽게 창출하는 방법이다. 작고한 인텔의 전설적 CEO 앤디 그로브(Andy Grove)는 이 점을 이해하고 있었다. 그는 2010년 〈블룸버그〉 칼럼에서 이렇게 설명했다.

스타트업은 멋진 것이다. 하지만 그 자체로는 고용을 늘릴 수 없다. 그만큼 중요한 것이 차고에서의 신화를 뛰어넘는 대량생산이다. 이것이 기업의 스케일링 단계다. 그들은 디자인의 세부 사항들을 성공적으로 진행하고, 일을 적절히 진행하는 법을 파악하고, 공장을 짓고, 수천 명의 인력을 고용한다. 스케일링은 어려운 일이지만 혁신에 의미를 부여하는 데 반드시 필요하다.

스타트업에서 스케일업으로 급속히 성장하는 데 필요한 동력을 어떻게 공급하고 또 그 바탕이 되는 원리가 무엇인지 파악하는 일이 중요하다. 미국과 중국이라는 작은 영역을 넘어서 전 세계의 기업가들과 기업들이 이 원리를 적용할 수 있도록 도와줄 것이기 때문이다.

이제 당신 차례다

이 책은 단 몇 년 안에 기업을 키우고 싶은 사람들을 위한 것이다. 아무것도 없는 무에서 수십억 달러의 규모를 가진 시장 선도자로 성장하는 방법이 무엇일까? 그 기법을 이해하고 싶은 사람들을 위한 책이다. 거대한 기업을 키워내고 싶은 기업가, 그들에게 투자하고자 하는 벤처 투자자, 그런 기업에서 일하고 싶은 직원, 자신들의 지역에 이런 기업의 성장을 독려하고 싶은 정부와 지자체라면 블리츠스케일링에 관심을 가져야만 한다. 이런 기업을 만들거나, 거기에 투자하거나, 거기에서 일하고 싶은 사람이 아니더라도 그들이 만들어가는 세상의 방향을 읽을 줄 알아야 한다.

블리츠스케일링은 대기업에서 어떤 프로젝트나 사업 부문을 맡아 급속한 스케일링을 해야 하는 관리자나 리더에게도 도움이 된다. 주로 첨단기술 분야에 해당하겠지만, 이 책에 나오는 블리츠스케일링에 관한 대부분의 원리와 체계(특히 인력 관리에 관한 것)는 유럽의 패스트 패션(fast fashion) 소매업체에서 텍사스의 셰일오일 기업에 이르기까지 전 세계 대부분 업계의 고성장 기업에 적용할 수 있다.

회사의 창업자든, 관리자든, 잠재적 고용인이든, 투자자든 블리츠스케일링을 제대로 이해하면 속도가 중요한 경쟁우위 세상에서 더 나은 결정을 내릴 수 있다. 시리아 이민자의 양아들(잡스), 쿠바 이민자의 양아들(제프 베조스), 영어교사이자 자원봉사 여행가이드(마윈) 등, 이들이 세상을 변화시킨 (그리고 여전히 변화시키고 있는) 기업을 만들 수 있었던 것은 블리츠스케일링의 힘 덕분이었다.

이 책에서 설명하는 전략과 기법들은 내가 현장에서 직접 경험한 것들을 기반으로 한다. 이는 모두 페이팔의 창립 멤버, 링크드인의 공동창업자이자 CEO, 현재는 링크드인의 회장, 페이스북과 에어비앤비의 주요 투자자, 워크데이(Workday)·판도라(Pandora)·클라우데라(Cloudera)·퓨어 스토리지(Pure Storage) 등 수십억 달러 규모의 기업들과 일하고 있는 그레이록 파트너스의 투자자로서 경험한 것들이다. 그레이록 파트너스의 동료들과 나는 이 기업들이 차고에서 출발해 세계를 무대로 하는 회사가 되기까지 도움을 주었다. 이 책에서 우리는 조직의 여러 면에 걸친 블리츠스케일링의 문제를 파악하고 해결하는 데 중요하다고 생각하는 체계들을 공유할 것이다.

이 책은 전술 해설서나 전략 안내서이긴 하지만, 그대로 복사하여 붙여넣기만 해도 먹히는 구체적인 방안을 제시하지는 않는다. 다시 말하면 인기에 영합하는 언론이 상황을 어떻게 묘사하든, 좋은 회사를 만드는 공식은 저마다 다르단 이야기다. 시장의 기회, 창업자, 운영되는 네트워크에 따라 이 모든 게 좌우된다. 어디에나 두루 적용되며 누구나 따라야 할 **규칙**을 담았다고 보장하는 책은 절대 존재하지 않는다. 그렇지만 패턴은 **존재한다.** 그래서 이 책은 개별적인 조언이나 요령 외에도 리더 · 기업가 · 인트라프레너(intrapreneur)들이 자신의 필요와 상황에 맞추어 조정할 수 있는 일련의 전략과 체계를 제공한다.

퇴각로는 버리고 속도전으로

'블리츠스케일링'이라는 용어는 급작스럽고 전면적인 활동을 뜻하는 말로, '블리츠(blitz)'라는 말에서 비롯되었다. 블리츠를 처음 사용한 것은 하인츠 구데리안(Heinz Guderian) 장군이었다. 그는 2차 대전 초반에 나치 독일이 고안한 초기 군사작전을 "블리츠크리그 (blitzkrieg, 전격전)"라고 불렀다. 아이러니하게도, 구데리안은 리델 하트(B. H. Liddell Hart)와 J.F.C. 풀러(J. F. C. Fuller)와 같은 영국 군사이론가들에게서 크게 영향을 받았고, '블리츠크리그'라는 말은 실제로 영국 언론에 의해 대중화되었다. 독일군은 공식적으로 이 말을 채택하지 않았다.

이 작전에서 진격부대는 안정적인 보급과 퇴각로를 구축하면서 느리게 이동하는 전형적인 전투 방식을 따르지 않는다. 그 대신 속도와 기습으로 공격적인 전략을 펼친다. 연료·식량·탄약이 떨어져 처참한 패배를 당할지도 모른다는 위험을 무릅쓰고, 속도전의 효과를 최대한 끌어올리기 위해 이 같은 방법을 쓰는 것이다. 이렇게 빠른 속도로 진격하게 되면 적군은 당황하고 어쩔 줄 모르게 된다. 이로써 블리츠크리그에 나선 군대는 방어부대의 허를 찌를 수 있는 것이다.

독일군의 초기 선전 덕분에 블리츠크리그란 병술은 전쟁에 참여한 모든 군대에 퍼지게 되었다. 미국의 조지 패튼(George S. Patton) 장군은 이후 노르망디 해변에서부터 베를린에 이르기까지 미3군의 진격을 지휘하는 데 이를 이용했다. 그때부터 '블리츠'는 미국 풋볼 경기 진행에서부터 대기업이 신제품을 출시하는 방식까지 다양한 것을 설명하는 데 쓰였다. 풋볼에서 하는 (가능한 모든 수비수들이 쿼터백을 뒤쫓는 위험한 조치를 포함한) 전면적인 블리츠 방어(all-out blitz defense)나 새로운 블록버스터 영화가 개봉하면 텔레비전·인쇄매체·온라인의 마케팅 블리츠(marketing blitz)와 마찬가지로, 블리츠 스케일링은 가차 없고 아찔한 속도로 시장을 압도한다. 2차 대전 중 블리츠크리그의 피해를 입은 국가에서 '블리츠'를 부정적인 의미로 받아들일까 우려가 되기도 한다. 하지만 비군사적인 배경에서 광범위하게 일상적인 용법과 은유로 사용되는 이 말이 이 책에서 논의되는 개념들에 무척 잘 들어맞는다고 생각한다.

모든 것을
걸어야 한다

— 전격전 —

Blitzscaling

블리츠스케일링은 믿기 힘든 속도로 엄청나게 규모를 확장시키는 전반적인 기업 체계와 구체적인 기술, 이 모두를 이르는 말이다. 경쟁사에 비해 너무 빠른 속도로 성장하고 있어서 꺼림칙한가? 불안해 마라. 그대로 나아가라. 당신이 하고 있는 그것이 바로 블리츠스케일링이다.

1990년대 후반 아마존이 보여준 믿기 어려울 만큼 빠른 성장은 대표적인 블리츠스케일링 사례다. 1996년 상장 이전의 아마존북스는 151명의 직원을 두고 연 510만 달러의 매출을 올렸다. 상장기업이 된 아마존닷컴의 1999년 직원 수는 7,600명, 연 매출은 16억 4,000달러였다. 단 3년 만에 직원 수는 50배, 매출은 322배 증가한 것이다. 2017년 아마존의 직원 수는 54만 1,900명이었으며 매출은 1,770억 달러에 이르렀다. 드롭박스의 창업자 드류 휴스턴(Drew Houston)은 이야기를 나누던 중 이렇게 성장할 때의 기분을 다음과 같이 묘사했다. "고래를 작살로 잡는 것과 비슷합니다. 좋은 소식은 당신이 작살로 고래를 잡았다는 겁니다. 나쁜 소식은 뭘까요? 당신이 작살로 고래를 잡았다는 것입니다!"

블리츠스케일링은 꽤 바람직하고 매력적으로 보인다. 하지만 그만큼 많은 어려움과 문제를 안고 있기도 하다. 특히나 이는 직관에 반하는 개념이다. 비즈니스 전략을 세울 때 보통은 정보를 수집한 다음 예측한 결과에 대해 합리적인 확신이 들 때 결정을 내린다. 이게 전형적인 방식이다. 이러한 이론들은 위험을 감수하라고 이야기한다. 하지만 이들이 말하는 위험이란 측정하거나 감당할 수 있는 예측된 위험에 한정된다. 또한 이런 기법에는 속도보다 정확성과 효율성을 우선시하라는 함의가 담겨 있다. 안타깝게도 이렇게 조심스럽고 신중하게 접근하다가는 신기술이 새로운 시장을 만들거나 기존의 시장을 혼란시킬 경우 힘을 잃게 된다.

크리스 예는 네트워크 시대의 서막이 오르던 1990년대 말, 하버드대 경영대학원에서 MBA 학위를 받았다. 당시 MBA 교육은 현금흐름할인(Discounted Cash Flow) 분석을 통해 더 확실한 재무 결정을 내리는 고전적 기법에 초점을 두고 있었다. 그는 조립라인의 처리량을 극대화하는 방법 같은 전통적인 생산 기법에 대해서도 배웠다. 이는 효율성과 확실성에 중점을 둔 방법들이었다. 그뿐만이 아니라 비즈니스계 전반이 효율성과 확실성에 초점을 맞추고 있었다. 그 시대에 기업가치가 가장 높았던 제너럴 일렉트릭은 꾸준하고 예측 가능한 수익 성장을 보여주면서 월스트리트 분석가들의 사랑을 독차지했다.

확실히 자리 잡은 안정된 시장에서는 효율성과 확실성이 매우 중요하다. 그래서 이 요소는 매력적일 수밖에 없다. 하지만 발명가·혁신가·기존의 질서를 와해시키는 파괴자들의 경우에는 이야기가 다르다. 효율성과 확실성은 이들에게 올바른 지침이 되어주지 못한다. 시장이 매우 혼란한 상태라면 위험한 것은 비효율이 아니라 지나치게 안전을 추구하는 태도다. 당신이 시장을 주도하는 사람이라면 효율은 그리 중요한 문제가 아니다. 또 당신이 쫓는 자일 경우에도 효율은 완전히 무관한 문제다. 아마존은 꾸준한 수익을 보장하는 전략 대신 자본을 소모시키는 위험한 전략을 사용한 탓에 오랫동안 많은 사람들의 비난을 견뎌야 했다. 하지만 아마존은 바로 이런 '비효율'이 온라인 소매·전자책·클라우드 컴퓨팅을 비롯한 여러 주요 시장을 석권하는 데 큰 몫을 했다고 생각하며 흐뭇해할 것이다.

블리츠스케일링을 할 때는 신중하게 결정하되, 일단 결정한 뒤에는 거기에 모든 것을 걸어야 한다. 100% 확신에 차지 않더라도 말이다. 빠르게 움직이는 대가로 잘못된 결정일 수 있다는 위험을 감수해야 한다. 비효율적인 운영으로 인해 발생하는 비용을 기꺼이 지불해야 한다. 하지만 이러한 위험과 비용은 기꺼이 용인된다. 왜냐하면 지나치게 느리게 움직였을 때 따르는 위험과 비용이 더 크기 때문이다. 그렇다고 단순히 시장을 차지하기 위해 '겟 빅 패스트'에 무턱대고 뛰어드는 것이 블리츠스케일링은 아니다. 감수하는 위험의 불리한 측면을 줄이려면 위험에 집중하는 노력이 필요하다. 사업을 어떻게 발전시킬 것인가에 대한 몇 가지 가설과 위험 요소들을 비교해보면 성공 또는 실패에 동력을 공급하는 것이 무엇인지 더 쉽게 파악하고 모니터링할 수 있다. 뜻대로 되지 않은 베팅을 만회하려면 100% 이상의 노력을 쏟아부을 준비가 되어 있어야 한다.

제프 베조스를 아는 사람이라면 아마존의 엄청난 성장 속도가 가속페달을 밟기만 해서 나온 결과가 아니라는 것을 알 것이다. 아마존은 의도적으로 미래에 대한 공격적 투자를 감행했다. 그러고 나서 엄청난 돈을 벌어들였다(회계상으로 봤을 때 손실이라고 해도). 한 가지 예를 들면, 2016년 아마존의 영업현금흐름(Operating Cash Flow)은 160억 달러가 넘었다. 하지만 아마존은 투자하는 데 100억 달러, 부채 상환에 40억 달러를 사용했다. 빈약해 보이는 아마존의 수익은 오류가 아니라 실은 공격적인 전략에서 비롯된 셈이다.

블리츠스케일링을 할 때에는 기업가의 용기와 기술 그 이상의 것이 필요하다. 특히 금융자본과 인적자본 양쪽의 위험을 지능적으로 관리하는 데 기꺼이 자금을 조달해야 한다. 금융자본과 인적자본이 블리츠스케일링을 할 때 필수 구성 요소이기 때문이다. 그것들을 연료와 산소라고 생각하라. 로켓을 하늘 위로 쏘아 올리려면 이 2가지 모두 필요하다. 조직의 인프라는 로켓의 실제 구조다. 리더이자 기업가로서 당신이 할 일은 로켓선이 가속되면서 산산조각 나지 않도록 거기에 필요한 기계적 조작을 해주는 것과 동시에 성장을 추진할 충분한 연료를 확보하는 것이다.

다행히 이 일은 과거의 그 어느 때보다 지금 할 때 성공할 가능성이 크다.

혁신의 파고가 급진적 기회를 창출하고 있다

지금까지 정신없이 빠르게 성장한 기업 중 대부분은 컴퓨터 소프트웨어나 소프트웨어로 활성화되는 하드웨어에 집중되어 있었다. 컴퓨터 소프트웨어는 분배의 측면에서 거의 무제한적으로 확장이 가능하다. 핏빗(Fitbit)의 피트니스 트랙커(fitness tracker)나 테슬라의 전기자동차 등 소프트웨어로 활성화되는 하드웨어의 경우, 소프트웨어 요소를 통해 하드웨어 시간단위(연도)가 아닌 소프트웨어 시간단위(주나 일)를 기반으로 시간을 눈에 띄게 줄이는 혁신이 가능하다. 더욱이 소프트웨어가 다루기 쉬워지고 속도도 빨라진 덕분에 기업들은 일을 서두르는 데 따르는 불가피한 실수를 반복하더라도 만회할 수 있게 됐다. 요즘 특히 흥미로운 것은 소프트웨어와 소프트웨어 활성화 기업들이 전통적인 첨단기술 영역에서 벗어난 업계를 지배하기 시작했다는 점이다. 내 친구 마크 앤드리슨(Marc Andreessen)은 "소프트웨어가 세상을 집어삼키고 있다."라고 주장했다. 물리적인 제품(원자)에 초점을 맞추는 업계도 소프트웨어(비트)와 통합되고 있다는 의미다. 테슬라는 자동차(원자)를 만들지만 소프트웨어 업데이트(비트)를 통해 자동차의 가속력을 업그레이드하고 밤사이에 자동조타장치를 추가할 수 있다.

소프트웨어와 컴퓨팅이 모든 업계로 확산되고, 거기에 우리 모두를 연결하는 조밀한 네트워크가 가세함으로써 블리츠스케일링은 점점 더 중요해지고 실행하기도 쉬워졌다. 성숙기에 접어든 저차원의 기술 산업에서도 말이다. 컴퓨팅에 빗대어 말하자면, 기술은 세상의 클록 속도(clock speed, CPU의 운영 속도)를 높이면서 이전에 가능하다고 생각했던 것보다 더 빠른 변화를 만들고 있다. 세상은 점점 더 빠르게 움직이고 있으며, 새로운 주요 기술 플랫폼이 만들어지는 속도는 혁신의 파고들이 도착하는 시점의 시간 간격을 줄이고 있다.

이전에는 하나의 물결(PC · 디스크드라이브 · 시디롬 같은 기술들)이 한 번에 하나씩 경제를 휩쓸고 지나갔다. 하지만 지금은 주요한 다수의 물결(클라우드 · AI · AR · VR 같은 기술들은 물론 초음속 항공기와 하이퍼루프와 같은 더 난해한 프로젝트들)이 동시에 도착하고 있다. 더구나 오늘날의 새로운 기술들은 본래 틈새시장이었던 PC 업계에 편중되지 않고 경제의 거의 모든 부분에 영향을 주면서 다양하고도 새로운 기회를 만들어내고 있다.

이런 추세는 엄청난 것들을 기대하게 한다. 정밀의학은 컴퓨팅 파워를 이용해서 의료 서비스 혁명을 일으킬 것이다. 스마트그리드는 소프트웨어를 이용해서 전력 효율을 극적으로 향상시키고 태양열 전지판을 이용한 지붕과 같은 재생 가능한 에너지원의 확산을 가능하게 할 것이다. 컴퓨터 생명공학은 생명 자체를 연장시켜줄 것이다. 블리츠스케일링은 이러한 발달을 가능하게 한다. 또한 널리 퍼뜨리고 그것들이 절실히 필요했던 영향력을 확산하는 데 도움을 줄 것이다.

'효율'보다 '속도'다

블리츠스케일링은 단순히 빠른 성장만을 말하지 않는다. 물론 **모든** 기업이 성장에 목말라한다. 모든 업계가 고객 확보 · 운영 수익 · 성장률 같은 수치에 살고 죽는다. 하지만 성장만으로는 블리츠스케일링이라고 할 수 없다. 블리츠스케일링은 **불확실한 상황에 직면해서도 효율보다 속도를 우위에 두는 것이다.** 다른 형태의 급속한 성장과 비교해보면 블리츠스케일링을 좀 더 잘 이해할 수 있다.

고전적인 스타트업 성장 방식은 불확실한 상황에서 효율을 우선시한다. 회사를 시작한다는 것은 절벽에서 뛰어내리면서 비행

	효율	속도
불확실성	고전적인 스타트업 성장	블리츠스케일링
확실성	고전적인 스케일업 성장	패스트스케일링

기를 조립하는 것과 같다. 자원을 효율적으로 쓰면 하강 속도를 줄이며 '활강'할 수 있다. 땅에 머리를 처박기 전에 시장·기술·팀에 대한 것들을 배울 시간이 있다. 이런 통제된 효율적 성장은 불확실성을 감소시킨다. 제품과 시장의 궁합(product·market fit)을 중심으로 확실성을 정립하는 동안 따르기에는 좋은 전략이다. 저자 에릭 리스(Eric Ries)와 스티브 블랭크(Steve Blank)가 정의한 제품과 시장 궁합이란 시장이 강력히 요구하는 특정한 문제나 니즈에 대한 해법을 제품이 제시하는 것을 뜻한다.

고전적인 스케일업 성장은 환경적 측면에서 확실성을 확보한 회사가 효율적인 성장에 초점을 맞추는 것이다. '절사율'을 적용해 기업 프로젝트의 투자이익률이 꾸준히 자본비용을 상회하게 만드는 등 고전적인 기업 경영 기법을 반영한 것이 이에 해당한다. 기존의 안정적인 시장에서 수익을 극대화하려고 할 때 따르기 좋은 전략이다.

패스트스케일링(fastscaling)은 성장률을 높이기 위해 기꺼이 효율성을 희생하는 것을 의미한다. 그렇지만 패스트스케일링은 확실성이 보장된 환경에서만 일어나기 때문에 비용을 파악하고 예측하기가 쉽다. 패스트스케일링은 시장점유율과 수익을 높이는 데 좋은 전략이다.

사실상, 금융 서비스 업계는 주식이나 채권을 사들이든 돈을 빌려주든 패스트스케일링을 하는 데 자금을 대는 것을 좋아한다. 애널리스트들과 은행가들은 패스트스케일링 투자에서 나올 수 있는 투자자본수익률(ROI)을 1센트 단위까지 산출하는 정교한 재무모델을 만들 수 있다는 자신감을 가지고 있다.

블리츠스케일링은 속도를 위해 기꺼이 효율성을 희생한다는 의미다. 단, 그 희생이 성과를 낼 것이라고 확신을 얻을 때까지 기다리지 않는다. 고전적인 스타트업 성장이 비행기를 조립하면서 하강 속도를 늦추는 일이라면, 블리츠스케일링은 비행기를 더 빨리 조립하면서 날개를 만드는 와중에 제트엔진에 (그리고 어쩌면 제트엔진 재연소장치에) 불을 붙이는 일이다. 눈에 띄게 짧은 시간 안에 성공이냐 실패냐가 정해지는 이른바 '죽느냐, 사느냐'의 문제인 셈이다.

이렇게 정의를 내린다고 했을 때 과연 블리츠스케일링을 밀고 나갈 사람이 있을까 싶긴 하다. 스타트업이 성장하는 데에는 불확실성에 따른 고통뿐만 아니라 훨씬 크고, 당황스럽고, 더 중대한 실패의 가능성이 결합되기 때문이다. 그래서 블리츠스케일링은 실행하기 어렵다. 당신 회사가 마이크로소프트나 구글처럼 기하급수적으로 증가하는 수익흐름을 통해 성장하는 데 필요한 자금을 댈 수 있지 않는 한, 당신에게 돈을 내주도록 투자자들을 설득해야 한다. 계산된 도박(블리츠스케일링)에 투자자들의 돈을 끌어들이는 것은 확실한 것(패스트스케일링)에 자금을 조달하는 일보다 훨씬 더 어렵다. 설상가상으로, 블리츠스케일링을 할 때에는 보통 패스트스케일링을 할 때보다 더 많은 돈이 필요하다. 블리츠스케일링을 하는 과정에서 일어날 수 있는 많은 실수를 만회하기 위해 여윳돈을 남겨둬야 하기 때문이다.

하지만 이런 모든 잠재적 위험에도 불구하고, 블리츠스케일링은 여전히 기업가나 다른 비즈니스 리더들에게는 강력한 도구다. 남들과 달리 당신이 기꺼이 블리츠스케일링의 위험을 받아들인다면, 그들보다 빠르게 움직일 수 있다. 받게 되는 보상도 크다. 그 보상을 받아내기 위한 경쟁이 치열할 때 블리츠스케일링은 합리적이며 심지어 최적의 전략이 된다. 자본과 인력 (직원은 물론 클라이언트와 파트너까지) 측면에서 스케일업에 투자하도록 시장을 설득하기만 하면, 블리츠스케일링을 시작하는 데 필요한 연료를 갖게 된다. 무에서 1을 만들고자 했던 당신의 목표는 이제 믿을 수 없을 정도로 짧은 기간 안에 1에서 10억이 되는 것으로 바뀐다.

기업은 그 연한에 따라 다른 유형의 스케일링을 적용할 수 있다. 구글이나 페이스북과 같은 기업들이 겪은 표준적 순서는 제품의 효율성과 시장성이 입증되면, 경쟁사들보다 먼저 시장을 점유하기 위해 블리츠스케일링으로 이동한다. 그다음 기업이 성숙해

짐에 따라 패스트스케일링으로 완화, 마지막으로 기업이 업계 선
도자로 확실히 자리 잡으면 고전적인 스케일업 성장으로 하향 이
동한다. 이런 스케일링 시퀀스는 전형적인 S자형의 성장곡선을
만들어낸다. 초기의 느린 성장 이후 급속한 가속이 뒤따르고 일정
한 지점에서 완만해지는 것이다.

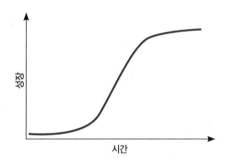

물론 이런 표준적 순서는 대단히 단순화된 것이다. 스케일링
주기는 모든 기업에 적용될 뿐 아니라 개별 제품과 사업 분야에도
적용된다. 이러한 스케일링 주기 곡선의 총합이 기업 전체의 스케
일링 곡선을 만든다.

예를 들어 페이스북은 전형적인 블리츠스케일링 방식으로 움
직였다. 설립 이래 이룬 연 수익 성장률은 2,150% · 433% · 219%
로, 0에서 시작한 수익은 2007년 1억 5,300만 달러에 이르렀다.
그 후 중요한 과도기를 거쳤다. 페이스북이 데스크톱에서 모바일

로 이동할 때, 이동 그 자체뿐만 아니라 수익 창출도 부진하면서 성장률은 두 자릿수로 하락했다. 다행히 페이스북 창업자 저커버그는 중요한 2가지 조치를 취했다. 데스크톱 중심에서 모바일 중심으로 직접 변화를 이끌었고, 회사의 최고운영책임자(COO)로 셰릴 샌드버그(Sheryl Sandberg)를 영입했다. 그녀는 페이스북을 비대한 광고 매출 조직으로 만들었다. 성장률은 다시 세 자릿수를 회복했고, 이 조치들은 2010년 페이스북의 수익을 20억 달러로 견인했다. 우리는 이 책에서 이 2가지 주요한 조치를 아주 상세하게 검토할 것이다. 비즈니스 모델을 분석하는 부분에서 페이스북이 모바일로 어떻게 전환했는지, 기여자에서 관리자 그리고 경영자로 이행하는 부분에서는 샌드버그를 고용한 내용을 다룰 것이다.

애플은 수십 년간 이런 과정이 반복되어 쌓이면 어떤 모습이 되는지를 여실히 보여준다. 애플의 역사에 대해서는 이미 상당히 알려져 있지만, 애플Ⅱ · 매킨토시 · 아이맥 · 아이팟은 완성된 스케일링 주기(아이폰의 주기는 여전히 진행 중이다)를 거쳤다. 잡스가 귀환해 아이맥과 아이팟, 아이폰을 내놓을 때까지 애플은 애플Ⅱ와 매킨토시 이후 블리츠스케일링을 할 수 있는 어떤 제품도 내놓지 못했다는 데 주목할 필요가 있다. 애플이 시장으로부터 피드백을 모으는 고전적인 스타트업 성장의 기간을 거치는 동안에도 매번 속도가 떨어지지 않고 블리츠스케일링을 하는 데 필요한 적절한 제품을 선택할 수 있었던 것은 잡스의 뛰어난 천재성 덕분이다.

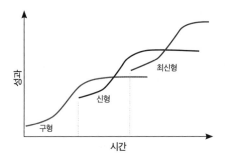

스케일링 곡선은 업계나 지역에 관계없이 모든 블리츠스케일 러에게 적용된다. 이 S자형 곡선 그래프들은 페이스북이나 애플 뿐만 아니라, 중국 최대 인터넷 기업인 텐센트가 QQ를 만들고, 2010년 QQ가 성숙기에 접어든 이후 위챗을 통해 두 번째 곡선 을 만들어낸 경우도 해당된다. 회사가 상승 궤도를 유지하려면 한 사업 부문의 블리츠스케일링이 끝난 시점에 바로 다음 사업의 블 리츠스케일링이 이뤄져야 한다. 블리츠스케일링이 확산되는 동 안, 성숙기에 접어든 사업 부문을 가진 기존 기업들은 새로운 사 업단위의 블리츠스케일링을 하기 위해 새로운 사업이나 프로젝 트를 진행하고 있는 사내 직원에게 눈을 돌려야 한다.

더 빠르게 움직이기 위한 3가지 방법

블리츠스케일링에 필요한 조치들을 수행하는 데 빠른 속도가 당신을 불편하게 할 수 있다. 불확실성이 가득한 상황을 헤쳐 가는 동안 분명히 많은 실수도 저지를 것이다. 이를 해결하려면 비결은 그런 실수들로부터 빨리 배우고 가차 없이 진전하여 되돌아가는 기술을 개발하는 데 있다. 하지만 그전에 블리츠스케일링의 기본적인 특징 3가지를 이해하는 것이 중요하다.

공격은 곧 최선의 방어전략

공격전략으로서 블리츠스케일링은 여러 가지 일을 할 수 있게 해준다. 첫째, 방어가 심한 틈새를 우회해 돌발성 기회들을 활용해서 불시에 시장을 장악할 수 있다. 예를 들어 슬랙이 설립되고 나서 급속하게 성장한 것은 마이크로소프트와 세일즈포스닷컴(Salesforce.com)과 같이 단단히 자리를 잡은 많은 경쟁업체들을 무색케 했다. 둘째, 앞선 상황을 이용해서 다른 주자들이 대응체제를 갖추기 전에 장기적인 경쟁우위를 구축할 수 있다. 셋째, 블리츠스케일링은 좀 더 쉽게 자본에 접근할 수 있도록 해준다. 투자자들은 보통 시장 주도자를 후원하길 원한다. 블리츠스케일링을 실행한다면 이런 지위를 얻을 수 있다. 그렇게 되면 뒤처진 경쟁자들보다 더 많은 돈을 더 쉽고 빠르게 얻을 수 있다.

방어전략으로서 블리츠스케일링은 경쟁자들이 당신을 따라잡는 것만으로도 벅차게 만든다. 경쟁자들에게는 반격할 만한 시간이나 여지가 거의 없기 때문이다. 그들은 당신이 취한 조치에 반응하는 데 초점을 맞추느라 당신을 위협할 만한 차별화된 전략을 개발하고 실행할 만한 시간이 많지 않다. 블리츠스케일링은 당신에게 대단히 유리한 경쟁의 장을 만들어준다.

단숨에 경쟁우위를 선점할 것

2014년 4월, 맥킨지 앤드 컴퍼니(McKinsey & Company)는 '빨리 성장하거나 서서히 죽어가거나'라는 제목의 보고서를 발간했다. 3,000개 소프트웨어·인터넷 기업의 생활주기를 분석한 내용을 담았는데, 이를 통해 재정적 성공의 핵심 요인이 급속한 성장이라는 것, 이것을 가능하게 하는 데 긍정적인 선순환이 한몫했음을 밝혀냈다.

첫째, 성장은 훨씬 더 많은 수익을 창출한다. 고성장 기업은 주주들에게 중성장 기업보다 5배 많은 수익을 제공한다. 둘째, 성장률이 높으면 장기적으로 성공할 가능성이 높다. '슈퍼성장기업(supergrowers, 매출 1억 달러를 달성한 시점에 성장률이 60%가 넘는 기업들)'은 20% 이하의 성장률을 기록한 기업보다 매출 10억 달러에 이를 가능성이 8배 높다.

우리는 블리츠스케일링에 깔린 기제가 '최초 스케일러 우위 (first-scaler advantage)'라고 생각한다. 스케일업이 생태계 안에서 우위를 점하면, 그것을 중심으로 하는 네트워크들이 그 기업의 지도력을 인식하고, 인재와 자본도 이를 중심으로 몰려들게 된다.

최고의 전문가들은 시장의 리더를 위해 일할 때 더 큰 영향력을 얻을 수 있단 사실을 알고 있다. '로켓선'임이 확실한 스케일업에 합류할 경우, 초기단계의 스타트업에서 일했을 때 받게 될 금전적 보상을 얻는 것은 물론이고, 훨씬 큰 확실성과 적은 위험을 보장받는다. 스케일업의 고용인들은 시세에 따르는 월급에 상당한 주식까지 받으며, 엄청난 부자는 아니더라도 부자가 될 수 있는 커다란 가능성을 얻는다. 스케일업은 최고의 인재들을 끌어들임으로써 훌륭한 제품을 만들어 시장에 내놓을 수 있는 능력을 높인다. 더불어 빠른 스케일링 능력도 향상시킨다.

같은 계산은 투자자들에게도 적용된다. 벤처 투자자들은 투자라는 명제에서 그들이 가진 신뢰구간을 기반으로 투자 결정을 한다. 스케일을 달성하는 것은 그들의 신뢰구간을 좁혀 투자 결정을 쉽게 만든다. 투자자들을 연결하는 네트워크는 (특히 실리콘밸리와 같이 유대가 긴밀한 생태계 안에서는) 이런 정보를 폭넓고 빠르게 퍼뜨리기 때문에, 블리츠스케일링 기업은 큰 규모로 자본을 조달할 수 있다. 이런 자본 주입은 폭발적인 성장에 연료를 공급해주고 투자자들의 신뢰구간을 훨씬 더 축소시킨다.

역설적으로, 세계화는 전 세계 기업가들에게 대등한 경쟁의 장을 만들어줌과 동시에 실리콘밸리나 중국과 같은 최고의 스케일링 중추의 존재 가치를 높인다. 나머지 세상은 이런 생태계가 스타트업의 규모 확장에 유리하다고 생각하기 때문에, 그 지역의 스타트업과 투자자들은 전 세계로부터 자본(인적자본과 금융자본)을 끌어들이고 성장세를 유지하는 능력을 더 강화할 수 있다. 이것이 우버나 핀터레스트와 같은 스케일업들이 상장기업의 성과를 왜소해 보이게 만드는 규모와 가치를 달성한 핵심적인 이유다. 드롭박스와 에어비앤비의 시장가치를 직접적으로 언급할 수는 없지만, 그들 역시 생태계에서 비슷한 위치를 차지하고 있다.

대단히 유사한 두 기업, 트위터와 텀블러(Tumblr)의 사례를 보자. 두 회사는 에번 윌리엄스(Evan 'Eve' Williams)와 데이비드 카프(David Karp)라는 뛰어난 제품 지향적 창업자를 두었다. 두 회사 모두 인기가 높은 소셜 미디어 스타트업이며, 제품과 시장 궁합을 달성한 이후 눈에 띄는 속도로 성장했다. 그리고 대중문화에 큰 영향을 미쳤다. 하지만 트위터는 상장을 해서 시장가치 최고액이 370억 달러에 육박한 반면, 텀블러는 야후(블리츠스케일링으로 스케일업을 한 다음 하락의 길을 걸어 사라지고 만 또 다른 스타트업)에 인수되었다. 인수액은 '불과' 10억 달러였다. 트위터의 편에서 이것은 횡재였을까? 어쩌면 그럴 것이다. 운은 창업자·투자자·매체들이 인정하는 것보다 큰 역할을 하기 마련이다.

하지만 두 회사의 가장 큰 차이는 트위터가 수많은 네트워크에 의지해 조언과 도움을 받은 데 반해 텀블러는 그렇게 하지 못했다는 점이다. 예를 들어 트위터는 구글에서 스케일링을 경험했던 영리한 중역 딕 코스톨로(Dick Costolo)를 영입했다. 반면에 텀블러는 뉴욕 생태계에서 가장 이름난 스타트업이었음에도 불구하고, 급속한 성장을 경험한 지역 인재를 구하기가 쉽지 않았다. 그레이록 파트너스의 존 릴리(John Lilly)에 따르면, 텀블러의 간부 자리에 적합한 후보자들은 뉴욕을 통틀어도 몇 되지 않았다. 이런 인재 부족으로 인해 고용이 어려웠다. 텀블러는 더 나은 대안도 없었고 기존 직원으로 대체하는 일도 망설였다. 결국 블리츠스케일링이 가능한 경영 팀을 꾸릴 능력이 없었던 텀블러는 회사를 매각하기로 결정했다.

물론 지역적인 제약이 블리츠스케일링을 어렵게 만들 수 있다. 하지만 문제를 알고 있다면 그 문제를 해결하는 것은 훨씬 더 쉬워진다. 예를 들어 (세계에서 가장 성공적인 온라인 여행업체인) 프라이스라인(Priceline)은 지역적으로 고립된 코네티컷주에 본부를 두고서도 지난 10년 동안 블리츠스케일링을 해냈다. 성장기에 프라이스라인을 이끈 CEO 제프리 보이드(Jeffery Boyd)는 이 제약 안에서 이점을 발견했다. 그는 회사의 위치 때문에 급속한 성장을 지원하는 데 필요한 중요한 소프트웨어 엔지니어와 디자이너를 두고 치열하게 경쟁할 필요가 없다고 말했다. 후발 주자가 최초 스케일러 우위를 지닌 블리츠스케일링 기업과 직접적으로 경쟁하는 것은 불가능에 가깝다. 그들이 이런 우위를 점할 수 있는 다른 게임을 발견하지 않는 한, 그들은 시대에 뒤처지게 될 뿐이다.

위험할수록 잠재적 보상이 크다

"빠르게 움직여서 문제를 혁파한다(Move fast and break things)."는 최근까지도 페이스북의 유명한 사명이었다. 하지만 급속한 성장은 많은 문제를 해결하는 동시에 많은 문제를 만들기도 한다. 저커버그는 팟캐스트 '마스터스 오브 스케일'과의 인터뷰에서 이렇게 말했다. "우리는 빠르게 움직임으로써 벌게 되는 시간보다 되돌아가서 우리가 만들고 있는 것의 버그와 문제를 수정하는 데 더 많은 시간이 걸리는 지점에 도달했습니다." 어느 여름, 인턴이 일으킨 버그로 인해서 페이스북 사이트 전체가 30분간 다운되었는데, 이 유명한 사건이 그의 말을 설명해준다.

인간의 신체 내에서 일어나는 통제 불능의 성장을 가리키는 의학용어가 있다. '암'이다. 이런 맥락에서 보면 통제 불능의 성장은 분명 바람직하지 않다. 기업 역시 마찬가지다. 성공적인 블리츠스케일링은 불가피하게 불거진 일들을 빠르게 바로잡음으로써 최소한 어느 정도의 통제력을 유지한다. 이는 회사가 스스로 무너지거나 갑자기 멈추는 일 없이 맹렬한 속도를 유지할 수 있다는 것을 의미한다. 결승 터치다운을 위해 경기장을 내달리는 풋볼선수처럼, 최초 스케일러 우위를 달성한 회사라도 감당할 수 있는 것보다 더 큰 위험이 닥치면 골라인을 넘기 전에 공을 놓칠 수 있다.

블리츠스케일링은 경영의 관점에서도 위험하다. 새로운 스케일 단계마다 리더십 유형 · 제품 · 조직을 재고안하는 것이 꼭 필요하지만 이것들이 말처럼 쉽지 않다. 리더십 전문가 마셜 골드스미스(Marshall Goldsmith)는 이렇게 말했다. "당신을 여기까지 데려다준 것이 저기로 데려다주지는 못한다." 시장 확보와 수익 증가는 뉴스거리가 된다. 재무 · 제품 · 기술전략은 물론, 조직의 스케일업 없이는 고객과 매출 스케일업도 달성할 수 없다. 조직이 수익과 고객 기반을 같은 비율로 성장시키지 못하면 상황은 급격히 통제에서 벗어날 수 있다.

예를 들어 오라클(Oracle)은 1980년대와 1990년대 초, 블리츠스케일링 기간 동안 지나치게 외골수로 매출 신장에만 집중한 나머지 조직은 기술(경쟁업체인 사이베이스에 한참 뒤떨어진 부분)과 재정 양쪽에서 심각하게 뒤처졌고, 그 결과 거의 파산에 가까운 상태에 이르렀다. 상황을 호전시키기 위한 레이 레인(Ray Lane)과 제프 헨리(Jeff Henley)의 노력 덕분에 오라클은 재앙을 막고 리포지셔닝을 한 후에 성공을 맞게 되었다.

조직의 블리츠스케일링에는 힘겨운 선택과 희생이 필요하다. 오라클의 사례가 보여주듯이 회사를 세우는 데 능숙한 사람들이 반드시 회사를 스케일링하는 데 적절한 사람은 아니다. 이후 우리는 성공적인 블리츠스케일러들이 어떻게 성장에 끌려다니지 않고 의식적으로 성장을 조종하는지에 대해 논의할 것이다.

딱 5단계만 기억할 것

스타트업의 블리츠스케일링은 선형적인 과정이 아니다. 글로벌 대기업은 단순히 낡은 차고 대신 눈부신 고층빌딩에서 일하고, 직원도 1,000명가량 늘리며 몸집만 키운 스타트업이 아니다. 이만큼 중요한 위치에 오르기까지 성장했다는 것은 양적인 변화는 물론이고 질적인 변화까지 일어났음을 의미한다. 드롭박스의 휴스턴은 이 점을 잘 표현했다. "시간이 지나면서 이 체스판에는 계속해서 새로운 조각과 새로운 차원이 추가됩니다."

물리학에서 물질은 종종 상태(예를 들어 온도와 압력)가 변하면서 양상의 변화를 거친다. 얼음은 녹아서 물이 되고, 물은 끓어서 증기가 된다. 스타트업 역시 하나의 단계에서 다음 단계로 나아가며 규모를 키울 때 근본적인 변화를 겪는다. 물 위에서는 빙상용 스케이트가 소용없는 것처럼, 하나의 단계에서 효과가 있었던 접근법과 절차가 스케일업의 그다음 단계에서는 작용하지 못한다.

다행히 이렇게 단계가 변할 때 성공적으로 방향을 잡는 방법이 있다. 이를 우리는 크게 5가지 주요 단계로 나누어 설명할 것이다. 스케일업에서 가장 눈에 띄고, 명백하고, 영향력이 큰 변화는 회사가 고용하는 직원의 수이기 때문에, 우리는 회사 안에 있는 직원의 수(조직의 규모)를 근거로 단계를 정의해보았다.

블리츠스케일링 단계별 직원의 수

1단계(가족) 직원 1~9명

2단계(부족) 직원 10~99명

3단계(마을) 직원 100~999명

4단계(도시) 직원 1,000~9,999명

5단계(국가) 직원 1만 명 이상

경영과 리더십에 있어서 각 단계에는 대단히 중요한 차이가 있다. 당신이 핵가족의 가장일 때는 가족구성원 전체와 긴밀한 관계를 맺는다. 국가 전체의 우두머리라면 전혀 만나본 적도 없는 다수의 사람들을 책임져야 한다(이후에 회사가 성장하면서 인적 경영을 어떻게 최적화하는지에 대해 이야기할 것이다). 다만 그래프로 구분한 십단위 수의 변화가 명확하고 일관된 일련의 범주를 제공하기는 하지만, 실제 상황에서 일어나는 변화는 뒤범벅일 때가 자주 있다는 점을 기억하라. 예를 들어 직원이 20명에 가까워도 유대가 긴밀하면 가족처럼 느끼고 행동할 수 있다. 때문에 이런 정의는 유용한 지침 정도로 참고하면 좋다.

또한 우리는 직원의 수가 조직 규모를 측정하는 여러 척도 중 하나에 불과하다는 것을 알고 있다. 규모를 규정하는 다른 척도로는 사용자의 수(사용자 규모), 고객의 수(고객 규모), 연 매출(사업 규모) 등이 있다. 이러한 척도들은 보통 (늘 그렇지는 않지만) 일치된 방향으로 움직인다. 보통은 조직 규모가 갖추어지지 않고서는 고객 규모와 사업 규모를 달성하는 것이 거의 불가능하지만(고객은 고객 서비스 담당자를 필요로 하고, 매출은 영업사원을 필요로 한다), 그렇다고 해서 조직의 규모는 유지하고 사용자 규모를 늘리는 것이 전혀 불가능한 일은 아니다. 인스타그램의 사례를 생각해보자. 이 회사가 페이스북에 10억 달러에 인수될 당시 직원 13명에 매출은 얼마 되지 않았지만 1억 명이 넘는 사용자를 보유하고 있었다.

이 단계들이 항상 일치된 방향으로 움직이지 않는다는 사실은 블리츠스케일링의 **특색**이지 잘못된 점이 아니다. 앞으로 논의하겠지만 운영상의 확장성은 스케일업이 해결해야 하는 성장의 주요 제약 인자다. 기업이 스스로 성장의 무게를 견디지 못해 무너지는 일이 없게 하려면 직원의 수보다 사용자・고객・매출을 빠르게 늘려야 한다. 그때 기업은 금융자본이나 인적자본의 필요에 심한 제한을 받지 않으면서 수익을 크게 늘리고 지속적인 성장을 달성할 수 있다. 반대로 직원의 수가 사용자・고객・매출보다 빠르게 증가하는 경우, 그것은 비즈니스 모델에 근본적인 문제가 있다는 신호다. 그럼에도 불구하고 여기에서는 편의를 위해 기업의 단계를 조직의 규모를 통해 정의할 것이다. 가족단계의 기업은 1~9명의 직원을 두며, 부족단계의 기업은 10~99명의 직원을 두는 식이다. 예외가 생길 때는 혼란을 피하기 위해 따로 설명할 것이다.

독점적 지위에 이르는 3가지 핵심

구글·아마존·페이스북과 같은 기업 리더들에 대한 많은 연구, 직접적인 만남, 대화를 통해 (그리고 기업가와 투자자로서 내가 겪은 경험을 통해) 우리는 독보적인 기업을 구축한 기업가와 투자자들이 적용한 3가지 핵심 기법을 발견할 수 있었다. 이런 기본 원리들은 일단 지역에 좌우되지 않는다. 난이도에 차이는 있겠지만 어떤 생태계에서든 훌륭한 기업을 만드는 데 적용할 수 있다.

혁신 비즈니스 모델 구축

블리츠스케일링의 첫 번째 핵심 기법은 혁신적인 비즈니스 모델을 고안하는 것이다. 이를 가질 때 진정한 성장이 가능하다. 스타트업의 아주 초보적인 식견처럼 보이지만, 놀라울 정도로 많은 창업자들이 이 핵심 요소를 놓치고 있다. 전 세계의 많은 스타트업들이 저지르는 가장 큰 실수는 기술·소프트웨어·제품·디자인에 초점을 맞추면서 비즈니스를 이해하는 일은 소홀히 한다는 점이다. "비즈니스"라는 말을 통해 우리가 이야기하는 것은 기업이 고객을 확보하고 고객에게 상품이나 서비스를 제공함으로써 돈을 버는 방법이다.

실리콘밸리에는 "엔지니어는 신"이라는 식의 서사가 만연하고 있지만, 우리가 보편적으로 천재들이라고 일컫는 창업자들은 단순히 과학기술에서만 '너드(nerd)'가 아니라 비즈니스에서도 '너드'다[지적·기술적으로 어느 한 가지에 좁고 깊게 빠져 다른 세상일은 몰라라 하는 사람을 가리키는 말]. 구글의 페이지와 브린은 뛰어난 검색 알고리즘을 구축했다. 하지만 그들에게 엄청난 성공을 가져다준 것은 그보다 검색엔진 비즈니스 모델(특히 광고를 게재할 때 단순히 가격을 높게 부른 사람에게 자리를 주는 것이 아니라 검색어와의 관련성과 성과를 고려해 광고를 게재하는)의 혁신이었다.

세상이 디지털화되면서 비즈니스 모델 혁신은 더 중요해졌다. 대단히 많은 기술들을 서비스로 이용할 수 있게 되면서 기술 그 자체는 더 이상 강력한 차별화 요소가 아니다. 오히려 서비스와 획기적인 상품을 결합하여 적절한 조합을 찾아내는 것이 주요한 차별화 요소가 되었다. 오늘날 성공한 기업의 대부분은 완전히 새로운 기술들을 개척해야 하는 스페이스 X보다는 이미 존재하는 일련의 기술들을 통합한 테슬라에 더 가깝다.

비즈니스 모델 혁신은 스타트업이 많은 이점을 가진 기존의 경쟁자들을 앞설 수 있는 방법이다. 드롭박스는 기술·재정·시장 지배력에서 분명히 큰 이점을 가진 마이크로소프트나 구글과 같은 대기업과 경쟁한다. 드롭박스의 창업자이자 CEO인 휴스턴은 자신의 회사가 경쟁업체보다 더 나은 기술을 확보하거나 성과를 내는 데 의지할 수만은 없다는 것을 알고 있었다. "당신의 전술이 경쟁자의 전술과 동일하다면, 곤경에 빠질 수밖에 없습니다. 상대는 훨씬 더 많은 자원으로 그 전술을 실행할 것이기 때문입니다."

휴스턴은 더 나은 비즈니스 모델을 고안해야 했다. 그것은 파일공유에 집중하는 것으로, 파일을 공유하면 고객에게 창출되는 가치와 고객에게 거둬들이는 수익이 드롭박스가 저장해야 하는 파일의 수, 즉 비용에 비해 훨씬 빨리 늘어날 수 있다고 생각했다. 우버와 에어비앤비 역시 전례 없는 신기술이 아니라 새로운 비즈니스 모델을 기반 삼아 믿을 수 없이 빠른 속도로 대기업을 만들었다. 기술 혁신만으로 충분하다면, 연방연구소들은 정기적으로 1,000억 달러 가치의 회사를 만들어낼 것이다(스포일러: 연구소들은 그런 일을 해내지 못한다).

기술 혁신이 중요치 않다는 이야기가 아니다. 기술 혁신은 새로운 시장을 만들거나 기존 시장을 개선하는 데 가장 흔한 유인이다. 우버는 택시를 부르는 경험을 개선시키고자 한 최초의 회사가 아니었다. 스마트폰이라는 기술적 혁신에 무선 인터넷 연결과

GPS 사용 가능 위치 기반 서비스가 합쳐지기 전이라면, 우버의 비즈니스 모델은 성과를 내지 못했을 것이다. 이러한 혁신들은 운전자나 승객이 겪는 마찰을 줄여줌으로써 처음으로 우버의 핵심인 우버X 승차공유 모델이 대규모 시장에서 먹히게 만들었다.

도시단계에서 국가단계로 성공적인 블리츠스케일링을 이룬 다음에도 기술 혁신을 무시할 수는 없다. 시가총액 1,000억 달러가 넘는 기술기업들은 하나도 빠짐없이 기술적 이점을 이용해서 경쟁우위를 강화한다. 아마존은 특별한 기술이 없는 단순한 온라인 소매업체로 시작했을지 모르지만, 현재 클라우드 컴퓨팅·물류 자동화 시스템·음성 인식 등에서 아마존이 가지고 있는 기량은 그들이 지배적인 위치를 지키는 데 도움을 주고 있다. 사실, 블리츠스케일링을 통해 성장한 대기업들은 구글이 딥마인드를 인수하고 페이스북이 오큘러스를 인수했듯이 혁신적인 기술기업들을 사들인 업체인 경우가 많다.

기술 혁신은 비즈니스 모델 혁신을 통해 얻은 이점을 유지하는 데 가장 중요한 요소다. 어떤 기술 혁신이 새로운 시장을 만들어도, 거의 하룻밤 사이에 또 다른 기술 혁신이 그것을 구식으로 만든다. 우버는 엄청나게 규모를 확장했지만 그들의 미래에 가장 큰 위협은 중국판 우버 디디추싱(滴滴出行)과 같은 직접적인 경쟁업체가 아니다. 이들도 어마어마한 위협이기는 하지만 우버 사업의 가장 큰 위협은 자율주행차의 기술 혁신이다. 이것은 우버의 가장 큰 경쟁우위, 즉 신중하게 개발된 운전자 네트워크를 하룻밤 사이에 쓸모없는 것으로 만들 수 있다. 문제 해결의 열쇠는 새로운 기술에 잠재 고객에 대한 효과적인 유통·확장이 가능하며 이윤 폭이 높은 수익 모델, 자원의 제약이 생기는 경우에 고객들에게 서비스를 제공할 수 있게 하는 접근법을 결합시키는 데 있다.

비즈니스 모델 혁신은 회사를 시작하기 전에 고안하는 것이 이상적이다. 내가 링크드인을 공동 창립할 때가 이런 경우에 해당된다. 물론 소셜 미디어 본연의 상호교류를 하려는 욕구와 온라인에서 자신의 비즈니스 경력을 드러내고 관리하려는 욕구를 결합한 링크드인의 핵심적인 비즈니스 모델 혁신은 저절로 일어난 것이 아니었다. 비즈니스 모델의 혁신은 많은 생각과 반성의 결과였다. 나는 링크드인이 탄생하기 거의 10년 전에 초창기 온라인 소셜 네트워크의 하나인 소셜넷(SocialNet)을 설립했던 경험을 살렸다. 하지만 삶이란 언제나 그렇게 마음먹은 대로 되는 것이 아니다. 많은 회사들이, 대단히 유명하고 성공적인 기업들조차 이미 운영하고 난 뒤 비즈니스 모델 혁신을 시작해야 하는 경우가 있다.

페이팔은 영업을 시작할 때 비즈니스 모델을 갖추고 있지 않았다(나는 페이팔의 핵심 경영진 중 1명이었다). 우리는 하루 5%라는 기하급수적인 성장을 이루고 있었지만 진행하는 매 거래마다 손해를 보고 있었다. 재미있는 점은 친구를 추천하는 고객에게 보너스를 지급하는 우리를 보고 미쳤다고 말하는 사람들이 있었다는 것이다. 이런 추천 보너스는 아주 뛰어난 아이디어였다. 광고를 통해서 새로운 금융 서비스 고객을 끌어들이는 데 드는 일반적인 비용보다 훨씬 쌌기 때문이다(이런 종류의 바이러스성 마케팅의 힘과 중요성에 대해서는 이후 논의할 것이다).

하지만 진짜 미친 짓은 사용자들이 페이팔에서 빠져나가지 않으면서 신용카드 결제를 받아들이도록 각 거래액의 3%를 신용카드 수수료로 지급하면서도 사용자들에게는 그에 대한 비용을 전혀 청구하지 않은 것이다. 대학동창이자 페이팔의 공동창업자이면서 CEO인 피터 틸(Peter Thiel)에게 이렇게 말했던 것이 기억난다. "피터, 자네와 내가 우리 사무실 지붕에 올라서서 100달러짜리 지폐를 뿌린다 해도 지금보다 손해가 크진 않을 거야."

우리는 신용카드사들이 하듯이 결제를 받아들이는 기업에 대금을 청구해서 문제를 해결했다. 단, 신용카드 네트워크보다 비용이 적게 드는 자동 교환 결제[automated clearinghouse, ACH, 한국의 은행 지로에 해당하는 시스템] 은행 거래를 이용해 그러한 지급 대금에 대한 자금을 지원했다. 하지만 이 문제를 해결할 때까지 블리츠스케일링을 실행하지 않고 기다렸다면 우리는 시장을 주도하지 못했을 것이다.

상식으로 이해할 수 없는 전략 구사

블리츠스케일링의 가장 분명한 요소는 고도의 성장을 추구하는 것이다. 이것이 혁신적인 비즈니스 모델과 결합되면 막대한 가치는 물론 장기적으로 경쟁우위를 확보할 수 있다. 많은 스타트업이 스스로 고도성장전략을 추구하고 있다고 믿는다. 실은 고도성장에 대한 **목표와 바람은** 있지만 거기에 필요한 현실적 전략은 이해하지 못한 것인데 말이다. 목표를 달성하려면 어떤 일을 할 계획인지, 또 그만큼 중요하게 어떤 일을 하지 **않을** 계획인지 알아야 한다. 또 성장은 그 자체만으로 가치를 창출하지 않는다. 가치를 창출하려면 효과가 있는 비즈니스 모델과 결합되어야 한다. 당신 회사가 20달러짜리 지폐를 1달러에 판다면 고객을 손쉽게 구름같이 모으고 매출을 극도로 신장시킬 수 있다. 하지만 '박리다매'로는 지속 가능한 가치를 구축할 수 없다.

성공적인 블리츠스케일링을 위해서는 경쟁우위가 네트워크 효과(임계 규모에 최초로 도달한 기업이 승자독식 시장을 지배하고 지속적인 최초 스케일러 우위를 달성하게 해주는 선순환을 자극한다)에서와 같이 비즈니스 모델에 내장된 성장 요소들에서 비롯되어야 한다. 예를 들어 우버가 도시별 확장이라는 공격적인 전략을 내세운 덕에 고객들은 경쟁업체에 비해 덜 기다리면서 택시를 부를 수 있다. 우버는 당신이 다른 어떤 업체를 이용했을 때보다 우버를 이용했을 때 빠르게 차를 타길 바란다. 이것이 더 많은 고객을 끌어들이고, 더 많은 운전자를 끌어들이고, 시장유동성을 높인다. 고객들로 하여금 더 빨리 택시를 부르게 하고, 다시 더 많은 고객을 끌어들인다. 우버의 초기 투자자인 빌 걸리(Bill Gurley)는 2012년 자신의 블로그 포스트 '모든 시장이 동등하게 만들어지는 것은 아니다(All Makets Are Not Created Equal)'에서 우버의 전략을 설명했다.

회사가 성장하면 더 많은 차들이 길에 나올 수 있다. 여기에 경로와 부하 최적화에 대한 투자가 이어져 픽업 시간은 더욱더 단축된다. 그들이 시장에 머무는 시간이 길어질수록 경험은 점점 더 개선된다.

블리츠스케일링은 단순한 공격적 성장전략을 넘어선다. 블리츠스케일링에는 불확실한 상황에도 불구하고 효율보다 속도를 우선시하는 것처럼 전형적인 비즈니스 사고로는 이해할 수 없는 일을 하는 것이 포함되기 때문이다. 동시에 블리츠스케일링은 단순한 위험 감수를 넘어선다. 월트 디즈니가 디즈니랜드를 만들기 위해 자신의 생명보험금을 담보로 돈을 빌렸던 것처럼 회사에 모든 것을 거는 일에는 위험이 따른다. 하지만 그것이 블리츠스케일링은 아니다. 디즈니사의 경우 블리츠스케일링이란, 디즈니랜드를 몇 개월 먼저 개장하려고 하루 24시간 건설인력을 고용해 가동하는 것이 해당된다. 또 빠르게 100만 방문객을 달성하기 위해 티켓 값을 90% 낮추는 데 드는 돈을 감당하는 것 같은 비효율이 포함된다(이것은 그렇게 끌어들인 100만 방문객이 1,000만 명의 사람들과 인적 네트워크를 형성하고 있다는 점을 인식했기에 가능했다).

실리콘밸리를 그처럼 성공시키는 데 도움을 준 가차 없는 관행이 하나 있다. 투자자들은 성장궤도에는 올라 있으나 그 유명한 하키스틱 모양의 지수적 성장을 보이지는 못하는 회사를 보고, 회사를 팔거나 그렇지 않으면 기하급수적 성장의 달성 기회를 높일 수 있는 추가적인 리스크를 떠안아야 한다는 결론을 내린다. 다른 업계까지 아우르는 월스트리트의 애널리스트들을 기쁘게 할 만한 연 20%의 성장을 달성하는 것만으로는 스타트업이 수십억 달러 규모의 기업으로 빠르게 탈바꿈할 수 없다. 실리콘밸리의 벤처 투자자들은 기업가들이 지수적 성장을 추구하기를 원한다. 그렇게 하는 데 더 많은 돈이 들고 기업이 실패할 확률은 더 높아져 결국 손실이 더 커질 수 있다고 해도 말이다. 연 성장률이 40% 아래로만 내려가도 투자자들은 이를 경고 신호로 본다.

일반인들은 이해하기 어려운 사고방식이다. "성장하고 있는 성공적인 회사를 날려버릴 수도 있는 위험을 왜 감당해야 하는가?"라는 질문이 나오는 것도 당연하다. 답은 이렇다. 블리츠스케일링 기업들은 주로 승자독식의 시장에서 활동한다. 성장하는 성공적인 기업에 더 큰 위험은 지나치게 천천히 움직여서 경쟁업체가 시장 주도권을 잡고 최초 스케일러 우위를 누리게 되는 것이다.

노키아가 이를 보여주는 좋은 사례다. 그들이 몸을 사린 대가가 무엇인지 아는가? 2007년 노키아는 세계에서 가장 규모가 크고 성공한 휴대전화 제조업체로 시가총액이 990억 달러에 달했다. 하지만 이후 애플과 삼성이 맹렬한 기세로 시장을 장악하기 시작했다. 2013년 노키아는 적자를 내는 송수화기 사업 부문을 70억 달러를 받고 마이크로소프트에 매각했다. 2016년 마이크로소프트는 피처폰 자산과 노키아 송수화기 브랜드를 폭스콘과 HMD에 매각했다. 가격은 단 3억 5,000만 달러였다. 10년도 안 되는 기간 동안 990억 달러까지 올랐던 노키아 휴대전화 사업의 가치가 3억 5,000만 달러로 떨어진 것이다. 99%가 넘는 하락이었다.

당시 노키아의 결정은 이치에 맞는 것처럼 보였다. 사실 노키아는 아이폰과 구글의 안드로이드 운영체제가 나온 이후에도 계속 성장하고 있었다. 2010년 1억 400만 대의 휴대전화를 출하해 생산량의 측면에서도 정점에 이르렀다. 하지만 이후 노키아의 매출은 하락했고 2011년에는 안드로이드가, 2012년에는 아이폰이 노키아를 앞질렀다. 노키아의 경영진이 실제로 마주한 위협을 인식한 때는 이미 늦은 후였다. 윈도우폰(Windows Phone)의 독점 파트너로 마이크로소프트와 손을 잡는 필사적인 노력도 하락세를 뒤집지 못했다.

블리츠스케일링은 종종 상당한 양의 자본을 소모해야 한다. 이는 전형적인 비즈니스 사고로 접근했을 때 '낭비'로 여겨질 수 있다. 하지만 이런 공격적 지출을 지원하는 재정전략의 실행은 블리츠스케일링에서 매우 중요한 부분이다. 예를 들어 우버는 새로운 도시에서 서비스를 시작할 때 요금을 내림으로써 승객을 끌어들이고, 운전자에게 주는 돈은 올려 그들을 끌어들이는 식으로 시장의 양쪽 모두에 상당한 보조금을 사용한다. 초기 승차에 필요했던 것보다 많은 돈을 투자했지만, 덕분에 보수적인 경쟁업체들보다 빠르게 임계 규모에 도달했다. 승자독식이라는 승차공유 시장의 성격을 고려하면, 이런 '낭비적인' 지출은 오히려 그들이 영업을 하는 도시에서 지배적인 위치를 점하는 데 도움을 주었다.

물론 유리한 조건으로 막대한 양의 자금을 조달할 능력이 없다면 이런 전략은 불가능하다. 우버의 경우, 설립 이후부터 이 책을 쓰고 있는 시점까지 거의 90억 달러의 자금을 조달했다. 어느 시점이 되면 이 회사는 유닛 이코노믹스(unit economics, 특정 비즈니스 모델과 관련된 직접 수익과 비용)를 눈에 띄게 개선할 수 있는 능력을 보여줘야 한다. 그렇게 하지 못한다면 투자자들이 심술을 부릴 테니까. 이런 우려는 우버가 자율주행차 기술에 상당한 투자를 하고 있는 이유를 설명해준다. 자율주행차 기술은 한 번에 가장 큰 비용(운전자 지불금)을 없앨 수 있기 때문이다.

다른 지역에 비해 실리콘밸리에 유독 블록버스터 기업들이 절대적으로 많은 까닭이 뭔지 아는가? 이런 블리츠스케일링의 리스크를 기꺼이 떠안으려고 하기 때문이다. 물론 실리콘밸리가 절대

적으로 많은 재정적 재앙(블리츠스케일링에 대해서 논할 때 '리스크'란 단어
가 의미하는 것)이 일어나는 곳이기도 하다. 하지만 알리바바나 스포
티파이와 같은 거대 조직의 부상이 보여주듯이, 블리츠스케일링
은 전 세계적으로 시작되고 있다.

직관에 어긋나는 규칙의 포용

블리츠스케일링을 할 때 필요한 마지막 핵심 기법은 경영 혁신이
다. 경영 혁신이 필요한 까닭은 초고속 성장으로 인해 조직과 직
원들이 극도의 긴장 상태에 놓이기 때문이다. 나는 기업가들과 경
영진들에게 "이론에서는, 실습이 필요치 않다."라는 말을 즐겨 한
다. 비즈니스 모델과 성장전략이 아무리 뛰어나도, 많은 실습 없
이는 (이론이 아닌) 실제 세상에 블록버스터 기업을 만들 수 없다는
뜻이다. 블리츠스케일링을 시도할 때는 이 문제가 더 확대된다.

블리츠스케일링에 수반된 유형의 성장은 인사 부문에 상당한
문제를 일으킬 수 있다. 매년 직원의 수가 3배씩 늘어나는 것은
블리츠스케일링 기업에서 드물지 않은 일이다. 이 경우 전형적으
로 성장하는 기업과 확연히 다른 접근법으로 경영해야 한다. 전형
적인 기업의 경우 연 15%의 성장에 만족하고 시간을 들여 회사에
딱 맞는 몇몇 신입사원을 찾고 기업문화에 열중하려고 한다. 하지
만 블리츠스케일링을 실행하는 기업은 조직이 성장함에 따라 일
련의 주요한 이행을 재빨리 처리해야 한다. '가장 적합한 사람이

아니라 바로 지금 필요한 사람'을 고용하고, 때로는 결함이 있고 불완전한 제품을 내놓기도 한다. 불길을 방치하고, 화난 고객을 무시하는 것과 같은 직관에 어긋나는 규칙들을 포용해야 한다. 이 책을 통해 우리는 비즈니스 모델 · 성장전략 · 경영 혁신이 어떤 상호작용으로 고위험, 고보상의 블리츠스케일링 과정을 형성시키는지 살펴볼 것이다.

PART2

최적화보다
선점이 먼저다

〔비즈니스 모델〕

Business Model

블리츠스케일링의 핵심 기법 3가지 중 가장 기본이자 중요한 것은 지수적 성장을 가능케 하는 혁신적 비즈니스 모델을 고안하는 일이다.

인터넷 시대의 기업가정신에 대한 이야기는 이런 비즈니스 모델 혁신에 대한 이야기다. 1995년 넷스케이프의 IPO부터 나스닥이 붕괴하기 시작한 2000년까지의 닷컴 시대로 거슬러 올라가 보면, 이 기간 동안 엄청난 수의 스타트업과 기존 기업들이 그럴듯한 인터넷 비즈니스를 구축하려 애썼지만 대부분 실패했다. 문제는 대다수가 기존의 비즈니스 모델을 그대로 복사해서 새로운 온라인 매체로 옮기려 했다는 데 있었다. 종이 다른 생물에 인간의 심장을 이식하고서 잘 움직이길 바라는가?

인터넷을 지배할 위치에 가장 잘 포지셔닝된 기업이 어디라고 생각하는가. 1995년 주식시장 분석가들에게 물었다면, 대부분은 MSN과 패스파인더(Pathfinder) 같은 인터넷 비즈니스에 수백만 달러를 투자했던 마이크로소프트, 타임워너 같은 대기업을 골랐을

것이다. 아니면 '카테고리 킬러[category killer, 완구용품 · 스포츠용품 · 아동
의류 · 가전제품 등과 같이 상품 분야별로 특화된 전문 매장을 갖추고 판매하는 소
매업태]'처럼 입증된 비즈니스 모델을 새로운 온라인 매체와 결합
시켰던 이토이즈(eToys) 같은 '집중 투자(pure play)' 닷컴 스타트업
을 꼽을 수도 있을 것이다. 하지만 닷컴 붕괴의 잔해가 사라진 다
음에도 여전히 전속력으로 달리고 있는 소위 성공한 기업들은 아
마존 · 이베이 · 구글 같은 완전히 새로운 비즈니스 모델을 고안하고
이를 중심으로 움직인 스타트업이었다.

　월마트가 온라인 소매를 지배하는 것은 당연했다. 하지만 아마
존이 나타나자 상황이 달라졌다. 아마존은 고객 리뷰, 장바구니,
무료 배송 등 전자상거래의 역사를 새로 썼다. 신문과 전화번호부
회사들이 정보 사업을 온라인으로 옮겨놓아야 마땅했지만, 정작
이를 주도한 것은 야후, 그다음에는 구글이었다. 그들은 검색엔
진을 구축해 세상의 정보에 색인을 달았다. 구글은 전통적인 미디
어 기업들을 합친 것보다 가치가 높은 비즈니스 모델을 개발했다.

　반면 (그리고 불행히도) 실제 비즈니스 모델 혁신 없이 오로지 기
술 혁신에만 의존했던 스타트업들은 대부분 파산했다. 시장 다각
화 측면에서 아마존에 도전했으나, 아마존처럼 고객을 직접 대하
는 일선과 그렇지 않은 후선 업무의 혁신을 이루지 못했던 이토이
즈 같은 기업들은 금융시장이 비용이 많이 드는 매출 성장보다 이
윤을 요구하기 시작하면서 무너졌다.

넷스케이프 내비게이터로 웹 브라우징의 주류를 이끌었고, IPO로 닷컴 붐의 시작을 알렸던 넷스케이프조차 AOL에 매각되었다. 넷스케이프 엔지니어들은 자바스크립트 · SSL(Secure Sockets Layer) 등 지금까지도 사용되는 온갖 인터넷 기반 기술들을 만들었지만, 넷스케이프는 자체 기술 혁신으로 가능한 새로운 비즈니스 모델을 개발하지 않았다. 그저 유효성이 증명된 비즈니스 모델을 이용하면서 현상 유지에 만족했을 뿐이다.

그러나 경쟁업체인 마이크로소프트는 이미 그런 비즈니스 모델들에 대해 속속들이 이해하고 있었다. 그뿐만 아니라 자신의 경제적 힘과 자원을 이용해서 지렛대를 움직이는 방법을 정확히 알고 있었다. 마이크로소프트는 새로 출시되는 모든 윈도우 컴퓨터에 인터넷 익스플로러를 미리 설치하고, 웹 서버 소프트웨어인 IIS(Internet Information Server)를 배포했다. 그리고 이것은 넷스케이프의 비즈니스 모델을 효과적으로 파괴했다. 이것이 첫 번째 '브라우저 전쟁(browser war)'이다.

만약 넷스케이프가 다른 전략을 사용했다면 성공했을까? 우리는 그렇다고 생각한다. 넷스케이프가 내비게이터 브라우저를 수익화한 방법 중 하나는 500만 달러를 받고 넷 서치(Net Search) 버튼의 스폰서십을 익사이트(Excite)에 판매하는 것이었다. 넷스케이프는 브라우저 자체가 핵심이고, 검색은 부수적인 것에 불과하다고 생각했다. 검색이 훨씬 큰 사업이라는 것은 2쌍의 스탠퍼드 대학원생들이 증명했다. 야후의 제리 양과 데이비드 파일로, 구글의 페이지와 브린이 그들이다.

구글은 자동화된 시장을 이용하여 검색한 결과 옆자리의 텍스트 광고를 판매했다. 구글의 이런 혁신적인 모델은 시장에서 독점적인 위치를 구축하게 해주었다. 이들의 시장 지배력은 이후 마이크로소프트가 가한 정면공격을 견뎌낼 정도로 대단했다. 마이크로소프트가 빙(Bing) 검색엔진을 사용하는 사람들에게 실제 돈을 지불하는 마케팅을 펼쳤음에도 경쟁력이 있었던 것이다.

그 이후 여러 물결에서 같은 이야기가 반복되었다. 페이스북과 링크드인이 처음 등장했을 때 AOL, 마이크로소프트(핫메일), 야후(야후 메일)는 온라인 소비자 아이덴티티의 대부분을 통제하고 있었지만, 결국 소셜 네트워크를 지배하게 된 것은 페이스북과 링크드인이다. 중국에서는 알리바바가 이베이를 눌렀다. 우버는 택시 회사들의 허를 찔렀다. 에어비앤비는 세계의 어느 호텔 기업보다 많은 방을 보유하고 있다.

이런 성공 사례들은 모두 기술기업의 것이다. 하지만 우리가 앞서 보았듯이 기술 혁신만으로는 충분치 않다. 기술 혁신이 미래에 갖게 될 영향력이 엄청난데도 말이다. 크레이그리스트(Craiglist) · 위키피디아 · IMDb(the Internet Movie Databse)는 초기에 영향력 있는 인터넷 혁신 기업들이었지만 아직 (금전적으로) 큰 가치를 구축하지 못하고 있다.

　결국 진정한 가치 창출은 혁신적인 기술이 혁신적인 비즈니스 모델을 통해 혁신적인 제품과 서비스를 만들어낼 때 이루어진다. 일이 벌어지고 난 지금에 와서야 구글·알리바바·페이스북의 비즈니스 모델은 너무나 명백하고 심지어는 불가피한 것처럼 보인다.

　하지만 그들도 출범할 당시에는 널리 인정받지 못했다. 1999년, 전자식 카탈로그 같은 것 옆에 작은 텍스트 광고를 관리하는 일이 세계에서 가장 높은 가치의 소프트웨어 회사를 키우는 일로 이어질 것이라고 생각한 사람이 몇이나 되겠는가? 새롭게 부상하고 있는 중국 중산층을 겨냥해 온라인 쇼핑몰을 차리는 일이 1,000억 달러 가치의 기업을 만드는 일이 될 것이라고 누가 상상이나 했겠는가? 2004년, 손에 들고 다니는 컴퓨터의 작은 화면을 통해 친구들이 하는 이야기를 보게 해주는 플랫폼이 지배적인 매체가 될 것이라고 누가 예측이나 할 수 있었겠는가? 훌륭한 기업이나 훌륭한 사업 중에는 처음 등장했을 때 형편없는 아이디어로 취급받은 것들이 종종 있다. 비즈니스 모델 혁신은 (그 정의 자체로 알 수 있듯이) 효과를 발휘한다는 근거를 입증하기가 어렵기 때문이다.

　이런 비즈니스 모델이 성공하는 이유를 간파하려면 우선 '비즈니스 모델'이 무슨 의미인지 명확하게 알아야 한다. 이 용어를 너무나 다양한 방식으로 해석할 수 있다는 데에도 문제가 있다. 피터 드러커는 비즈니스 모델이란 본질적으로 사업에 대한 가정들로 이루어진 이론이며, 이런 상황은 시간에 따라 변화가 필요하다는 글을 남겼다. 하버드대 경영대학원 교수이자 작가인 클레이튼 크리스텐슨(Clayton Christensen)은 '해야 할 일(job-to-be-done)' 개념에 초점을 맞춰야 한다고 말했다. 이는 고객이 제품을 구매할 때 어떤 특정한 일을 하기 위해 그것을 '고용한다(hiring)'는 의미다. 에어비앤비의 체스키는 또 이렇게 말했다. "사람들이 좋아하는 제품을 만들어라. 뛰어난 사람들을 고용해라. 그 외에 무슨 일이 필요하겠나? 다른 것들은 모두 가짜 일일 뿐이다."

안드레아 오반스(Andrea Ovans)가 2015년 〈하버드 비즈니스 리뷰〉 1월호에 쓴 '비즈니스 모델이란 무엇인가?(What Is a Business Model?)'가 적절한 표현인 듯하다. 그것은 우리를 어질어질하게 만들기에 충분한 주제다. 우리는 이 책의 목적에 맞게 비즈니스 모델의 기본적 정의에 초점을 맞추고자 한다. 여기에서 말하는 비즈니스 모델이란, 기업이 제품을 생산하고, 판매하고, 지원함으로써 금전적 보상을 만들어내는 방법을 설명할 수 있다는 것이다.

아마존·구글·페이스북이 다른 성공적인 첨단기술 기업들과 차별화되는 지점은 재빨리, 그것도 엄청난 규모로 성장했다는 것이다. 또한 이는 그들이 지속 가능한 경쟁우위를 갖는 비즈니스 모델을 고안하여 실행했기 때문에 가능했다. 물론 어떤 회사에나 완벽한 비즈니스 모델은 존재하지 않으며 그런 모델을 찾으려는 것은 시간 낭비다. 하지만 좋은 비즈니스 모델이 공통적으로 갖는 특징들이 있기는 하다. 당신만의 최고의 비즈니스 모델을 찾고자 한다면, 앞으로 설명할 4가지 핵심 성장 인자를 극대화하고 2가지 핵심 성장 제약 인자를 최소화시키는 모델을 고안하라.

4개의 고지

시장 규모

좋은 비즈니스 모델을 만들기 위해 고려해야 할 가장 기본적인 성장 인자는 시장 규모다. 시장 규모에 초점을 맞춘다는 것은 스타트업 피치덱[Pitch Deck, 투자자들에게 스타트업의 사업 모델과 팀을 소개하기 위해 만드는 짤막한 발표 자료] 1장 1절에나 나오는 너무나 당연한 이야기처럼 들릴 것이다. 하지만 기업을 엄청난 규모로 키우려면 기본에서 시작하되, 아주 작은 시장에만 적용되는 아이디어들을 제거해나가야 한다. 큰 시장에는 다수의 잠재 고객이 있고 이런 고객들에게 도달하는 다양하고도 효율적인 경로들이 있다. 특히 여기에서 '고객에게 도달한다'는 부분이 중요하다. '세상의 모든 사람'으로 이루어진 시장은 크게 보이겠지만, 이런 시장은 어떤 효율적인 방법으로도 다다를 수 없다.

그렇다면 핵심 성장 인자로서의 시장 규모란 무엇일까. 벤처 투자자들의 이야기나 피치덱에서는 총유효시장(total avail-able market, TAM)이 종종 언급된다. 총유효시장이란 결국 시장의 규모인데, 이를 판단하기란 말처럼 쉽지가 않다. 총유효시장, 그리고 총유효시장이 미래에 어떻게 성장할지 예측하는 것은 블리츠스케 일링의 불확실성에 가장 큰 영향을 미치는 요인이다. 하지만 에어 비앤비와 우버만 보아도 알 수 있듯이, 다른 사람들이 두려움 때 문에 꼼짝하지 못할 때 총유효시장을 정확하게 예측하고 투자하 는 것은 예상 밖의 큰 수익을 얻는 주요한 기회 중 하나다.

여기서 가장 이상적인 그림은 시장 자체가 빠르게 성장하는 것 이다. 그것이 작은 시장이라면 소비자가 매력을 느끼는 시장이 될 테고, 큰 시장이라면 소비자가 거부할 수 없는 시장이 된다.

실리콘밸리에서 이뤄지는 벤처 캐피털 경쟁은 기업들이 큰 시 장을 좇는 아이디어에 집중하도록 강하게 압박한다. 벤처 캐피털 기업은 투자자들(연금기금, 대학기금과 같은 유한책임조합들)을 통해서 수 억, 수십억 달러의 자금을 조성한다. 그리고 이 투자자들은 단순 히 코카콜라 같은 안정적인 곳에 투자하는 대신 비공개 기업에 자 신의 운을 걸고 그 대가로 시장 수익률을 넘어서는 성과를 얻는 데 관심이 있다. 시장 수익률을 넘어서려면 벤처 캐피털 펀드들은 투자자의 돈을 적어도 3배는 불려줘야 한다. 1억 달러 규모의 벤 처 캐피털 펀드가 시장 수익률을 상회하는 15~22%의 내부 수익 률을 달성하려면 3억 달러를 돌려주어야 하는데, 이는 기금의 일 반적인 수명인 7~10년 안에 이뤄져야 한다. 만일 10억 달러 규 모의 펀드라면? 30억 달러를 돌려줘야 하는 셈이다.

그러나 대부분의 벤처 캐피털 투자는 돈을 잃거나 간신히 본전 치기를 한다. 벤처 투자자들이 이런 공격적인 목표를 달성하려면 소수이더라도 엄청나게 성공적인 투자에 의지할 수밖에 없다. 그 것이야말로 현실적이고도 유일한 방법이기 때문이다. 예를 들면 벤치마크(Benchmark)는 1997년 이베이에 670만 달러를 투자했다. 2년이 안 돼서 이베이는 상장했고, 벤치마크가 가진 지분의 가치 는 50억 달러가 되었다. 무려 745배의 수익이다. 그 투자를 한 펀 드, 벤치마크 캐피털 파트너즈 I(Benchmark Capital Partners I)은 투자 자들에게서 8,500만 달러의 투자금을 끌어들여 78억 달러를 돌 려주었다. 대략 92배의 수익이다(페이스북 초기 투자자들의 수익률은 이 보다도 높았지만 그들은 기업이 아닌 개인이었다).

이베이와 같은 대박을 기대하는 많은 벤처 투자자들은 시장 규 모를 기반으로 투자 기회를 걸러낸다. 회사가 '벤처 스케일(venture scale, 일반적으로 최소 연 매출 10억 달러의 시장)'에 이를 수 없다면 투자 하지 않는다. 아무리 좋은 기업이라도 말이다. 투자자의 돈을 3배 이상 불려야 하는데, 그만큼의 큰 규모가 아니기 때문이다.

체스키가 벤처 투자자들에게 투자를 권하던 당시, 그가 자문을 구한 사람들 중에는 기업가이자 투자가로, 이후 와이콤비네이터 스타트업 액셀러레이터의 대표가 된 샘 알트만(Sam Altman)이 있 었다. 알트만은 체스키의 피치덱을 보고 완벽하지만 시장 규모는 3,000만에서 300억 달러로 바꿀 필요가 있다고 말했다. "적어도 수십억대는 되어야 투자자들에게 먹혀."

　그렇다고 알트만이 체스키에게 거짓말을 하라고 한 것은 아니다. 사실 에어비앤비 팀이 자신들이 가정한 바를 믿는다면 3,000만 달러는 지나친 과소평가이고 자신들의 신념에 부합되는 수치를 사용해야 한다는 의미에 가깝다. 그리고 밝혀진 대로 에어비앤비의 시장은 실제 300억 달러에 가까웠다.

　시장의 규모를 평가할 때 기존 업체들이 점유한 시장을 빼앗아 오는 것만 중요하게 봐서는 안 된다. 낮은 비용과 제품을 개선하여 새로운 고객에게 매력적으로 다가감으로써 시장을 넓힐 수 있는지 확인하는 것 역시 중요하다. 2014년, 뉴욕대 스턴경영대학원의 재무학 교수 애스워드 다모다란(Aswath Damodaran)은 1,000억 달러 규모의 세계 택시 시장의 10%, 즉 100억 달러 시장을 얻을 수 있다고 보고 우버의 가치를 약 60억 달러로 추산했다. 그러나 우버가 자체적으로 내린 추정에 따르면, 2016년 이 회사는 260억 달러의 지불을 처리했다. 100억 달러라는 시장 규모 예측은 엄청난 과소평가였다고 말해도 과언이 아니다. 이러한 시장 규모를 얻을 수 있었던 것은 우버와 경쟁업체들이 제공한 사용의 편의성과 낮은 가격이 '서비스로서의 운송(transportation-as-a-service)' 시장을 확장했기 때문이다. 온라인 파일저장 회사인 박스(Box)의 창업자 애런 레비(Aaron Levie)는 2014년, "기존 시장의 규모를 기반으로 앞으로의 시장 규모를 가늠하는 것은 1910년에 말의 수를 기준으로 자동차 업계의 규모를 예측하는 것과 비슷하다."라는 트윗을 올렸다.

시장을 과소평가하는 다른 요인은 시장의 규모를 더 넓힐 수 있는가, 이 부분을 고려하지 않는 것이다. 아마존은 '세상에서 가장 큰 서점'이라는 아마존 북스로 출발했다. 하지만 베조스는 아마존이 서적 판매를 교두보로 삼아 밖으로 뻗어나가면서 '없는 것이 없는 상점(the everything store)'이라는 거대한 비전을 이루길 바랐다. 현재 아마존은 서적 판매 업계에서 지배적인 위치에 있지만 끊임없이 시장을 확장시킨 덕분에 서적 부문의 매출은 아마존 총매출의 7%에도 미치지 않는다.

애플의 재정적 성과를 봐도 같은 효과를 발견할 수 있다. 2017년 1사분기, 애플은 이 회사가 개척한 분야이자 한때 압도적인 우위를 점하던 PC를 판매하여 72억 달러의 매출을 올렸다. 이는 분명히 높은 수치다. 하지만 같은 기간 애플의 총매출은 784억 달러였다. 기존 PC 시장에서 올리는 매출이 총매출의 10% 미만에 그친 셈이다. 그레이록 파트너스의 동료이자 다이앤 그린(Diane Greene)을 도와 VM 웨어의 가상현실 소프트웨어를 엄청난 사업으로 키워낸 제리 첸(Jerry Chen)은 "수십억 달러 규모의 기업은 모두 수천만 달러 규모의 기업에서 출발했다."라고 지적했다. 투자자들이 원하는 '수십억대', 당신이 있는 지금의 자리에서 그곳으로 가려면 타당하고 이치에 맞는 경로를 택해야 한다. 그것이 새로운 시장을 만드는 일이든, 기존 시장을 확장시키는 일이든, 인접 시장에 의존하는 일이든 말이다. 이 경로 이야기를 하기 위해 내가 기업가들과 가장 즐겨 논의하는 성장 인자, 유통으로 옮겨가보자.

유통

기업의 규모를 확장시키고 탄탄하게 만드는 데 필요한 두 번째 성장 인자는 유통이다. 실리콘밸리의 많은 사람들이 작고한 잡스가 남긴 유명한 말처럼 '미치도록 뛰어난(insanely great)' 제품을 만드는 데 열과 성을 다한다. 뛰어난 제품은 분명 긍정적인 요소다(이후 성장 **제약** 인자에서 제품 품질의 결함에 대해 다룰 것이다). 하지만 보통 수준의 좋은 제품이 뛰어난 유통과 결합한 경우와 뛰어난 제품이 형편없는 유통과 결합한 경우 이 2가지를 비교했을 때 전자의 제품이 후자를 물리친다. 이것이 우리가 처한 현실이다.

드롭박스는 분명 뛰어난 제품을 가지고 있었다. 하지만 드롭박스가 성공한 것은 뛰어난 유통 덕분이었다. 드롭박스의 창업자이자 CEO인 휴스턴은 너무나도 많은 스타트업들이 유통의 중요성을 간과하고 있다고 말했다.

실리콘밸리가 오랫동안 추구해오던 신념들 대부분은 좋은 제품을 만드는 데 관한 것입니다. 하지만 그것이야말로 실리콘밸리에 있는 대부분의 기업들이 제품을 만드는 단계를 넘어서고 나서 살아

남지 못하는 이유라고 생각합니다. 제품을 만드는 일을 잘해내는 것은 당연합니다. 하지만 이후 사용자를 끌어들이는 일 역시 그만큼 잘해내야 합니다. 또 그 뒤에 비즈니스 모델을 구축하는 일도 마찬가지고요. 만약 이 사슬에서 어떤 고리라도 빠지면 사슬 전체가 끊어집니다.

'모바일 퍼스트' 시대가 도래하자 유통은 더욱 중요해졌다. 최적화된 검색엔진과 이메일 링크가 어느 분야에서나 통하는 성공적 유통 경로였던 웹과 달리, 모바일 앱스토어에서는 우연히 제품을 발견할 기회가 거의 없다. 애플이나 구글의 앱스토어를 이용할 때 보통은 특정한 제품을 검색한다. 특별한 이유 없이 앱을 설치하는 사람은 찾기 힘들다. 결과적으로 성공한 비즈니스 모델 혁신가들(가령 인스타그램·왓츠앱·스냅)은 많은 돈을 들이지 않으면서도 제품을 광범위하게 유통시킬 수 있는 창의적인 방법을 찾았다. 그중 크게 보면 기존 네트워크의 활용과 바이럴리티[virality, 콘텐츠가 빠르게 유포되는 현상]의 2가지 범주로 나뉜다.

■ 기존 네트워크 활용

이제 막 시작하는 기업들은 광고에 쏟아부을 만한 자원(돈)이나 권한이 없다. 그렇기 때문에 자신들의 제품을 유통시키는 데 기존의 네트워크를 어떻게 활용할 것인지 창의적인 방법을 찾아야 한다. 페이팔은 결제 서비스를 유통할 때 주요한 수단으로 삼은 것이 이베이에서 구매 결정을 하도록 만드는 것이었다. 당시 이베이는 이미 전자상거래에서 가장 두각을 나타내고 있는 주자였다. 2000년 초반에만 무려 1,000만 명의 정규 사용자를 보유하고 있었다. 페이팔은 이베이 판매자들이 판매 제품 목록 전체에 '페이팔 결제' 버튼을 아주 쉽게 추가할 수 있도록 소프트웨어를 만들었고, 이를 기반으로 이베이 정규 사용자들을 활용했다. 놀라운 점은 이베이가 자체 결제 서비스 빌포인트(Billpoint)를 가지고 있는데도 고객들이 페이팔 결제 버튼을 추가했다는 것이다. 빌포인트는 판매 목록마다 일일이 결제 버튼을 추가해야 했는데, 페이팔이 그 일을 대신 처리해주었기 때문에 이런 일이 가능했다.

긴 시간이 흐른 뒤, 에어비앤비 역시 온라인 생활정보 서비스인 크레이그리스트를 활용해 비슷한 위업을 달성했다. 와이콤비네이터 마이클 세이벨(Michael Seibel)의 제안을 바탕으로, 호스트가 숙박지 목록을 훨씬 규모가 큰 크레이그리스트에 동시에 포스팅할 수 있게 시스템을 구축한 것이다. 호스트는 "에어비앤비의 숙박지 목록을 크레이그리스트에 이중으로 포스팅하면 수익이 월 평균 500달러 상승합니다."라는 안내를 받았다. 또한 버튼 하나만 누르면 이중으로 포스팅을 할 수 있었다. 그러나 여기에는 만만치 않은 기술이 필요했다. 다른 많은 플랫폼과 달리 크레이그리스트는 다른 소프트웨어와 상호작용할 수 있는 응용 프로그래밍 인터페이스를 가지고 있지 않았기 때문이다. 하지만 에어비엔비에 필요한 기술은 제품이 아닌 유통 혁신에 해당하는 기술 혁신이었다. "일종의 새로운 접근법이었습니다." 에어비앤비 공동창업자 블레차르지크는 이 부분에 대해서 이렇게 말했다. "다른 어떤 사이트도 그런 매끄러운 통합을 이루지 못했습니다. 우리의 경우, 대단히 성공적이었죠."

물론 기존 네트워크를 활용하는 데에는 부정적인 면도 있다. 기존 네트워크가 주는 이점(또는 알지 못하는 사이에 허용하는 것)을 기존 네트워크가 빼앗을 수도 있기 때문이다. 소셜 미디어 게임 회사의 선두주자인 징가(Zynga)는 유통할 때 페이스북을 활용해 큰 성공을 일구었다. 징가 게임 이용자는 자신의 게임 진전 과정을 페이스북 친구들에게 포스팅할 수 있었다. 하지만 페이스북이 이것을 중단시키기로 결정하자 징가는 유통 모델을 당장 바꿔야 했다(한 가지 비밀을 폭로하자면 나는 징가 이사회의 일원이다). 다행히 징가 창업자 마크 핑커스(Mark Pincus)는 놀라운 선구안으로 이런 변화를 이겨낼 만한 강력한 독점권을 구축해두었다. 반면, 구글의 검색 플랫폼을 이용해 웹사이트 트래픽과 광고 수익을 올리던 디맨드 미디어(Demand Media) 같은 소위 콘텐츠 팜[content farm, 검색엔진의 검색 순위를 높이려고 잡동사니 자료들을 가득 모아놓은 웹사이트]들은 재기하지 못했다. 구글이 알고리즘을 조정해 이들을 '정크' 웹사이트로 지정하고 이들이 가진 콘텐츠의 우선순위를 낮추자 바로 침체

되었기 때문이다. 그러나 이런 위험에도 불구하고 기존 네트워크를 활용하는 것은 비즈니스 모델의 중요한 일부다. 특히 네트워크가 바이럴리티나 네트워크 효과를 보완하여 '추진 로켓'을 제공할 수 있다면 더 그렇다.

❷ 바이럴리티

바이럴리티, 즉 '바이러스성' 유통은 제품 사용자가 새로운 사용자를 끌어들이고, 그 사용자들이 다시 더 많은 사용자를 끌어들이는 방식을 말한다. 전염성 바이러스가 하나의 숙주에게서 다른 숙주로 퍼져나가는 것과 흡사하다. 바이럴리티는 (보통 제품이 쓰이는 과정 동안) 유기적으로 일어날 수도 있고, 일종의 보상에 의해 장려될 수도 있다.

링크드인을 출범시킨 후, 나와 팀원들은 어떻게 하면 유기적 바이럴리티를 개선할지, 어떻게 하면 기존 사용자들이 더 쉽게 친구들을 초대해 서비스를 이용하게 만들지 그 방법을 연구하는 데 많은 시간과 에너지를 쏟았다. 우리가 이 일을 하기 위해 취한 한 가지 방법은 주소록 가져오기 등 바이럴리티의 기본 도구들을 다듬는 것이었다. 예를 들어 링크드인 사용자들의 아웃룩(Outlook) 연락처와 연결시키는 소프트웨어를 만드는 것이 이에 해당됐다. 이로써 사람들은 중요하게 여기는 사람들을 쉽게 초대할 수 있었다. 하지만 그만큼 중요한 것이 예상하지 못한 바이럴리티 소스였다.

사용자들은 링크드인 페이지를 온라인에서 직업상의 주된 아이덴티티로 사용하고자 한다. 다른 사람들에게 알려줄 (경력의 세부 사항들을 한곳에 담아둔) 이런 페이지는 사용자뿐 아니라 이 페이지를 보는 사람들에게도 대단히 큰 가치가 있다. 특히 이 페이지를 보는 사람들에게 자신도 링크드인 프로파일을 만들어야겠다는 생각을 하게 한다. 결과적으로 우리는 공개 프로필을 추가했다. 그 일이 회원들에게 가치를 제안하는 일임과 동시에 바이러스성 성장률을 높이는 체계적 도구가 되어주었기 때문이다.

페이팔에서는 유기적 바이럴리티와 보상 바이럴리티를 결합시켰다. 결제 상품은 본질적으로 바이러스성 성격을 띤다. 누군가 페이팔을 이용해서 이메일로 당신에게 돈을 보냈다면 당신은 돈을 받기 위해 계정을 만들어야 한다. 여기에 페이팔은 금전적 보상을 결합해 유기적 바이럴리티를 강화시켰다. 가령 친구에게 페이팔을 추천하면 당신과 친구가 각각 10달러를 받는 식이다. 유기적 바이럴리티와 보상 바이럴리티의 결합으로 페이팔은 하루에 7~10%의 성장률을 기록했다. 페이팔은 네트워크가 성장하자 장려금을 5달러로 낮추었고 이후 완전히 없앴다. 장려책이 반드시 금전적 보상일 필요는 없다. 페이팔과 마찬가지로 드롭박스도 유기적 바이럴리티(사용자가 비사용자와 파일을 공유할 때)와 보상 바이럴리티를 결합시켰지만, 드롭박스의 보상 바이럴리티는 추가 저장 공간을 주는 것이었다. 일반 계정 보유자는 추천받은 사용자당

500MB, 프로 계정 보유자는 1GB의 저장 공간을 추가로 얻었다. 이외에 드롭박스는 델과 같은 선두적인 PC 제조업체들과의 제휴에도 투자했다. 휴스턴은 출시 당시 10만 명이던 사용자를 단 열흘 만에 2배인 20만 명으로 불렸고, 이후 7개월 만에 100만 명에 이르게 했다. 그는 회사의 급속한 성장을 이끈 것이 바이럴리티라고 믿고 있다.

유통전략이 바이럴리티에 초점을 두고 있다면, 이를 보유하는 일에도 신경 써야 한다. 앞문으로 새로운 사용자를 아무리 끌어들인다고 해도 그들이 바로 돌아서 나간다면 전혀 도움이 되지 않는다. 휴스턴에 따르면, 드롭박스는 실수를 통해서 이 사실을 깨달았다. 활성화되는 비율을 보니 가입자의 40%만이 실제로 드롭박스에 파일을 넣고 그것을 컴퓨터와 연결시킨다는 것이 밝혀진 것이다. 휴스턴은 텔레비전 드라마 '실리콘밸리'를 연상시키는 (하지만 해피엔딩인) 장면을 묘사했다.

우리는 크레이그리스트에서 30분 안에 오는 사람에게는 40달러를 제공하겠다고 제안했습니다. 자금이 부족한 사람들이 매력을 느낄 만한 테스트 방식이었죠. 이런 식이었습니다. "좋습니다. 앉아보세요. 그리고 이메일을 열어보세요. 드롭박스를 이용하라는 초대장이 있을 겁니다. 이 이메일 주소를 통해서 파일을 공유해보세요." 우리가 테스트한 5명 중에 행동으로 옮긴 사람은 없었습니다. 그와 비슷하게 움직인 사람조차 없었죠. 너무나 충격적인 일이었습니다. "세상에. 우리가 최악의 제품을 만들었나 봐." 우리는 엑셀 스프레드시트에 80개 정도 되는 단점 목록을 만들었고, 이 모든 조악한 경험을 다듬었습니다. 그리고 나서 활성화 속도가 높아지는지 관찰했습니다.

바이럴리티는 대부분 무료이거나 프리미엄(freemium, 어느 시점까지는 무료이나 업그레이드를 하려면 사용자가 요금을 지불해야 하는 제품)인 제품을 필요로 한다. 예를 들어 드롭박스는 2GB의 저장 용량을 무료로 제공한다. 유료 제품의 바이럴리티만 활용해서 거대한 규모로 성장한 기업은 단 하나도 없기 때문이다. 가장 강력한 유통 혁신 중 하나는 기존 네트워크를 활용하는 방식과 바이럴리티, 이두 전략을 결합시키는 것이다. 페이스북은 (사용자가 다른 사용자를 초대하는) 소셜 네트워크의 유기적 바이럴리티와 대학 캠퍼스 중심의 기존 네트워크를 활용하기 위해 대학 단위로 제품을 출시하는 방법을 결합시켰다. 이를 통해 얻는 네트워크 효과에 대해서는 페이스북의 출시전략을 이야기할 때 상세히 논의하겠다.

매출총이익

CEO들이 종종 간과하는 핵심 성장 인자 중 하나는 매출총이익이다. 높은 매출총이익은 그 자체로 힘이 있다. 매출액에서 판매된 상품의 원가를 뺀 매출총이익은 장기적인 유닛 이코노믹스를 가장 잘 가늠할 수 있는 척도다. 매출총이익이 높을수록 1달러의 매출이 회사에 기여하는 가치가 높아진다. 매출을 1달러 올릴 때마다 회사가 성장과 확장에 투자할 수 있는 현금을 더 많이 보유한다는 뜻이기 때문이다.

첨단기업일수록 이 성장 인자가 자주 간과된다. 기본적으로 매출총이익이 높기 때문이다. 특히 소프트웨어 기업의 매출총이익이 높은데, 이는 소프트웨어의 사본을 만드는 비용이 사실상 0에 가까워서다. 서비스형 소프트웨어(Software-as-a-service) 기업은 서비스를 운용해야 하기 때문에 판매되는 상품의 원가가 조금 더 높다. 하지만 아마존과 같은 클라우드 제공자 덕분에 이 비용은 계속 줄어들고 있다. 반면에 제조업 경제체제 중심의 '구경제(old economy)' 기업들은 매출총이익이 낮다. 밀을 키우는 것은 이윤이 적은 사업이다. 상점에서 물건을 팔거나 레스토랑에서 음식을 제공하는 것 역시 마찬가지다. 아마존의 성공에서 가장 놀라운 점은 이윤이 낮은 소매업을 기반으로 거대한 사업을 구축했다는 것이다. 지금의 아마존은 이윤이 높은 서비스형 소프트웨어 사업인 아마존 웹 서비스에 크게 의존하고 있다. 2016년 아마존 웹 서비스는 아마존 영업 수익의 150%를 차지했다. 이는 소매업이 사실상 손해를 보고 있다는 의미다.

이 책에서 초점을 맞추고 있는 고가치 기업들 대부분은 60%,

70%, 심지어는 80%의 매출총이익률을 보인다. 2016년 구글은 897억 매출에 총수입 546억 달러로 매출총이익률이 61%였다. 페이스북의 경우 276억 매출에 총수입 239억 달러로 매출총이익률은 87%였다. 2015년 링크드인의 매출총이익률은 86%였다. 아마존은 특이한 경우인데, 2016년 매출 1,360억 달러, 총수입 477억 달러로 매출총이익률은 35%였다. 그렇다 하더라도 구경제 기업 중 수익률이 높은 제너럴 일렉트릭이랑 비교했을 때 아마존이 높다. 2016년 제너럴 일렉트릭의 매출은 1,197억 달러, 총수입은 322억 달러로 매출총이익률은 27%였다.

높은 매출총이익은 강력한 성장 인자다. 모든 수익이 동일하게 창출되는 것은 아니기 때문이다. 여기에서 중요한 점은 매출총이익이 판매자에게나 대단히 중요하지 구매자에게는 전혀 상관없는 문제라는 것이다. 어떤 제품을 구매할 때 그 제품의 매출총이익에 대해서 생각해본 적이 있는가? 맥도날드 대신 버거킹을 선택하는 이유가 와퍼가 빅맥보다 이윤율이 낮기 때문인가? 보통 소비자는 자신에게 돌아오는 비용, 구매했을 때 얻게 될 편익에만 초점을 맞춘다. 이는 이윤율이 낮다고 해서 이윤율이 높은 제품보다 팔기 쉬운 것이 아니란 의미다. 기업은 가능한 매출총이익이 많은 비즈니스 모델을 설계해야만 한다.

높은 매출총이익이 강력한 성장 인자인 또 다른 까닭은 이러한 기업이 투자자의 마음을 끌기 때문이다. 투자자는 매출총이익이 높은 기업의 현금 창출 능력을 높이 산다. 저명한 투자자인 빌 걸리는 2011년 자신의 블로그에 '모든 수익이 동일하게 창출되는 것은 아니다(All Revenue Is Not Created Equal)'라는 글을 포스팅했다. "투자자는 다른 조건이 동일하다면, 높은 수익으로 높은 매출총이익을 만들어내는 회사를 좋아한다. 똑같은 소프트웨어의 복사본을 더 많이 파는 것(증분원가 0)은 확장성이 뛰어난 사업이다." 비공개 기업의 경우 이런 방식으로 투자자들의 관심을 끌게 되면 기업의 가치를 높이 산정받기 때문에 더 쉽게 많은 자금을 조달할 수 있다(이것이 왜 그렇게 중요한지에 대해서는 이후 상세하게 다루겠다). 또 공개 기업의 경우 자본비용을 낮출 수 있다. 자본에 대한 접근권은 기습적으로, 아주 빠르게 성장하는 데 필요한 재원을 마련하는 핵심적인 요소다.

잠재 매출총이익과 실현 매출총이익의 차이에도 주목해야 한다. 아마존이나 중국의 하드웨어 제조업체 화웨이·샤오미 등 많은 블리츠스케일러들은 매출총이익보다는 시장점유율을 극대화하기 위해 신중하게 제품의 가격을 정한다. 샤오미는 순이익률 1~3%를 목표로 한다. 코스트코에서 영감을 얻은 관행이다. 다른 모든 요인들이 동일할 때 투자자들은 대부분 이미 실현된 매출총이익을 극대화시킨 회사보다는 잠재 매출총이익이 높은 회사를 더 높이 평가한다.

회사를 운영할 때 일어나는 대부분의 문제는 매출총이익이 아닌 수익이나 단위 매출량을 기준으로 변화한다. 매년 1억 달러의 매출을 내는 100만 명의 고객을 보유하고 있다면, 매출총이익률이 10%이든 80%이든 고객에게 드는 비용은 변하지 않는다. 고객의 지원 요청에 응답하는 데 충분한 인력을 고용해야 한다는 사실에는 변함이 없다. 하지만 매출총이익이 8,000만 달러일 때는 1,000만 달러일 때보다 양질의 고객 지원 서비스를 제공하기가 훨씬 쉽다. 반대로, 매출총이익이 똑같이 1,000만 달러라도 12만 5,000명의 고객에게 물건이나 서비스를 판매해서 매년 1,250만 달러의 매출을 올리는 편이 100만 명의 고객에게 팔아 1억 달러의 매출을 올리는 것보다 훨씬 쉽다. 고객의 수와 매출이 8배 높다는 것은 영업사원, 고객 서비스 상담원, 회계원 등도 8배여야 한다는 의미다. 매출총이익이 높은 비즈니스 모델을 설계하는 것은 성공의 기회를 늘릴 **뿐 아니라** 성공의 보상 또한 더 크게 만든다. 높은 매출총이익은 자라(Zara) 같은 비기술 부문 기업이 글로벌 대기업으로 성장하는 데에도 도움을 주었다.

네트워크 효과

시장 규모 · 유통 · 매출총이익은 회사를 키우는 데 중요한 인자들이다. 하지만 엄청난 가치를 오랫동안 **유지하는** 특권, 성장을 더 길게 유지하는 데 핵심적인 역할을 하는 것은 '네트워크 효과'다. 앞서 언급한 3가지 성장 인자들은 지난 20년 동안 발전해왔다. 하지만 전 세계적으로 인터넷 사용이 증가하면서 네트워크 효과는 우리 경제에서 지금까지 보지 못한 수준에 도달했다. 네트워크 효과가 점점 중요해지면서 기술 또한 점점 더 경제의 영역을 지배하고 있다.

1996년 말, 세계에서 가장 가치가 높은 기업은 제너럴 일렉트릭·로열 더치 셸(Royal Dutch Shell)·코카콜라 컴퍼니·일본전신전화(NTT)·엑슨모빌이었다. 이들은 기업가치를 높이려고 거대한 규모의 경제와 수십 년에 걸친 브랜딩에 의존한 전통 산업이나 소비자 기업이었다. 겨우 20년이 지난 2017년 4사분기, 판도는 크게 달라졌다. 애플·구글·마이크로소프트·아마존·페이스북이 가치 평가액 최대 기업에 이름을 올린 것이다. 엄청난 변화였다. 애플과 마이크로소프트는 이미 1996년 말부터 이름난 기업이었다고 해도, 당시 아마존은 상장도 되지 않은 스타트업이었다. 페이지와 브린은 2년 후에야 구글을 창립하게 되는 스탠퍼드 대학원생이었으며, 저커버그는 바르 미츠바[bar mitzvah, 13세가 된 소년이 치르는 유대교 성인식]를 기다리고 있었다.

무슨 일이 벌어진 것인가? 네트워크 시대가 열린 것이다.

기술은 우리 조상들이 생각조차 하기 힘든 방식으로 우리 모두를 연결시키고 있다. 20억 명이 넘는 사람들이 전 세계의 온갖 네트워크를 이용한다. 그들은 끊임없이 서로를 연결시켜주는 스마트폰(대부분이 애플이 만든 것이거나 구글의 안드로이드 운영체제를 이용한다)

을 들고 다닌다. 이 사람들은 언제든지 세상의 거의 모든 정보를 찾을 수 있고(구글), 세상의 거의 모든 제품을 구입할 수 있으며(아마존·알리바바), 세상의 거의 모든 사람들과 소통할 수 있다(페이스북·왓츠앱·인스타그램·위챗). 그리고 이렇게 긴밀하게 연결된 세상에서 그 어느 때보다 많은 기업들이 네트워크 효과를 이용해 엄청난 성장과 수익을 창출할 수 있다. 이 책에서 우리는 네트워크 효과에 대해 아주 간단하고 쉬운 정의를 사용하려고 한다.

이용자가 늘어날수록 다른 이용자들이 느끼는 제품이나 서비스의 가치도 올라간다. 이때 그 제품이나 서비스는 긍정적인 네트워크 효과의 영향을 받는다.

경제학자들은 이런 효과를 "수요측 규모의 경제" 또는 좀 더 일반적인 표현으로 "긍정적인 외부효과"라고 부른다. 네트워크 효과는 초선형 성장과 가치 창출로 이어지는 선순환을 낳는다. 이런 초선형 효과는 네트워크 내 교점이 기존의 것에서 다른 대안적인 것으로 이동하는 일을 대단히 어렵게 만든다(customer lock-in). 신규 업체가 기존 네트워크에 연결되는 가치에 필적하기가 거의 불가능하기 때문이다(이런 네트워크의 교점은 이전의 경우 팩스가 될 수 있고 최근의 경우 페이스북의 고객이나 사용자가 될 수 있으며, 사업에서 가치가 있는 다른 기본 자산이나 데이터 요소가 될 수도 있다).

네트워크 효과의 결과인 '수확 체증 법칙(투입한 생산 요소보다 거둬들이는 생산량이 많아지는 것)'의 현상은 단일 제품이나 회사가 시장을 지배하고 업체 수익 대부분을 얻는 궁극적 평형 상태를 야기한다. 따라서 똑똑한 기업가들이 이런 네트워크 효과를 내는 스타트업을 만들고자 하고, 똑똑한 투자자들이 거기에 투자하려 하는 것은 놀라운 일도 아니다.

이베이에서 페이스북, 에어비앤비에 이르기까지 여러 세대에 걸친 스타트업들이 이런 역학을 이용해서 지배적인 위치를 구축했다. 이러한 목표를 달성하려면 네트워크 효과가 어떤 방식으로 움직이는지 철저히 이해해야 한다. 그레이록 파트너스의 동료인 사이먼 로스먼(Simon Rothman)은 세계적인 네트워크 효과 전문가다. 그는 이를 이용해 140억 달러 규모의 이베이 자동차 시장을 구축했다. 로스먼은 '네트워크 효과'를 이용하는 일에 대해 이렇게 경고한다. "많은 사람들이 프로필을 추가하는 일로 네트워크 효과를 이용하려 합니다. '시장에는 프로필이 있어. 그러니까 프로필을 추가하면 네트워크 효과를 높이게 될 거야.'라고 추론하죠. 하지만 현실에서 네트워크 효과를 구축하는 일은 좀 더 복잡한 문제입니다. 최고의 블리츠스케일러들은 구체적인 기능을 단순히 모방하기보다는 다른 유형의 네트워크 효과를 연구하고 그것을 비즈니스 모델에 결합시킵니다."

▣ 네트워크 효과 5가지

뉴욕대 교수 아룬 순다라라잔(Arun Sundararajan)은 자신의 정보 기술 산업 조직 웹사이트에서 네트워크 효과를 5개의 광범위한 범주로 분류한다.

(1) **직접 네트워크 효과(Direct Network Effects)**: 많이 사용할수록 직접적인 가치 상승으로 이어진다(예: 페이스북, 위챗이나 왓츠앱과 같은 메시징 애플리케이션).

(2) **간접 네트워크 효과(Indirect Network Effects)**: 많이 사용할수록 보완재 소비를 촉진하고 이것이 본래 제품의 가치를 높인다(예: 마이크로소프트 윈도우, iOS, 안드로이드 같은 운영체제의 채택이 제3의 소프트웨어 개발자로 하여금 애플리케이션을 구축하도록 촉진하고 이것이 해당 플랫폼의 가치를 높인다).

(3) **양면적 네트워크 효과(Two-Sided Network Effects)**: 이용하는 사용자가 증가하면 다른 보완재 사용자들에 대한 가치도 증가한다. 그 반대도 마찬가지다(예: 이베이, 우버, 에어비앤비와 같은 시장).

(4) **지역 네트워크 효과(Local Network Effects)**: 소수의 하위 사용자가 증가하면 관련된 사용자들이 느끼는 가치도 함께 높아진다(예: 시간에 따라 통화요금이 책정되던 과거에, 특정 무선전화 사업자는 가입자에게 제한된 번호를 '즐겨찾기'로 지정하게 하고 그들과의 통화를 월별로 할당된 통화시간에 넣지 않았다).

(5) **호환성과 표준(Compatibility and Standards)**: 한 가지 기술 제품의 사용이 호환 제품들의 사용을 촉진한다(예: 마이크로소프트 오피스 제품군 내에서 워드의 지배력은 워드의 문서파일 구성방식이 표준이 된다는 의미이며, 이로써 워드는 워드퍼펙트 같은 경쟁자를 물리치고 오픈다큐먼트와 같은 오픈소스 솔루션의 공격을 막아낼 수 있었다).

이런 다양한 네트워크 효과들은 각각 큰 영향력을 발휘할 수 있다. 윈도우와 오피스를 통해 다양한 네트워크 효과를 활용하는 마이크로소프트의 능력은 그들이 전례 없이 오랫동안 독점적 위치를 점하는 데 크게 기여했다. 오늘날에도 윈도우와 오피스는 PC 시장에서 막강한 지배력을 가지고 있다. 이는 모바일 같은 다른 플랫폼에도 비슷하거나 혹은 더욱 중요한 시사점을 던진다.

② 네트워크 효과: 공격과 성장, 양날의 검

네트워크 효과를 활용하려면 핵심은 적극적으로 네트워크를 채택하고 성장시켜야 한다. 네트워크 효과의 영향력은 초선형적으로 증가하기 때문에, 규모가 작을 경우 오히려 사용자가 유입되지 못하도록 부채질한다. 친구들이 페이스북을 하면 당신도 페이스북을 해야 한다. 하지만 반대로, 친구들이 아무도 페이스북에 가입하지 않았다면 당신이 페이스북에 가입할 이유가 있겠는가? 이베이나 에어비앤비와 같은 시장의 초기 사용자도 마찬가지다.

네트워크 효과를 이용하는 사업의 경우, 작은 규모로 시작해서 천천히 성장하기를 기대할 수가 없다. 제품이 특정 시장에서 광범위하게 채택될 때까지 그 제품은 잠재 사용자에게 거의 아무런 가치가 없다. 경제학자들은 그 기업이 수요곡선과 공급곡선이 교차하는 "티핑 포인트를 지나야 한다."고 말할 것이다. 우버와 같은 기업들은 수요곡선이 티핑 포인트에 빨리 도달하도록 인위적으로 조작한다. 고객들에게 보조금을 지급하는 방식 등으로 말이다. 단기적으로 손해는 보겠지만 장기적으로 보면, 즉 티핑 포인트만 지나면 돈을 벌 수 있게 해준다는 계산인 것이다.

이런 접근법의 한 가지 문제는 유닛 이코노믹스를 구현하기 위해서 결국은 보조금을 없애야 한다는 것이다. 내가 페이팔에 있을 때 사용자를 끌어들이기 위해 한 일 중 하나는 서비스가 항상 무료라고 선언한 것이다. 이는 신용카드 결제의 거래비용을 감수한다는 의미였다. 우리에게 원대한 계획이 있었다고 말하고 싶지만, 사실 우리는 신용카드 수수료 보조금을 페이팔이 보유하고 있는 자금으로 충당할 수 있기를 기대했다. 불행히도 자금은 수수료 보조금을 벌충하는 데 크게 못 미쳤고 회사는 큰 적자를 냈다. 결국 '항상 무료'에서 '자동 교환 결제만 무료'로 전환했고, 신용카드 결제 수수료를 청구하기 시작했다. 다행스럽게도 충성도 높은 고객들은 우리의 이런 변화를 수용했다.

기업이 제품의 경제성을 바꿀 수 없는 경우(페이스북 같은 무료 서비스는 가격을 낮출 수 없다), 이를 대신할 수 있는 것은 잠재 사용자의 기대치를 움직이는 것이다. 사용자가 당신의 서비스를 채택할 것인지 아닌지를 결정할 때 사용자가 서비스에 두는 가치는 현재의 수준, **그리고** 채택했을 때 장래에 대한 기대, 이 2가지에 의해 좌우된다. 다른 사람들도 합류할 것이라고 생각한다면 서비스의 가치는 높아지며 그들이 그 서비스를 채택할 가능성도 높아진다.

이런 기법은 시대를 뛰어넘는 명저 《제프리 무어의 캐즘 마케팅》에도 쓰여 있다. 무어는 기술기업이 얼리어댑터 시장에서 주류 시장으로 이동할 때 종종 문제에 부딪힌다고 주장한다. 이것이 그 유명한 '캐즘(chasm)'이다. 그는 기업들이 교두보가 되는 틈새시장에 초점을 맞추어야 한다고 조언한다. 거기에서부터 이 시장들이 인근 시장을 개방하는 데 도움을 주는 '볼링핀' 전략을 이용해 외부로 확장하는 것이다. 네트워크 효과를 이용하는 사업에서는 이런 전략이 더 중요하다.

물론 기업은 네트워크 채택과 관계없이 개별 사용자에게 가치있는 제품을 고안해서 수요곡선의 모양을 완전히 바꿀 수도 있다. 예를 들어 링크드인은 링크드인 공개 프로필이 사용자의 네트워크와 별개로 독립적 가치를 가진다는 것을 발견했다. 온라인에서 직업적인 아이덴티티의 역할을 하기 때문이다. 이 때문에 친구나 동료가 아직 가입하지 않았어도 링크드인에 가입할 이유가 생기는 것이다.

❸ 연결할수록 커진다

오늘날 우리가 살고 있는 세상의 높은 연결성은 네트워크 효과를 지원하는 것 외에도 네트워크 효과가 나타나기 시작하는 티핑 포인트에 더 쉽게 이르도록 도와준다. 또한 거기에서 생성되는 네트워크 효과와 시장 지배력을 유지하는 데에도 용이하다.

우선 인터넷은 제품과 서비스를 노출시키는 데 드는 비용을 그 어느 때보다 낮춰주었다. 고객의 눈에 띄게 하기 위해서 기업이 소매점에 물건을 내놓거나 광고를 해야 했던 과거와 달리, 오늘날의 구매자들은 아마존이나 알리바바와 같은 온라인 시장, 앱스토어를 이용한다. 그마저도 모두 실패했다면 구글링을 해서 찾는 물건을 구할 수 있다. 인기 있는 제품과 서비스는 항상 검색 결과의 상단에 노출되기 때문에 경쟁우위를 갖춘 기업들은 네트워크 효과의 수익 증가가 승자독식의 시장을 만드는 지점까지 빠르게 성장할 수 있다. 유통이 제품 자체만큼이나 기업의 성공에 중요한 이유도 여기에 있다. 유통이 없으면 티핑 포인트에 이르기가 어렵다.

네트워크 효과가 발생한 후에는 네트워크 시대를 통해 가능해진 효율로 급속하게 성장하고 그 속도를 더욱 쉽게 유지할 수 있다. 과거에는 고객이 빠르게 증가하면 간접비 역시 불가피하게 증가할 수밖에 없었다. 급속한 조직 확대에 따른 많은 수의 직원과 팀을 관리해야 했기 때문이다. 하지만 지금은 네트워크 덕분에 이런 전형적인 성장 제약 인자들을 피할 수 있게 되었다. 애플이 폭스콘를 이용해서 제조 기반 시설의 잠재적 한계를 극복했던 것처럼 말이다. 이런 제약 인자를 많이 제거할수록 네트워크 효과 중심 기업의 지배력은 커진다. 연 매출 1,000억 달러를 돌파한 구글 같은 기업이 계속해서 연 20%의 성장률을 기록할 수 있는 이유가 바로 이것이다.

이런 기업들의 눈에 띄는 수익성은 새로운 분야로 확장하고 미래에 투자할 수 있는 재원이 된다. 혁신의 S자형 곡선은 시장이 포화됨에 따라 모든 혁신의 채택률이 낮아진다는 것을 보여준다. 그렇지만 애플과 같은 기업들은 다른 S자형 곡선으로 이동할 수 있게 해주는 신상품에 대한 투자전략을 터득했다. 애플은 음악 재생기에서 스마트폰으로 다시 태블릿으로 재빠르게 이동했다. 또한 막대한 수익의 일부를 다음 S자형 곡선을 좇는 데 사용하고 있다. 페이스북이 인스타그램·왓츠앱·오큘러스를 인수할 때나 구글이 딥마인드를 인수할 때 그랬던 것처럼, 공개시장(public markets)이 이런 기업들에게 주는 프리미엄도 그들이 인수합병을 이용해서 S자형 곡선으로 이동하는 데 도움을 준다.

물론 네트워크 효과가 모든 기업이나 시장에 적용되는 것은 아니다. 표면적으로는 비슷해 보이더라도 말이다. 많은 기업과 투자자들이 닷컴 붕괴, 경기 대침체, 2016년의 자금 조달 둔화로 어려움을 겪었다. 이 때문에 최고의 기업가들은 네트워크 효과를 활용하는 혁신적인 비즈니스 모델을 만들기 위해 애썼다. 구글이 구글이고, 야후가 현재 AOL(버라이즌 와이어리스에 인수)의 일부인 이유 중 하나는 구글이 애드워즈(AdWords, 강력한 네트워크 효과를 가진 시장, 구글 애즈로 변경)에 집중하는 동안 야후는 미디어 기업(규모의 경제를 바탕으로 하는 전형적인 모델)이 되기 위해 노력했기 때문이다.

거대 기업을 구축한 실리콘밸리의 역사적인 성공 사례 대부분을 거슬러 올라가면 비즈니스 모델 혁신에 집중하는 문화를 발견할 수 있다. 또한 이것은 네트워크 효과 중심의 기업이 생겨나도록 만든다. 그러나 아이러니한 것은 실리콘밸리의 많은 사람들이 네트워크 효과가 무엇인지, 무엇이 네트워크 효과를 유발하는지 알지 못한다는 점이다. 많은 기업가들이 아주 다양한 비즈니스 모델을 시도하는데, 오히려 이것이 사용자를 분산시켜 강력한 네트워크 효과를 일으키는 데 걸림돌이 된다.

크레이그리스트 창업자 크레이그 뉴마크(Craig Newmark)는 1995년, 지역 행사를 알려주는 이메일을 친구들에게 보내기 시작했다. 거의 20년이 지나고도 최소한의 인원이 운영하고 20년 동안 웹사이트 디자인 한 번 바꾸어보지 않은 이 사이트가 온라인 광고 분야에서 지배력을 지킬 수 있었던 것은 네트워크 효과 덕분이었다. 여기에서도 속도에 집중하는 것이 중요한 역할을 한다. 실리콘밸리의 기업가들은 빠른 속도로 몸집을 불리는 비즈니스 모델을 고안하는 데 집중하기 때문에, 네트워크 효과를 통합시킬 가능성이 더 높다. 지역의 치열한 경쟁으로 인해 스타트업은 대단히 공격적인 성장(블리츠스케일링)을 추구할 수밖에 없다. 따라서 실리콘밸리 스타트업들은 덜 공격적인 지역의 스타트업에 비해 빠르게 네트워크 효과의 티핑 포인트에 이를 가능성이 높다. 이 책을 쓰게 된 동기 중 하나는 전 세계 기업가들에게 블리츠스케일링을 위한 사업을 어떻게 체계적으로 설계하는지 가르쳐주고 그들이 이런 성공을 모방하게 하는 것이다. 네트워크 효과를 활용하는 비즈니스 모델을 설계한다면, 어디에서든 성공할 수 있다.

선점을 방해하는 2가지의 장애물

혁신적인 비즈니스 모델 설계에 필요한 핵심 성장 인자들을 구축하는 일은 목표한 고지의 절반쯤 오른 것에 불과하다. 고지를 점령하여 놀라운 기업을 만드는 일은 그보다 훨씬 더 어렵다. 성장을 **제한**하는 장애물과 마주치기가 매우 쉽기 때문이다. 결국 비즈니스 모델 혁신의 핵심 요소는 이런 성장 제약 인자들을 피하는 것에 달려 있다.

제품과 시장의 궁합

제품과 시장의 궁합이 잘 맞으면 급속한 성장을 이루게 된다. 반면 이 궁합이 맞지 않으면 성장하는 데 많은 비용을 지불해야 하는 등 일이 어려워진다. 제품과 시장 궁합이라는 개념은 미국의 소프트웨어 개발자 앤드리슨의 블로그 글인 '유일하게 중요한 것 (The Only Thing That Matters)'에서 비롯되었다. 앤드리슨은 자신의 글에서 성공적인 스타트업으로 가는 데 가장 중요한 요소는 시장과 제품의 궁합이라고 주장한다.

그의 정의는 아주 간단하다. "제품과 시장 궁합이란 좋은 시장을 만족시킬 수 있는 제품이 그 시장에 존재하는 것을 의미한다." 제품과 시장의 궁합이 맞지 않으면, 스타트업이 성공적인 기업으로 성장하는 것은 불가능하다. 앤드리슨은 또한 이렇게 덧붙인다.

정말 훌륭하게 운영되고 있는 스타트업이 있다. 인사 정책이 마련되어 있고, 훌륭한 영업 모델이 있고, 철저한 마케팅 계획이 있고, 적절한 인터뷰 절차가 마련되어 있고, 구내식당에서 질 좋은 식사를 제공하고, 모든 프로그래머들 앞에 30인치 모니터가 놓여 있고, 뛰어난 경력의 엘리트 이사진들이 있는 스타트업 말이다. 하지만 그런 스타트업 중에서 놀라울 만큼 많은 회사들이 곧장 절벽으로 향하는 것을 보게 된다. 단지 제품과 시장의 궁합을 찾지 못했다는 이유로 말이다.

불행히도 제품과 시장의 궁합을 찾는 것은 제품과 시장의 궁합을 정의하는 것보다 훨씬 어렵다. 새로운 회사를 시작할 때 제품과 시장 궁합에 대해 반드시 자문해보아야 할 것이 있다. 뻔하지 않은 시장의 기회를 발견했는가. 그 기회는 특유의 장점이나 접근법을 가지고 있는가. 그래서 한참 앞서 나갈 때까지 경쟁자들이 찾지 못하는 그런 기회인가. '치열한' 시장에서 이런 기회를 발견하기란 어려운 법이다. 모두에게 뻔히 드러나는 기회라면 성공할 확률은 지극히 낮다.

뻔하지 않은 기회의 대부분은 기존 주자들이 적응하려고 나서지 않거나 적응할 수 없는 시장의 변화에서 나타난다. 와해적인 기술 혁신인 경우가 대부분이지만, 법규나 재무 규정의 변화, 새로운 고객 집단의 부상, 기타 주요한 변화가 될 수도 있다. 예를 들어 찰스 슈왑(Charles Schwab)은 위탁 수수료 규제 완화를 이용해 어음 할인 중개 회사를 차려서 자신의 이름을 딴 금융제국을 만들었다.

회사를 설립하기 전에 제품과 시장의 궁합을 확인할 수 없는 경우가 종종 있다. 그럼에도 확인하려는 노력이 필요하다. 우리는 리스와 그의 린 스타트업 방법론의 열렬한 팬이다. 그것은 위험을 체계적으로 다루는 뛰어난 절차이지만, 대부분의 스타트업은 그 절차를 따르지 않는다. 대신 그들은 "성공하느냐, 돈이 바닥나느냐?"라는 식의 실험을 선택한다.

자원에 쪼들리는 작은 규모의 팀이 잠재적인 전략들을 평가하는 가장 좋은 방법은 우리의 전작 《얼라이언스》에서 밝힌 '네트워크 지능(network intelligence)'을 이용하는 것이다. 규모가 작은 기업의 창업자들도 얼마든지 관련 지식과 경험을 갖춘 똑똑한 사람들로 이루어진 거대한 사적 네트워크를 활용할 수 있다. 그 네트워크에 속한 사람들과 대화를 시작하라. 그들이 당신의 아이디어에 이의를 제기할 수 있도록 하라. 그들에게 당신이 고려해야 할 다른 문제들을 이야기해달라고 부탁하라. 물론 최고의 네트워크 지능이 있다고 해서 설계단계에서부터 실제로 제품과 시장의 궁합을 발견할 것이라고 보장하지는 못한다. 제품과 시장 궁합을 입증하는 유일한 방법은 실사용자의 손에 제품을 쥐어주는 것이다. 이때 기업가들은 리서치를 할 수 있고, 또 해야만 한다. 이를 통해 제품과 시장 궁합을 최대한 빨리 찾도록 가능성을 극대화하는 비즈니스 모델을 설계하려고 노력해야 한다.

운영 확장성에 대한 대응책

조직이 커지고 사용자가 늘어나는 상황에 제대로 대처하지 못한다면 아무리 확장 가능한 경제 모델을 설계한다고 해도 소용이 없다. 대부분의 기업가들은 조직이 커질 때 '운영 확장성(사용자나 조직의 규모가 늘어났을 때 조직이 유연하게 대응하는 정도)'에 관한 문제를 묵살한다. '폭발적인 성장에 따른 조직 관리 문제는 행복한 고민이다.'라고만 생각해서다. 하지만 행복한 고민도 어쨌든 고민이다. 제때 월급을 주려고 애쓰는 것보다 성장의 문제로 고민하는 것이 좀 더 고차원적인 문제일지는 모르겠지만, 당신 회사를 끝장내는 데에는 2가지 모두 중요하다. 그래서 현명한 혁신가들은 비즈니스 모델을 만들 때 이러한 운영 확장성 문제를 무시하지 않고 포함시킨다.

■ 인적 자원 제약

조직을 꾸리고 키우면서 발생하는 대부분의 문제는 인적 제약 때문에 불거진다. 우리는 조직의 규모와 관계없이 자신과 동료들이 지치지 않고 원활하게 일하기를 바란다. 하지만 현실은 녹록지 않다. 대개 조직이 성장할 때 다양한 문제에 직면하기 때문이다.

자신을 포함한 창립 멤버가 총 4명인 팀을 이끌고 있다고 가정해보자. 이때 당신은 자신과 다른 공동창업자 3명과의 직접적인 관계를 고민해야 한다. 그뿐만 아니라 다른 구성원들 간의 직접적인 관계에 대해서도 걱정해야 한다. 한마디로 6쌍(4명의 구성원을 각각 A, B, C, D라고 했을 때, 경우의 수는 AB/AC/AD/BC/BD/CD)의 관계를 관리해야 한다는 의미다. 여기에 2명의 직원을 더 고용해서 직원 수가 6명이 되었다고 가정해보자. 이제 당신은 15쌍(앞의 경우와 같은 맥락으로 했을 때 [6×5]÷2)의 관계를 관리해야 한다. 팀의 규모는 50% 증가했지만 당신이 관리해야 하는 관계의 수는 150% 증가했다. 하지만 이것은 단순히 구성원들의 일대일 관계만을 고려한 것이다. 3명, 4명 등으로 묶었을 때 그사이의 관계는 계산에 넣지도 않았다. 계산이 점점 더 어려워지는 셈이다.

이러한 문제를 해결하려면 적은 인원으로 운영할 수 있는 비즈니스 모델을 고안하는 것도 하나의 방법이다. 일부 소프트웨어 기업들은 최소한의 직원으로 엄청난 성공을 거두는 비즈니스 모델을 사용한다. 왓츠앱의 창업자인 얀 쿰(Jan Koum)과 브라이언 액턴(Brian Acton)은 핵심 성장 인자들(그들의 메시징 서비스는 빠른 성장을 위해서 전형적인 네트워크 효과와 기존의 전화번호부 유통망을 전부 이용했다)을 다루면서 조직의 운영 확장성 문제를 해결할 수 있는 영리한 비즈니스 모델을 고안했다. 왓츠앱의 프리미엄 비즈니스 모델이 그것인데, 이 서비스는 1년 동안 무료이고 1년이 지나면 연 1달러의 요금이 부과된다. 이렇게 저항이 적은 모델은 영업·마케팅·고객 서비스 등을 담당할 사람들이 딱히 필요 없다. 이 때문에 왓츠앱은 페이스북에 인수될 당시 단 43명의 직원으로 월간 활성 사용자 수를 5억 명까지 늘릴 수 있었다. 직원 1명당 관리하는 활성 사용자 수가 1,000만이 넘었다.

또 다른 방법은 도급업체나 공급업체에 일을 아웃소싱하는 것이다. 에어비앤비가 호스트의 숙박지를 촬영할 때 사용하는 전략은 유익한 사례. 영업 초기 에어비앤비 창업자들은 에어비앤비에 있는 방의 임대율을 높이는 핵심 요소 중 하나가 그 방을 촬영한 사진의 품질이라는 것을 알아냈다. 하지만 호스트 대부분은 전문 사진가가 아니었기 때문에 사진의 구도나 화질이 엉망이었다. 휴대전화로 찍은 저화질 사진으로는 숙박 공간의 매력을 제대로 전달할 수 없었다. 결국 창업자들이 직접 방문해서 호스트들 대신에 숙박 공간을 촬영했다. 하지만 매번 모든 숙박지를 직접 방문하는 것은 조직과 사업을 키우는 해법이 아니었다. 그 일은 곧 프리랜서 사진작가들에게 아웃소싱되었다.

이 전략은 에어비앤비의 규모가 커지면서 함께 변했다. 초창기에는 창업자들이 몇 명 되지 않던 사진작가들의 명단을 직접 관리했다. 그러나 곧 1명의 직원이 다수의 사진작가들을 관리하게 됐다. 이후에는 전 세계 사진작가 네트워크를 관리하는 자동화 시스템을 구축했다. 창업자 체스키는 이 전략을 간단명료하게 표현한다. "모든 일을 직접 하십시오. 힘에 부칠 때까지 말입니다. 하지만 이후에는 일을 자동화시키십시오."

영리한 비즈니스 모델과 자동화 시스템을 갖춘 성공한 대기업이더라도 수천, 심지어는 수만 명의 직원이 필요하다. 이를 스마트 기술로 잠시 미뤄둘 수 있을지는 몰라도 영원히 미루는 것은 불가능하다. 기업이 이런 종류의 조직 성장과 확장을 하는 데 필요한 관리 혁신에 대해서는 이후 다시 논의할 것이다.

❷ 인프라 제약

운영 확장성에 관한 다른 주요한 문제는 비인적 인프라 확장의 부담에서 비롯된다. 인프라가 받쳐주지 못한다면 아무리 많은 수요를 창출해도 소용이 없다. 이는 회사의 야심에 치명적이다. 소셜 네트워크 프렌즈터(Friendster)와 트위터의 예를 생각해보자.

지금은 많은 사람들이 잊었겠지만 프렌즈터는 페이스북 이전, 주류 시장에 진입한 최초의 온라인 소셜 네트워크였다(하나 더 폭로하자면 나는 프렌즈터의 초기 투자자였다). 2003년 3월에 설립된 프렌즈터는 입소문을 탄 덕에 몇 개월 만에 사용자가 100만 명에 이르는 성장세를 기록했다. 그해가 가기 전, 창업자 조너선 에이브럼스(Jonathan Abrams)가 미국의 대표적인 토크쇼 '지미 키멜 라이브!(Jimmy Kimmel Live!)'에 출연할 정도로 프렌즈터의 열기는 눈에 띄는 문화 현상이 되었다.

하지만 프렌즈터의 엄청난 성장은 곧 엄청난 골칫거리를 낳았다. 특히 인프라 부분의 문제가 두드러졌다. 기술 팀은 뛰어났지만, 프렌즈터의 서버는 회사의 성장을 감당하지 못했다. 사람들이 프렌즈터에 프로필을 올리는 데 40초씩이나 걸리는 것은 흔한 일이 되었다. 2005년 초, 새롭고 더 빠른 마이스페이스가 프렌즈터의 10배에 해당하는 페이지뷰[pageview, 웹사이트 내 각 페이지의 방문 횟수]를 기록했다. 결국 프렌즈터는 재기하지 못했다. 그러나 마이스페이스도 소비자 소셜 네트워킹 전쟁에서 페이스북에 무릎을 꿇었다.

트위터도 비슷한 방식으로 무너질 뻔했으나 늦지 않게 회복해 거대한 기업을 일구었다. 2000년대 말 부상하기 시작한 트위터는 서버가 과부하에 걸릴 때마다 유머러스한 에러 메시지를 하나 띄웠다. "실패 고래(Fail Whale)." 트위터는 이 메시지로 악명이 높았다. 불행히도, 이 실패 고래는 정기적으로 나타났다. 2009년에 있었던 마이클 잭슨의 사망(공정하게 말하자면, 팝의 제왕이 세상을 떠났을 때 이런 문제를 일으킨 웹사이트는 트위터만이 아니었다), 2010년 월드컵과 같은 큰 뉴스가 터졌을 때는 특히 더했다. 트위터는 시스템과 엔지니어링 프로세스의 효율을 높이는 방향으로 구조를 바꾸는 데 상당한 자원을 투자했다. 불굴의 노력에도 불구하고 이 실패 고래를 '길들이는' 데에는 수년이 걸렸다. 2012년 미국 대선일, 트위터가 끊김 현상 없이 이날을 보내고, 당시 회사의 크리에이티브 디렉터였던 더그 보먼(Doug Bowman)이 거대한 푸른 고래가 처형당했다고 발표한 뒤에야 문제는 일단락되었다.

대단한 웹 기업들이 최근 들어 엄청난 성장을 보이는 주요한 원인 중 하나는 아마존의 클라우드 컴퓨팅 서비스(AWS) 때문이다. 이 서비스 덕분에 많은 기업들이 인프라 제약을 피할 수 있었다. 예를 들어 드롭박스는 저장 공간 인프라를 훨씬 빠르고 쉽게 확장했다. AWS 저장소를 사용한 덕에 대량 하드디스크를 직접 구축하고 유지할 필요가 없었기 때문이다. 또한 이 서비스는 아마존이 운영 확장성을 경쟁우위로 만든 방법 중 하나이기도 하다.

AWS와 같은 웹 서비스는 하버드대 경영대학원 교수 칼리스 볼드윈(Carliss Baldwin)과 전 하버드대 경영대학원 교수 킴 클락(Kim Clark)이 말한 "모듈화의 힘(the power of modularity)"을 활용한다. 볼

드윈과 클락이 《디자인 룰 제1권: 모듈화의 힘(Design Rules, Vol 1: The Power of Modularity)》에서 설명하고 있듯이, 이 원리는 아마존 같은 기업과 그 고객들이 작고 표준화된 하위체제로부터 복잡한 제품을 만들 수 있게 해준다. 하지만 모듈화의 힘은 단순히 소프 트웨어 개발과 엔지니어링의 범위를 넘어선다. 아마존은 결제나 물류처럼 통합이 용이한 하위체제를 구축함으로써 기업 전체의 유연성과 적응력을 높인다.

하드웨어에서 AWS에 대응하는 곳은 중국이다. 하드웨어 스 타트업들은 직접 또는 주문형 제조 디자인업체 PCH 같은 회사 와 일함으로써 중국의 제조 역량을 활용한다. 덕분에 인프라 제 약을 피하고 규모를 확장한다. 예를 들어 스마트 온도조절장치 제 조업체인 네스트(Nest)가 30억 달러에 구글에 인수되었을 때 직원 은 130명에 불과했다. 그 주된 이유는 제조 업무를 모두 중국에 아웃소싱했기 때문이다. 반면, 테슬라 모터스는 인프라 제약 때 문에 성장하는 데 방해를 받았다. 제조 공정이 복잡하여 테슬라의 생산율은 다른 자동차 제조업체의 생산율에 비해 뒤처져 있었다. 화려한 수상 경력을 자랑하지만, 나쁜 측면에서 테슬라 자동차는 거의 언제나 매진 상태다. 심지어 이월 주문을 처리하는 데 수개 월에서 몇 년이 소요된다. 그들의 문제는 수요를 창출하는 것이 아닌 수요를 충족하는 일이다.

검증된 비즈니스의 패턴

의도적이든 아니든, 급속하게 성장한 기업의 비즈니스 모델은 이렇듯 성장 인자들을 활용하고 성장 제약 인자들을 제거하는 방식을 따르는 경우가 많다. 몇 가지 패턴을 따랐을 때 그 효과가 입증되었기 때문이다. 다만 이런 고급 패턴 자체가 핵심 비결이라기보다는 원리라는 점에 유의해야 한다. 입증된 패턴 중 하나를 따르는 것만으로 혁신적인 비즈니스 모델이 된다는 보장은 없다. 다만 CEO가 이것을 이해했을 때 일련의 좋은 롤 모델을 얻을 수 있다는 것이다. 또한 패턴 역시 모두 동일하게 만들어지는 것은 아니라는 점을 지적하고 넘어가야겠다. 몇몇 일반적인 비즈니스 모델은 입증된 패턴을 따르지만 1,000억 달러는 고사하고 100억 달러 가치의 기업조차 만들어내지 못하는 경우가 있다. 리눅스와 같은 배포 소프트웨어 제품의 패턴으로 대단히 성공한 듯 보였던 오픈소스 소프트웨어를 예로 들어보자.

오픈소스는 무료로 제공되는 커뮤니티 생성 소프트웨어로, 사용자가 자유롭게 수정할 수 있다. 이는 닷컴 시대 동안 두각을 나타냈으며 이후에는 세계적인 기술의 필수 요소가 되었다. 또한 비즈니스 모델 혁신의 패턴에도 잘 들어맞는다. 오픈소스 소프트웨어는 대규모 시장에 공급되며, 오픈소스 소프트웨어 코드 저장소를 통해 매우 효과적인 유통이 가능하다. 또한 호환성과 표준 네트워크 효과 측면에서 혜택을 보며, 대규모의 직원을 두지 않고도 자원해서 오픈소스를 제공하는 수많은 사람들로 이뤄진 커뮤니티를 활용할 수 있다. 이 덕에 운영 확장성에서의 인적 제약 문제 대부분을 피해간다. 하지만 가장 성공적인 오픈소스 기업 레드 햇(Red Hat)의 시가총액은 '겨우' 150억 달러다. 20년 동안 사업을 했는데도 말이다. 이런 경험적 증거들은 오픈소스가 업무를 할 때는 가치가 있지만 정작 막대한 이윤을 내는 사업을 구축하는 데에는 가치가 없다는 것을 보여준다.

어떤 패턴이 유효하다는 것을 입증하려면, 다수의 고부가가치 기업들이 그 패턴을 따른다는 것을 보여줘야 한다. 그런 기준을 토대로 비즈니스 모델을 혁신하는 데 도움이 될 만한 몇 가지 입증된 패턴의 목록을 만들었다.

원자보다 비트

알다시피 구글과 페이스북은 소프트웨어 기업이다. 따라서 그들의 사업은 물질 중심의 원자(atom)보다는 정보통신에서 취급하는 비트(bit)에 초점을 맞춘다. 이런 비트 기반 사업은 세계시장을 공략하는 데 전혀 어려움을 겪지 않는다. 왜? 거대한 시장 규모를 더 쉽게 달성할 수 있고, 원자보다 움직이기가 용이하며, 바이럴리티와 같은 유통 기법을 훨씬 쉽게 활용할 수 있기 때문이다. 또한 고도의 네트워크화 능력은 네트워크 효과를 활용할 더 많은 기회를 제공한다. 변동비용이 적기 때문에 이윤율도 높다. 하지만 이 비트 기반 사업 패턴이 중요한 까닭은 따로 있다. 좀 더 쉽게 성장 제약 인자를 피하도록 설계할 수 있다는 것이다. 소프트웨어 제품은 물리적인 제품보다 빠른 반복이 가능하다(많은 인터넷 기업들이 매일같이 새로운 소프트웨어를 발표한다). 따라서 적은 비용으로 더 빠르게 제품과 시장의 궁합을 찾을 수 있다. 왓츠앱에서 보았듯이, 비트 기반 기업은 대부분의 원자 기반 기업보다 훨씬 적은 직원으로 유지가 가능하다.

1990년 미래학자 조지 길더(George Gilder)는 저서 《마이크로코즘(Microcosm)》에서 "20세기의 가장 중요한 사건은 물질을 타도한 것이다. 기술·경제학·정치학에서 물리적 자원의 부는 점차 그 가치와 중요성을 잃어가고 있다. 어디에서나 정신의 힘이 사물의 완력보다 우위에 서 있다."라는 말로 자신의 통찰력을 증명해 보였다. 그로부터 겨우 20년이 지난 2011년, 벤처 투자자(이자 넷스케이프의 공동창업자) 앤드리슨은 〈월스트리트 저널〉에 '왜 소프트웨어가 세상을 집어삼키고 있는가(Why Software Is Eating the World)'라는 논평을 써 길더의 논지가 옳았음을 입증했다. 앤드리슨은 세계 최대의 서점(아마존), 비디오 제공업체(넷플릭스), 인력 공급업체(링크드인), 음악 회사(애플·스포티파이·판도라)가 소프트웨어 기업이며, 월마트나 페덱스와 같은 구경제의 충직한 일꾼조차 ('사물'이 아닌) 소프트웨어를 이용해서 자신들의 사업을 추진시킨다고 지적했다.

비트의 지배력이 늘어나자 소프트웨어의 영향력도 막강해졌
다. 그러나 (어쩌면 그 때문에) 원자 기반 사업의 규모를 넓히는 일도
더 쉬워졌다. 아마존의 소매 사업은 원자에 크게 의존한다. 재활
용 수거함에 쌓여 있는 아마존의 배송 박스들을 떠올려봐라. 이
것만 보아도 알 수 있다! 아마존은 이 사업에서 물류에 관한 문제
를 처리할 때 원래는 잉그램 북 컴퍼니(Ingram Book Company)에 아
웃소싱했다. 하지만 성장하는 동안 이 인프라 제약 문제를 해결하
기 위해 재고 관리 시스템과 창고 관리에 많은 투자를 했고, 그 덕
에 이 문제를 성장 제약 인자에서 성장 인자로 변화시켰다. 소매
업체 상인들은 자신들의 재고와 물류 관리를 아마존에 맡기는 대
신 비용을 지불한다. 아마존이 소매 사업을 하기 위해 구축한 거
대한 컴퓨터 시스템들은 결과적으로 아마존이 AWS 사업(수익률이
높은 비트 기반 사업)에 매진할 수 있게 해주었다.

플랫폼

플랫폼 경제는 네트워크 시대는 물론 산업 시대보다도 먼저 왔
다. 베네치아공화국과 같은 교역 중심의 공국들은 상인들에게 우
호적인 생태계(플랫폼)을 제공했다. 이 플랫폼은 통화와 법의 지배
는 물론 플랫폼의 가치를 거둬들이기 위해 상인들에게 물린 세금
까지 완비된 곳이었다. 월드 와이드 웹이 아직 팀 버너스리(Tim
Berners-Lee)의 머릿속에 있을 무렵(버너스리는 1989년 세계적인 하이퍼텍

스트 시스템에 대한 제안서를 썼다), 마이크로소프트 윈도우와 같은 기술 플랫폼은 기업 구축의 기반으로 선택된 플랫폼의 가치를 보여주었다. 이렇게 인터넷 이전 시대에도 플랫폼의 가치가 입증되기는 했지만 네트워크 시대는 그것을 한층 더 강력하고 가치 있게 만들었다. 가령 오늘날 소프트웨어 기반 플랫폼은 베네치아공화국처럼 특별한 지역에 제한되지 않고 즉시 전 세계로 유통될 수 있게 도와준다. 현재 플랫폼상의 거래는 일대일 협상이 아닌 API(Application Programming Interface)를 통해 이루어지기 때문에, 사람이 개입하지 않아도 엄청나게 많은 양의 거래가 신속하고 매끄럽게 처리된다.

플랫폼이 규모를 확장시켜 사실상 업계의 표준이 되면 (플랫폼을 빠르게 복제하고 최적화시키는 능력까지 결합된) 호환성과 표준 네트워크 효과는 난공불락에 가까운 지속성 있는 경쟁우위를 창출시킨다. 이러한 지배력을 통해 시장 주도 기업은 그 플랫폼을 사용하고자 하는 모든 참여자에게 과거의 베네치아공화국에서 매겼던 물품세와 유사한 세금을 거둔다. 예를 들어 아이튠즈 스토어는 노래 · 영화 · 책 · 애플리케이션이 해당 플랫폼에서 판매될 때마다 수익금의 30%를 차지한다. 플랫폼의 수익은 보통 이윤율이 대단히 높기 때문에 플랫폼을 더 개선하는 데 재투자될 수 있다. 아마존의 판매자 플랫폼, 페이스북의 소셜 그래프, 애플의 iOS 생태계는 플랫폼이 가진 힘을 보여주는 좋은 예다.

무료와 프리미엄

그 어떤 매력적인 가격보다도 '무료'는 엄청난 힘을 가진다. 듀크대의 행동경제학자 댄 애리얼리는 《상식 밖의 경제학》에서 한 가지 실험을 예로 들며 무료의 힘을 설명했다. 가격이 다른 초콜릿 중 사람들이 어느 쪽을 선호하는지 조사하는 실험이었는데, 조사 대상자들에게 15센트짜리 린트 린도르 트러플 초콜릿과 1센트짜리 허쉬 키세스 초콜릿 중에 하나를 선택하라고 하자 약 4분의 3이 변변찮은 키세스 초콜릿보다 고급 트러플 초콜릿을 선택했다. 하지만 애리얼리가 가격을 각각 14센트와 무료(가격 격차는 동일)로 변경하자 조사 대상자의 3분의 2 이상이 급이 낮은 (하지만 무료인) 키세스를 선택했다.

무료는 유통과 바이럴리티 측면에서도 귀중한 도구로서 엄청난 힘을 발휘한다. 네트워크 효과가 일어나는 데 필요한 임계 사용자 수를 달성하게 하여, 제품이 네트워크 효과를 톡톡히 볼 수 있게 도와준다. 링크드인을 운영할 때 우리가 추론한 임계 사용자 수는 100만 명 정도였는데, 이 숫자를 달성하려면 기본 계정이 무료여야 한다고 생각했다. 광고 중심의 비즈니스 모델일 경우에는 제품을 무료로 제공해도 수익을 올릴 수 있다. 사용자가 충분히 많다면 말이다. 가령 페이스북은 서비스를 이용하는 사람들에게 한 푼도 받지 않지만, 타깃 광고를 통해 엄청난 매출총이익률이 보장된 수익을 창출한다. 이처럼 사용자가 대가를 지불하지 않더라도, 사용자가 많으면 수익을 내는 큰 가치를 얻을 수 있다. 단, 이런 수익원 없이 제품만 무료로 제공할 경우 아무리 물량을 늘려도 부족한 매출을 채울 수 없다. 학생과 교육자들이 사용하는 많은 서비스는 그러한 측면에서 광고 비즈니스 모델에 적합하지 않은 제품이다.

무료만큼이나 프리미엄도 비즈니스 모델 혁신을 만들어내는 중요한 축이다. 벤처 투자자 프레드 윌슨(Fred Wilson)은 재리드 러킨(Jarid Lukin)의 제안을 근거로 2006년 블로그 포스트를 통해 '프리미엄'이란 용어를 만들었다. 하지만 이 개념을 접목한 비즈니스 모델은 사실 이 용어보다 먼저 만들어졌다. 1980년대 소프트웨어 판매를 위해 도입했던 '셰어웨어(shareware)' 모델이 그 기원이다. 무료 제품이 임계 사용자를 찾고 끌어들이는 도구라면, 프리미엄 제품은 무료 제품을 통해 그 가치가 입증되었을 때 임계 사용자들을 통해 수익을 창출할 수 있도록 돕는다. 드롭박스는 성공적인 프리미엄 비즈니스 모델의 가장 좋은 사례다. 이 회사는 처음에는 2GB 용량의 무료 저장 공간을 제공해 거대한 사용자 기반을 만든 다음, 추가 저장 공간을 유료화했다. 이 공간의 편의성과 추가 용량에 대한 필요성을 느낀 상당수의 사용자는 흔쾌히 이것들이 주는 가치에 대가를 지불하기로 결정했다.

마켓플레이스

마켓플레이스는 가장 성공적인 비즈니스 모델 패턴에 해당한다. 이 패턴을 따라 고부가가치를 창출한 기업들 가운데 눈에 띄는 곳은 닷컴 시대의 구글과 이베이, 현재의 알리바바와 에어비앤비 등이 있다. 마켓플레이스가 강력한 힘을 갖는 한 가지 이유는 네트워크 효과의 양면을 활용하는 경우가 많기 때문이다. 시작 초기부터 성공적인 마켓플레이스를 만들기는 힘들지만, 일단 유동성 (판매자와 구매자가 거래 상대인 서로를 빠르고 효율적으로 찾을 수 있는 능력)을 얻고 나면 시장의 판매자와 구매자 모두 마켓플레이스에 큰 매력을 느낀다. 판매자와 구매자가 밀려들어 올수록 그들이 마켓플레이스에 느끼는 매력은 더욱 커진다. 또한 새로운 진입자가 시장을 점유하는 것이 대단히 어려운 선순환을 낳는다.

마켓플레이스에는 이런 명백한 네트워크 효과 이외에도 핵심적인 이점이 있다. 판매자와 구매자 모두가 참여하는 유동성이 있는 시장이 만들어지면 합리적인 거래 가격이 형성된다는 것이다. 역동적으로 움직이는 공급과 수요는 개인이 판단하여 결정한 가격보다 더 적절하고 영향력을 발휘하는 거래 가격을 만들어내는데, 이 가격이 효율적일수록 마켓플레이스에는 가치를 창출하는 거래가 더 많이 일어난다. 반면에 비유동적 시장에서는 판매자가 제품의 가격을 적절히 결정하지 못하는 경우가 많아 매출과 가치 창출이 최적의 시장에 못 미친다.

효율적인 시장 가격 설정의 이점을 보여주는 가장 좋은 사례는 구글의 애드워즈 광고 마켓플레이스일 것이다. 애드워즈에서는 누구나 원하는 만큼 표적 핵심어에 입찰할 수 있다. 그 덕에 아무리 규모가 작은 기업도 세계적인 유통망을 활용할 수 있다. 전형적인 광고 시장이었다면 불가능했을 일이다. 수많은 클라이언트들이 광고 에이전시에 수백만 달러를 지불하고, 모두가 탐내는 ('슈퍼볼'과 같은) 프로그램이 방송되는 동안 그사이에 30초짜리 값비싼 TV 광고를 내보냈을 것이기 때문이다.

구글의 마켓플레이스는 이런 전형적인 광고 시장과는 매우 대조적이다. 구글의 시스템은 광고의 품질도 측정한다. 유료로 전환해도 클릭을 많이 하는 청중을 표적으로 하는 광고가 선호된다. 그 순효과는 돈 드레이퍼[Don Draper, 미국의 인기 드라마 '매드맨'의 주인공]와 같은 광고 회사 크리에이티브 디렉터와 마티니 3잔을 마시는 점심식사에 드는 간접비 없이 가장 효과적인 타깃 광고를 할 수 있다는 이야기이기도 하다. 또한 구글은 매출총이익도 높인다. 검색 기반의 광고는 TV 광고들과 달리 게재 공간이 무한하고 구글에서는 비용이 거의 들지 않기 때문이다.

마켓플레이스는 국지적인 것이라도 강력한 비스니스 모델의 역할을 충실히 수행했다. 특히 네트워크 시대에 의해 도입된 변화는 마켓플레이스의 잠재적 가치를 한층 더 끌어올렸다. 규모가 제한된 지역 시장과 달리 (인구가 많은 도심의 구식 오프라인 상점가를 생각해보라) 온라인 마켓플레이스는 전 세계의 시장을 이용한다. 또한 재고를 보유하거나 물류를 관리할 필요도 없다. 구매자와 판매자를 연결시킴으로써 (따라서 원자 대신 비트를 다룸으로써) 여러 인적 성장 제약이나 인프라 확장성의 성장 제약들을 피한다.

구독

세일즈포스닷컴이 처음 온디맨드[on-demand, 고객이 원하면 언제 어디에서든지 제품을 주문하고 받을 수 있게 하는 전략]식 고객 관계 관리 제품을 내놓았을 때 이 서비스형 소프트웨어에 대한 의심의 눈초리가 쏟아졌다. 충분히 그럴 만한 상황이었다. 인터넷으로 인도되는 구독형 소프트웨어 판매는 종래의 기업 소프트웨어 판매와는 상당한 거리가 있었다. 온프레미스[on-premise, 소프트웨어를 서버에 직접 설치해 쓰는 방식] 소프트웨어의 영구적인 라이선스를 판매하고 유지·보수에 요금을 청구하는 기존 모델의 경우, 소비자가 월간 혹은 연간으로 가입했을 때보다 더 많은 현금을 선불로 받게 된다. 이 모델을 지원하는 데 필요한 인력도 다르다. 온프레미스 소프트웨어를 판매하고 지원하려면 현장 판매원과 초기 채택 모델의 설치를 위한 판매기사가 필요하다. 하지만 새로운 서비스형 소프트웨어 모델은 24시간 운영되는 데이터센터를 유지하는 추가 인력이 필요하다.

결과적으로는 서비스형 소프트웨어 모델이 기업 소프트웨어 분야에서 우세한 비즈니스 모델이 되었다. 현금 유동성에서의 약점과 필요한 인력 조정이 큰 문제이기는 했지만, 주로 시장 내 기존 기업에 해당되는 문제였다. 세일즈포스닷컴이나 워크데이와 같은 새로운 서비스형 소프트웨어 기업들은 새로운 모델을 중심으로 계획되고 구축되었기 때문에 온프레미스 소프트웨어 사업을 구독 방식으로 전환하려는 기존 기업들보다 큰 이점을 갖게 되었다.

인터넷 구독 서비스는 전통적인 포장형 소프트웨어에 비해 시장 규모가 크고 인도가 편하기 때문에 성공적이었다. 온프레미스 소프트웨어를 지원하는 데 필요한 광범위한 현장 운영의 비용과 간접비 때문에 전통적인 기업 소프트웨어 라이선스는 모델을 구동하는 데에만 100만에서 1,000만 달러 단위의 자금이 필요했다. 이는 소프트웨어 판매업체가 대형 구매자들의 니즈에만 초점을 맞춘다는 의미였다. 반면, 세일즈포스닷컴을 비롯한 서비스형 소프트웨어 판매업체들은 물량에 구애받지 않고 〈포천〉 글로벌 500대 기업은 물론 중견기업이나 중소기업들에도 소프트웨어 라이선스를 판매할 수 있기 때문에 잠재 시장을 크게 넓힐 수 있다. 인터넷 인도와 셀프서비스는 포장형 소프트웨어 세계에서는 가능하지 않았던 새로운 형태의 인도를 가능케 한다. 새로운 고객을 추천하면 추가적으로 무료 저장 공간을 제공하는 드롭박스의 바이럴리티 장려책과 같이 말이다. 인터넷 구독 패턴은 기업 소프트웨어에만 한정되는 것이 아니다. 음악(스포티파이 · 판도라)과 비디오 (넷플릭스 · 훌루 · 아마존) 분야를 지배하는 기업들 역시 구독형 비즈니스 모델을 이용함으로써 간접비를 낮추고 인도의 편의를 누리고 있다.

이것보다 눈에는 덜 띄지만 또 다른 이점이 있다. 더 공격적으로 장기적 투자를 할 수 있다는 점이다. 구독형 사업이 규모를 확장하면 매출 흐름이 예측 가능하게 되어, 수익의 단기적 변화에 대처하기 위한 대량의 현금 잔고를 유지할 필요가 없다. 넷플릭스는 2017년 스트리밍 서비스를 위한 독창적 콘텐츠 개발에 60억 달러를 투자할 계획이라고 발표한 다음, 케이블 공급업자의 지불금과 광고 판매 매출원에 의존해야 하는 전통적인 텔레비전 방송국들보다 많은 돈을 들여 직접 구독 모델을 개발해왔다.

디지털 상품

새로운 플랫폼과 서비스를 기반으로 새롭게 등장하고 있는 패턴 중 하나는 디지털 상품 판매 사업이다. '원자보다는 비트'와 플랫폼의 교차 지점에 있는 디지털 상품은 고유의 독립적 가치를 갖고 있지는 않지만, 수익성 있고 확장 가능한 사업에 기여할 수 있는 무형의 상품이다. 예를 들어 메시지 서비스 라인(LINE)은 스마트폰으로 주고받는 메시지에 들어가는 이미지인 '스티커'를 판매해서 상당한 수익을 올렸다. 운영 첫해인 2014년, 라인의 스티커 사업이 올린 매출은 7,500만 달러였다. 이 수치는 2015년 2억 7,000만 달러로 증가해 라인의 총매출 중 4분의 1을 차지했다. 고유의 가치가 없는 무형의 상품으로는 나쁘지 않은 성과였다.

또한 디지털 상품은 비디오게임 업계에서도 핵심적인 비즈니스 모델이 되었다. 유저들이 구매하는 게임 아이템이 바로 그것이다. 유저들은 게임을 하면서 자신의 지위를 알리고 진군에 도움을 줄 수 있는 아이템을 구매하는 데 망설임이 없었다. 그 덕분에 2017년 애플리케이션을 통한 아이템 구매 수익은 전체 시장에서 370억 달러에 달했고, 이는 유료 애플리케이션 다운로드 수익인 290억 달러를 앞질렀다. 디지털 상품은 비트 기반 사업의 이점을 누리는 것 외에도 매출총이익률이 거의 100%에 달한다. 완벽하게 디지털적인 데다 인프라나 간접비가 더 들지 않기 때문이다.

피드

가장 과소평가되고 있지만 그 효과가 입증된 패턴 중 하나는 뉴스 피드다. 페이스북이 사용자들을 끌어들일 수 있었던 것은 강력한 네트워크 효과 덕분이다. 그러나 페이스북을 세계 수준의 기업으로 만든 것은 이 사이트가 일으킨 뉴스 피드의 혁신 덕분이다. 이런 피드 중심의 성공 사례는 페이스북만 있는 것이 아니다. 트위터·인스타그램·슬랙 같은 회사가 전부 뉴스 피드 패턴을 중심으로 하는 수십억 달러 규모의 시장가치를 구축했다.

뉴스 피드의 힘은 사용자의 참여를 촉진하는 능력에서 비롯된
다. 이런 능력은 다시 광고 수익과 장기적인 사용자 유지에 기여
한다. 페이스북이 보여주었듯이, 스폰서 업데이트가 함께 되는
뉴스 피드는 인터넷 웹사이트 방문자들을 수익원으로 만드는 가
장 효과적인 방법이다. 온라인 광고 시장에서 페이스북 뉴스 피드
가 가지는 지배력을 넘어서는 것은 구글의 애드워즈뿐이다. 애드
워즈는 즐기려는 단순한 욕구보다는 소비자의 적극적인 의도를
포착하는 커다란 장점을 가지고 출발한다. 예를 들어 쇼핑을 하려
고 페이스북을 방문하는 사람이 몇이나 되겠는가? 뉴스 피드 모
델의 매력은 친구들이 뭘 하는지 들여다보려는 지루한 사람들을
이용해 돈을 버는 능력이었다.

물론, 뉴스 피드 모델을 효과적으로 사용하려면 정교하고 많
은 기술이 필요하다. 페이스북은 무작위로 스폰서 업데이트를 삽
입하지 않는다. 당신이 지금까지 클릭하거나 '좋아요'를 눌렀던
항목들을 근거로 당신보다 더 당신의 관심사에 대해서 잘 파악
하고 있다. 그들은 당신이 피드에서 하는 습관들을 토대로 하는
일들의 맥락을 근거로 어떤 광고를 당신이 보도록 할지 세심하
게 결정한다. 이런 표적 결정 능력은 페이스북이 RSS[Really Simple
Syndication, 맞춤형 뉴스 서비스]와 같은 다른 피드 기반 제품들이 실패
한 모델을 가지고 어떻게 수익을 냈는지 그 성공한 이유를 설명해
준다. 상품 자체가 본질적으로 하나의 긴 뉴스 피드인 트위터는

10년 가까이 상품에 거의 변화를 주지 않고도 (140자에서 280자로의 변화는 포함시키지 않고) 여전히 주요한 인터넷 기업으로 남아 있다. 그만큼 이 패턴이 대단히 강력하단 의미다. 트위터는 제품이나 기술 혁신이 아닌 비즈니스 모델 혁신이 가진 힘으로 엄청나게 규모를 확장시킨 기업이다.

새 패턴을 만드는 4가지 법칙

비즈니스 모델 혁신의 검증된 패턴에서 근간이 되는 것은 이 패턴들을 개량하거나 심지어는 새로운 패턴을 만드는 데 도움을 줄 수 있는 더 큰 원리다. 이 원리들은 그 자체로 비즈니스 모델은 아니지만 비즈니스 모델 혁신을 가능케 하는 기술적 혁신에 힘을 보태는 경우가 많다.

무어의 법칙

무어의 법칙은 실리콘밸리를 이야기할 때 빼놓을 수 없는 핵심적이고 본질적인 원리다. 이 법칙은 인텔 창업자 고든 무어(Gordon Moore)의 이름에서 따온 것으로, 1965년 그가 발표한 논문에 실린 용어이기도 하다. 요지는 실리콘칩의 표면에 집적시킬 수 있는 트랜지스터의 수가 매년 2배씩 늘어난다는 것인데, 무어는 이를 두고 1975년 트랜지스터가 24개월마다 2배가 되는 것으로 정정했지만, 업계는 18개월에 더 무게를 두고 있다.

오늘날 무어의 법칙은 더 이상 트랜지스터 밀도만을 이야기하지 않는다. 이 법칙은 연산 능력에도 적용이 되는데, 이 역시 18개월마다 2배가 되는 경향이 있다고 예측한다. 최근 이런 연산 능력의 성장은 멀티코어[multicore, 2개 이상의 코어를 탑재하여 만든 프로세서], 멀티스레드[multithreaded, 제어를 여러 독립된 흐름으로 나눌 수 있는 프로그램] 연산으로의 이행에 의해 추진되고 있다. 아마 미래에는 무어의 법칙이 양자 컴퓨팅, 광학 칩, DNA 사용 등 더 예측하기 어려운 분야에 적용될 것이다. 무어의 법칙이 갖는 진정한 한계는 반도체 물리학이 아닌 인간의 엔지니어링 창의력에 있는 듯하다.

무어의 법칙이 중요한 것은 이 법칙이 내다보는 연산 능력의 맹렬한 증가가 곧 기술 혁신의 끊임없는 원천이자 비즈니스 모델 혁신을 가능케 하기 때문이다. 오랫동안 인텔의 중앙처리장치(CPU)가 가진 힘은 '클록 속도', 즉 초당 CPU가 작업을 수행할 수 있는 횟수로 측정되었다. 시계는 더 이상 연산 능력을 측정하는 적합한 척도가 아니지만, 무어의 법칙이 컴퓨터 기술계를 어떻게 이끄는지 비유할 때는 적절한 도구가 된다. 시계가 한 번 재깍거리며 돌아갈 때마다 새로운 기술이 가능해지면서 점점 더 빠른 혁신을 이끈다.

증가하는 연산 능력은 거대한 중앙컴퓨터에서 미니컴퓨터, 퍼스널컴퓨터를 거쳐 오늘날의 스마트폰이나 웨어러블 디바이스(착용형 컴퓨터)로의 변화를 가능케 했다. 우리는 네트워크 대역폭과 같은 것에서도 비슷한 증가세를 목격해왔다. 이는 웹상에서 쓰던 글을 이미지로, 소리로, 동영상으로 변화할 수 있게 했으며, 미래에는 3D와 가상현실(VR)의 변화를 이끌 것이다. 하지만 오늘날의 스마트폰은 단순히 IBM 중앙컴퓨터의 소형 버전이 아니다. 기술 혁신이 비즈니스 모델 혁신을 가능케 한다는 점을 기억하라.

최고의 기업가들은 무어의 법칙을 따르는 데에 그치지 않고 무어의 법칙을 예측한다. 넷플릭스의 공동창업자이며 CEO인 리드 헤이스팅스(Reed Hastings)를 생각해보라. 넷플릭스를 시작할 때 그의 장기적인 비전은 인터넷을 통해 주문형으로 전달되는 텔레비전이었다. 하지만 1997년에는 기술이 그의 비전에 못 미쳤다. 당시는 모뎀을 사용한, 전화선 인터넷 접속의 시대였다. 1시간짜리 고화질 동영상의 경우 40GB 용량의 압축 데이터(압축하지 않으면 400GB)를 전송해야 했다. 당시의 표준형 28.8K 모뎀으로 '기묘한 이야기(Stranger Things)' 에피소드 1편을 전송하려면 4개월이 넘게 걸리는 셈이다. 그러나 넷플릭스가 헤이스팅스의 최종 비전에 어느 정도 이를 수 있게 해주는 기술 혁신이 있었다. 바로 DVD였다.

헤이스팅스는 당시 20달러 안팎에 판매되던 영화 DVD가 작으면서도 내구성이 강하다는 것을 깨달았다. DVD는 우편을 이용해 영화 대여 사업을 하기에 적합했다. 헤이스팅스는 컴퓨터공학 수업 시간에 백업 테이프를 가득 싣고 전국 곳곳을 돌아다니는 스테이션 왜건의 대역폭을 계산하라는 과제에서 이 아이디어를 얻었다고 말했다. 이것이야말로 비즈니스 모델 혁신을 가능케 한 기술 혁신의 사례였다.

블록버스터 비디오(Blockbuster Video) 회사는 VHS 테이프를 100달러 정도에 구입해서 실제 상점에서 테이프를 빌려주는 방식으로 성공적인 사업을 구축했지만, 크기가 크고 값이 비싸며 쉽게 손상을 입는 테이프를 가지고 우편 대여 사업을 하기에는 적합하지 못하다고 판단했을 것이다(이해하기 어렵겠지만 저자들이 대학에 다닐 당시 금요일이나 토요일 밤에 비디오 대여점인 블록버스터 비디오로 가서 몇 달러를 주고 VHS 영화 테이프를 빌리곤 했다. 그리고 나서 25인치 표준 화질 음극선관에 연결된 VCR에 테이프를 밀어 넣었다. 물론 그 전에 집에 있던 유선전화로 도미노에 전화를 걸어 피자를 주문하곤 했지만 말이다).

DVD 기술로 인해 넷플릭스는 완전히 새로운 비즈니스 모델을 만들어냈다. 영화를 한 편 한 편 대여하고 제날짜에 VHS 테이프를 반납하지 않으면 터무니없는 연체료를 물리는 대신, 넷플릭스 고객들은 매달 20달러의 구독료를 내면 '무제한'으로 영화를 볼 수 있다(한 번에 영화 한 편만 본다는 전제하에). 이로써 넷플릭스는 많은 욕을 먹는 블록버스터의 연체료를 없애고 구독 서비스라는 입증된 모델을 통해 강력하고 확실한 수익 흐름을 포착할 수 있었다. 넷플릭스는 사업을 시작했고 우편을 통한 DVD 서비스로 상장까지 했다. 하지만 헤이스팅스는 넷플릭스의 최종 비전(인터넷으로 주 문하는 텔레비전)을 결코 잊지 않았다. 무어의 법칙이 계속해서 마법 을 이어가면서 컴퓨터가 점점 더 강력해지고 인터넷 대역폭은 점 점 더 싸고 좋아지는 동안 넷플릭스는 스트리밍 비디오가 실행 가 능해지기를 기다리며 기회를 엿보았다.

"1997년 처음 자금을 끌어모으기 시작했을 때, 우리는 5년 안 에 스트리밍을 하게 될 것이라고 생각했습니다." 스탠퍼드대 블리 츠스케일링 수업에 연사로 참석한 헤이스팅스는 이렇게 말했다. "2002년, 우리는 스트리밍 서비스를 하지 않았습니다. 2007년에 는 우리 사업의 절반이 스트리밍이 될 것이라고 생각했죠. 그런데 2007년에도 스트리밍 서비스는 없었습니다. 그 때문에 또다시 같 은 예측을 했죠. 그 예측은 또 틀렸습니다. 하지만 이번에는 방향 이 달랐습니다. 2012년 스트리밍은 우리 사업의 60%를 차지하고 있었습니다." 헤이스팅스의 예상보다 오래 걸리기는 했지만 어쨌 든 무어의 법칙은 살아남았다.

현재 넷플릭스는 인터넷을 통해 전달되는 주문형 텔레비전과 동의어이며 '몰아서 보기(binge watching)'라는 완전히 새로운 범주를 만들었다. 2017년 미국 성인의 53%가 집에서 넷플릭스를 이용한 다고 말했으며, 이 서비스는 계속해서 다른 지역으로 빠르게 성장 하고 있다. 넷플릭스는 구독 모델의 재정력을 이용해 '기묘한 이 야기'와 같은 텔레비전 프로그램에서 '비스트 오브 노 네이션(Beasts of No Nation)'과 같은 영화, 데이브 샤펠(Dave Chappelle)의 컴백 스페셜 코미디쇼와 같은 특집 행사까지 주요 원천 콘텐츠 공급원의 하나가 되었다.

보통 TV 방송의 경우 시청자가 특정 채널을 보도록 매주 설득해야 한다. 더 많은 시청자가 매력을 느낄 수 있게 '반드시 봐야 할 TV(Must See TV)', 즉 최적의 프로그램을 제작하기 위해 애쓴다. 그들은 수많은 파일럿 프로그램들을 방송하지만, 대부분은 시리즈로 제작하지 않는다. 반면 주문형 모델인 넷플릭스는 유선 방송들이 하듯이 소수의 주제별 채널 프로그램을 편성하지 않아도 다양한 청중의 구미를 맞출 수 있다. 텔레비전 방송은 모든 시청자에게 같은 것을 제공하는 방식으로 성공을 거두었다. 무선신호, 그리고 이후에는 동축 케이블을 통한 콘텐츠 방송이라는 기술적 혁신에 의해 추진된 비즈니스 모델이었다.

하지만 넷플릭스는 시청자 개개인에게 적절하게 조정된 맞춤형 경험을 제공함으로써 성공했다. 이로써 넷플릭스는 지금까지의 텔레비전 경쟁자들과 다른 큰 이점을 가지게 됐다. 더구나 넷플릭스는 시청자들의 과거 습관을 근거로 정확하게 고객이 원하는 콘텐츠를 제작한다. 파일럿 프로그램을 위한 모든 낭비 요소를 없앴으며, 오로지 고객이 구독을 취소하겠다는 결정을 내릴 때만 고객을 잃는 구조다. 넷플릭스를 이용하는 사람이 많을수록 넷플릭스는 그 사람이 원하는 것을 정확하게 제공할 가능성이 높아

진다. 점차 사람들이 원하는 콘텐츠가 넷플릭스에만 있는 구조가
되면, 그 자체로 넷플릭스는 원천 콘텐츠가 된다. 전설적인 시나
리오 작가 윌리엄 골드먼(William Goldman)은 할리우드에 대해 이
런 글을 쓴 것으로 유명하다. "아무도 아는 것이 없다." 이에 대한
헤이스팅스의 답은 "넷플릭스는 안다."였다. 이 모든 일은 무어의
법칙이 헤이스팅스의 장기적 비전을 불가능한 몽상에서 역사상
가장 성공적인 미디어 기업으로 바꾸어놓는 동안 거의 10년을 기
다린 그의 인내와 통찰력이 있었기에 가능했다.

무어의 법칙은 새로운 기술들이 가능해지면서 컴퓨터 애니메
이션(픽사), 온라인 파일저장(드롭박스), 스마트폰(애플) 등에도 여러
차례 마법을 부렸다. 이런 각각의 기술들은 모두 몽상에서 세상을
정복하는 길을 밟았다. 이 모두가 무어가 1965년 가졌던 통찰이
이끈 것이다.

자동화

블리츠스케일링 기업은 자동화를 사용한다. 컴퓨터가 임무를 완
수할 역량만 있다면(가능성은 낮지만 필요한 조건), 그것은 거의 언제나
인간보다 빠르고, 저렴하고, 신뢰할 만하다. 더구나 컴퓨터는 다
윈의 자연선택 원리에 따라 수백만 년에 걸쳐 진화하는 인간과 달
리 무어의 법칙에 따라 그 능력이 18개월마다 2배로 진화하기 때
문에 계속해서 더 빨라지고 저렴해진다.

2014년, 저널리스트 얀 베르뮐렌(Jan Vermeulen)은 애플 II(1977년 도입)를 당시로서는 첨단이었던 아이폰 5S와 비교했다. 그는 37년 동안 애플의 제품들이 클록 속도의 측면에서 2,600배 빨라졌으며, (1MHz 싱글코어 CPU에서 1.3GHz 듀얼코어 CPU로) RAM은 1만 6,384배가 되었다는 것을 발견했다. 인간의 한 세대가 지나는 동안 3~4배 정도 발전한 셈이다. 그러나 이 엄청난 성과는 애플 II가 덩치가 큰 음극선관 모니터가 있는 데스크톱 컴퓨터이고 아이폰 5S는 사람들이 주머니에 넣고 다니는 휴대용 슈퍼컴퓨터라는 점을 고려하지 않았다. 애플 II가 출시된 해에, 조 보텀(Joe Bottom)은 수영 50m 자유형에서 23.74초로 세계신기록을 수립했다. 시속 7.6km에 달하는 빠른 속도였다. 인간의 수영 속도가 애플 제품의 연산 속도가 증가한 만큼 빨라졌다면, 2014년의 세계기록은 시속 1만 9,700km가 되었을 것이다. 이는 지구의 자전 속도에는 이르지 못하지만 일반적인 상업 제트기 속도의 약 25배에 달한다. 2014년 인간의 50m 자유형 세계기록은 20.91초로 전보다 11% 향상되었다.

이것이 자동화의 힘이다.

자동화는 아이폰처럼 직접 소비자에게 전달되는 제품뿐 아니라 내부 프로세스와 능력에도 영향력을 행사한다. 자동화가 아마존 창고에서 생산성을 높임으로써, 구글의 서버팜[server farm, 데이터를 편리하게 관리하려고 컴퓨팅 서버와 운영 시설을 모아놓은 곳을 24시간 더 쉽게 가동하도록 함으로써 창출하는 가치를 생각해보라.

최적화가 아닌 적응

아주 추상적으로 표현하자면 성공적인 스케일업들은 최적화보다는 적응을 더 강조한다. 지금 세대의 실리콘밸리 기업들은 그로스 해킹[growth hacking, 'growth(성장)'와 'hacking(해킹)'의 합성어. 창의성·분석적인 사고·소셜 네트워크를 이용하여 제품을 팔고, 노출시키는 마케팅 방법]을 통한 끊임없는 실험과 A/B 테스트[A/B testing, A와 B, 2가지 시안 중에 사용자의 선호도가 높은 것을 선정하는 웹 분석 방법], 속도에 중점을 두는 식으로 지속적인 발전을 실천한다. 더 이상 헨리 포드의 모델 T에 기원을 둔 디트로이트 자동차 제조업체의 거대한 조립라인에 집착하지 않는다. 기업들이 빠르게 변화하는 새로운 제품, 시장에 맞는 제품과 시장의 궁합을 찾아야 하는 환경에서는 적응에 역점을 두는 것이 이치에 맞다. 아마존이 단순히 소매 역량을 갈고닦는 대신 클라우드 컴퓨팅 시스템과 같은 새로운 시장으로 확장해나간 것을 보라. 페이스북이 데스크톱 웹브라우저로 접속하는 글을 기반으로 하는 소셜 네트워크에서 스마트폰(그리고 곧 VR)으로 접속하는 이미지와 동영상 기반 소셜 네트워크로 변화하는 데 적응해나간 것을 생각해보라.

이단아 원리

내 친구 틸은 《제로 투 원》에서 이단아가 되는 것이 가지는 힘에 대해서 역설했다.

> 구직 면접을 할 때마다 이런 질문을 던진다. "많은 사람들이 당신과 뜻을 같이해주지 않는 데 아주 중요한 진실이 있을까요?"
>
> 직접적이기 때문에 쉬운 질문처럼 들린다. 하지만 실제로는 답하기가 아주 어려운 질문이다. 모두가 학교에서 배우는 지식은 사람들이 동의하는 것이기 때문에 지식의 측면에서 어려운 질문이다. 대답을 하려는 사람은 자신이 알고 있는 어떤 것이 대중적이지 않다고 말해야 하기 때문에 심리적으로도 어려운 질문이다. 눈부신 생각은 드물다. 하지만 용기는 천재성보다도 더 희귀하다.

이단아가 되는 것은 엄청나게 가치가 높은 기술기업을 만드는 과정에서 대단히 중요할 때가 많다. 유통이나 네트워크 효과와 같은 핵심 성장 인자들이 그 분야에서 임계 규모에 처음으로 도달한 회사에 불균형하게 많은 보상을 제공하기 때문이다. 이단아가 된다는 것은 결국 당신에게 큰 이점을 가져다준다. 스케일을 달성하는 데 있어서 남들보다 유리한 출발을 할 수 있기 때문이다.

거의 모든 사람이 매력적이라고 생각하는 기회를 좇는다면, 회사는 경쟁자와 격차를 벌리느라 힘든 시간을 보내야 한다. 그러나 회사가 일반적 통념을 기준으로 봤을 때 무시하거나 거부할 만한 기회를 좇고 있다면, 비즈니스 모델 혁신을 잘 굴러가는 기계로 만드는 데 필요한 시간을 확보할 수 있다. 아마존은 대부분의 사람들이 온라인에서 신용카드를 사용하는 일이 불편하다고 생각하던 때 전자상거래에 뛰어들었다. 구글은 사람들이 검색이 이미 성숙기를 지난 상품이라고 생각할 때 검색엔진을 내놨다. 페이스북은 많은 사람들이 소셜 네트워킹이 쓸모없거나 마이스페이스가 지배하는 시장이라고, 혹은 그 둘 다라고 생각할 때 소셜 네트워크를 만들었다.

뛰어난 아이디어들은 대부분 처음에는 어리석은 아이디어로 보인다. 이단아가 되는 것은 멍청한 사람들이 당신의 의견에 동조하지 않는다는 의미가 아니라 똑똑한 사람들이 당신의 의견에 동의하지 않는다는 뜻이다! 체스키·게비아·블레차르지크가 에어비앤비에 투자를 권유할 때 무슨 일이 일어났던가? 그레이엄 같은 투자자들은 말 그대로 사람들이 그런 서비스를 이용하는 이유를 상상조차 하지 못했다. 이런 일이 일어난 것은 투자자들이 멍청해서가 아니다. 대부분의 벤처 투자자와 엔젤 투자자들은 영리하며, 똑똑하고 성공한 사람들 대부분은 입증된 아이디어에 대한 투자가 그렇지 못한 아이디어에 대한 투자보다 낫다는 데 동의한다. 다만 문제는, 비즈니스 모델 혁신에는 새롭고 입증되지 않은 어떤 것을 시도하는 일이 포함된다는 점이다!

많은 벤처 투자자들은 자신들이 '패턴 매칭'의 달인이라고 자랑한다. 하지만 여기에서 우리는 모든 패턴 매칭이 유익한 것이 아니라는 점을 짚고 넘어가야겠다. 잘못된 종류의 패턴 매칭은 (할리우드 하이콘셉트 피치[high-concept pitch, 간결한 내용 소개로 실제 작품을 보고 싶도록 만드는 영화 홍보]와 같이) 2류 · 3류 투자자들이 좋아하는 것이다. 영화 '스피드(Speed)'는 버스에서 펼쳐지는 '다이하드'라는 하이콘셉트 피치로 유명했다. 당신이 최초로 둘의 접점을 찾아 연결시켰다면 당신은 성공을 거두었을 것이다. '스피드'는 실제로 상업적으로 성공했다. 그 주된 이유는 영화가 홍보 문구에 부합했기 때문이다. 하지만 '스피드'의 성공은 스티븐 시걸의 '언더 씨즈(Under Siege, 배에서 펼쳐지는 다이하드)'부터 역시 스티븐 시걸의 '파이널 디씨전(Executive Decision, 비행기에서 펼쳐지는 다이하드)'까지 질이 떨어지는 아류작들을 양산해냈다.

적절한 종류의 패턴 매칭을 하려면 의학용어인 '작용 기제(the machanism of action)'라는 것을 이해할 필요가 있다. '스피드'가 성공한 것은 폭탄의 폭발을 막기 위해서 특정한 속도 이상을 유지해야 하는 버스 안으로 행동의 범위를 제한한 것이 극적 긴장감을 만들어냈기 때문이다. 로스앤젤레스의 악명 높은 교통 체증을 고려한다면 특히 더 그렇다. 에어비앤비가 성공한 까닭은 거대한 시장이 있었고, 도시에서 도시로 인식을 넓혀나가는 여행자들이 바이럴리티를 만들었으며, 온라인 마켓플레이스라는 입증된 패턴을 따랐기 때문이다. 비즈니스 모델 혁신을 하고 싶다면 결국 이 원리를 적용시키는 감각을 익혀야 한다.

엄청난 성장과 가치 창출을 뒷받침할 수 있는 비즈니스 모델을 만들었다고 생각한다면, 다음 단계는 전략을 결정하는 것이다. 전략적 혁신은 바로 이 지점에서 진가를 발휘한다.

인사이트 인 블리츠스케일링

Linked in. 링크드인

2002년 우리가 링크드인을 시작했을 당시, 대부분의 사람들은 닷컴 붕괴로 고객 인터넷 서비스 업계가 죽었다고 생각했다. 벤처 투자자들은 급속한 성장에 수백만 달러의 자금을 대는 일을 극히 꺼렸다. 하지만 이런 현실에도 불구하고 우리는 이용할 수 있는 큰 기회가 있다고 믿었다. 진정한 블리츠스케일링에 필요한 자본을 조달할 때까지 링크드인이 스타트업 성장단계를 거쳐나가도록 이끌 수 있다고 생각했다. 그 일은 이렇게 전개되었다.

1 시장 규모

링크드인을 뒷받침한 핵심적인 통찰은 이것이었다. '인터넷이 익명의 사이버공간에서 현실 세계로 뻗어나가고 있다. 따라서 사람들의 온라인 아이덴티티가 곧 실제 아이덴티티를 의미하게 될 것이다.' 나와 비슷한 세대의 독자들이라면 "인터넷에서는 네가 개라는 걸 아무도 몰라."라는 글이 붙은 그 유명한 〈뉴요커〉 만화를 기억할지도 모르겠다. 하지만 우리는 이런 종류의 익명성이 직업을 설명하는 맥락에서는 통하지 않을 것이고, 적어도 직업상의 온라인 아이덴티티가 필요할 것이라고 생각했다. 당시에는 우리의 명제가 이단이었지만, 공동창업자들과 함께 '모두가 화이트칼라 직장인'인 시장이 큰 기회가 될 만큼 충분히 넓다는 강한 확신을 가지고 있었다.

❷ 유통

링크드인이 규모를 확장하는 데 필요한 자금을 마련하려면 유통전략을 입증할 방법을 찾아야 했다. 불행히도 투자자들은 우리를 '사업 관계에서의 프렌즈터(미국의 소셜 네트워킹 사이트)'쯤으로 여겼다. 오늘날의 벤처 투자자들에게 '사업 관계에서의 턴더(Tinder, 소셜 디스커버리 애플리케이션)'라고 하는 것만큼이나 형편없는 패턴 매칭이었다. 어쩔 수 없이 페이팔을 도와서 얻은 돈과 명성을 이용해 링크드인을 사람들이 투자하고 싶은 위치에 올려놓을 방안을 찾아야 했다.

첫 단계는 매우 작은 스크래피 (단호한 정신력과 날카롭고 공격적으로 움직이는 것이 특징인 개인 또는 팀) 집단을 모으는 것이었다. 우리는 친구의 무너져가는 스타트업 건물 안에 끼어들어 가 첫 사무실을 얻었다. 친구가 내게 말했다. "임대 보증금을 돌려받을 수 있게 청소만 깨끗이 한다면 3개월 동안 사무실을 사용해도 좋아." 나는 내 명성을 이용해서 소규모 투자를 받았다. 하지만 유통을 통해 상당한 진전을 보여주어야만 다음 투자를 받을 수 있다는 것을 누구보다 잘 알고 있었다. 전형적인 방식의 마케팅에 쓸 만한 돈이 없었기 때문에 '그로스 해킹'과 유사한 여러 가지 기법을 시행했고, 이를 통해 그레이록 파트너스에서 자금을 조달할 수 있었다.

링크드인의 핵심 유통전략은 페이팔에서 했던 전략과 흡사한 유기적 바이럴리티였다. 사용자들이 이메일을 통해 지인들을 초대하도록 유도하는 것인데, 그것이 사용자의 네트워크를 구축하고 주요 지인들의 활동을 계속 파악하는 데 도움이 되기 때문이다. 하지만 초기의 바이럴리티 수준은 충분치 못했다. 우리는 페이팔처럼 금전적으로 보상해주는 장려책을 사용할 수 없었기 때문에 이메일 주소록 가져오기 같은 것을 구축해서 초대의 수를 늘릴 수밖에 없었다. 그리고 사용자들이 우리 서비스를 이용하기 시작할 때 그 사실을 알 수 있도록 했다.

❸ 매출총이익

매출총이익도 중요했다. 링크드인 사용자가 증가하는 것만으로는 선두적인 소비자 소셜 네트워크의 성장세에 못 미칠 것이 분명해졌기 때문이다. 이 시점에 마이스페이스는 프렌즈터를 능가했고, 페이스북은 빠르게 마이스페이스를 따라잡았다. 그리고 이 회사들 모두가 링크드인보다 훨씬 많은 사용자를 보유하고 있었다. 우리는 링크드인 사용자들이 전문 직업인으로서 훨씬 가치가 있다는 논거를 가지고 있었지만, 그 논거를 입증하려면 높은 수익을 올릴 수 있다는 것을 증명해 보여야 했다.

우리가 시도한 첫 번째 비즈니스 모델 패턴은 프리미엄 구독 서비스였다. 무료 링크드인 서비스의 경우 사용자가 친구의 친구를 요청하는 횟수를 제한했다. 사용자가 더 이상 친구를 요청할 수 없게 되면 프리미엄 서비스로 업그레이드하게끔 유도했다. 이런 구독 수익으로 현금흐름은 원활해졌지만, 구독 수익은 그다지 큰 성장을 보이지 않았다. 그러나 한 가지 사실을 발견하면서 중요한 변곡점을 맞았다. 기업들이 링크드인 프로필을 열람하여 일자리에 가장 적합한 후보자를 찾을 수 있다면 기꺼이 돈을 지불한다는 것이었다. 우리는 기업 구독 상품을 만들어 회사에 제공했다. 이 새로운 모델이 상당한 수익원이라는 것을 입증한 우리는 블리츠스케일링에 대한 자신감을 얻게 되었다.

❹ 네트워크 효과

우리는 늘 네트워크 효과를 통해 링크드인의 장기적인 가치를 일구겠다는 목표를 가지고 있었다. 직업 관련 소셜 네트워크인 링크드인은 한 사람의 직업적 아이덴티티를 공개하는 표준 형식이 된 것은 물론이고, 직접 네트워크 효과와 양면적 네트워크 효과를 모두 활용한다. 직접 네트워크 효과는 추가된 링크드인 사용자 한 사람 한 사람이 다른 링크드인 사용자 모두에게 조금씩 더 가치있는 네트워크를 만든다는 사실에서 나온다. 또한 사용자가 많아질수록 더 많은 고용 기업을 끌어들이고, 더 많은 고용 기업은 간접 구직 도구로서 링크드인이 가진 가치를 높이면서 양면적 네트워크 효과가 발생한다. 마지막으로 링크드인은 대부분의 사람들이 가지고 있는 직업적 온라인 아이덴티티에서 필수적인 부분이 되면서, 전형적인 이력서를 대체하는 표준이 되었다. 이 네트워크 효과들 중 하나만으로도 최초 스케일러의 이점을 얻을 수 있을 것이다. 그런데 이 3가지 네트워크 효과가 합쳐지면서 다른 새로운 진입자들, 심지어는 구직 시장을 빼앗으려는 페이스북과 같은 소비자 네트워크들에게서 링크드인 사업을 보호하는 거대한 전략적 해자(垓字)가 구축되었다.

⑤ 제품과 시장 궁합

기업 제품과 시장의 궁합을 찾는 것은 이 사업의 핵심 변곡점이었다. 이 일을 어떻게 해냈을까? 우리는 가능한 한 빨리 시장의 피드백을 얻는 데 집중했다. 우리는 영업사원들을 고용해 기업 상품의 모형을 주었고, 그들은 잠재 고객을 방문했다. 다행히 잠재 고객들 모두가 그 상품을 원했다!

⑥ 운영 확장성

링크드인이 블리츠스케일링하는 데 몇 가지 문제가 있었다. 수억 명의 사용자를 보유한 전 세계적 소셜 네트워크를 지원해야 하는 명백한 문제 외에도 2가지 중요한 운영 확장성의 문제가 있었는데, 무엇이었을까.

첫째, 사업을 지원하려면 2가지 다른 상품을 개발하고, 유지하고, 업데이트해야만 한다는 것이었다. 소비자 상품이 없다면 기업들이 기업 상품의 가치를 알지 못할 것이다. 기업 상품이 없다면 큰 회사로 키울 만한 돈을 벌지 못할 것이다. 따라서 2가지 모두를 해야 했다. 엔지니어링 전문가가 2가지 별개의 상품을 작업하려고 상품과 엔지니어링 그룹을 나누라고 하지는 않을 것이다. 하지만 우리는 비효율과 혼란에도 불구하고 바로 그런 일을 했다.

둘째, 우리는 판매하는 제품을 개발하는 와중에 판매 인력을 빠르게 확대해야 했다. 링크드인의 CEO 댄 나이(Dan Nye)와 제프 와이너(Jeff Weiner) 그리고 그들의 팀원들에게는 정말 힘든 작업이었다. 가능한 부분에서는 스케일링의 제약을 더는 데 도움이 되는 기술도 이용했다. 가령 내부 분석 포털 도구인, '멀린(Merlin)'을 이용해 수동 작업의 대부분을 자동화시켰고, 이는 영업사원들의 생산성(따라서 확장성)을 높이는 데 도움을 주었다. 멀린은 사용 패턴들을 분석하는 것은 물론, 각 영업사원에게 어떤 기업에 전화를 해야 할지, 기업이 링크드인을 어떻게 사용하고 있는지 알려주었다. 또 개별 잠재 고객에 대한 맞춤형 영업 자료까지 만들어준다!

amazon.com 아마존

1 시장 규모

베조스가 생각하는 아마존의 본래 비전은 고객들이 무엇이든 구매할 수 있는 상점이 되는 것이었다. 그래서 자신들의 장점인 '디지털 진열대', 즉 공간의 제약을 받지 않는다는 점을 적극 활용했다. 제일 먼저 시작한 것은 서적 판매였다. 이것이 전자상거래를 도입하기에 충분히 큰 시장을 대표했기 때문이다(서적은 내구성이 있고 표준이 되며 도매업자를 통해 쉽게 구할 수 있다). 서적 시장뿐만 아니라 다른 시장으로 꾸준히 넓혀나간 아마존은 오늘날에 이르러 '없는 것이 없는 상점'이라는 베조스의 비전에 거의 부응하게 되었다(아마존에서 아직 자동차를 살 수는 없지만… '아직'일 뿐이다).

소매업은 실로 엄청난 시장이었다. 아마존은 AWS를 시작하여 이 시장을 더욱 크게 만들었으며, 덕분에 이 시장에서 거의 상상도 할 수 없이 큰 부분을 차지하게 되었다. '없는 것이 없는 상점'이 된 것은 물론이고, 인터넷의 연산력·대역폭·저장 공간 같은 많은 부분을 (넷플릭스와 같은 다른 지배적 기업들을 비롯한 여러 기업들에) 제공한다.

2 유통

아마존은 인터넷이 유통 플랫폼으로서 가진 가능성을 완벽하게 파악한 최초의 기업이다. 그들은 아마존 어소시에이트[Amazon Associate, 웹사이트나 블로그를 가진 개인이 제품 홍보 콘텐츠를 만들어 올리고, 이것이 구매로 연결되면 수입의 일부를 수수료로 받는데, 트래픽이 높을수록 수익 창출로 연결됨]라는 제휴 네트워크를 처음으로 만들어 성공시켰는데, 창출된 수익의 일부를 제공받은 사용자들이 다른 고객들에게 아마존을 추천하도록 만든다. 이로써 아마존은 누구의 웹사이트나 온라인 커뮤니케이션도 자신들의 강력한 유통 채널로 만들 수 있게 되었다. 지금도 인터넷이나 트윗, 이메일 서명 부분에서 책 제목을 보고 그 링크를 따라가면 제휴 링크를 통해서 아마존 웹사이트에 도착해 있는 자신을 발견하게 된다.

❸ 매출총이익

아마존의 매출총이익을 점수로 매긴다면, 최하위일 것이다. 하지만 이것은 아마존만 그렇다기보다 업계 특성으로 봐야 옳다. 일단 소매업은 다른 사업에 비해 수익성이 낮다. 거기다가 아마존이 저렴한 가격을 고집하니 이윤은 더 낮을 수밖에 없다. 그래서 현재 아마존의 소매 사업은 이윤이 남지 않는다(회사의 건전성 때문에 필요한 경우라면 수익을 남길 수도 있을 것이다. 예를 들어 아마존의 핵심인 북아메리카 사업은 수익성이 있다. 아마존의 아시아 사업에서 비롯된 손해가 수익을 앞지를 뿐이다).

하지만 이런 낮은 매출총이익이 실제로는 소매 영업에서 높은 매출총이익을 창출할 수 있는 장기적 전략의 일부라는 징후가 감지되었다. 아마존이 전자상거래를 지배하고 있다는 것은 공공연한 사실이다. 2017년 슬라이스 인텔리전스(Slice Intelligence)와 같은 시장 조사기관들은 아마존이 2016년 미국 전자상거래 매출의 44%를 차지했다고 보고했다. 또한 그 수치가 앞으로 더 높아질 것이라고도 예측했다.

하지만 여기서 종종 간과되는 것이 있다. 아마존의 경우 매우 다른 2가지의 소매 사업으로 나누어져 있다는 것이다. 첫 번째는 아마존의 전통적 방식으로, 공급자들에게 제품을 구매해서 고객들에게 다시 판매하는 것이다. 두 번째는 마켓플레이스다. 이 방식은 첫 번째보다는 덜 알려져 있다. 아마존 마켓플레이스에서는 제3자인 판매자(third-party seller)가 상품을 파는 것이 허용된다. 이들은 아마존 창고에 자신들의 제품 재고를 쌓아두고 아마존이 그것을 고객에게 배달해주는 데 드는 대가를 지불한다. 아마존에서 쇼핑을 해본 적이 있다면 제3자인 판매자에게서 제품을 샀을 가능성이 높다. 베조스는 아마존에서 구매한 상품의 약 50%가 제3자의 판매자에게서 나온 것이라고 말했다. 이런 마켓플레이스 사업에서는 재고를 관리하려고 아마존의 자본을 묶어둘 필요가 없기 때문에(그 대신 제3자 판매자의 자본을 묶어둔다) 아마존의 매출총이익은 수익률이 낮은 월마트보다는 수익률이 높은 이베이에 가깝다. 벤치마크의 매트 콜러(Matt Cohler)가 말했듯, "아마존의 판매자 재고-소유 사업이 단순히 로스 리더 마케팅[loss leader marketing, 특정 상품의 가격을 대폭 낮춰 손해를 보지만 이를 통해 더 많은 고객을 유인해서 전체적으로는 이익을 내는 전략]인지 자본 집약적인 경쟁 해자인지가 가끔은 의심스럽다."

아마존은 이미 클라우드 컴퓨팅 시스템 사업을 통해 높은 매출총이익을 얻고 있다. 영업마진의 150%가 매출 122억 달러, 운영 이익이 30억 달러가 넘는 AWS에서 나왔다는 것을 기억하라. AWS의 수익이 높은 덕분에 아마존은 경쟁자들 사이에서 우위를 유지하는 데 많은 투자를 할 수 있다. 아마존의 AWS는 클라우드 컴퓨팅 인프라 시장의 40% 이상을 보유하고 있는 것으로 추정된다. 이는 가장 강력한 경쟁자들인 마이크로소프트 · 구글 · IBM이 점유한 몫을 합친 것보다도 많다!

❹ 네트워크 효과

아마존은 네트워크 효과가 비교적 취약하다. 한 고객이 아마존을 사용하는 것이 다른 고객에게 더 많은 가치를 가져다주지 못한다. 아마존의 제품 리뷰가 예외일 수는 있지만 말이다. 하지만 제품 리뷰를 통해 직접 네트워크 효과가 일어난다고 해도 이것이 페이스북에 미치는 영향과 비교하면 하찮은 수준이다. 또한 제3자의 판매자 덕분에 기술적으로는 양면적 네트워크 효과가 일어나는 마켓플레이스가 됐다고 해도, 한쪽이 이를 받쳐주지 못한다.

아마존 판매자들은 아마존의 거대한 고객 기반에 매력을 느끼지만, 이 수많은 고객들은 대개 판매자들에게 무관심하기 때문이다. 아마존은 규모의 경제에서 혜택을 보며 전략 전문가인 짐 콜린스(Jim collins)의 '플라이휠[flywheel, 동력 없이 관성만으로 회전운동을 하는 자동차 부품]' 체계를 사용한다. 브래드 스톤은 《아마존, 세상의 모든 것을 팝니다》에서 이런 접근법을 다음과 같이 요약하고 있다.

가격이 낮으면 더 많은 고객이 방문한다. 고객이 많으면 매출량이 상승하고 이는 수수료를 내는 제3자의 판매자를 더 많이 끌어들인다. 이로써 아마존은 웹사이트를 운영하는 데 필요한 주문처리센터와 서버 같은 고정비에서 더 많은 것을 얻을 수 있다. 이렇게 효율이 높아지면 아마존은 가격을 더 내릴 수 있게 된다. 그들 나름의 추론에 따라 이 플라이휠의 어느 부분에 힘을 가하든, 그것이 순환을 가속시키는 것이다.

아마존의 플라이휠이 인상적이긴 하지만 대부분의 네트워크 효과가 가지는 강력한 초선형적 효과와 비교하면 단순히 선형적이거나 부선형적이다. 다행히 아마존은 한 가지 사업 부문에서 강력한 네트워크 효과의 혜택을 보고 있다. 이것은 아마존 매출총이익이 그렇듯이 대부분 AWS 사업에서 나온다. AWS 플랫폼은 직접 네트워크 효과와 호환성과 표준에서 혜택을 본다. AWS의 성공은 개발자들과 도커(Docker) 같은 개발 제품들이 자신들의 인프라로 AWS를 선택하고 사용하도록 격려한다. 그 덕분에 AWS는 더 성공하게 된다(AWS가 표준이 되면서 API를 통해 플랫폼에 구축된 서비스에 연결하기가 더 쉬워졌다).

5 제품과 시장 궁합

아마존은 핵심 사업에서 제품과 시장 궁합을 찾는 데 거의 문제를 겪지 않았다. 기존의 (그리고 변성 중인) 소매시장을 활용하고 있었기 때문에 즉각적인 초고속 성장이 가능했다. 좀 더 복잡한 제품으로 확장하기 전까지는 가장 간단한 제품인 S3(Simple · Storage · Service)로 시장을 주도하겠다는 영리한 결정에 힘입어, AWS도 빠르게 발전했다. 물론 아마존이라고 해도 핵심 사업 외에는 많은 부문에서 실패를 맛보았다. 아마존의 강력한 핵심 소매 사업으로도 이베이나 페이팔의 경매나 결제 사업을 인수하지 못했으며, 애플과 안드로이드와 겨루기 위해 내놓은 파이어폰(Fire Phone)은 커다란 대가만 치른 채 무익한 시도로 끝나고 말았다.

6 운영 확장 가능성

그래도 운영 확장 가능성은 대단히 잘 관리해왔다. 이 과제에서는 아마 세계 최고일 것이다. 인적 측면에서, 베조스는 AWS의 CEO 앤디 재시(Andy Jassy), 소비자 사업 부문의 총책임자 제프

윌크(Jeff Wilke)와 같은 경영자들에게 회사의 중요한 부분을 운영하도록 맡겼다. 그 덕에 강하고 꾸준한 힘으로 아마존을 이끌어올 수 있었다. 이러한 권한 위임을 통해 아마존은 2017년 54만 1,900명의 직원을 거느리게 되었으며, 미국에서 열 번째로 직원이 많은 기업으로 성장했다.

인프라의 측면에서도, 아마존은 세계 최대 규모의 인프라 기업으로 매끄럽게 이동했다. 물론 초기에는 잉그램 북 컴퍼니와 같은 서적 배급업체에 물류를 아웃소싱하여 인프라에 대한 지출을 최소화하는 기업이었지만 말이다. 가장 수익이 좋은 사업(AWS)이 다른 기업으로 하여금 아마존의 클라우드 컴퓨팅 인프라를 이용하게 하는 사업일 정도로 아마존은 인프라에 강한 면모를 갖고 있고 또 빠르게 성장했다. 아마존은 물류에 정통한 그들을 부러워하는 다른 상인들에게 풀필먼트 바이 아마존(Fulfillment by Amazon) 서비스를 제공해 돈을 벌어들인다.

이것은 UPS나 페덱스 같은 프레너미[frenemy, 'friend'와 'enemy'을 결합한 신조어로 친구처럼 행동하지만 적인 사람이나 대상을 일컬음]들에게 공포감을 안겨주었을 것이다. 86개의 거대한 주문처리센터 외에도 아마존은 주요 시장에 최소한 58개의 프라임 나우(Prime Now) 허브를 갖추고 2시간 내에 당일배송 처리를 함으로써 배송 부분에서 UPS와 페덱스를 능가하고 있다. 또한 아마존은 페덱스나 UPS에 4달러 50센트 정도를 지급하고 배송해왔던 방식에서 벗어나 미국 우정공사(United States Postal Service)를 통해 약 1달러에 작은 소포를 배송함으로써 가격 면에서 이들을 앞서는 '분류(sortation)' 센터들을 만들었다.

Google 구글

■ 시장 규모

초기 구글의 시장 규모는 아주 작게 추산되었다. 많은 사람들이 구글을 보고 이미 야후와 라이코스 같은 기업들이 지배하고 있는 시장에 나온 '또 다른 검색엔진'이라 평가했다. 구글이 검색 시장의 상당 부분을 점유해버린 생각지도 못한 일이 일어났을 때에도 야후 메일과 야후 파이낸스 같은 주요 자산을 소유하고 있는 야후에 비하면 구글은 여전히 틈새 기업에 불과했다.

그러나 구글을 관찰하던 사람들이 미처 알아채지 못하고 놓친 것이 2가지 있었다. 첫째, 구글은 이전 모델들에 비해 검색 건당 훨씬 높은 매출을 창출한다는 점이었다. 이는 비즈니스 모델 혁신(관련성 기반, 매출 극대화, 애드워즈의 셀프서비스 광고 시스템)을 통해 가능했다. 둘째, 검색의 중요성이 인터넷 자체보다 빠르게 증가하고 있다는 점이었다. 인터넷이 성장하고 콘텐츠의 양이 기하급수적인 속도로 증가하면서, 관련 정보를 찾고 거르는 일이 어려워지자 검색의 중요성이 점차 증가했다. 이런 영향들이 인터넷 자체의 급속한 성장과 맞닿자 거대한 시장이라는 결과가 도출되었다. 이후 구글은 비즈니스 모델이 가진 힘을 이용해 안드로이드 · 구글 맵 · 유튜브와 같은 핵심 인수 사업에서 수익을 올렸고, 명민하게 시장을 확장해왔다.

② 유통

구글의 기술은 이 회사가 성공하는 데 단연 일등 공신이다. 그렇지만 그 말은 구글이 유통 성장 인자를 얼마나 교묘하게 이용했는지가 자주 간과된다는 뜻이기도 하다. '또 다른 검색엔진'에서 '최후의 검색엔진(내 오랜 친구 틸은 스탠퍼드대 강연 '경쟁은 루저들의 몫 (Competition Is for Losers)'에서 이 표현을 사용했다)'이 되기 위해, 구글은 기존 네트워크와 파트너들을 이용해야 했다.

예를 들어 AOL의 검색 결과를 강화하는 구글의 대담한 거래는 이 회사가 검색 사업을 엄청난 규모로 성장시키는 데 도움을 주었다. 이후 파이어폭스와의 제휴, 안드로이드 인수, 크롬 브라우저의 제작과 같은 유통 분야의 모험은 모두 큰 성과를 냈고, 구글의 유통 지배를 유지하는 데 도움이 되었다. 그들은 소규모 파트너들을 활용하는 방법도 찾았다. 애드워즈 기계에 가공되지 않은 트래픽을 더 많이 공급하는 웹 출판업자들을 위한 애드센스 (AdSense) 프로그램을 통해서였다.

❸ 매출총이익

2016년, 구글은 61%라는 수익률을 내며 선망의 대상이 되었다. 경탄스러울 정도로 수익성이 높은 기업이 된 것이다. 하지만 이런 수익성은 우연이나 행운이 아니다. 그 공로는 모두 구글의 애드워즈 비즈니스 모델에 돌아간다. 광고에 의존하는 미디어 모델은 인터넷에서 효과가 없었다. 물론 구글이 등장했을 때만 해도 이런 방식의 모델이 야후와 라이코스 같은 주요 업체들이 추구하는 지배적 비즈니스 모델이기는 했다. 하지만 구글은 셀프서비스 광고 입찰 모델을 채택하고 거기에 입찰 가격뿐 아니라 관련성과 품질을 고려하여 광고를 선택하는 자기만의 개선사항을 추가했다. 주목을 끄는 것이 아닌 구매 의도를 포착하는 비즈니스 모델을 추구한 것이다. 구매 의도에 집중하는 비즈니스 모델은 트래픽 단위당 가치가 훨씬 더 높아 구글의 수익률을 더 높였다.

이후 구글은 높은 매출총이익에서 비롯된 자금력을 활용해 당시 시장을 장악한 경쟁자들(휴대전화 소프트웨어 분야에서 애플의 iOS, 웹 브라우저 분야에서 마이크로소프트와 파이어폭스)에 도전하는 두 제품, 안드로이드와 크롬에 투자했다. 이는 다른 기업들이 피하는 큰 모험이기도 했다. 구글은 수익을 이용해서 X(전 구글 X)와 웨이모(Waymo, 자율주행차) 같은 급진적인 실험에 투자했다. 이런 모험은 성공할 수도 실패할 수도 있다. 하지만 실패한다 해도 구글은 높은 수익 덕분에 빠르게 회복하고 상황을 견뎌낼 수 있다.

④ 네트워크 효과

구글은 아이러니하게도 핵심 사업인 검색 제품이 아니라, 사업 부문에서 네트워크 효과를 상당히 많이 활용했다! 모바일 내비게이션 앱인 웨이즈(Waze)는 직접 네트워크 효과의 대표적 사례다. 웨이즈는 각 사용자의 위치를 이용해서 더 정확한 교통상황을 전달하는 모델을 만들었다. 동시에 운전자들은 교통사고, 속도위반 단속 지역, 갓길에 정차된 차량 등 각종 도로상황을 쉽게 알 수 있다. 웨이즈는 이 모든 자료를 앱을 사용하는 모든 사람들에게 공개한다. 달리 말해, 웨이즈 사용자가 도로에 많을수록 도로 정보는 더 정확해지는 것이다. 사용자가 늘 때마다 이전 사용자 전체가 누리는 가치는 올라간다.

안드로이드 모바일 운영 시스템은 간접 네트워크 효과의 전형적인 예다. 최종 사용자들의 광범위한 채택은 앱 개발자들로 하여금 앱의 안드로이드 버전을 만들게 하는 더 강력한 유인이 된다. 유용한 앱의 입수 가능성이 높아지면 그 플랫폼을 실행하는 장치를 더 많은 사람이 이용하게 된다.

유튜브는 양면적 네트워크 효과의 대표적인 예다. 콘텐츠가 더 많이 만들어질수록 콘텐츠를 소비하려는 사람들이 많아진다. 더 많은 소비자가 모여들면 콘텐츠 제작의 유인은 더 커진다.

마지막으로 구글의 G 스위트[G Suite, 클라우드 컴퓨팅 및 소프트웨어 서비스]는 지역 네트워크 효과는 물론이고 호환성과 표준의 힘을 보여주는 좋은 사례다. 사용자가 구글 독스와 구글 시트를 다른 사람들과 공유할 경우, 그 문서를 다른 사람과 공유하려는 사람은 그 프로그램을 사용해야 하는 잠금(lock-in) 효과가 생긴다. 이런 일은 특히 프로젝트 팀이나 학교와 같은 개별 네트워크에서 흔하다. 어떤 학교의 교사 몇몇이 숙제에 구글 독스를 사용하기 시작하면 다른 교사들의 경우 구글 독스로 표준화해야 하고 학생과 부모들의 경우에도 그것을 채택해야 한다는 부담감이 생기게 된다. 크리스 예가 경험을 바탕으로 하는 이야기다.

⑤ 제품과 시장 궁합

구글은 핵심 사업인 검색과 애드워즈에서 믿기 힘들 정도로 적절한 제품과 시장의 궁합을 찾았다. 처음부터 구글의 검색 결과는 다른 경쟁업체의 것보다 나았다. 하지만 구글이 적절한 시장에 맞는 적절한 제품을 찾는 데 오랜 시간이 걸렸다는 것을 아는 사람들은 많지 않다. 우선 구글은 기업 데이터센터 안에 설치하는 도구로, 회사 서버에 저장된 콘텐츠에 색인을 다는 검색기기를 기업에 판매하기 시작했다. 이후 그 콘텐츠 안에 있는 항목을 찾는 구글 검색창을 내놓았다. 다음으로 구글은 더블클릭(DoubleClick) 광고를 게재하면서 광고 지원 모델을 시작했다(아이러니하게도 구글은 이후 더블클릭을 인수했다). 다행히 구글은 오버추어(Overture)의 광고 경매 모델을 개선해서 제품과 시장의 궁합을 찾았다. 구글의 애드워즈 제품은 셀프서비스, 관련성 기반, 경매 시스템을 통한 검색 수익화에서 매우 뛰어났다. 때문에 경쟁업체들이 구글을 따라잡으려 시도할 때쯤 구글은 이미 뛰어난 제품을 유지하는 데 필요한, 무슨 일이든 할 수 있는 재원을 축적해둔 상태였다.

구글이 언제나 적절한 제품과 시장 궁합을 찾는 것은 아니다(애드워즈가 궤도에 올라가기 전에 돈이 떨어졌다면, 검색 사업은 제품과 시장 궁합을 찾기 전에 무너졌을 것이다). 이는 상향식 혁신과 실패에 대한 강한 내성에 의지하는 매우 의도적인 제품 관리 철학을 반영한다. 폴 부케이트(Paul Buchheit)가 시작한 상향식 프로젝트였던 지메일에서와 같이 효과를 발휘한 제품은 주력 제품이 될 수 있다. 하지만 효과를 입증하지 못하면 버즈(Buzz)·웨이즈·글래스(Glass)와 같은 프로젝트들이 입증하듯이 **실패작**이 되는 것이다. 이런 실패의 위험을 극복하기 위해 구글은 (다른 무엇보다 높은 매출총이익률에서 비롯된) 재력에 기반하여 손해를 보는 사업에서는 단호하게 손을 떼는 태도를 취했다. 예를 들어 구글은 (명백하게 제품과 시장 궁합을 달성한) 유튜브를 인수하고, 엄청나게 투자한 구글 비디오(Google Video) 서비스는 기꺼이 포기했다.

성공한 대기업들 중에는 이와는 아주 다른 접근법을 취하는 경우도 있다. 회사의 어디 부서든 새로운 아이디어가 나올 수 있고 항상 여러 개의 프로젝트가 동시에 진행되는 구글과 달리, 애플은 더 공을 들인 소수 프로젝트를 진행하는 하향식 접근법을 취한다.

애플은 제품군을 적게 유지하며 하나의 주요 제품에만 주력한다. 어떤 철학이 다른 것보다 낫다고 말할 수는 없다. 중요한 것은 경쟁자보다 빨리 제품과 시장의 궁합을 찾는 것이다.

6 운영 확장성

구글은 운영 확장성에 있어서 탁월하다. 엔지니어링 중심으로 돌아가는 조직이라면 당연한 일이긴 하지만 말이다. 그들은 도구와 인프라에 막대한 투자를 해서 회사가 성장할 때 엔지니어링 조직이 높은 성과를 올리게끔 인프라를 미세하게 조정할 수 있었다.

또한 인적 확장성도 쇄신했다. 구글의 인적 관리 관행은 대부분 깔끔하면서도 비교적 직접적으로 유지된다(예를 들어 구글은 신제품 작업에는 소규모 팀을 이용하고 기존 제품에는 대규모 팀을 이용한다). 그들은 또한 후보당 적정 인터뷰 회수(5번 이하) 등을 정하거나 구인·직원업무평가 등의 관행을 개선하기 위한 인적 분석이나 자료에 상당한 투자를 해왔다.

facebook 페이스북

🔳 시장 규모

시장 규모는 초기에 많은 사람들이 페이스북의 잠재적 가치를 파악하는 데 실패한 가장 중요한 요소다. 당시 페이스북의 엘리베이터 피치[elevator pitch, 간략한 사업 소개]는 '대학생 대상의 소셜 네트워크'였다. 이런 설명은 한정적인 (그리고 편협한) 청중, 새롭고 입증되지 않은 제품 범주와 결합되면서 페이스북이 틈새 제품처럼 보이게 했다. 하지만 내가 페이스북에 투자할 즈음 저커버그의 비전은 훨씬 더 넓고 큰 가치를 가진 것이었다. 저커버그는 페이스북이 사용자와 그들의 친구들이 연락을 유지하는 기본적인 방식이 되기를 바랐다. 이것은 실로 엄청난 시장이었다. 그리고 그것은 지금도 마찬가지다. 물론 저커버그가 자신의 광대한 비전을 말했을 때 많은 투자자들은 그를 믿지 못했다. 그리고 그들 대다수는 이후 땅을 치며 후회하게 되었다.

🔃 유통

페이스북은 유통에 능하다. 등장 초기, 그들이 대학생에 초점을 맞춰서 사람들은 페이스북을 틈새 제품이라고 생각했다. 하지만 대학생에 초점을 둔 것은 성공적인 유통전략의 일부일 뿐이었다. 페이스북은 엄청난 바이럴리티를 달성하기 위해 학생의 50%가 요청하기 전까지 해당 대학 캠퍼스에 대한 서비스를 의도적으로 미루었다. 그래서 즉각 지역의 임계 사용자 수를 확보할 수 있었다. 이후에는 기존 친구 네트워크를 활용함으로써 본래의 대학 사용자 기반에서 외부로 확장해나가는 데 혜택을 보았다. 사용자들은 페이스북을 사용해 사람들과 연결되는 것이 유리하다는 것을 경험했기 때문에 자연스럽게 오프라인 친구들을 네트워크에 추가하게 되었다.

❸ 매출총이익

구글과 마찬가지로 페이스북은 효과적인 수익 모델이 없는 상태로 출발했다. 하지만 뉴스 피드 내 스폰서 포스팅의 가치를 발견한 페이스북은 높은 수익을 올리게 되었다. 현재 페이스북 수익의 약 90%는 광고 매출에서 나오며 이 회사는 87%라는 매출총이익률을 달성했다. 이런 매출총이익 덕분에 페이스북은 인재와 기술에 넉넉히 투자할 수 있었다. 또한 인스타그램과 왓츠앱 등을 영리하게 (그리고 비용을 많이 들여서) 인수하여 데스크톱 소셜 네트워크는 물론 모바일 소셜 네트워크에서도 주도적 기업이 될 수 있게 했다. 그뿐만 아니라 오큘러스 인수와 같은, 미래를 내다보는 모험도 가능하게 해주었다.

❹ 네트워크 효과

우리는 페이스북이 전형적인 직접 네트워크 효과(플랫폼에 가입하는 사용자가 많을수록, 다른 사용자들이 페이스북을 통해 누리는 가치도 커진다)와 지역 네트워크 효과(일단 대학에서 지배적인 소셜 네트워크가 되면, 다른 업체가 페이스북 사용자들 사이를 파고들기가 극히 어려워진다)를 어떻게 활용했는지 이야기했다. 또한 페이스북은 그래프 API(개발자들이 사용자의 페이스북 소셜 그래프와 그들의 연고를 활용할 수 있게 하는 것)와 페이스북 커넥트(사용자들이 웹 서비스를 위해 새로운 계정을 만드는 대신 페이스북을 이용하는 웹 서비스에 로그인할 수 있게 하는 것) 같은 플랫폼 서비스 덕분에 유용한 간접 네트워크 효과도 경험한다.

❺ 제품과 시장 궁합

페이스북은 핵심 소비자 경험에서 거의 즉각적으로 제품과 시장 궁합을 달성했다. 그 덕분에 급속한 성장을 이루었다. 그렇지만 페이스북이 훌륭한 기업이 되고 저커버그가 대단한 CEO가 된 것은 창립 이후 눈에 덜 띄고 부가적인 영역에서 계속 제품과 시장의 궁합을 달성해왔기 때문이기도 하다. 많은 사람들은 페이스북이 데스크톱에서 모바일로 얼마나 힘겹게 이행했는지 잊곤 한다. 페이스북의 초기 모바일 제품은 최적화되지 못한 느린 경험을 제공했고 따라서 제품의 채택도 느렸다. 그러나 저커버그는 시장이 모바일로 이동하고 있다는 것을 파악하고 팀 전체가 훨씬 우월

하고 새로운 모바일 제품에 집중하도록 기존 제품의 신기능 개발을 중단했다. 동시에 그는 민첩하고 단호한 태도로 인스타그램과 왓츠앱을 인수하는 데 집중했다. 두 곳을 인수했다는 내용이 발표되었을 당시, 이는 대단히 높은 비용을 지불한 것이라고 여겨졌지만 지금 생각하면 턱없이 싼값이었다. 현재 페이스북의 월간 모바일 활성 사용자는 17억 명이 넘으며, 모바일 광고는 회사 광고 수익의 81%를 차지한다. 페이스북 사용자의 56% 이상이 모바일로만 서비스에 접속한다.

그러나 그만큼 중요한 것이 광고주의 측면에서 제품과 시장 궁합을 달성하는 페이스북의 역량이었다. 페이스북이 출발할 당시, 이런 사용자 창출 콘텐츠로는 광고주들을 끌어들일 수 없다는 것이 일반적인 통념이었다. 그 광고주들은 자신들의 브랜드가 품질이 낮고 부적절한 콘텐츠에 노출되는 것을 원치 않았기 때문이다. 하지만 구글의 검색 모델은 온라인 광고에서 효과가 있었다. 페이스북은 부적절한 콘텐츠를 차단하는 알고리즘을 개발하고, 트위터의 스폰서 업데이트 모델을 배워 페이스북 뉴스 피드에 광고를 결합시킴으로써 일반적인 통념을 뒤엎었다.

이 뉴스 피드 모델은 모바일 사용을 수익화하는 데 특히 효과적이었다. 인쇄 업계에서나 효과가 있었던 방식으로 회귀해서 광고를 콘텐츠와 혼합한 것이다. 잡지를 넘기고 피드를 스크롤하는 동안 당신은 그 흐름을 자연스럽게 타면서 광고를 보게 된다. 팝업이나 테이크오버 광고[takeover ad, 페이지 전체를 차지하는 광고]나 거의 주의를 끌지 못하는 전형적인 배너 광고의 고정 배치와는 대조되는 형태의 광고다. 하지만 페이스북의 뉴스 피드는 광고주의 입장에서 잡지보다 낫다. 페이스북의 핵심적인 사회적 활동 (클릭, 좋아요, 공유) 덕분에 사용자들은 뉴스 피드에 등장한 것이라면 광고를 비롯한 어떤 것에든 참여하는 습관을 들였기 때문이다.

⑥ 운영 확장성

페이스북은 운영 확장성이란 성장 제약 인자를 어떻게 성공적으로 극복했을까? 기술적인 측면에서 페이스북이 성공하는 데 도움을 준 철학은 그들의 유명한 좌우명 "빠르게 움직여서 문제를 혁파한다."였다. 이렇게 속도에 집중한 결과 (이는 저커버그의 생각에 근원을 두고 있다) 빠른 제품 개발과 지속적인 제품 개선이 가능했다. 지금까지도 페이스북에 입사한 신입 소프트웨어 엔지니어들은 출근 첫날부터 페이스북 코드 베이스의 수정본(수백만, 심지어는 수천만에 해당하는 사용자에게 영향을 줄 수 있다)을 만들라는 요청을 받는다.

그렇지만 페이스북의 사용자 기반과 엔지니어링 팀의 규모가 엄청나게 커지면서, 저커버그는 자신의 철학을 "안정적인 인프라를 통해 빠르게 움직여서 문제를 혁파한다(Move fast and break things with stable infrastructure)."로 바꾸어야 했다. 이 새로운 좌우명은 자기모순적인 것처럼 보이지만 저커버그는 그것이 높은 수준의 목표에 초점을 맞추고 있다고 설명한다. 그는 내게 이렇게 말했다.

"목표는 빨리 움직이는 것입니다. 규모가 작았을 때는 자발적으로 문제를 혁파하는 것이 우리를 빨리 움직일 수 있게 해주었습니다. 하지만 회사가 성장하면서, 문제를 혁파하려는 자발성이 우리의 속도를 늦추기 시작했습니다. 일이 점점 복잡해지면서 잘못된 것들을 바로잡는 일을 점점 더 어렵게 만들었기 때문이죠. 우리는 안정적인 인프라에 초점을 맞추는 데 시간을 더 투자함으로써 문제를 혁파하는 데 받는 영향을 줄이고, 거기에서 회복하는 데 걸리는 시간을 아낍니다. 이렇게 해서 더 빨리 움직일 수 있게 되죠."

소란스러운 틈이
'그때'다

Strategy

블리츠스케일링은 세계에서 가장 가치가 높은 수백 개 기업의 놀라운 성장과 시장 지배력을 뒷받침하는 비밀병기다. 전략적 혁신도 마찬가지다. 위험과 불확실성 앞에서 급속한 성장의 생태계를 지원하는 것은 사실 전략적 혁신이다. 블리츠스케일링을 선택하느냐 마느냐는 (어려운) 전략적 선택이다. 그 때문에 우리는 창업자들과 CEO들이 언제 그리고 어떻게 그런 결정을 내리는지, 또한 그 선택은 그들의 회사와 회사 안에서 그들의 역할을 어떻게 변화시키는지 살펴보고자 한다.

움직여야 할 때

블리츠스케일링에 대해 이야기할 때 스타트업 창업자들이 가장 많이 던지는 질문이다. 블리츠스케일링의 원리를 파악하고 적용하는 일이 힘든 까닭은 비즈니스를 할 때 일반적으로 따르는 규범을 버려야 하기 때문이다. 이는 노련한 경영자일수록 더욱 힘들다. 수년간의 경험을 통해서나 경영대학원에서 또는 스타트업 초기에 작은 규모를 유지하면서 알게 된 모든 것을 내던져야 하기 때문이다. 세심한 기획, 주의 깊은 투자, 공손한 서비스, 엄격하게 통제되는 번 레이트[burn rate, 급여를 지급하고, 임대료를 내는 등 매달 기업이 소모하는 현금의 양]는 내던지고, 빠르게 추정하며 화난 고객과 비효율적인 자본 지출을 무시해야 한다. 왜 이런 위험하고 비직관적인 행동방침을 추구하는가? 바로 속도 때문이다. 위험하고 비용이 증가하더라도 아주 빠르게 성장하는 것이 블리츠스케일링의 목표임을 기억하라. 블리츠스케일링이 이치에 맞는 유일한 경우는 (공격적인 이유에서든 방어적인 이유에서든) 시장으로 진입하는 속도가 엄청난 결과를 내는 데 대단히 중요한 역할을 할 때뿐이다.

블리츠스케일링을 결정하기 전에 반드시 수익 모델을 정해야 하는 것은 아니다. 물론 수익 모델이 입증된 **다음에** 성장에 필요한 자금을 조달하는 것은 대단히 쉽다. 하지만 블리츠스케일링의 핵심은 수익 모델이 입증되기 전에 성장에 필요한 자금을 끌어모으는 것이다. 이는 투자자의 자발성에 좌우되는 경우가 많다. 슬랙은 2014년 2월 상장하기 전까지 거의 5년 동안 개발하는 데만 1,700만 달러를 썼다. 그리고 단 두 달 만인 4월 말까지 4,300만 달러의 자금을 모았다. 이 투자는 슬랙이 수익 모델을 입증하고 상당한 매출을 올리기 전에 이루어졌다. 슬랙의 프리미엄 비즈니스 모델(무료 서비스를 제공한 다음 사용자들이 업그레이드를 통해 유료 사용자가 되도록 함)이 지난 2개월 동안 급격하게 사용자가 늘었음에도 돈을 벌 수 있는 능력을 입증하지 못했다는 것을 의미했다. 슬랙과 그 투자자들에게는 다행히도 이런 공격성이 결실을 냈다. 초기 무료 사용자들이 유료 사용자로 전환하기 시작하면서 슬랙은 6개월 후 1억 2,000만 달러의 자금을 추가로 끌어들여 성장을 한층 더 가속시켰다.

1,000억 달러 가치를 지닌 스케일업들이 블리츠스케일링을 통해 그 위치에 이르렀기는 하지만 그렇다고 모든 스타트업이 블리츠스케일링을 할 수 있거나 해야 하는 것은 아니다. 제품과 시장 궁합이 맞지 않거나, 비즈니스 모델이 아직 성과를 내지 못하고 있거나, 시장의 상황이 초고도 성장에 적합하지 않은 경우, 성급한 블리츠스케일링은 아주 고통스러운 (그리고 빠른) '블리츠페일링(blitzfailing, 급속한 실패)'으로 이어질 수 있다. 또한 성급한 블리츠스케일링은 '우물을 오염시켜' 이제 막 발생하기 시작한 시장을 매우 극적으로 망쳐서 투자자들과 기업가들이 그 시장을 피하게 만든다. 예를 들어 웹밴(Webvan)의 파산으로 인해 대부분의 기업들이 10년 넘게 식료품 배달 분야에 발을 들여놓지 않았다. 당신 회사가 지금 블리츠스케일링을 할 수 있는지 알고 싶다면 다음 몇 가지를 확인해야 한다.

새롭고 큰 기회인가?

큰 성공을 거두려면 새롭고 큰 기회가 필요하다. 엄청난 잠재적 가치를 창출할 만한 시장 규모와 매출총이익의 조건이 충족되어야 함은 물론, 지배적인 시장 주도자나 과점(寡占)이 없어야 한다. 새롭고 큰 기회는 대개 기술적 혁신이 새로운 시장을 만들거나 기존 시장에 혼란을 가져왔을 때 나타난다. 유튜브의 총책임자였던 쉬셔 메로트라(Shishir Mehrotra)는 스탠퍼드대 블리츠스케일링 수업 때 이 기술 변화가 유튜브에 어떤 새롭고 큰 기회를 제공해주었는지 설명했다.

유튜브는 어떻게 적절한 때를 잡았을까요? 네트워크가 비디오를 스트리밍할 정도로 커졌고, 휴대폰 카메라 덕분에 누구나 비디오를 만들 수 있게 됐죠. 투자 환경은 대단히 자본 집약적인 모험을 가능하게 했습니다.

새로운 기회의 매출총이익이 낮을 경우, 그것을 큰 기회로 만들려면 시장의 규모가 더 커져야 한다. 포상의 최종적인 크기에는 그만한 가치가 있다는 것을 알아야 한다. 블리츠스케일링이 성공해도 거기에는 항상 많은 비용이 따른다. 작은 기회를 좇는 데 블리츠스케일링을 사용하는 것은 가치가 없는 일이다. 다행히 네트워크 시대에 세계시장을 겨냥하여 상품과 서비스를 빠르게 확장해가는 능력은 그 어느 때보다 큰 기회를 의미한다.

알리바바의 부상에 대해 생각해보라. 마윈은 중국과 다른 아시아 시장의 전자상거래가 미국 시장의 전자상거래보다 훨씬 크고 장기적인 기회라는 것을 알고 있었다. 1999년 마윈이 알리바바를 설립했을 때 중국의 전자상거래 시장은 보잘것없었다. 페덱스·UPS·비자·마스터카드 (그리고 페이팔) 등에 비등한 핵심적 보완 자원이 없었다. 하지만 그는 최종적으로 받게 될 보상이 크다는 것을 알고 있었다. OECD는 2030년까지 중국의 중산층(연 소득이 2만 달러에서 26만 달러 사이인 계층)이 전체 인구의 73%에 이를 것으로 추정했다. 이렇게 되면 중산층 시장의 규모는 미국 전체 인구의 거의 3배에 이르게 된다. 그런 보상은 아주 높은 수준의 투자를 정당화한다.

2009년 마윈은 회사를 키우기 위해 소프트뱅크·골드만삭스·피델리티에서 2,500만 달러를 끌어들였다. 또 제너럴 애틀랜틱(General Atlantic)에서 성장주 7,500만 달러를 조달했다. 현재 알리바바는 중국 전자상거래 시장의 80%를 지배하고 있는 것으로 추정된다(아마존의 경우 미국 전자상거래 시장의 44%). 알리바바는 뉴욕증권거래소에서의 IPO를 통해 사상 최대 금액인 250억 달러의 자금을 모았으며, 2017년 7월 시가총액이 4,000억 달러가 넘는 최초의 아시아 기업이 되었다.

큰 기회 중에는 그 규모가 너무 엄청나서 2차 블리츠스케일링 기회를 만들어내는 경우도 있다. 예를 들어 알리바바의 마켓플레이스인 타오바오는 수많은 상인들을 뒷받침한다. 페이스북의 부상은 징가의 초기 성장에 발판이 되었고, 애플의 iOS 기기들은 로비오(Rovio)와 슈퍼셀(Supercell) 같은 게임 개발업체들에 큰 기회를 만들어주었다.

최초의 스케일러

공격적으로 블리츠스케일링을 하는 가장 흔한 이유는 지속적으로 경쟁우위를 보장해주는 임계 규모에 도달하기 위해서다. 때로 이것은 아마존이나 월마트처럼 단순히 규모의 경제를 달성하는 문제이기도 하고, 우버나 에어비앤비처럼 임계량이 네트워크 효과를 촉진시키는 일이기도 하다.

　다른 회사가 이미 최초의 스케일러 우위를 점했다면, 블리츠스케일링이 성공할 가능성은 낮다. 닷컴 시대 동안 아마존과 야후 모두 이베이의 경매 사업에 정면공격을 시도했지만, 결과는 실패였다. 구매자와 판매자로 이루어진 이베이 시장의 양면적 네트워크 효과는 두 회사가 극복하기에는 너무 강력한 최초 스케일러 우위였기 때문이다. 반면에 네트워크 효과가 없는 음악 CD(음악이 둥근 디스크에 담겨 팔리던 시절이 있었다) 판매 사업에 발을 들인 아마존은 기존의 시장을 주도했던 기업인 CD나우(CDNow)를 곧바로 괴멸시켰다.

최초 스케일러 우위가 특정 시장이나 일련의 고객에게만 한정되는 경우도 있다. 라틴아메리카 전자상거래 분야의 거대 기업인 메르카도리브레(MercadoLibre)는 아마존이 이미 수십억 달러의 매출을 올리고 있고, 이베이가 해외로 공격적인 확장 정책을 펼치던 1999년 설립되었다. 글로벌 전자상거래의 최초 스케일러가 아님에도 불구하고, 메르카도리브레는 라틴아메리카에서 최초의 스케일러가 됨으로써 탄탄하게 사업을 구축했다. 메르카도리브레의 창업자이자 CEO인 마르코스 갈페린(Marcos Galperin)은 그가 어떻게 최초 스케일러 우위를 점할 수 있었는지 설명했다.

메르카도리브레를 시작하기 전, 나는 스탠퍼드 경영대학원 동창인 20명의 라틴아메리카 학생들을 상대로 설문 조사를 했습니다. 그들은 모두 이것이 라틴아메리카에서 결코 먹히지 않을 것이라고 말했습니다. 당시 이베이는 대단한 성공을 거두고 있었고 미국·독일·일본에서 운영되고 있었습니다.

메르카도리브레는 라틴아메리카의 다른 기업가들조차 발을 내딛기 두려워하는 시장에 뛰어들었고, 경쟁에서 앞섰으며 최초 스케일러의 우위를 달성했다. 여기에서 **선점자(first-mover)** 우위와 임계량을 혼동하지 않는 것이 중요하다. 시장에 처음으로 진출한 기업이 되면 미래를 내다본 제품이라는 찬사를 받을 수는 있다.

하지만 그와 동시에 최초의 스케일러가 되지 않는다면, 최초의 스케일러가 된 경쟁자를 소개한 위키피디아 항목의 각주에나 등장하는 신세가 될 것이다.

최초 스케일러 우위가 존재하지 않는 경우도 있다. 네트워크 효과나 고객 잠금 효과를 확인할 수 없을 경우, 스케일링은 블리츠스케일링에 정당성을 부여할 만큼 충분한 이점을 부여하지 않을 수도 있다. 예를 들어 기존 식당에 음식을 배달하는 사업(순수물품사업) 시장은 비용이 많이 드는 블리츠스케일링 활동을 정당화할 만한 지속적인 경쟁우위를 제공할 가능성이 낮다.

빠른 적응과 개선

지속적인 경쟁우위를 창출하려면 블리츠스케일링을 어떻게 이용해야 할까. 또 다른 방법은 가파른 학습곡선을 만들어내는 최초의 기업이 되는 것이다. 예를 들면 자율주행차와 같은 일부 기회들은 복잡하고 어려운 문제들을 해결해야 한다. 당신이 더 빨리 스케일링을 하려면 더 많은 데이터를 학습해야 (머신러닝을 훈련시켜야) 한다. 이는 제품 개선으로 이어져 시장에서 스케일링을 더 쉽게 진전시킬 수 있는 반면, 막 학습을 시작한 경쟁자들은 한참 뒤처지게 된다.

넷플릭스는 스트리밍 비디오 엔터테인먼트의 선두주자다. 이 회사는 가파른 학습곡선을 만들어냄으로써 그 자리에 올랐다.

1997년 넷플릭스를 시작할 때 헤이스팅스가 맞닥뜨렸던 상황이 어땠는지 아는가? 인터넷에 접속하기 위해 썼던 전화식 모뎀은 고화질의 비디오 콘텐츠를 스트리밍하기에는 너무나 느렸다. 이 때문에 넷플릭스는 집으로 영화 DVD를 배송하는 구독 서비스(사람들이 끔찍하게 생각하는 연체료 없이!)를 제공해 블록버스터 같은 비디오 가게들과 경쟁하기로 결정했다. 이는 다른 말로 넷플릭스가 영화 DVD를 확보하기 위해 스튜디오들과 협상해야 하고 DVD를 소비자에게 보내주고 되돌려받는 데 필요한 물류를 편성해야 한다는 뜻이기도 했다. 그 밖에 고객들이 과거에 한 선택을 토대로 맞춤형 영화를 추천해주는 새로운 기능을 개발하는 등 DVD 부분 특유의 여러 과제들을 해결해 가파른 학습곡선을 만들어야 했다는 의미도 포함한다.

이런 과제들을 해결해 학습곡선을 만드는 일은 비용이 많이 들고 고통스럽다. 하지만 이로 인해 넷플릭스는 경쟁자들보다 우위에 섰다. 광대역통신망이 널리 퍼지면서, 넷플릭스는 소비자 추천 엔진을 계속 개선함과 동시에 거대한 스트리밍 인프라를 구축하며 또 한 번 학습곡선을 만들어야 했다. 넷플릭스가 중요한 전략적 문제에 부딪히기 시작한 것이 이때부터였다. 넷플릭스는 콘텐츠(영화와 TV 프로그램) 부분에서 스튜디오에 의존했다. 하지만 스튜디오들은 유튜브와 넷플릭스 같은 온라인 비디오 기업들을 위협으로 여겼다. 그 때문에 그들은 넷플릭스가 지불해야 할 콘텐츠 사용료를 올렸고, '우량자산(예를 들어 'SNL'과 같이 엄청난 인기를 누리는 콘텐츠)'을 그들 자신과 훌루(업계와 연합한 벤처)를 위해 따로 빼두었다.

결론은 논리적이고 명확했다. 넷플릭스는 자체 콘텐츠를 개발해야만 했다. 하지만 수행하기에 벅찬 문제였다. 이때부터 넷플릭스는 가장 가파른 학습곡선을 만들어야 했는데, 이는 다시 말하면 그 분야의 1세대부터 역사를 이어온 할리우드 스튜디오들과 경쟁해야 한다는 뜻이기도 했다. 넷플릭스는 콘텐츠 책임자로 테드 서랜도스(Ted Sarandos)를 고용하고, 그동안 많은 과제를 수행해오면서 그랬듯이 가파른 학습곡선을 성공적으로 만들어냈다.

오늘날 넷플릭스는 비디오 원천 콘텐츠에서 명실공히 선두의 자리에 섰다. 특급 제작자 숀다 라임스('그레이 아나토미(Grey's Anatomy)' · '스캔들(Scandal)' · '범죄의 재구성(How to get away with Muder)')와 코미디언 애덤 샌들러('해피 길모어(Happy Gilmore)' · '그로운 업스(Grown Ups)') 같은 할리우드의 파워 플레이어들도 정통 스튜디오에서 넷플릭스로 전향했다. 더구나 그 과정에서 넷플릭스가 만들어낸 다른 학습곡선들은 스튜디오들이 독점해왔던 게임 분야를 넷플릭스가 집어삼키는 데 힘을 보탰다.

소비자 추천 엔진은 넷플릭스가 사용자들이 보고 싶어 하는 콘텐츠가 무엇인지 예측하는 전례 없는 능력을 갖게 했다. 이런 능력 덕분에 넷플릭스는 인기 드라마 '기묘한 이야기'와 같은 콘텐츠를 제작하는 창작가들과 일할 수 있었다. 넷플릭스는 자신의 예측 능력에 자신감이 있었기 때문에 경쟁자들과 맞설 때 더 높은 값을 부를 수 있었다.

빠른 행동이 경쟁 위협을 줄인다

많은 이유가 있지만 블리츠스케일링의 가장 큰 동인은 경쟁이 주는 위협이다. 경쟁이 없어도 최초 스케일러의 우위를 얻고 학습곡선을 만들어야 한다. 하지만 위험이 덜하고 스케일링 접근법으로 재빨리 성장할 수 있다면 누구라도 그것을 원할 것이다. 스스로에게 질문해보라. "나보다 먼저 이런 기회를 알아차린 다른 사람이 있지 않을까?" 그 답이 "예스."라면 빨리 움직여야 한다. 빠른 행동은 실패의 위험을 높이는 것이 아니라 경쟁하는 위험을 줄여준다. 경쟁이 심해질수록 더 빨리 움직이려고 노력해야 한다.

2011년 봄, 체스키와 에어비앤비가 직면했던 상황을 기억하는가? 회사를 막 시작했을 때 에어비앤비는 급속히 성장하고 있는 유럽의 에어비앤비 복제품인 윔두라는 무서운 경쟁자를 만났다. 체스키와 공동창업자들은 샌프란시스코에 남아 평소대로 사업을 고수하면서 윔두에 완파당할 위험을 무릅쓸 것인지, 블리츠스케일링을 통해 승리를 차지할지 어려운 결정을 내려야 했다. 체스키는 몇 년 후 과거를 회상하면서 경쟁이 자신을 더 나은 길로 이끌었다고 인정했다.

네트워크 시대에는 에어비앤비·윔두와 같은 이야기가 더 흔해지고 있다. 예전에는 지리적 한계 때문에 경쟁하지 않아도 되는 기업(지역 신문, 오프라인 서점 등)이 많았다. 다윈 이론에 등장하는 갈라파고스제도의 핀치새와 같이 말이다. 하지만 인터넷과 네트워크 시대가 등장하면서 동떨어진 지역 섬들을 하나로 연결했다.

그러자 가치가 높으면서 몇 안 되는 위치를 차지하기 위해 격렬한 경쟁이 벌어지는 초경쟁적 시장이 만들어졌다. 오늘날에는 개인적이고 직접적인 정보 교환이 너무나 빠르고 매끄럽게 이루어진다. 그 때문에 커뮤니케이션 네트워크는 개별 시장 우선권이 지배적인 공급자를 낳는 과정을 가속시켰다. 현재 우리는 아마존에서 책을 구입하며 그 창업자 베조스는 〈워싱턴 포스트〉를 소유하고 있다.

작은 기업들이 블리츠스케일링을 하려는 까닭도 그들이 대기업과 비교해 가지는 주된 이점이 속도이기 때문이다. 스타트업은 기술 발전이 만들어낸 새로운 기회를 빠르게 활용할 수 있다. 만약 스타트업들이 꾸물거리면서 대기업과 같은 속도로 움직인다면 결국 그들은 대등한 경쟁의 장에서 싸우게 될 것이고, 이는 대기업이 가진 자원이 엄청난 우위를 차지할 가능성이 높다는 의미이기도 하다.

뒤집을 기회는 온다

블리츠스케일링은 유망한 시장에서만 효과가 있는 것처럼 보일 수 있다. 하지만 사실 시장의 조건이 어떻든 성공할 수 있는 전략이다. 여기에는 기업의 성장 속도를 절대적이 아닌 상대적 척도로 측정해야 한다는 의미가 함축되어 있다. 급속하게 성장하는 시장에서는 연 100%의 성장률을 보이는 회사도 시장을 잃을 수 있다. 반면 침체된 시기에는 연 성장률이 50%인 기업도 시장을 지배할 수 있다. 호황기에도 성공적인 블리츠스케일링이 가능하고, 불황기에도 블리츠스케일링에 성공할 수 있다. 시장의 상황이 전략에 영향을 주고 또 그래야만 하지만 말이다.

전도가 밝은 시장에서는 블리츠스케일링에 매달릴 인재와 자본을 쉽게 끌어들일 수 있다(특히 자본). 우버는 공격적이고 비효율적인 성장에 자금을 대더라도 장기적으로 봤을 때 전략적 이득을 얻을 수 있음을 보여준다. 수십억 달러를 융통하는 우버의 자금 조달 능력은 서비스 보조금을 지급하게 했고, 더 많은 운전기사와 승객을 끌어모았다. 이를 통해 우버는 시장의 양면적 네트워크 효과를 보강했다. 또한 풍부한 자본은 다른 시장으로 확장해나가는 공격적 전략을 펼치게 해주었다. 우버는 스캔들에 시달린 2017년 이후에도 미국 시장의 최대 라이벌인 리프트(Lyft)보다 거대했다. 2017년 7월, 리프트는 1일 승차 수가 100만에 도달했다고 발표했다. 우버가 이 이정표에 도달한 것은 2014년 말이었다.

닷컴 붕괴의 음울한 시기에 구글은 AOL과의 유통 합의를 이용해 블리츠스케일링 전술을 펼침으로써 애드워즈 사업을 극적으로 확장시켰다. 2002년 5월, 처음 발표된 이 합의로 AOL은 구글이 동력을 공급하는 AOL 검색을 통해 수익의 85%를 받았다. 최저 보장금은 연간 1억 5,000만 달러였다. 당시 구글이 은행에 보유하고 있던 자금은 그 액수의 10분의 1에도 못 미쳤다. 나스닥이 최고치였던 몇 년 전에 비해 거의 80% 하락했다는 것을 고려하면 위험해 보일 수 있는 조치였다.

하지만 바로 이러한 위험 인지가 상장된 오버추어와 잉크토미(Inktomi)라는 기존 제공자들보다 비싼 값을 부를 수 있게 해주었다. 수익 분배와 최저 보장액 모두 대단히 공격적이었지만, 구글의 개선된 애드워즈 알고리즘은 그 거래를 양측 당사자 모두에게 상당히 수익성이 높은 조치로 만들어주었다. 그로 인해 구글의 수익은 2001년 AOL 이전의 약 1,900만 달러에서 2003년 AOL 이후의 3억 4,700만 달러로 증가했다. 대략 20배가 성장한 셈이었다. 특정 연도에 시장이 호황일지 불황일지는 아무도 모른다. 하지만 시장이 어느 방향으로 움직이든, 블리츠스케일링은 큰 기회를 이용하는 핵심 전략이다.

어떻게, 언제?

블리츠스케일링에 나서기로 결정했다면 당신이 자문해야 할 핵심적인 질문이 있다. "어떻게 더 빠르게 움직일 수 있을까?" 이것은 같은 자원을 가졌을 때 단순히 더 열심히 또는 더 영리하게 일하는 문제가 아니다. 다른 기업들이 일반적으로 하지 않는 일을 하거나 다른 기업들이 하는 일을 하지 않기로 선택하는 문제다. 당신이 더 큰 불확실성과 더 낮은 효율을 기꺼이 감당하기로 했기 때문이다.

예를 들어 2015년 클래스패스[ClassPass, 피트니스 수업의 월간 가입 서비스]의 창업자 파얄 카다키아(Payal Kadakia)는 3개월 안에 직원의 규모를 2배로 늘려서 클래스패스를 더 많은 도시로 확장시키겠다고 마음먹었다. 이 계획대로 빠르게 움직이기 위해 카다키아와 그녀의 팀은 평소 해오던 채용 방식을 포기하고 2가지 단순한 원칙을 따랐다.

첫째, 그들은 '브랜드화된(branded)' 인재에 중점을 두고 개인적인 인맥을 통해서 사람을 고용했다. 예를 들어 한 직원에게 친구가 있고, 그 친구가 경영 컨설팅 기업인 베인 앤드 컴퍼니(Bain & Company)에서 일했었다고 가정해보자. 그렇다면 클래스패스는 그 친구가 똑똑하고 사람들과 잘 어울릴 것이라고 추정하고 그를 고용한다.

둘째, 면접 때 기량을 평가하지 않는 대신 그 절약된 시간에 구직자가 회사의 사명과 잘 맞는지를 인터뷰했다. 미친 짓이라고? 그럴지도 모른다. 하지만 클래스패스는 경쟁이 심한 신생 시장이라는 기회와 경쟁업체보다 빠르게 사람들을 고용한 덕에 주도적인 위치를 선점 · 강화할 수 있었다.

블리츠스케일링을 할 때는 위험 관리에도 집중해야 한다. 블리츠스케일링은 위험을 감수해야 하지만 **불필요한** 위험 감수를 요구하지는 않는다. 블리츠스케일링에 수반되는 높은 수준의 위험은 위험을 관리하는 일을 더 가치 있고 중요하게 만든다. 야후의 공동창업자 제리 양은 이렇게 말했다. "모든 대담한 전략에는 위험이 따른다. 그 위험을 보지 않는다면 눈을 가리고 비행을 하고 있는 것과 같다."

마지막 주의사항이 있다. 블리츠스케일링이 **가능하다는** 것이 곧 블리츠스케일링을 **해야 한다는** 의미는 아니다. 사업의 규칙을 내던진다고 항상 규칙을 따르는 것 이상의 성공이 따르지는 않는다.

링크드인 초기에 우리는 임계 사용자 수 달성이 문제가 될 것을 알고 있었다. 전문 직업인들에게 우리의 가치를 이해시키기 위해서는 많은 교육이 필요했다. 대부분은 자신들의 네트워크가 가진 힘을 깨닫지 못했고, 기술이 어떻게 네트워크를 강화하고 확장하며 더 잘 활용하는 데 도움을 주는지 알지 못했다. 정말 많은 사람들이 권했던 방법은 대량의 벤처 캐피털을 끌어들여 공격적으로 광고를 하고 사용자를 더 빨리, 더 많이 늘리라는 것이었다. 이것은 블리츠스케일링의 고전적인 예다. 불확실성이란 배경에서 성장을 위해 효율을 희생하는 것이다.

하지만 우리는 이 전략과 반대로 가기로 결정했다. 우리는 많은 사람들이 생각하는 것만큼 경쟁이 시급하다고 생각하지 않았고, 비용을 낮게 유지해야 시장이 링크드인의 가치를 받아들일 때까지 기다릴 수 있다고 믿었다. 앞서 고전적인 방식에 투자하라고 권했던 사람들은 우리가 '느리고 꾸준한' 스타트업 성장전략을 추구하는 동안, 경쟁자들이 우리를 따돌릴 것이라고 경고했다. 우리는 걱정하지 않았다. 시장의 판도를 읽은 결과, 플락소(Plaxo) 같은 경쟁업체들이 직업적 소셜 네트워크의 힘을 진정으로 이해하고 있지 않다고 생각했기 때문이다(그들은 자신들의 상품을 주소록처럼 여기고 있었다). 따라서 그들과 우리는 동일한 시장에서 경쟁하는 것이 아니었다. 이런 가설은 결국 이후의 사건들을 통해 입증되었다.

추가로 비용을 대고 불확실성을 감수하는 것이 실제로 이점을 부여하지 않는다면, 블리츠스케일링이 적절해지는 시점까지는 보편적인 사업 규칙을 따라야 (최소한 한동안은) 조직이 효율적이고, 잘 유지되며, 스케일링에 대한 준비를 잘할 수 있다. 링크드인은 리크루터들에게 기업 상품을 판매함으로써 대기업으로 성장할 기회를 찾았다. 이런 결정들을 내리는 우리의 능력을 믿고 자신감을 가진 결과, 블리츠스케일링에 나설 수 있는 더 성숙한 기업이 되었다.

멈춰야 할 때

블리츠스케일링은 강력한 전략이지만, 영구적인 전략은 아니다. 영원히 성장하는 기업은 없다. 무한한 시장이 존재하지 않기 때문이다. 시장의 규모가 크거나 빠르게 성장하고 있을 때 또는 2가지의 경우 모두 해당될 때 블리츠스케일링이 가능하다. 하지만 시장이 더 이상 성장하지 않거나 정점에 이르렀다면 블리츠스케일링을 멈추어야 한다. 블리츠스케일링은 자본을 비효율적으로 사용해야 하기 때문에 속도와 추진력이 중요할 때에만 의미가 있다. 블리츠스케일링은 제트전투기의 애프터버너와 같다. 이 장치는 정상 속도의 2~3배로 비행할 수 있게 해주지만 연료를 놀랄 만큼 빠르게 소비한다. 따라서 애프터버너를 마냥 켜놓을 수는 없다.

　블리츠스케일링에서 가장 어려운 문제 중 하나는 기존에 따르던 전략이 더 이상 먹히지 않을 만큼 기업이 커졌을 때, 그래서 전략을 수정해야 할 때, 바로 그때가 언제인지 아는 일이다. 성장이 멈추고 난 뒤에야 전략을 수정하는 일은 바보 같은 짓이다. 다음 4가지는 그때가 언제인지 알아챌 수 있게 초기 경보 역할을 해주는 중요한 지표들이다.

- 성장 속도의 저하(시장, 경쟁업체와 비교했을 때)
- 유닛 이코노믹스 악화

· 직원 생산성 저하

· 경영 간접비 증가

이 지표들이 나타나기 시작했다는 것은 현재의 전략으로 더 이상 스케일링을 할 수 없다는 뜻이다. 따라서 사이클을 다시 시작해야 한다. 야후는 2005년까지 10년 동안 빠른 매출 성장을 기록하며 (닷컴 붕괴 동안 하향기류를 타기는 했지만) 온라인 미디어 선두업체가 되기 위한 핵심 전략을 구사했다. 그렇지만 그 시점에 야후의 수익이 더 이상 오르지 않았다(그리고 2007년부터는 하락하기 시작했는데, 이는 세계 경기가 후퇴에 이르기 전이었다). 구글이 2005년 야후의 연 매출을 추월했고(구글 61억 달러, 야후 53억 달러), 이후 두 회사의 운명은 극적으로 바뀌었다. 2006년 야후의 매출에는 거의 변화가 없었던 반면, 구글의 매출은 또다시 2배 가깝게 늘었기 때문이다. 시장이 더는 커지지 않을 만큼 한계에 이르렀을 때 블리츠스케일링을 하는 것은 위험하다. 정점에 이르기까지 얼마 남지 않은 상태에서 기업이 시장의 한도에 충돌하게 되고 갑자기 속도와 추진력을 잃을 수 있다.

갑작스러운 성장 둔화 외에 성장의 한계에 도달했다는 것을 알아챌 수 있는 일반적인 징후는 내분이다. 지속적인 성장에 익숙해진 관리자와 투자자들은 이 상황에 놓이게 되면 이런 질문을 던지기 시작한다. "무엇이 잘못된 것인가!" "누구의 책임인가?" 이

때 회사가 근본 원인을 깨닫지 못하면, 가장 흔한 (그리고 도움이 되지 않는) 조치는 CEO나 경영진 또는 양측 모두를 물갈이하는 것이다(보통은 매출 담당 부사장이 공격받기 쉬운데, 그 사람에게 성장 둔화의 책임을 가장 많이 묻기 때문이다). CEO를 교체해서 고속 성장에 다시 불을 붙인 경우가 얼마나 될까? 우리가 떠올릴 수 있는 유일한 사례는 애플의 잡스뿐이다. 잡스가 기다리고 있다면 CEO를 교체해도 좋다. 그렇지 않다면 CEO나 경영진의 교체는 도움이 되지 않는다.

시장이 한계에 이른 두 블리츠스케일러, 그루폰과 트위터에도 같은 일이 일어났다. 그루폰은 급부상하는 소셜 커머스 시장에서 주도적인 위치를 점령한 덕분에 사상 최고의 성장 속도를 보였다. 하지만 불행히도, 소셜 커머스 시장이 갑작스레 성장을 멈췄다. 문제는 비효율적으로 추진해오던 블리츠스케일링의 역설적 반향이었다. 그루폰에 물건을 대던 판매자들은 급속한 매출 신장을 위해 그루폰의 '일일 특가(daily deal)' 전략을 이용하기는 했으나 이 방법이 효율적이라고 생각지는 않았다. 이런 특가세일 마케팅이 반복 거래로 이어지지 않았을뿐더러 다른 장기적 경쟁우위나 가치를 낳지도 않았기 때문이다. 그루폰은 내부적으로 혼란에 시달리기 시작했고, 당연한 수순처럼 메이슨이 CEO 자리에서 물러나야 했다. 물론 아무런 도움도 되지 않았다.

당시 그루폰이 해야 했던 일은 블리츠스케일링을 멈추는 것이었다. 비효율적으로 성장을 추구하다 보면 시장이 과열되고 결국 성장을 지속 불가능하게 만든다. 만약 그루폰이 판매자들에게 요구하는 할인율을 낮췄다면 성장률은 낮아졌겠지만, 사업의 지속가능성은 더 커졌을 것이다.

트위터도 비슷한 문제를 겪었다. 2014년 말 사용자 증가율이 크게 떨어졌다. 이는 더 이상 성장하기 위해 비효율적인 비용을 쏟아붓는 것을 멈추고 효율에 집중해야 한다는 신호였다. 2011년부터 2014년까지 트위터는 지속적으로 성장할 것을 예상하고 전체 직원 수를 10배 이상 늘렸다. 사용자 증가율이 떨어짐에도 불구하고 2015년 역시 계속 고용하여 거의 300명의 직원을 채용했다. 광고 시장이 커지면서 매출이 계속 증가했기 때문에 잘못된 판단을 내린 것이다. 2015년 매출은 2배 이상 증가했으나 이후 성장이 멈췄다.

트위터는 직원 수를 줄이기 시작했다. 하지만 더는 블리츠스케일링을 할 수 없다는 것이 확연히 드러난 시점에 이르러서 더 공격적으로 감원에 나서야 했다. 트위터가 CEO를 교체한 것도 이 기간이었다. 코스톨로(창업자 윌리엄스의 후임자)가 떠나고 잭 도시(Jack Dorsey)가 잠정적으로 CEO 역할을 맡았다. 코스톨로와 잭 도시 모두 대단히 재능 있는 경영자다. 하지만 뛰어난 인재도 한계에 이른 시장에서는 블리츠스케일링을 추진할 수 없다.

뛰어들 만한 시장인가?

베조스가 아마존을 설립한 해인 1994년, 식당 사장님이던 토머스 켈러(Thomas Keller)는 캘리포니아 욘빌의 프렌치 런드리(The French Laundry)를 인수했다. 그리고 나서 이 식당을 〈미슐랭 가이드〉에서 별 3개를 받은, 세계에서 가장 유명한 레스토랑 중 하나로 만들었다. 그러나 프렌치 런드리는 직원이 50명에 불과하고, 체인점이 따로 없다. 매일 60명의 고객들에게만 음식을 제공한다. 반면 온라인 소매 · 전자책 · 클라우드 컴퓨팅 시장의 주도 기업으로 자리매김한 아마존은 직원만 54만 1,900명이다.

규모와 방식은 다르지만 아마존과 프렌치 런드리 모두 훌륭한 사업체다. 하지만 그 둘은 근본적으로 다른 시장에 존재한다. 아마존의 사업은 엄청난 시장 규모와 수십억 달러의 인프라가 필요하다. 프렌치 런드리는 세계에서 가장 뛰어난 요리사들 몇몇과 지역의 품질 좋은 식재료만 있으면 된다. 규모를 키우려면 전자상거래와 클라우드 컴퓨팅은 필수다. 하지만 세계적인 수준의 고급 식당을 만드는 일에는 필요하지 않다. 상상해보라. 만약 아마존이 개인사업자가 운영하는 독립서점에 불과했다면? 이것은 프렌치 런드리가 프랜차이즈 사업의 패권을 노리고 맥도날드와 겨루는 일을 상상하는 것만큼이나 어렵다.

프렌치 런드리와 같은 경우가 아니고 블리츠스케일링을 할 수 있는 조건이 충족된다면, 당신은 이것을 선택해야 한다. 위험 부담이 꺼려져 주춤거리고 있는 순간, 당신의 경쟁자들이 잠재적 보상 기회를 얻기 위해 기꺼이 이 위험을 감수할 수 있기 때문이다. 바로 이것이 웜두가 시장에 진입했을 때 에어비앤비가 배운 점이다.

블리츠스케일링을 할 때는 (투자자를 통해서든 현금흐름을 통해서든) 비효율적인 성장에 자금을 대기 위한 자본이 필요하다. 만약 투자자들이 재빨리 움직여 대량의 자본을 댄다고 나선다면, 경쟁자들이 블리츠스케일링에 뛰어들었을 때 당신이 감수해야 하는 위험은 더 커진다. 이윤율 높은 비즈니스 모델이 매출을 많이 올려서 성장에 필요한 자금을 댈 수 있는 경우도 마찬가지다.

때문에 블리츠스케일링을 하지 않기로 선택할 수도 있다. 투자자들이 전혀 자금을 대줄 생각이 없거나, 규모를 키우기 위해 자금을 댈 생각이 없을 때 말이다. 또한 이윤율이 비교적 낮은 비즈니스 모델(말하자면 프렌치 런드리와 같은 고급 레스토랑)로 사업하고 있을 때에도 블리츠스케일링을 할 필요가 없다. 소규모의 여러 사업을 추진하거나 '라이프스타일 기업[lifestyle business, 사주가 자기 생활에 필요한 만큼의 이익을 추구하는 기업]'이 이 범주에 해당된다. 이들의 경우 블리츠스케일링을 하지 않는 것이 오히려 합리적이다.

1994년, 아마존 설립 당시로 돌아가 보자. 오랫동안 개인사업자가 운영해오던 소규모 서점은 반스 앤드 노블과 보더스(Borders) 같은 체인점과의 경쟁 속에서 자신만의 포지셔닝을 확보해 틈새

시장을 개척했다. 하지만 아마존이 등장하고 그들이 블리츠스케일링 전략을 내세우면서 이 서점들의 경쟁구도는 눈에 띄게 바뀌었다. 1994년 미국 서적협회(American Booksellers Association)의 회원사 수는 8,000명이 넘었으나, 2009년 그 수는 1,651개로 거의 80%까지 감소했다. 하지만 놀랍게도 2009년부터 그 수가 매해 증가해서 2017년에는 2,321개로 반등했다. 블리츠스케일링을 시도하는 경쟁자들에 맞서 기업을 방어하는 방법도 물론 존재한다. 소규모 독립서점들이 아마존의 시대에 살아남은 것처럼. 이들이 어떤 방식으로 생존했는지는 이후에 좀 더 자세히 알아볼 것이다.

다만 아마존과 같은 경쟁자를 마주치지 않는다 해도, 블리츠스케일링은 여전히 당신의 사업에 영향을 주는 큰 물결을 만든다. 일례로 실리콘밸리는 블리츠스케일링으로 인해 부동산 가격과 생활비가 상승했고 노동시장이 축소했다. 이는 해당 업계를 막론하고 이 지역 내에 있는 거의 모든 기업에 영향을 미쳤다. 고객을 두고 블리츠스케일러와 경쟁하지 않더라도, 사무공간이나 직원을 두고는 경쟁해야 할 수도 있다.

절차를 무시하라

블리츠스케일링을 성공시키려면 순서대로 문제를 해결해야 한다.

이 과정에서 기본적으로 사람·물건·돈 등과 같은 문제들이 발생하는데, 똑같은 문제라고 해도 앞서 조직의 규모에 따라 나눈 5단계(가족~국가 단계)마다 다른 해법이 필요하다. 따라서 어떤 단계에서 문제를 해결하더라도 그것은 완전히 해결된 것이 아니다. 그 단계에서만 해결된 것이다. 회사가 성장하면 동일한 문제를 새롭고 어쩌면 근본적으로 다른 환경에서 다시 해결해야 한다.

2013년 와이콤비네이터의 공동창업자 그레이엄은 '규모가 크지 않은 일을 수행하라(Do Things That Don't Scale)'라는 유명한 글을 썼다. 여기에서 그는 스타트업을 크랭크 엔진이 있는 구식 자동차에 비유했다. 스타트업이 자동차라면, 운전자인 대표는 자동차를 출발시키기 위해 여러 가지 독립적이고 힘든 일을 해내야 한다. 그것이 당장 속력을 높이는 일이 아니더라도 말이다. 가령 회사의 제품을 맨 처음 사용할 고객을 직접 모집하는 일이 여기에 해당한다. 그러나 고전처럼 읽히는 이 글을 자칫 잘못 이해하면 '일단 엔진을 돌려서 자동차 시동만 걸면 된다.'라고 착각할 수 있다. 이런 일반적인(그리고 잘못된) 통념은 창업가들에게 이렇게 말한다.

1단계: 규모가 크지 않은 일을 수행한다.

2단계: 그 일을 해낸다.

3단계: 규모를 확장시키는 일을 한다.

하지만 블리츠스케일링을 하고 있다면, 당신이 다음 단계로 넘어가기 위해 규모를 키우는 일들이 이후의 단계에서 다시 규모를 키우는 일과 전혀 다를 수 있다. 계속해서 규모를 확장해나가고 싶다면 당신이 하는 모든 일은 매 단계에서 변해야 한다. 블리츠스케일링은 '규모가 크지 않은 일을 수행하라'에서 이야기한 3단계 절차를 다음 5단계로 확장시킨다.

1단계: 규모가 크지 않은 일을 수행한다.
2단계: 다음 단계의 블리츠스케일링에 도달한다.
3단계: 규모를 키우면서, 규모가 크지 않은 다른 일을 모색한다.
4단계: 다음 단계의 블리츠스케일링에 도달한다.
5단계: 시장에서 완벽한 우위를 점할 때까지 이 단계를 반복한다.

미리 계획을 세울 필요가 없다는 뜻이 아니다. 종종 규모가 크지 않은 일을 해야 하기는 하지만, 그와 동시에 엄청나게 규모를 키울 수 있는 선택도 해야 한다. 가령 핵심 비즈니스 모델이 규모의 측면에서 우위를 점할 수 없고 네트워크 효과가 부족하다면, 유일하게 시장에 진출할 수 있는 전략은 방문판매뿐이다. 이런 경우 블리츠스케일링을 시도하든 그렇지 않든 규모를 크게 키우는 중요한 사업을 구축하기 어렵다.

단계적 전략

호황기와 불황기 때의 블리츠스케일링에 대해 논의했듯이, 속도는 언제나 상대적이다. 어떤 단계에서 초고속 성장 속도였던 것이 다음 단계에서는 평균에 불과할 수도 있다. 이는 대부분의 스타트업이 빠르게 움직이기 위해 노력하지만, 가족과 부족 단계(직원 100명 미만)의 규모에서 블리츠스케일링을 하는 스타트업은 보통의 스타트업보다 아주 빠른 속도로 움직이는 것이 힘들다는 의미이기도 하다. 이를 해결하는 방법은 3가지다.

첫째, 당신이 유일하게 시장 안에 있는 이들 중 유능한 주자일 때다. 물론 극히 드문 경우다. 매력적인 시장일수록 똑똑하고 공격적인 기업가들을 잡아끌기 때문이다.

둘째, 시장에서 눈부신 성장전략을 간파한 첫 번째 주자일 때다(정말 신나는 일이지만 역시 대단히 드물다). 예를 들어 페이팔은 시장을 지배하는 유일한 결제 스타트업은 아니었지만, 극단적으로 빠르고 비용 면에서 효율적인 사용자를 확보하기 위해 바이럴 마케팅을 활용한 첫 번째 업체였다.

셋째, 더 과감하게 스케일링을 추구하여 스스로를 경쟁자들과 차별화시킬 수 있을 때다. 성공을 확신하고 스케일링에 대한 헌신과 투자를 아끼지 않는 스타트업은 경쟁자들을 앞지를 수 있다(시장이 그들의 예상대로 움직이기만 한다면 말이다). 이런 자신감은 자금 조달·고용·인프라에 공격적으로 투자하게 만든다. 현재에 지출을 하면 미래에 회사를 훨씬 빠르게 움직일 수 있다는 희망을 가지고 행동하는 것이다. 아마존은 역사를 만드는 동안 언제나 경쟁자들보다 공격적으로 움직였고, 그것은 큰 이익으로 돌아왔다. 물론, 베조스와 그의 팀이 이런 전략 실행에 있어서 세계 최고 수준에 있다는 것이 큰 도움이 되었다.

이런 방법을 실행했을 때, 단점이라면 실패에 따른 비용이 크다는 것이다. 그것은 신중한 태도로 사업을 진전시키고 성공을 확신할 만한 근거를 발견할 때까지 기다려서 헌신하는 것보다 훨씬 크다. 하지만 이런 비용은 고부가가치를 일으키는 승자독식 시장에서 최초 스케일러라는 우위를 점했을 때 얻게 될 혜택에 비하면 그야말로 새 발의 피다.

마을(직원이 수백 명인 경우)과 도시(직원이 수천 명인 경우) 단계로 규모가 확장되어 블리츠스케일링을 할 경우, 좀 더 다양한 전략을 구사할 수 있다. 가령 효율에 초점을 맞추는 기업(스케일업 성장), 속도에 중점을 두는 기업(빠른 스케일링), 불확실성에도 불구하고 속도에 집중하는 기업(블리츠스케일링)처럼 말이다.

블리츠스케일링 전략에서 드러나는 특징 중 하나는 동시다발적으로 급속하게 시장을 개발하는 일이다. 에어비앤비가 블리츠스케일링을 추진하겠다고 결정하면서 선택한 전략은 미국에 있는 본점 외에 유럽을 중심으로 전 세계에 걸쳐 20개의 지점을 두고 빠르게 확장하는 것이었다. 이런 성장은 대단히 비효율적이다. 전 세계에 성공적으로 지점을 개설하기 위해서 조직에 필요한 새로운 지식·인프라·인력 등을 생각해보라. 하지만 이 전략으로 에어비앤비는 경쟁자들과의 차별화에 성공했다.

물론 에어비앤비 입장에서 하나씩 순차적으로 확장하고 각각의 경험에서 얻은 교훈을 근거로 접근 방식을 개선해나가는 것이 더 효율적이었을 것이다. 하지만 이런 방법으로는 경쟁업체인 윔두보다 더 빨리 움직일 수 없었다. 달리 말해, 직원 40명의 회사를 단 1년 만에 글로벌 기업으로 성장시켜야 하는 상황에서 에어비앤비는 신중하게 자본을 투자하고, 효율에 초점을 맞출 수가 없었다. 이렇게 동시다발적으로 시장을 개발하는 패턴에 대해서는 추후 다양한 업계의 사례들을 통해 더 살펴보겠다.

조직의 규모가 국가단계(직원이 수만 명인 경우)로 커져 블리츠스케일링을 추진할 때는 또다시 전략이 바뀐다. 이때 기업들은 이미 업계를 지배하여 엄청난 규모에 이르고 자랄 만큼 자란 주류 시장에 편입된다. 제프리 무어의 《캐즘 마케팅》에 따르면, 국가단계의 기업들은 얼리어댑터와 전형적인 중산층 고객 기반 사이의 캐즘을 뛰어넘는 데 성공한 이들이다. 시장 지배력은 시장 전체보다 커질 수 없고, 자랄 대로 자란 시장에서 성장의 기회도 드물다. 결과적으로, 이때 필요한 전략은 주요한 신규 사업을 육성하는 것이다.

2007년 애플은 직원 2만 명을 둔, 온라인 음악 사업뿐 아니라

PC 사업도 성공한 회사였다. 구글 역시 1만 명이 넘는 직원을 두고 있었고 검색 분야를 지배하고 있었다. 한때 휴대폰 단말기 분야를 장악했던 노키아도 7만 명이 넘는 직원이 있었다. 이런 국가 단계의 기업들이 최신 '스마트폰' 시장에서 가진 지배력은 거의 동일했다. 그러다가 2007년 애플은 아이폰을, 구글은 안드로이드 운영체제를 내놓았다.

3년 후 어떻게 되었을까. 두 회사는 휴대전화 시장을 장악한 반면, 노키아는 혼란에 빠졌다. 노키아는 결국 2013년 단말기 사업을 마이크로소프트에 넘겼다. 애플과 구글이 노키아와 다른 길을 갈 수 있었던 것은 신생 시장에서 새로운 사업을 블리츠스케일링하는 능력 덕분이었다. 그것은 이들을 세계에서 가장 가치가 높은 회사 1 · 2위(2017년 기준)에 오르게 하는 동력이 되었다.

창업자는 카멜레온이 되어야 한다

블리츠스케일링 과정에서 창업자가 하는 역할은 단계마다 달라진다(물론 직원의 역할도 달라질 것이다). 또한 조직이 성장하면 조직을 이끄는 데 필요한 기술 역시 진화해야 한다.

1단계(가족): 직접 초고속 성장의 레버를 당긴다

회사 초기에는 창업자가 블리츠스케일링을 하는 데 필요한 모든 일을 해야 한다. 예를 들어 당신의 회사가 유통 측면에서 바이럴 마케팅에 의존하고 있다면, 고객들에게 보내는 이메일의 카피를 쓰는 일부터 전환율에 대한 데이터를 나누는 일까지 모든 일을 당신이 해야 한다.

2단계(부족): 레버를 당기는 사람을 관리한다

조직이 성장하면, 창업자는 직원으로 이루어진 팀을 관리해야 한다. 몇 가지 일들은 직접 책임지고 이끌어야 하지만 대부분의 일은 팀원들과 나누거나 그들의 생산성을 끌어올리는 데 집중되어야 한다. 예를 들어 엔지니어링 팀이 생겼더라도 창업자 자신이 설립 초기에 쓴 코드를 관리하는 일은 창업자가 계속하면 된다. 하지만 창업자가 하는 일의 초점은 기존의 코드를 관리하는 것이 아니라 다른 엔지니어들을 관리하고 그들이 새로운 기능을 만들어내도록 지원하는 데 맞춰져야 한다.

3단계(마을): 레버를 당기는 조직을 설계한다

마을단계로 조직이 커지면 창업자는 상당히 힘들어진다. 이때부터는 창업자가 하는 일이 조직 내에 즉각적으로 영향을 미치지 못하기 때문이다. 이 시기에 창업자는 조직에 있는 직원들을 알고 그들과 교류할 수는 있겠지만 그들을 직접적으로 관리 감독하는 관리자가 아니다. 그보다는 큰 그림을 그리고 조직을 설계하는 데 집중해야 한다. 이 작업이 흥미롭거나 매력적이라고 느끼지 못한 다면 팀의 관리자로, 혹은 독립적으로 움직이며 어떤 사업 프로젝트에 기여하는 사람으로 남을 수도 있다. 이럴 경우 조직이 외부에서 경영자들을 영입하기도 한다. 이에 대해서는 다음 부분에서 더 상세히 논의하겠다.

4단계(도시): 목표와 전략에 대한 수준 높은 결정을 내린다

회사가 도시단계로 커지면 창업자는 이전보다 더 큰 전략적 결단을 내려야 하는 역할을 맡는다. 이러한 결정은 전술적 의미를 가질 수도 있지만, 이제 그 일을 처리하는 것은 다른 직원들의 몫이다. 페이스북에서 저커버그가 내린 높은 수준의 중요한 결정 중하나는 모바일 상품에 집중하고자 거의 2년 동안 새로운 기능을 개발하는 업무를 중단한 것이다. 2012년 초, 그가 이런 대담한 결정을 내렸을 때 페이스북은 도시단계에 깊숙이 진입해 있었고 직원은 4,000명이 넘었다. 그는 모바일 팀에 합류할 개발자를 직접 채용하지도 않았고, 새로운 모바일 앱을 설계하지도 않았다. 하지만 그런 결정을 내렸고 이후 직접 레버를 당기는 사람들에게 책임과 권한을 위임했다.

5단계(국가): 다시 새로운 제품라인을 꾸려 사업을 시작할 방법을 찾는다

국가단계로 규모가 커진 기업을 관리하는 것과 전통적인 기업을 관리하는 것 사이에 공통점이 있다. 하지만 전형적인 방식으로 관리 관행을 실천하는 때에도 블리츠스케일링을 유지하는 것이 중요하다. 예를 들어 애플로 돌아온 잡스는 전통적인 운영 효율 정책에 집중하면서 동시에 새롭고 '미치도록 뛰어난' 제품을 만드는 데에도 투자했다. 전통적인 경영의 측면에서 재고를 대폭 줄이고 애플의 재무 관리를 개선시키는 한편 아이팟·아이튠즈·아이폰·아이패드 같은 주요 신제품도 출시한 것이다.

전략에서 경영으로

한 기업이 블리츠스케일링을 할 때, 계속해서 규모를 2배, 3배로 키우다 보면 전통적인 경영 기법을 적용하는 것이 어렵다. 대개 이 전통적인 경영 기법이란 연간 15%만 성장해도 활발하다고 생각하는 시장에 맞게 고안되었기 때문이다. 성공한 블리츠스케일러들이라면 경영 혁신을 통해 급성장하는 조직이 성장통을 앓지 않도록 힘써야 한다. 어떻게 할 수 있는지 그 방법은 다음 장에서 이야기할 것이다.

불길을
타오르게 두라

Management

글로벌 대기업으로 성장하는 기업과 시장을 지배하기 전에 망하는 기업은 무엇이 다를까. 이 둘을 가르는 중요한 특징 중 하나는 바로 성장하는 단계마다 경영 방식을 진화시키고 그 단계에 맞게 최적화하는 능력이다.

이는 크게 2가지 범주로 나눠서 설명할 수 있는데, 하나는 블리츠스케일링을 실행해나가는 단계마다 지침이 되어줄 8가지 일을 반드시 해내는 것이다. 또 하나는 전형적인 경영 방식의 통념을 뒤집는 9가지 반직관적인 규칙을 따르는 것이다. 이는 블리츠스케일링의 미친 듯한 성장 속도에 대응하기 위한 필승전략이다. 회사에서 중책을 맡고 있든 특정 부서를 맡고 있든 그보다 더 작은 규모의 팀을 이끌고 있든 이 전략을 참고하면 좋다. 그러면 스타트업에서 스케일업으로 성장하는 동안 어떤 식으로 조직의 성장을 관리해야 할지 알 수 있기 때문이다.

블리츠스케일링을 위한 8가지 전략

조직의 규모가 커질 때 인적 관리도 달라져야 한다

블리츠스케일링을 하면서 조직이 가장 극명하게 마주하게 되는 첫 번째 문제는 팀의 규모가 변한다는 것이다. 회사가 크면 당연히 팀도 소규모에서 대규모로 늘어난다. 급속한 성장에 소수정예 조직으로 대응하는 것을 선호하기도 하지만, 궁극적으로 기업이 커지고 그에 맞는 목표와 계획을 차질 없이 수행하려면 조직을 이전과 다른 접근법으로 바라볼 수 있어야 한다. 성장은 단순히 크랭크를 돌려서 자동차 바퀴를 굴리는 문제가 아니다. 인재를 구하는 일부터 그들을 교육시키고 커뮤니케이션하는 일까지, 블리츠스케일링의 단계마다 인재 관리 문제들은 각각 다르게 다뤄져야 한다.

가족이나 부족 단계 규모로 블리츠스케일링을 하고 있다면 팀원이 적다는 이야기다. 이때는 팀원들과 접촉도 잦고 개인적인 친분이 두텁기 때문에 형식이나 절차에 구애받지 않고 자연스럽게 소통할 수 있다. 이런 조직의 유연성은 회사가 새로운 정보를 습득하고 다른 전략과 전술을 구사해야 할 때 유리하다. 빠르게 방향을 전환할 수 있고 상황에 대한 적응력도 강하기 때문이다.

규모가 작아 민첩하게 움직였던 페이팔은 가족과 부족 단계를 거치는 동안, 회사 창업 첫해에만 4번의 중요한 전환을 맞았다.

시작은 1998년 12월, 페이팔의 전신인 콘피니티(Confinity)란 회사였다. 당시 이 회사를 설립한 피터 틸·맥스 레브친(Max Levchin)·루크 노섹(Luke Nosek)은 사실 천재적인 엔지니어 레브친이 만든 아주 효율적인 암호화 기술을 바탕으로 한 모바일 보안 소프트웨어 회사를 만들 생각이었다.

여기에서 모바일 전화 캐시로 한 차례 전환한 페이팔은 그다음으로 팜파일럿(PalmPilot, 휴대가 가능한 PDA 장치)끼리 결제가 되도록 또 한 차례 방향을 전환했다. 하지만 불행히도 팜파일럿 사용자 네트워크가 그리 탄탄하지 못해 다시 전환을 시도해야 했다. 페이팔의 가장 대중적인 서비스인 이메일을 통한 송금 결제 서비스가 세 번째 전환이었다. 그해 말 이베이 결제 방식에서 새로운 시장을 발견하고 나서는 이베이 기본 결제 시스템으로 자리 잡기 위해 네 번째로 방향을 전환했다.

회사를 설립하고 제품을 만들고 4번의 방향을 전환하기까지, 이 모든 것이 단 1년 만에 이뤄졌다! 이것은 방향을 전환할 때마다 8명에서 40명 정도 되는 적은 구성원으로 일한 덕분에 가능했다. 적은 규모로 일하면 전환을 할 때마다 사업의 초점과 그에 맞는 기법을 쉽게 바꿀 수 있기 때문이다.

하지만 마을단계 그리고 그 이상의 큰 규모로 성장하기만 해도 조직은 다른 문제에 직면하게 된다. 일단 여러 장소로 사무실이 나뉘게 되고 그 사무실마다 수십 명의 직원으로 구성된 부서가 생긴다. 이처럼 조직원이 많이 생기고 규모가 커지면 초기에 움직이던 것처럼 절차나 격식 없이 능동적으로 움직이기가 어렵다. 각 부서의 팀원이 다른 부서의 팀원을 1년에 몇 번밖에 못 보는 식이기 때문이다. 그런 수십, 수백 명의 노력을 조직화하는 (그리고 조직 전체의 목표와 조화를 이루게 하는) 데에는 기획과 공식적인 절차가 필요하다. 만약 평소에 이런 경영의 사소한 부분까지 챙겨야 하는 일보다 기업의 장기적인 비전에 관심이 많은 이상적인 창업자라면 이 상황이 퍽이나 유감스러울 것이다.

티치 포 아메리카(Teach for America)의 창업자 웬디 콥(Wendy Kopp)은 이 가르침을 매우 어렵게 배웠다. 그러면서 이 가르침에 대해 이렇게 설명했다. "28년 전 저는 조직이 처한 문제를 완전히 무시하고 이 일을 시작했습니다. 이 일을 하려는 사람들은 모두 사명을 중시해야 하고, 우리 사이에는 계층이 없어야 하며, 모두가 같은 월급을 받아야 한다고 생각했습니다. 5년쯤 지났을까. 제가 매일 효과적인 경영 방법에 대해 고민하지 않는다면, 그건 이룰 수 없는 이상에 불과하다는 것을 깨달았습니다."

단순히 조직의 실행계획을 넘어서, 블리츠스케일링을 할 때 CEO들이 극복해야 하는 중요한 문제들이 있다. 그중 하나가 조직의 규모에 변화가 생길 때 창립 멤버인 초기 직원과 창업자에게 끼치는 심리적 영향을 관리하는 일이다.

가족단계에서는 조직의 모든 구성원이 중요한 결정에 참여하는 게 일반적이다. 하지만 마을단계로 커지면 이는 거의 불가능하다. 직원들은 소속된 팀이나 부서의 업무를 처리하는 일만으로 바쁘다. 다른 부서가 어떻게 돌아가는지는 대부분 관심 밖의 일이다. 조직이 어느 정도 컸을 때 새로 입사한 사람들의 경우 이런 상황이 낯설지 않다. 하지만 회사가 처음 생겨났을 때부터 자리를 지키던 창업 초기 직원들은 이런 변화가 낯설어 어리둥절할 것이다. 그들은 어쩌면 자신들이 내부자에서 아웃사이더로 밀려났다고 느낄지 모른다.

해법은 그들을 회사의 중요한 결정에 모두 참여시키는 것일 테지만 그것은 앞서 말한 것처럼 부적절하며, 논리적으로도 불가능하다. 그렇기 때문에 대안은 그들이 회사의 사명과 연결되어 있다고 느낄 만한 다른 시스템을 구축하는 일이다. 《얼라이언스》를 보면 직원의 소속감을 높이는 방법에 대해 정보를 얻을 수 있다.

간단히 설명하자면, 이럴 때는 조직에 질적으로 다른 유형의 사람들을 유입시키는 것이다. 군대에 비유를 하자면, 해병·육군·경찰 정도로 설명할 수 있겠다. 해병은 해안을 맡고, 육군은 땅을 맡고, 경찰은 나라를 지킨다고 역할을 나눠보자. 이때 해병은 혼란한 현장 상황을 처리하고 해법을 마련하는 **스타트업 사람들**이라고 할 수 있다. 육군은 해안을 벗어난 뒤 영토를 빠르게 점유하고 확보하는 방법을 아는 **스케일업 사람들**이다. 그렇다면 경찰은 뭘까. 이미 점유한 땅을 유지하는 것이 주된 업무인 경찰은 조직이 어느 정도 컸을 때 **안정을 우선하는 사람들**이라고 할 수 있다. 해병과 육군은 함께 일할 수 있으며, 육군과 경찰도 함께 일할 수 있다. 하지만 해병과 경찰은 함께 일하기가 어렵다. 따라서 블리츠스케일링을 할 때 해병에게 이미 점유한 해안을 정찰하라고 시킬 것이 아니라, 새로운 해안을 찾는 역할을 주어야 한다.

이렇게 조직이 커졌을 때 직면하게 되는 또 하나의 문제는 초기 직원들의 포지셔닝(직함)과 실제 조직에 필요한 사람을 채용하는 일이다. 이는 경력에 관한 기대치에서 비롯된다. 대부분의 사람들은 특정 단계에 적합한 기술과 경험을 가지고 있다. 하지만 그렇다고 해서 모든 사람이 회사와 똑같이 발맞춰서 성장하는 것은 아니다. 로스먼은 이베이의 블리츠스케일링을 도우면서 이 점을 직접 경험했다. 그는 이렇게 말했다. "사람들에게는 탄력적인 한계가 존재합니다. 탄력적이긴 하지만 한계가 있는 것은 분명하죠. 100명 중에 1만 명 규모의 조직에 적합하도록 스케일링이 되는 사람은 단 몇 명에 불과합니다. 누가 스케일링이 가능한지는 예상하기가 힘듭니다. 저보다 똑똑한 사람들이라고 해서 항상 스케일링이 가능했던 것은 아니었습니다."

실리콘밸리에는 기업가치를 0에서 100만 달러로 끌어올리는 데 필요한 전문 경영인, 100만에서 1,000만 달러로 끌어올리는 데 필요한 전문 경영인을 따로 두는 일이 흔하다. 하지만 보통은 어느 기업의 초기단계부터 있던 직원이라면 좌절감을 느낄 수 있다. 그들이 특정 사업 부서를 이끌고 있는데 외부 경영자가 그들의 상사로 채용된 경우라면 특히 더 그렇다. 이때 CEO가 해야 할 중요한 일은 그들에게 미리 정확한 기대치를 상기시키는 것이다. 직원들이 조직 안에서 경력을 발전시키고 성장할 기회를 얻게 되겠지만, 그것이 조직이 커졌을 때 어떤 지위와 바로 연결되는 것은 아니라는 사실 말이다. 한마디로 지금 엔지니어링 부문을 맡아 운영하고 있는 사람이 회사가 직원 1만 명 규모로 성장하고 IPO를 계획하고 있을 때에도 반드시 엔지니어링 부문 부사장이 되는 것은 아니란 것을 명확히 해두어야 한다.

오히려 이때 중요한 것은 특정한 직함이 아니라 그들이 맡아야 할 책임에 초점을 맞추는 것이다. 가족단계에서 엔지니어링 '부서'를 운영하던 직원은 도시나 국가 단계에서 엔지니어링 부문의 여러 책임자 중 하나가 되는 것에 대해 지위가 강등되었다고 느낄 수 있다. 그럴 때는 그 사람에게 가족단계에서는 3명의 엔지니어로 구성된 팀을 관리하지만 현재는 100명으로 이루어진 팀을 감독해야 한다는 사실을 알려주어야 한다. 따라서 직함보다는 각각의 근무기간과 경험이 이후 장래에 어떤 식으로 도움이 될지, 그때 어떤 더 큰 책임을 맡기 위한 준비 과정이 될 수 있는지 설명하고, 그 책임에 중점을 두도록 직원들을 격려해야 한다.

조직이 대규모로 커지면서 따를 수밖에 없는 인력 관리 문제는 해결하기 매우 어렵지만 블리츠스케일링을 성공하느냐 마느냐 하는 문제에서 매우 필수적인 요소다. 어쩌면 당신은 회사가 커졌을 때 새로운 역할을 감당할 능력이 없는 직원을 해고해야 할 수도 있다. 처음부터 함께했던 직원을 해고하는 것을 좋아할 사람은 없다. 하지만 이런 식으로 생각해보라. 경영진이 스케일링을 할 수 없다면 회사도 스케일링을 할 수 없다. 이상적인 해법은 초기 직원이 자신들의 경력을 발전시킬 수 있고 회사에 도움이 되는 새로운 역할을 맡는 것이다. 하지만 만약 아끼는 직원을 떠나보내는 일과 직원이 자신에게 맞지 않는 역할을 감당하느라 곤욕을 겪는 것을 지켜보는 일 사이에서 CEO로서 어떤 선택을 해야 한다면, 차라리 직원과 솔직한 대화를 하며 원만하게 이별하는 것이 낫다. 자칫하다가는 그 직원과 회사 모두 실패로 이끄는 길이기 때문이다.

제너럴리스트에서 스페셜리스트로

조직에 닥친 또 다른 중요한 난제는 규모가 커질수록 조직 구성원이 제너럴리스트에서 스페셜리스트로 이동해야 한다는 것이다. 블리츠스케일링의 초기단계에서는 속도나 상황에 따른 적응력이 가장 중요하다. 따라서 직원을 고용할 때도 불확실하고 빠르게 변하는 환경에 적응하며 여러 가지 다양한 일을 처리할 수 있는, 다방면에 걸쳐 박학다식한 제너럴리스트를 찾는 데 힘을 쏟아야 한다. 하지만 회사가 어느 정도 성장하면 스페셜리스트를 고용해야 한다. 이들은 다른 역할로 대체하기는 어렵지만, 조직을 키우는 데 꼭 필요한 전문지식을 가진 사람들이다. 그렇다고 이 단계의 조직에 제너럴리스트가 필요 없다는 말이 아니다. 사실, 스페셜리스트들을 고용해서 얻는 가장 큰 이점 중 하나는 능력 있는 제너럴리스트를 회사의 더 긴급한 문제에 재배치할 수 있다는 점이다.

예를 들어 링크드인이 부족단계에 있을 때, 나는 맷 콜러(Matt Cohler)를 초기 직원으로 데려왔다. 맥킨지 앤드 컴퍼니에서 일하던 콜러는 스타트업 세계에 뛰어들기를 원하는 뛰어난 젊은이였다. 그의 이력을 고려해 전문 분야인 경영 컨설팅 쪽의 일을 맡겨야 했지만, 나는 터놓고 그에게 제너럴리스트로서 일해달라고 했다. 회사에 합류한 그는 가장 시급한 문제를 해결하는 소방관 역할을 자처했다. 그때 당시 회사에는 인사 담당자가 꼭 필요했고, 그가 처음으로 맡은 일은 채용 분야를 책임지는 것이었다. 물론 그가 이전에 받았던 교육이나 사회생활을 하면서 쌓은 이력을 비추어 볼 때 인사관리자로서 준비가 되어 있다고 볼 수는 없었다. 하지만 나는 그가 똑똑하고 강한 사람이라는 것을 알았고 해낼 수 있다고 믿었다. 콜러는 그 역할을 훌륭히 수행했고, 이후 페이스북으로 자리를 옮겨 제품 관리 담당 부사장으로서 중책을 맡았다. 그는 나와 저커버그 두 사람과 일하는 내내 역할은 달라도 각 회사가 중요하다고 생각한 일을 잘 수행했다(현재 콜러는 벤처 캐피털 기업인 벤치마크의 제너럴 파트너다).

구글은 APM(Associate Product Manager) 프로그램을 통해 제너 럴리스트의 가치를 체계화시켰다. APM은 대학을 갓 졸업한 기 술 분야의 인재들을 2년간 수습 직원으로 고용하는 프로그램인 데, 당시 구글의 엔지니어이자 중책을 맡은 직원인 마리사 메이 어(Marissa Mayer)가 고안한 계획이었다. 그녀는 이 프로그램을 통 해 여러 가지 필요에 부합하면서 유연하고 적응력 높은 직원들을 얻을 수 있다고 생각했다. 현재 APM 출신으로 가장 두각을 나타 내는 사람들로는 큅(Quip)의 창업자이자 CEO(전 페이스북 CTO)인 브렛 테일러(Bret Taylor), 아사나(Asana)의 공동창업자 저스틴 로즌 스타인(Justin Rosenstein), 옵티마이즐리(Optimizely)의 댄 시로커(Dan Siroker)와 피트 쿠먼(Pete Koomen) 등이 있다.

스페셜리스트도 물론 중요한 역할을 한다. 링크드인의 인사 담 당 최고책임자 팻 와도어스(Pat Wadors)를 생각해보라. 회사에 합류 한 그녀는 2013년 도시단계에서 성장하던 링크드인을 국가단계 로 진입시키는 데 큰 역할을 했다. 콜러와 마찬가지로 와도어스는 명민하고 재능이 출중한 인물이지만 제너럴리스트가 아니라 비아 콤(Viacom)·머크(Merck)·야후·플랜트로닉스(Plantronics) 등 유수의 기 업에서 인사 담당자로 활약한 스페셜리스트다. 그녀는 현재 서비 스나우(ServiceNow)에서 이베이의 전 CEO였던 내 친구 존 도나호 (John Donahoe)와 일하고 있다. 도시단계에서 성장을 이끄는 데 특 화된 역할을 수행하기 위해 되돌아간 셈이다. 이렇듯 도시나 국가

단계 규모에서 성장을 도모하는 기업은 회사가 중요하다고 여기는 분야를 깊이 아는 스페셜리스트를 채용하여 운영할 수 있어야 한다. 이들이 하는 일은 아무리 똑똑한 제너럴리스트라도 단 몇 주 안에 파악할 수 있는 것이 아니다.

스페셜리스트를 채용하는 일은 회사의 스케일링을 돕는 대단히 강력한 도구다. 하지만 그렇다고 해서 지나치게 성급히 스페셜리스트를 채용하는 것은 위험하다. 스페셜리스트들은 특정 분야에 대단히 전문적인 지식을 가진 사람들이다. 바꾸어 말하면 그들이 아무리 전문 분야 외의 일을 할 만한 재능이 있다고 해도 그 일을 맡기는 것이 효과적이지 않다는 의미다. 그들을 다른 분야에 재배치하여 얻는 이득과 전문 분야에 배치하여 얻는 이득을 비교했을 때, 후자가 압도적이기 때문이다.

예를 들면 나는 와도어스가 자바스크립트 프로그래밍을 배울 수 있을 만큼 똑똑하다는 데 한 점의 의심도 없다. 하지만 특화된 인사 담당자의 자리를 포기시키고 코딩 훈련을 거쳐 서비스나우의 엔지니어링 팀에 신입 소프트웨어 엔지니어로 들어가라고 권하는 게 과연 유리할까? 이는 절대 현명한 판단이 아니다. 그것은 그녀가 가진 재능을 심각하게 낭비하는 일이고 회사의 재정을 생각했을 때도 형편없을 만큼 바보 같은 조치다.

스페셜리스트를 영입하는 과정에서 발생하는 문제가 또 있다. 이들에게 제너럴리스트를 관리하거나 제너럴리스트 역할을 대신

하라고 했을 때, 조직의 사기가 떨어질 수 있다는 점이다. 하버드 대 경영대학원의 란제이 굴라티(Ranjay Gulati)와 앨리시아 디샌톨라(Alicia DeSantola)는 〈하버드 비즈니스 리뷰〉 2016년 3월호에 발표한 '지속 가능한 스타트업을 만드는 비결: 효과적인 비즈니스 확장 노하우(Start-Ups That Last: How to Scale Your Business)'에서 "기능적인 전문지식에 대한 수요는 종종 유기적인 학습을 기반으로 한 기업 초창기 멤버의 능력을 앞지른다."라고 말한다.

"결과적으로, 리더의 직함은 점차 전문지식을 갖춘 외부인에게로 이동하고 창립 멤버들의 불만은 커진다. 초창기 직원들은 자신의 역할이 점점 좁아지는 한계에 대해서도 짜증이 날 수 있다. 모든 제너럴리스트가 스페셜리스트가 될 수 있는 것은 아니지만, 모든 제너럴리스트가 그것을 원하는 것도 아니다. 불만에 찬 사람들은 종종 회사를 떠난다. 그들의 귀중한 인맥, 회사의 사명과 문화에 대한 암묵적인 이해까지 함께 가지고서 말이다."

결국 계속해서 제너럴리스트들과 함께하기 위해 노력해야 한다는 의미다. 그들이 가진 문화적·제도적 지식 때문이기도 하고, 새로운 문제에 대처하는 그들의 능력 때문이기도 하다. 하지만 그것이 불가능하고 제너럴리스트들이 조직을 떠나기로 마음먹었다면, 과거에 함께 일을 한 동료로서 그들과 네트워크를 형성하며 긍정적인 관계를 유지하려고 노력해야 한다. 그렇다면 어느 시점에, 누구를 고용해야 할까?

먼저 회사가 가족단계에 있다면 제너럴리스트만 고용해야 한다. 사업 초기에는 유동적으로 흘러가는 상황이 많기 때문에, 스페셜리스트의 정교한 역량을 효과적으로 활용하기가 어렵다. 고용을 할 때는 유명 대학 출신의 인재를 구하거나 맥킨지 앤드 컴퍼니에서 애널리스트로 일했던 사람을 고용하는 등 업계에서 통하는 전형적인 방식으로 채용할 수도 있지만, 이왕이면 초기 스타트업에서 일하며 다양한 책임을 맡고 성과를 올린 경험이 있는 사람을 구하는 게 좋다. 화려한 스펙은 없을지 몰라도 그런 경험을 한 사람들이 새로운 일을 배우고 그것을 실천하는 데 뛰어나다.

부족단계에서도 스페셜리스트를 채용하는 일은 예외적인 경우에 한하여 고려해야 한다. 가령 데이터 사이언스나 머신러닝과 같은 정말로 특화된 전문 분야에 엔지니어가 필요할 경우 스페셜리스트의 채용을 고려해볼 수 있다. 마을단계에서는 경영자나 사업의 핵심 기여자로 스페셜리스트를 고용할 수 있지만, 역시 신중해야 한다. 부족단계에서는 기업과 함께 빠르게 전환할 수 있는 유연한 사람, 동시에 일련의 기술을 보유한 직원이 필요하다.

하지만 직원이 수백 명에 이르면, 사업에 대해서 그리고 사업이 어디를 향해 가고 있는지에 대해서 잘 다듬어진 경영 방침이 필요하다. 도시나 국가 단계라면 경영자는 스페셜리스트를 채용해야 한다. 하지만 최후의 순간에도 많은 제너럴리스트가 필요하단 사실을 잊으면 안 된다.

제너럴리스트를 조직의 '줄기세포'라고 생각하라. 신체에는 필요에 따라 다양한 유형의 세포들을 분화시키는 소수의 줄기세포가 있다. 큰 조직에도 이런 줄기세포 같은 사람이 필요하다. 그들이 새로운 제품과 기술을 탐구하거나 명확한 해법이 없는 사안을 다루는 등 필요에 따라 다양한 기능을 수행할 것이기 때문이다.

기여자에서 관리자, 그리고 경영자로

'관리자'와 '경영자'라는 말이 혼용되는 경우가 많다. 하지만 관리자와 경영자는 엄밀히 말하면 아주 다른 역할을 하는 사람이다. 스타트업 초기단계에서는 창업자가 관리자와 경영자 역할을 동시에 맡는 경우가 많기 때문에 혼란이 일어날 수 있다. 그러나 분명히 말하지만 이 둘은 별개의 역할이다.

우선 관리자는 그날그날 즉각적으로 벌어지는 상황에 대처할 만한 전술을 고민하는 사람이다. 전장에서 장수와 같은 역할이다. 그들은 조직이 새로운 일을 수행할 때 기존에 해오던 것보다 좀 더 효율적으로 할 수 있도록 세부 계획을 세우고, 실행하고, 달성한다. 반면, 경영자는 관리자를 이끄는 사람이다. 군대로 치면 사단장급 이상에 해당한다. 이 경영자들은 사업부에 기여하고 있는 직원 한 사람 한 사람을 관리하지 않는다. 대신 회사의 비전과 전략에 중점을 둔다. 하지만 그들은 여전히 일선에서 움직이는 직원들과 연결되어 있다. 조직의 '투지'를 관리하는 데에도 책임이 있기 때문이다. 그들은 직원들이 불가피한 역경을 견뎌내는 데 도움을 주는 롤 모델이 될 필요가 있다.

성공적으로 블리츠스케일링을 하려면 경영자와 관리자가 모두 필요하다. 하지만 그들은 단계마다 다른 역할을 수행한다. 회사가 가족단계에서 움직일 때는 공식적인 관리자가 전혀 필요치 않을 수 있다. 필요하더라도 그 역할은 보통 창업자나 CEO가 맡는다. 회사가 부족단계로 성장하면 엔지니어링이나 영업 같은 다양한 사업 부서를 운영할 관리자가 필요하다. 이 관리자들은 창업자일 수도 있고 외부에서 채용한 사람일 수도 있다. 그들의 핵심 목표는 사업부 아래 있는 팀의 생산성을 높이는 것이다.

회사가 마을단계에 도달하면, 이때부터는 경영자가 필요하다. 직원이 수백 명으로 늘어나기 때문이다. 여러 중간 관리자들을 이끄는 책임자 없이 수백 명의 직원으로 이뤄진 회사를 조직화하는 것은 불가능하다. 엔지니어링 · 영업 · 마케팅 · 제품 · 지원 · 행정 등 크게 6개의 부서로 나눠진 회사를 상상해보자. 각 부서장은 직속으로 10명의 직원을 거느리고 있고 이들이 CEO에게 직접 보고하는 체제다. 이 체제가 유지할 수 있는 최대 직원은 67명이다(6개의 부서 각각에 있는 부서장과 직원들 11명, 창업자 또는 CEO). 이 정도면 관리가 가능하지만, 회사가 그 이상으로 성장하면 중간에 관리자와 직원을 통솔할 임원급 경영진을 두어야 한다. 이 일은 매우 중요하다. 그래야 중요 사업들이 매끄럽게 진행될 수 있기 때문이다. 가령 마을단계에 이른 회사에 엔지니어링 부서가 있다고 하자. 이 부서만 해도 여러 개의 팀과 팀장들로 세분화된다. 이 팀장들을 직접 관리하며 여러 팀을 조직화하고 해당 부문의 전체 조직을 설계하는 책임을 맡을 엔지니어링 부문 부사장이 있어야 한다.

이렇게 경영진을 구축해야 하는 경우, 조직의 외부에서 경영자를 찾아야 할 때 문제가 발생한다. 조직의 경영진을 외부에서 찾는다는 것은 지금까지 해온 경영 방식에 큰 변화가 생긴다는 의미다. 가령 사업 초창기에는 창립 멤버 또는 초기에 입사한 직원들을 보상하는 차원에서 조직 내부에 있는 사람들이 승진을 하고 자연스럽게 리더의 역할을 맡아왔다. 하지만 경영진을 구축해야 할 정도로 회사가 크면 더 이상 이런 방식을 적용하기가 어렵다. 따라서 관리자가 경영자가 되는 것은 특정 사업부에 기여한 사람이 내부 조직의 관리자로 승진하는 일보다 훨씬 더 어렵다.

조직의 모든 직원은 저마다 다른 스타일과 자질을 가진 상사(관리자)에게 보고를 해왔을 것이다. 이런 경험을 한 직원이 관리자로 승진하게 되면, 부서원들을 관리할 때 자기만의 방식을 개발할 수 있다. 하지만 조직에 처음으로 경영자가 필요하게 되었을 때, 내부에서 승진한 관리자가 경영자가 된다면 어떻게 될까? 관리자 때와는 다르게 경영자로서 일한 경험을 적용할 수가 없다. 회사에 지금 자신이 맡은 역할을 수행했던 경영자가 존재하지 않았으니 말이다. 한마디로 참고할 만한 롤 모델이 없는 것이다.

우리는 이 상황을 '표준 스타트업 리더십 공백(Standard Start-up Leadership Vacuum)'이라고 부른다. 결과적으로 필요한 경험을 하지 못한 창업자는 외부에서 경험 있는 경영자를 채용하여 회사를 통합시켜야 한다는 것을 깨닫게 된다. 만약 조직이 견뎌낼 수 없을 때까지 창업자가 사업 부문의 경영자를 채용하지 않고 기다린다면 상황은 더 악화된다. 이미 회사는 급속하게 성장하느라 긴장과 불확실성이 극도로 높아져 있으며, 모든 리더는 이런 상황에 처한 회사를 처음 맞닥뜨리게 되기 때문이다.

이런 상황을 해결할 열쇠는 편견 없이 개방적으로 받아들이고 배우려는 태도다. 내부에 있는 사람들은 외부에서 온 새로운 경영자의 아이디어에 마음을 열어야 하고, 외부에서 온 경영자는 자신이 합류하기 전 회사에서 일어났던 일들을 배우는 데 마음을 열어야 한다. 처음부터 경영자로 태어난 사람은 없다. 아무런 장애 없이 매끄럽게 관리자에서 경영자로 역할 전환을 하는 사람은 극히 소수다. 외부 경영자를 고용하면 이들의 전 고용주에게 고통스럽고 값비싼 교육을 떠넘길 수 있다.

블리츠스케일링을 하는 기업의 경우, 지금의 회사와 비슷하거나 조금 더 큰 규모의 다른 회사에서 경영자로 일해봤다고 해서 무조건 그 사람을 채용해선 안 된다. 대기업 출신 경영자라고 해도 블리츠스케일링이나 스타트업에 대한 경험이 없을 수 있다. 수백 년 역사를 가지고 있고 매년 5%의 성장률을 기록하는 안정적인 기업에서 100명 규모의 부서를 운영한 경험이 블리츠스케일링에 도움이 될까? 이는 매년 규모가 3배씩 늘 정도로 급속히 성장하는 회사에 필요한 경험이 아니다. 그 경험은 블리츠스케일링에 대한 준비가 아니다. 그렇다고 당신 회사보다 훨씬 큰 회사에서 블리츠스케일링을 해본 사람을 채용하는 것도 바람직하지 못하다. (앞으로 회사가 더 커질 것을 고려하여) 미래에 필요할지도 모를 기술을 가진 사람을 채용하기보다는 바로 지금 당장 필요한 기술을 가진 사람을 채용해야 한다.

이상적인 방법은 당연히 블리츠스케일링을 거친 스타트업에서 일한 경험이 있고, 현재 당신의 회사가 직면하고 있는 문제를 이미 겪어본 경영자를 채용하는 것이다. 그렇다면 금상첨화일 것이다. 투자자들이 새로운 기업을 계속해서 만들어본 연쇄 기업가들을 더 신뢰하는 이유도 여기에 있다. 실리콘밸리 기업이 누리는 이점 중 하나는 이런 경험을 해본 경영자들이 많다는 것이다. 급속하게 성장하며 여러 단계를 거친 기업이 많으니, 지금 당신이 거쳐야 할 단계의 경험을 해본 경영자를 채용하는 데 확실히 유리하다. 만약 그럼에도 이상적인 후보를 찾지 못했다면, 차선책이 없는 것은 아니다. 이때는 대단히 빠르게 성장하는 기업에서 성공한 경영자들과 일해본 관리자를 채용하는 것도 방법이다. 아니면 더 규모가 크거나 전형적인 방식으로 성장해온 기업에서 경영자로 일해본 사람 중 블리츠스케일링을 겪은 스타트업에서 일한 경험도 있는 사람을 채용하는 것도 방법일 수 있다.

페이스북의 사례를 살펴보자. 저커버그가 샌드버그를 고용한 까닭은 그녀가 구글에서 일할 때 특정 부문의 경영자로서 블리츠스케일링을 경험했기 때문이다. 그녀는 글로벌 온라인 판매 및 운영 부문의 부회장으로서 몇 안 되는 직원이 4,000명 이상의 직원으로 늘어날 때까지 구글의 특정 부문이 성장하는 데 큰 역할을 도맡았다. 그녀가 페이스북으로 와서 한 일 중 페이스북이 마을·도시·국가 단계로 스케일링을 하는 데 가장 큰 도움이 되었던 일이 무엇이었을까.

그것은 바로 엔지니어링 부문 부사장 마이크 슈레퍼(Mike Schroepfer), 최고재무관리자(CFO) 데이비드 에버스먼(David Ebersman)과 함께 리더십의 공백을 메운 것이었다. 슈레퍼는 모질라(Mozilla)에서 엄청난 성장을 이끌며 조직을 관리·감독하고 그 이전에는 자신의 스타트업 센터런(Centerrun)을 설립하면서 엔지니어링 조직의 스케일링 방법을 배웠다. 에버스먼은 이전에 생명공학 분야에서 선두를 달렸던 회사 지넨테크(Genentech)의 CFO로 일하면서 헤르셉틴과 아바스틴 같은 블록버스터급 암 치료 약물을 개발, 급속한 성장을 직접 경험했다.

마틴 라우(Martin Lau)는 텐센트에서 마화텅과 다른 창립 멤버들을 위해 비슷한 역할을 했다. 마화텅과 공동창업자들은 기술적인 측면에서 뛰어난 전문가들이었지만 사업 경험, 특히 중국 밖에서의 경험이 부족했다. 반면 라우는 골드만삭스에서 일하면서 세계적인 사업 경험을 쌓았고, 결정적으로 스탠퍼드대에서 공학 석사학위를 받는 등 해당 분야에 일가견이 있어 창업자들과 매끄러운 관계를 맺을 수 있었다. 라우는 매출목표나 장기계획 등 텐센트에 절실히 필요했던 조직 관행을 구축했다. 텐센트와 함께 디디추싱에 공동투자한 벤처 캐피털 기업 GGV 캐피털의 파트너 한스 통(Hans Tung)은 이렇게 말했다. "이것은 아주 빠르게 성장하고 있는 신생 기업에 당장 필요한 규율이었습니다."

외부 경영자를 채용하는 데 도움이 되는 또 다른 전략은 외부 인사를 채용하는 것과 내부자를 승진시키는 일을 전략적으로 조합하는 것이다. 예술작품과 그래픽디자인을 취급하는 온라인 마켓플레이스 민티드(Minted)의 마리암 나피시(Mariam Naficy)는 이 2가지의 장점을 결합시키면 더 나은 경영진을 구축할 수 있다고 생각했다. "내부에서 경영자 후보를 키우는 데에는 정말 오랜 시간이 걸립니다. 우리는 재무나 인사와 같이 취약한 분야는 외부에서 전문가를 영입하기로 결정했습니다. 대신 크라우드소싱과 같이 우리의 사업에서 비밀병기에 해당하는 분야는 내부에서 사람을 키웠습니다. 예술과 문구 부문의 부사장은 내부에서 키운 직원으로 앉힌 반면, 재무 부문 부사장과 인사 부문 최고책임자는 외부에서 고용한 사람들입니다."

블리츠스케일링을 경험한 외부 경영자이더라도 기업문화에 적응하지 못하는 '이식 거부' 반응 때문에 채용에 실패하는 경우가 있다. 따라서 다른 회사에서 경영자를 영입할 때는 그 사람이 기존의 조직문화에 '적응'할 수 있는 사람인지 살펴야 한다. 이때 고려해야 할 사항들이 있다.

그레이록 파트너스의 벤처 투자자이며 모질라의 전 CEO인 릴리는 이 방법을 사용하는 데 능한 전문가다. 모질라의 CEO로 있을 때 그는 믿기 힘들 정도로 빠르게 성장하는 조직을 감독했다. 그가 몸담은 지 6개월 만에 조직의 직원 수는 3배로 늘어났다. 모질라는 초기에 작은 규모였기 때문에 이 성장을 감당하기 위해선 외부 경영자를 채용해야 했다. 그러나 외부 인사에 회의적인 회사의 강력한 엔지니어링 중심 문화 때문에 이 일은 특히나 어려웠다. 그러나 릴리는 자신을 고용할 때 모질라가 사용했던, 동일한 3단계 절차를 따름으로써 이 일을 성공적으로 해낼 수 있었다.

1. 최소한 팀원 1명은 잘 알고 있는 사람을 고용한다. 릴리를 고용한 사람은 그에 앞서 모질라의 CEO였던 미첼 베이커(Mitchell Baker)다. 두 사람은 이사진으로 인연을 맺었으며, 릴리에 대한 베이커의 지지는 모질라에 있는 다른 사람들에게도 큰 영향을 미쳤다. 마찬가지로 릴리는 모질라에 슈레퍼를 고용하기 이전에 스탠퍼드대에서 슈레퍼를 알게 되었다. 그리고 릴리 자신의 스타트업 리액티비티(Reactivity)에서 그와 함께 일했다.

2. 처음에는 새로운 경영자를 낮은 직책으로 영입해서 그가 자신의 능력을 증명하게 한다. 릴리는 입사했을 때 스스로 '사업 개발·운영책임자'라는 직함을 달았다. 그리고 팀에 자신의 능력과 가치를 증명한 다음에야 더 큰 직함을 얻었다. 그는 슈레퍼를 채용할 때에도 같은 방법을 활용했다. 그를 '엔지니어링 책임자'로 영입한 것이다. "얼마 지나지 않아 모든 사람이 슈레퍼가 아주 자신감이 강하다는 것을 알게 됐습니다. 그는 손대는 일마다 개선시켰습니다." 이런 가시적 성과로 그는 논란의 여지없이 엔지니어링 부문 부사장으로 승진했다.

3. 경영자가 조직의 신뢰와 신용을 얻으면, 승진을 고려한다. 릴리가 고용한 또 다른 경영자 댄 포틸로(Dan Portillo)는 리크루팅 문제를 해결하기 위해 영입된 인재였다. 하지만 그가 높은 가치를 증명해 인적 자원 분야의 경영을 맡게 됐고, 인재 부문 부사장으로 승진했다. 현재 포틸로는 그레이록 파트너스에서도 비슷한 역할을 맡고 있다.

회사가 마을에서 도시로, 혹은 국가로 성장하게 되면 계속해서 경영자를 고용해야 한다. 조직의 규모가 커지면 일선에서 움직이는 관리자를 통솔하기 위해서라도 그 위에 경영진이 필요하다. 또 기존에 있던 경영자들이 다음 단계로 스케일링하는 데 필요한 경

험이나 능력을 가지고 있지 못하기 때문에 경영자를 고용하는 일
은 불가피하다. 물론 조직 안에 롤 모델과 멘토 역할을 할 수 있는
성공한 경영자가 있고, 내부에서 그런 성공적인 경영자들과 함께
일해본 경험이 있는 전도유망한 관리자들이 존재한다면 그들을
승진시키면 된다.

페이스북이 성장할 때 샌드버그 같은 경험 있는 경영자들을 영
입하는 것도 대단히 중요했지만, 사실 현재 페이스북의 거의 모
든 주요 제품을 관리하는 리더들은 내부에서 길러진 사람들이다.
창업자들은 직원들을 경영자 · 관리자 · 기여자로 분류해서 계층을
만드는 것을 꺼린다. 그러나 굴라티와 디샌톨라에 따르면 이렇게
공식적인 구조를 만드는 일은 기업의 성장에 필수적이다. 그들은
2016년 〈하버드 비즈니스 리뷰〉에 이런 글을 발표했다.

스타트업을 시작할 때 많은 창업자들은 조직이 평등해야 한다는
이상 때문에 계층구조를 만들려고 하지 않는다. 그러다가 기업의
규모가 커지면 몇 안 되는 리더들이 점점 많은 사람들을 관리하게
된다. 창업자들은 조직의 모든 의사결정이 리더들을 통과하기 때
문에 이런 경영 방식으로도 지휘력을 유지할 수 있다고 믿는다. 하
지만 아이러니하게도 특정 사람에게 모든 지휘권이 집중되자 정보
의 흐름 · 의사결정 · 실행을 저해하는 병목현상이 발생하며 조직은
통제 불능 상태에 빠진다. 최고지도부 한두 사람이 모든 직원의 일

상 업무를 효과적으로 감독할 수 없다. 직원들의 업무는 점점 더 전문화되기 때문이다. 또한 그런 경영 방식으로는 구성원 누구에게서도 조직목표에 대한 책임감을 찾아볼 수 없게 된다.

굴라티와 디샌톨라는 클라우드플레어(Cloudflare)의 사례를 든다. 클라우드플레어의 창업자들은 계층구조와 직함이 없는 완벽하게 수평적인 조직을 만들겠다고 공언했다. 창업자들이 이런 결정을 한 데에는 나름의 칭찬할 만한 이유가 있었다. CEO 매슈 프린스(Matthew Prince)는 직함을 없애서 나중에 회사가 경험 있는 사람을 더 많이 고용하게 되더라도 사업 초기에 입사한 직원들이 '강등'되었다고 생각하지 않게 하려는 것이었다. 하지만 톰 아이젠만(Tom Eisenmann)과 알렉스 고든(Alex Godden)이 진행한 〈하버드 비즈니스 리뷰〉의 사례 연구에 따르면 결과는 참담했다.

"2012년 7월까지 3개월 동안 35명의 직원 중 5명이 회사를 그만두었다. 이유는 명확한 중간보고 체계와 인사 관리의 부재였다. 그들은 소프트웨어나 코딩 기준과 관련된 조치 등 관행에 변화가 필요하다는 생각이 들어도 (창업자들을 성가시게 하지 않는 한) 의지할 사람이 없다고 설명했다."

블리츠스케일링을 하는 조직은 이렇듯 조직을 체계화시킬 수 있어야 한다. 이는 자원과 활동을 조정하기 위해서만이 아니라 속도를 최대치로 끌어올리기 위해서라도 필요한 일이다. 조직 전체의 학습속도(특히 리더십 팀 내의 속도)가 미래의 추세를 내다보는 능력을 결정짓는다면, 내부 구조의 역량(특히 일선에서 움직이는 팀들의 역량)은 그런 중요한 통찰에 따라 빠르게 움직여서 경쟁우위를 획득하는 능력을 결정짓는다.

일대일 대화 방식에서 일대다 커뮤니케이션 방식으로

블리츠스케일링을 하는 동안 내부 커뮤니케이션 절차에도 큰 변화가 생긴다. 초기 회사의 내부 커뮤니케이션이 비공식적이고 직접적이며 개별적인 대화를 통해 이뤄졌다면, 회사가 성장하고 나서는 공식적이고 전자장비로 하는 간접적인 방식의 브로드캐스트[broadcast, 특정 수신자에게만이 아니라 여러 수신자에게 의사를 전달하는 체계]로 전환되어야 한다. 기본적으로 모든 정보를 공유하는 상황이었다면, 회사 기밀 유지로 부칠 사항, 직원들과 공유할 사항을 어떻게 나눌 것인지 결정해야 하는 상황으로 전환되어야 한다. 만약이 성장 시기에 효과적인 내부 커뮤니케이션 전략을 개발하지 못하면, 조직은 해체되고 무너진다.

　가족단계에서는 조직 전체가 한 지붕 아래 있는 것이 보통이고 모두 같은 사무실에서 함께 일할 수도 있다. 결과적으로 다른 추가적인 개입 없이도 정보가 매우 자연스럽게 확산된다. 원하는 것보다 빨리 퍼지는 경우도 있다. 질문이 있거나 피드백이 필요할 때는 의자(또는 밸런싱 볼이나 러닝머신과 업무 책상이 붙어 있는 트레드밀 데스크)에서 일어나 "누구… 아는 사람 없어?"라고 말하기만 하면 된다. 이런 '프레리도그[prairie dog, 다람쥣과 동물로, 꼬리로 몸을 지탱한 채 고개를 빼꼼히 들고 일어서는 모습이 책상에서 일어나는 모습에 자주 비유됨]' 스타일의 커뮤니케이션은 빠르고 유기적이며 효과적이다. 모든 사람이 동일한 계획에 관한 일을 하고 있기 때문에 이런 식의 질문도 관련이 있거나(있고) 생산적일 가능성이 높다(무시하고 싶다면 헤드폰을 쓰면 된다).

이때 신경 써야 할 가장 중요한 부분은 자주 대면하지 못하는 직원에게도 충분한 정보를 제공하고 의사결정 과정에 그를 포함시키는 것이다. 나머지 팀원들의 경우 서로 쉽게 커뮤니케이션을 할 수 있기 때문에 그렇지 못한 팀원들과 꾸준히 커뮤니케이션을 하려고 노력해야 한다. 슬랙과 같은 커뮤니케이션 도구는 모든 팀원들이 동일한 조건에서 대화에 참여할 수 있는 매체다. 또한 시차를 극복하는 데 도움이 되는 비동기식 커뮤니케이션을 가능하게 한다. 일부 기업이 채택한 또 다른 방법은 스카이프나 구글 행아웃 같은 도구를 이용해서 24시간 화상회의를 여는 것이다. 이를 통해 구성원을 같은 공간에 있는 것처럼 만들 수 있다.

이런 비공식적인 유대는 회사가 글로벌 대기업으로 성장하더라도 커뮤니케이션 절차의 중요한 일부로 남는다. 인간은 사회적 동물이기 때문에 정기적인 대화를 통해 동료나 팀원들 사이의 유대를 원만하게 하는 것이 중요하다.

하지만 부족단계와 같은 초기부터 일대일 대화를 보충하는 절차를 실행해야 한다. 예를 들어 거의 모든 부족 규모의 스타트업들은 주간회의를 갖는다. 효과의 정도에는 큰 차이가 있지만 말이다. 주간회의는 회사 전체를 아우르거나 회사 리더들이 직접 관리하지 못하는 직원들에게까지 중요한 메시지를 전달하는 역할을 효과적으로 해낸다. 단 부족단계에서 진행하는 회의는 의제와 자료들이 미리 제공되는 조직화된 자리여야 한다. 그래서 참가자들이 상급자의 이야기를 듣기만 하거나 더 심하게는 글자만 많은 파워포인트 프레젠테이션 때문에 고생하는 일 없이 상호적인 논의를 할 수 있는 장이 되어야 한다.

이 회의의 목표는 결정을 내리는 것이 아니다(휴일파티를 개최할 장소와 같이 누구나 정보를 제공할 수 있고 그래야 하는 주제가 아닌 한). 목표는 똑똑한 사람의 정보를 최대한 활용하고 모든 사람들이 소속감을 느끼게 만드는 것이다. 리더인 당신은 조직 전체로부터 주요한 사안에 대한 의견을 구해야 한다. 하지만 책임을 회피하고 어려운 결정을 그룹의 합의에 맡겨서는 안 된다. 또 이 부족단계의 회의는 이미 확정된 회사의 사업을 논의하는 자리를 넘어서야 한다. 여기에 직원들이 단지 일하는 사람으로서가 아니라 사람 대 사람으로서 서로를 더 잘 알게 하는 데 도움이 되는 절차를 넣는 것이 바람직하다. 예를 들어 크리스 예가 관여했던, 급속한 성장단계에 놓인 스타트업은 회의 때마다 일정 시간을 할애해 직원 1명이 자신에 대해 이야기하는 프레젠테이션을 하도록 했다. 이로써 조직의 구성원 모두가 신입직원에 대해 알게 되었다. 이는 보통 직원이 들어오면 환영 이메일을 보내는 전형적인 방식을 훨씬 뛰어넘는 수준의 것이었다. 다만 이것은 부족단계에서만 효과가 있는 활동이다. 가족단계에서는 필요가 없고 이보다 더 큰 회사는 모든 직원을 이런 식으로 소개할 만한 시간이 없다.

회사가 마을단계로 성장하면, 사람이 급격히 많아져 회의를 진행하는 방식에도 문제가 생긴다. 그간 해온 회사의 '총원회의(all-hands)'를 유지하기 힘들어지는 것이다. 회사가 여러 개의 사무실(지사)을 둘 정도로 성장하지 않았더라도, 수백 명의 직원이 모일 수 있는 물리적인 공간을 찾는 것이 쉽지 않다. 주간회의를 하자고 외부의 강당을 빌리는 것은 비용이 많이 드는 것일 뿐만 아니라 비현실적이다. 적절한 방법은 그런 회의의 빈도를 줄이는 것이다. 월간이나 분기별로 말이다. 아니면 화상회의를 통해 여러 지역에 흩어져 있는 직원들을 모으는 것도 방법이다.

본사 직원들이 지사보다 더 나은 경험(대면회의)을 하게 하는 것보다는 모든 직원이 원격회의 서비스를 이용하도록 하는 흥미로운 접근법도 있다. 예를 들어 자산 관리 회사 블랙록(BlackRock)의 경우 특정 회의에 원격회의 방식을 적용한다. 회의실 한 곳이면 충분한, 팀 규모의 직원들이 하는 회의에서도 이 원격 방식을 적용하여 모든 직원이 동등한 입장에서 회의를 할 수 있게 했다. 기술을 통해 진행상의 문제를 없앤 이 회사의 전체회의는 확장성이 뛰어나다. 브로드캐스트 기법은 도시와 국가 단계를 거치며 규모가 확장되더라도 적용이 가능하다.

링크드인에서는 전체회의 모습에서 회사의 성장을 추적할 수 있었다. 회사가 성장하면서 이런 회의들은 회사 구내식당에서 강당으로 자리를 옮겼고, 현재는 전 세계에 생방송으로 중계된다. 전체회의를 할 때는 공식적인 질의응답 시간을 두어야 한다. 그래야 직원들이 필요한 정보를 요청할 수 있고 본인이 의사결정 과정에 참여하고 있다고 생각한다. 질의응답에 필요한 질문을 취합하기 위해 링크드인의 경우 모든 사무실에 사회자를 두었다. 이를 통해 사람들은 경영에 대한 질문을 던질 수 있다.

이 시기에는 창업자나 CEO가 자신의 의사를 어떤 식으로 전달할 것인지 그 경로를 개발하는 데 의식적으로 노력해야 한다. 이 경로는 회사의 리더와 전혀 친분이 없다고 느낄 만큼 먼 관계, 신입직원처럼 아주 간접적인 관계에 놓인 직원들에게까지 닿을 수 있어야 한다. 마을단계에서는 회사의 직원 수가 던바의 수[Dunbar's number, 한 사람이 안정적인 관계를 유지할 수 있는 개인의 쉬를 넘어설 가능성이 높다. 그래서 창업자에게는 주기적으로 모든 직원을 일대일로 만날 만한 시간이 없을 것이다. 예를 들어 회사에 500명의 직원이 있다고 하자. 매일 이 직원들과 돌아가며 일대일 회의를 두 차례씩 가지고 회사 사무실에서 모든 시간을 보내게끔

스케줄을 짠다고 하더라도 500명의 직원을 만나려면 8개월이 걸린다. 이 8개월에 직원들을 1번씩 만날 수 있다. 끈끈한 관계를 맺기에는 시간이 부족하다. '일대 다수' 커뮤니케이션 방식으로 전환하는 것에 대해 모든 창업자와 CEO가 편안하게 느끼는 것은 아니다. 빠르게 성장하고 있는 결제업체 스트라이프(Stripe)의 공동창업자이자 CEO인 패트릭 콜리슨(Patrick Collison)은 스탠퍼드대 블리츠스케일링 수업에서 이런 감정을 어떻게 극복했는지 설명했다.

큰 변화가 있었습니다. 공식적이고, 명쾌하며, 브로드캐스트 방식으로 진행해야 하는 내부 커뮤니케이션 절차가 필요해진 겁니다. 몇 가지 이유 때문에 저는 이것이 어색하게 느껴지더군요. 이런 마음을 합리화하는 방법은 스타트업 자체가 자연스러운 환경이 아님을 깨닫는 것입니다. 해야 하는 최적의 일이 항상 자연스럽게 느껴지는 것은 아닙니다. 보통 여러분이 속한 사회집단들은 매년 100%씩 성장하지 않습니다. 나중에 회사에 들어온 새로운 사람들은 과거의 그 모든 고통스러운 논의를 함께하지 않은 사람들입니다. 좋을 수도 있는 일입니다. 하지만 그들은 맥락을 알지 못합니다. 따라서 커뮤니케이션에는 섬세한 균형이 필요합니다.

체스키는 매주 일요일 저녁 모든 직원들에게 장문의 이메일을 보냄으로써 이런 문제를 해결한다. 체스키는 단순히 어느 게시판에서나 쉽게 볼 수 있는 핵심 성과 지표를 이메일에 열거하지 않는다. 그 대신 회사가 중요하다고 여기는 주제에 대한 자신의 생각을 공유한다. 이런 방법에 담긴 특별함, 진정성은 모든 에어비앤비 직원이 체스키가 어떤 사람이며 그가 중요하게 생각하는 것이 무엇인지 이해하는 데 도움을 준다. 그처럼 모든 직원에게 정기적으로 이메일을 보내는 것도 아주 좋은 방법이다.

블리츠스케일링 전문가인 콜리슨과 유튜브의 메로트라 역시 이 기법을 적용해서 빠르게 성장하는 조직을 관리했다. 메로트라는 스탠퍼드대 블리츠스케일링 수업에서 이렇게 말했다. "저는 매주 이메일을 쓰는 관행에 큰 믿음을 가지고 있습니다. 글을 쓰는 리더들은 커뮤니케이션 문제에 대해 덜 고민합니다. 우리는 완전히 다른 방식으로 우리가 무슨 생각을 하고 있는지 직원들에게 알려줘야 합니다. 당신이 회의에서 '그래, 그럼 우리 모두 그렇게 결정한 겁니다.'라고만 말한다면, 이후 사람들은 전화나 만지작거리게 될 것입니다."

글을 쓰는 게 너무 어색하다면 정기적으로 음성메시지나 짧은 동영상을 녹음해 배포할 수도 있다. 이런 의사 전달 방식은 CEO가 지사를 방문했을 때 갖는 질의응답 시간이나 그 달의 신입사원들과 가지는 조찬 등의 작은 일대 다수 행사들로 보완된다.

예를 들어 징가의 핑커스는 그 주에 새로 입사한 모든 직원들과 월요일 아침 커피타임을 갖는다. 전자기기를 이용한 커뮤니케이션도 정기적으로 연락하는 데 효과적인 도구이지만, 그보다 깊이 있고 정서적인 공감을 불러일으키는 관계를 맺는 데에는 얼굴을 맞대는 방식이 더 낫다. 상호작용을 하는 데에는 이만한 것이 없다. 헤이스팅스는 자신의 개인 사무실을 두지 않고 넷플릭스의 복도와 회의실을 돌아다님으로써 이 문제를 적극적으로 해결한다.

회사가 성장하고 업계에서 점점 더 중요한 역할을 하게 되면 조직의 민감한 정보를 기밀로 해야 하는 경우가 생긴다. 모든 직원들에게 은행 잔고를 공개하지는 않을 것이고, 최근 자금 조달에서 겪은 우여곡절을 세세히 알리지 않게 된다. 좀 더 비밀스러운 조직문화를 가지고 있다면 부족이나 마을 단계에서 이미 이런 움직임이 나타나겠지만, 회사가 상장되는 시점에 가까워지면 대단히 개방적인 문화를 가진 조직도 결국 이런 방향으로 움직일 수밖에 없다.

영감에서 데이터로

"회사를 스케일링할 때 데이터의 역할은 무엇인가?" 이에 대해 아마존의 베조스는 경영을 하면서 어떻게 데이터를 필수 요소로 만들었는지 이야기해주었다. "의견을 기반으로 어떤 결정을 내려야 한다면 제 의견이 이깁니다. 그렇지만 의견을 이기는 것이 데이터입니다. 그래서 데이터를 활용해야 합니다." 베조스는 이 정책을 충실히 따랐다. 한때 그는 아마존 고객들이 제품에 대한 잠재 고객들의 질문에 전혀 답을 하지 않는다고 주장한 적이 있었다. 저항이 지나치게 많다고 했다. 제품 팀은 이를 조사하거나 어떤 다른 논거를 들며 베조스의 생각을 바꾸려 하지 않았다. 대신 그들은 최근 제품을 구매한 아마존 고객 1,000명에게 이메일을 보냈다. 그들에게 직접 제품에 대해 질문했고, 그들의 반응을 추적했다. 이 간단한 실험에서 도출된 데이터는 베조스의 생각을 바꾸었다. 그 결과로 '고객 Q&A' 코너가 생겼고, 이것이 전환율을 높여 매출도 수십억 달러로 확대되었다.

데이터는 어느 회사에서나 의사결정의 생명소다. 특히 데이터가 제품 디자인에 영향을 미치거나 고객 확보 마케팅을 핵심적인 유통전략으로 둔 회사라면 데이터는 더 중요하다. 예를 들어 그레이록 파트너스의 동료 조시 엘먼(Josh Elman)이 트위터에서 일하던 당시, 그는 트위터 사용자들이 적극적으로 서비스를 이용하게 만들 방안을 찾고 있었다. 데이터를 분석한 그는 2가지 사실을 밝혀냈다. 하나는 몇 개월이 지나도 활발하게 서비스를 이용할 확률이 90%인 '핵심 사용자'는 한 달에 7일 이상 트위터를 이용하고 있었다. 또 하나는 그들이 다른 트위터 사용자를 30명 이상 팔로우하고 있다는 점이었다. 엘먼이 이 수치를 파악하자, 트위터는 새로운 사용자들이 더 많은 계정을 팔로우하도록 유도했다. 목표는 월간 사용자에 대한 일간 활성 사용자의 비율을 50% 이상으로 끌어올리는 것이었다. 트위터는 이 일을 60일 만에 달성했다.

가족과 부족 단계에 있는 대부분의 기업들은 데이터 분석이라고 할 만한 것을 거의 하지 않는다(시장 규모를 예측하는 분석은 했을지 모르지만 실제 고객들에 대한 데이터를 많이 보유하는 경우는 드물다). 이 단계에서는 보통 새로운 제품을 소개할 뿐, 기존의 절차를 미세하게 조정하지 않는다. 사람들이 당신의 제품을 사용하는지 아닌지 알아보기 위한 애널리틱스 대시보드 같은 것은 필요치 않다. 고객이 당신 제품을 사용하고 있지 않다면 데이터를 분석할 만한 도구가 있어도 어떻게 방향을 전환해야 하는지 알 수 없다. 달리 말해 귀를 기울일 고객이 없다면, 당신이 사용할 수 있는 최선의 방법은 직감에 집중하는 것이다.

하지만 하버드대 경영대학원의 굴라티와 디샌톨라가 '지속 가능한 스타트업을 만드는 비결'에서 말했듯이, 이런 접근법으로는 스케일링이 불가능하다. "젊은 벤처기업에는 즉흥성(improvisation)이 필수다. 그들은 이런 역량으로 발견을 한다. 그렇지만 기업이 성장하면 그들을 이끌 계획과 목표의 체계가 필요하다. 이를 통해 그들은 새로운 것을 계속 시도하고 역동적인 시장에 반응하면서도 더 큰 목표를 세우고 사업을 유지할 수 있다. 그렇지 않으면 즉흥적인 조치는 목적 없는 소동에 불과하다."

회사가 무서운 속도로 성장하면 미지의 것들을 많이 다루게 되므로, 예측 가능한 부분들은 확실성을 추구하는 것이 당연하다. 영감(혹은 즉흥성)에 의존하는 방식에서 데이터를 분석하는 방식으로 자연스럽게 넘어가려면 우선 기본에서 시작하는 것이 도움이 된다. 가령 사용자 수(가입 사용자 · 애플리케이션 다운로드 · 소매 구매자 등), 이탈률과 같은 몇 가지 주요 통계를 추적하는 것이다. 2009년 서베이몽키(SurveyMonkey)에 합류한 셀리나 토바코왈라(Selina Tobaccowala)는 급히 회사의 데이터 인프라를 구축해야 했다. "2009년 이전까지 통계 자료가 전혀 없었습니다." 토바코왈라는 스탠퍼드대 블리츠스케일링 수업에서 이렇게 말했다. "일간 현금수지 보고서가 전부였습니다. 저는 최소한 3~5개 이상의 지표가 있고 이것들을 확실히 관리해야 한다고 생각했죠. 우리가 분석 대상으로 선정한 주요 지표는 무료 사용자, 유료 사용자가 된 무료 사용자, 사용자 참여 지표(설문 조사의 수와 회수율)였습니다."

물론 하나의 지표만으로도 많은 것을 알 수 있다. 유튜브의 총책임자였던 메로트라는 유튜브에서 명확하게 파악해야 하는 측정 지표가 하나 있다면 그것은 시청시간이라고 했다. "우리의 목표는 1일 시청시간을 10억 시간에 이르게 하는 것이었습니다. 당시, 우리의 1일 시청시간은 1억 시간이었고, 페이스북은 그 2배 정도였죠. 텔레비전 같은 경우 채널 전체를 계산해보면 대략 1일 55억 시간이었습니다. 단일한 지표를 선택한다는 것은 대단히 어려운 일이었지만 그것을 통해 의사결정이 투명해졌으며 무엇을 성공의 기준으로 삼아야 하는지 분명해졌습니다."

어떤 지표를 선택하든, 그 정보는 접근하기가 쉬워야 하고 명료하게 맥락을 파악할 만한 것이어야 한다. 회사의 규모가 작고 인력이 제한적일 때에는 데이터 인프라에 투자하는 것이 이득이 될 수 있다. 이 데이터를 중심으로 의사결정을 빨리 내릴 수 있기 때문이다. 기술적으로 보면 텍스트 기반 로그 파일이 당신이 필요로 하는 모든 데이터를 제공할 수 있지만, 매번 일일이 그 자료를 손으로 만져 사용하기 쉬운 그래프로 정리해야 한다면 당신은 의사결정을 하는 데 데이터를 이용하지 않을 것이다. 중요한 것은 당신이 무엇을 모으느냐가 아니라 의사결정권자에게 무엇을 전달하느냐다.

회사가 성장하면 핵심 통계도 진화한다. 따라서 핵심 데이터 요소를 정해놨더라도 마냥 방치해선 안 된다. 사업의 장기적 실행 가능성을 예측하는 데 필수적인 지표들은 계속 변한다. 특히 스케일링을 달성해 환경이 급격하게 변화하면 크게 달라진다. '장기적인 관점'에 대한 정의도 크게 바뀔 것이다. 가족단계에서는 다음 달도 장기적이라고 여겨지는 경우가 잦은 반면, 국가단계의 기업은 수년을 내다보는 계획을 세운다. 링크드인도 초반에는 사용자 가입 수를 핵심 통계로 보았지만 현재는 장기적인 사용자 참여와 다른 통계 수치에 초점을 맞추고 있다. 그렇다고 과거의 모든 지표를 내던지라는 의미는 아니다. 예를 들어 민티드의 나피시는 이렇게 말했다. "핵심은 처음부터 일관된 질문을 만들고 시간이 지나도 바꾸지 않는 것입니다. 그것이 시간에 따른 지표의 변화를 비교할 수 있는 유일한 길이기 때문입니다. 우리는 처음부터 순 추천지수(Net Promoter Score, 고객이 다른 사람들에게 제품이나 서비스를 추천할 가능성이 얼마나 되는지 측정하는 고객 충성도 지표)를 이용해 왔습니다."

에릭 리즈(Eric Ries)가 '허무 지표(vanity metrics)'라고 명명한 지표(사업의 장밋빛 전망을 보여주지만 실제로는 성장의 핵심 동인을 반영하지 않는 수치)를 경계할 필요가 있다. 다만, 어떤 회사에서는 허무 지표인 것이 다른 회사에서는 핵심 동인이 될 수 있다는 점에 유의하라. 예를 들어 페이지뷰는 대부분의 스타트업에 허무 지표다. 하지만 미디어 기업에는 핵심 동인이다. 블로거(Blogger) · 트위터 · 미디엄(Medium)의 창업자 윌리엄스는 트위터 초창기에 자신의 팀이 유난히 위험한 허무 지표에 사로잡혀 있었다고 말했다. 트위터는 개발자들이 API를 기반으로 삼게 했다는 이유로 언론의 칭송을 받고 있었고, 윌리엄스의 팀은 트위터가 매일 취급하고 있는 API 호출량이 급속히 늘어나는 것을 축하할 일로 받아들였다. 안타깝게도 그들은 API 호출량이 사업 성공과 연관성이 없다는 것을 발견했다. 오히려 늘어난 API 호출량은 트위터의 인프라를 압도하고 확장성과 성과에 문제를 유발하고 있었다. "우리는 API를 기반으로 삼은 많은 개발자들이 대단히 비효율적이라는 것을 발견했습니다." 그가 회상했다. "웹페이지의 자바스크립트가 유난히 좋지 않은 멕시코 방송국이 하나 있었습니다. 그 웹페이지 하나가 우리를 무너뜨리고 있었습니다!" 트위터는 호출량을 줄이기 위해 API 접근 규칙을 엄격하게 조정해야 했다.

당신이 어떤 지표를 선택하든, 조직의 규모가 작을 때는 보통 직원들끼리 데이터를 주고받기가 용이하다. 이것으로 부족하다면 주간회의에서 정기적인 리뷰를 통해 내용을 보충하면 된다. 세련된 BI[Business Intelligence, 기업에서 데이터를 수집·정리·분석하고 활용하여 효율적인 의사결정을 하도록 하는 애플리케이션과 기술의 집합] 도구나 이를 관리할 전담 팀이 필요치 않다.

하지만 조직이 마을단계에 이르면 삼투현상처럼 데이터를 주고받는 방식이 더 이상 효과를 내지 못한다. 직원들은 여러 맥락에서 일을 하고 있고 조직(던바의 수를 초과한 조직)은 서로서로 모두 알기에는 너무 크다. 대시보드를 이용하면 여러 맥락이 어떻게 맞물려 있는지 파악할 수 있을 뿐 아니라 다른 부서의 업무를 조직화할 수도 있다. 대시보드를 통해서 각 부서가 다른 부서에 이런 식으로 이야기를 할 수도 있다. "이게 우리가 지금 하고 있는 일입니다. 우리는 이런 방법을 쓰고 있습니다. 우리는 이렇게 해서 다른 사람들과 함께 일을 하고 있습니다." 거의 모든 양질의 마을단계 기업들은 대시보드를 이용해서 회사가 평소에 얼마나 건전한지 평가한다. 또한 조직의 대시보드는 당신이 추적하고 싶은 것이 무엇인지 알려주고, 갑작스러운 변화를 예민하게 인식하도록 한다. 이를 통해 당신은 뜻밖의 사건을 빠르게 조사하고 책임 있는 사람이나 집단에게 사건의 조치를 맡길 수 있다.

　도시와 국가 단계에서는 주요 의사결정을 내리고 수행해야 하는 사람들에게 필요한 데이터를 제공하기 위해 BI 전담 팀이 꼭 필요하다. 이 시기에는 사업상 걸려 있는 돈이 너무 많고 잘못된 결정을 했을 경우 감수해야 하는 비용도 너무 크다. 그에 비하면 이런 위험 요소를 줄이기 위해 두는 전담 팀에 드는 경비는 상대적으로 적다. 핑커스는 징가의 BI 팀에 막대한 투자를 했다. 이 팀은 다른 경쟁자들처럼 구글 애널리틱스(Google Analytics)에 의존하지 않고 사람들이 자사의 게임을 클릭했을 때 그 수치를 모두 추적했다. "사람들은 다른 회사에 10명 수준인 통계 담당자가 징가에는 50명이 있다고 말했었죠." 핑커스는 팟캐스트 '마스터스 오브 스케일'과의 인터뷰에서 이렇게 회상했다. "징가는 확실히 바보죠. 그렇지만 우리는 이런 자료 수집을 통해 더 빠르게 예상치를 만들고 평가할 수 있습니다."

　많은 최고의 기업들은 단순히 기존 사업단위에서 쓰던 데이터와 피드백을 제공하는 데 그치지 않고, 성장 전담 팀을 만든다. 성장 전담 팀은 마케팅·제품·엔지니어링을 결합시켜 이런 피드백에 대한 대응을 촉진하고 조정한다. 대부분의 회사들, 이를테면 경쟁력 있는 고객 인터넷 서비스를 제공해주는 회사들조차도 지속적으로 A/B 테스트를 시행하고 그것을 반복하는 것만으로 서비스가 향상될 것이라고 믿는다. 이는 전술로서는 효과적일지 몰라도 전략으로서는 형편없는 것이다. 특정 지역(국지적)에 최적화되는 것이 반드시 전 세계에도 최적화된 결과로 이어지는 것은 아니기 때문이다. 성장 전담 팀은 큰 그림을 보고 상품과 마케팅에 관한 결정이 어떻게 상호작용을 해서 원하는 결과를 만들어내는지(혹은 만들어내지 않는지) 알아낸다. 그레이록 파트너스의 동료 엘먼에 따르면, "최고의 성장 팀은 고객들을 '호기심이 있는' 사람에서 '습관적으로 제품과 서비스를 이용하는' 열렬한 사용자로 만드는 핵심적인 이유가 뭔지 알아낸다. 그리고 고객들이 거부감을 갖는 모든 장애물을 빠르게 넘어설 수 있도록, 거기에 필요한 기능과 프로그램(전체 제품의 일부인 비소프트웨어 기능까지 포함)을 제품 안에 집어넣는다."

성장 팀을 구축해야 하는 까닭은 이것 말고도 또 있다. 그들은 회사의 성장을 두 번째, 세 번째 과제가 아닌 최우선 과제로 생각한다. 그래서 회사가 성장하는 데 매우 효과적이다. 엘먼은 전형적인 마케팅 팀을 찰스 디킨스의 소설 《올리버 트위스트》의 주인공 고아에 비유하는 것을 좋아한다. 그들은 상품 팀이나 엔지니어링 팀에 이런 식으로 자원을 구걸한다. "또 다른 랜딩 페이지를 하나만 만들어주실 순 없을까요?" 사실 상품 팀이나 엔지니어링 팀에게 성장에 필요한 큰 상품 변화나 엔지니어링 인프라의 잠재 가치는 안중에도 없다. 그들에게는 그보다 훨씬 더 시급하고 중요한 일들이 산적해 있기 때문에 그들이 회사 전체의 성장을 주도하지 못한다. 보통 이런 종류의 일들은 부서 로드맵에서 가장 뒷전으로 밀려나기 일쑤다. 반면, 성장 팀의 엔지니어들은 그들보다 훨씬 더 빠르게 움직일 수 있다. 확장 가능하고 성장 잠재력이 높은 테스팅 인프라를 구축하는 것이 그들이 해야 할 핵심적인 일이기 때문이다.

데이터 역량을 구축할 때 겪게 되는 문제 중 하나는 당신의 전략이 특정 숫자에 가려질 수 있다는 점이다. 숫자는 사업의 실제 건전성을 가늠하거나 당신에게 닥친 정말 큰 위협을 드러내지 못할 수 있다. 예를 들어 링크드인이 프로필을 업데이트하라고 상기시키기 위해 매주 회원들에게 이메일을 보낸다면 어떨까. 이 계획은 단기적으로 봤을 때 링크드인 프로필 편집을 신장시키는 결과를 낼 것이다. 하지만 끔찍한 전략이다. 사용자를 귀찮게 하고 사용자 경험(UX)을 악화시키기 때문이다.

구글의 조너선 로젠버그(Jonathan Rosenberg)는 숫자에 집착하는 이런 맹목적인 관리가 어떻게 사업의 길을 잃게 만드는지 익사이트앳홈(Excite@Home)의 사례를 들어 설명해주었다. 익사이트앳홈은 홈페이지를 구성하는 모든 요소에 대해 사용자가 무엇을 얼마나 클릭하는지 측정했다. 어떤 요소가 클릭 수 목표치에 못 미치는 것처럼 보이면 익사이트앳홈은 그 요소를 시각적으로 더 두드러지게 만들었다. 달리 말해, 목표치란 특정 수치를 달성하기 위해서 홈페이지 팀은 가장 매력이 없는 요소에 집중하고 가장 매력적인 요소는 경시하고 있었던 것이다!

이런 이유로 데이터를 분석할 때는 정량적 방법과 정성적 방법이 함께 적용되어야 한다. 나의 동료 릴리는 '재능 중심 디자인(genius-driven design, 예를 들면 애플)'과 '데이터 중심 디자인(data-driven design, 예를 들면 구글)'으로 구분 짓는 것을 좋아한다. 두 접근법에는 각각의 장점과 단점이 있다. 데이터 중심 디자인은 제품을 점진적으로 변화시키는 데 최적화된 방법이다. 따라서 이것이 목적이라면 더없이 좋은 방법이다. 하지만 당신을 가장 높은 봉우리가 아니라 동네 뒷산 꼭대기로 데려갈 수 있다. 재능 중심 디자인은 획기적인 제품을 만드는 유일한 방법이다. 하지만 이때에도 데이터 중심의 개량을 통해 보완을 해줘야 한다.

한 가지에 집중할 때와 동시다발적으로 움직여야 할 때

기업이 성장하면 제품에 대한 접근 및 생산 방식도 싱글스레딩(single-threading)에서 멀티스레딩(multi-threading)으로 변해야 한다. [스레드(thread)는 어떠한 프로그램 내에서, 특히 프로세스 내에서 실행되는 흐름의 단위를 뜻함] 보통 블리츠스케일링 초기단계의 스타트업들은 한 가지 일을 아주 잘해내는 데 초점이 맞춰져 있다. 제품도 단일상품을 취급하는 기업이 대부분이다. 하지만 회사를 다음 단계로 성

장시키려면 다수의 제품라인을 구축하거나 사업단위를 확장해야
한다. 성공한 스타트업 중에 싱글스레딩으로 시작하지 않은 회사
는 단 한 곳도 없다. 이렇게 한 가지에 집중하는 방식은 초기단계
에 있는 회사가 자신의 쟁쟁한 경쟁자를 물리치는 열쇠다. 드롭박
스의 휴스턴은 구글이 비밀스럽게 계획했던 '프로젝트 플레티퍼
스(Project Platypus, 결국 구글 드라이브로 세상에 나왔다)'로 인해 자신의 회
사가 무너질 것이라는 이야기를 오랫동안 들었다. 휴스턴은 이런
이야기를 들을 때마다 무섭기보다는 짜증 났다. 그는 한 가지에
집중했을 때의 힘이 얼마나 강력한지 알고 있었기 때문이다. 그는
이렇게 설명했다.

구글처럼 100가지 일을 하는 회사에서 어떤 프로젝트에 필요한 좋
은 엔지니어 1명을 구하려면 긴 대기 줄의 끝에 서야 합니다. 중요
도 순으로 그 일이 회사의 35번째 프로젝트(구글 드라이브가 그쯤에 있
었습니다)라면 뛰어난 인재 1명을 얻기까지는 더 오랜 시간이 걸리
겠죠. 만약 당신이 큰 회사를 상대하기 위해 현장에 11명의 선수
를 투입해야 할 경우(한 가지 사업에만 전념하는), 당신은 인재 측면에
서 엄청난 이점을 누리게 됩니다. 구글에 훌륭한 엔지니어가 없어
서가 아닙니다. 아마도 그들은 당신보다 더 유능한 엔지니어들을
데리고 있을 것입니다. 하지만 당신의 사업과 겨루게 될 구글의 그
프로젝트 리더는 회사에서 중간급 제품관리자일 것이고, 그에게

이 프로젝트는 출세하기 위해 올라야 할 사다리의 한 계단에 불과할 것입니다. 최소한 이 사업(프로젝트)에 있어서는 창업자인 당신이나 당신 팀이 그들보다 훨씬 더 헌신적이겠죠.

실제 구글 드라이브가 출시되고 수년이 지난 지금도 드롭박스는 사용자와 유료고객 두 측면 모두에서 계속 성장하고 있다. '드롭박스 킬러'라고 불리던 구글 드라이브보다 훨씬 더 강력한 성장세를 보이고 있어서다. 창업 첫해 페이팔이 그랬듯이, 여러 차례 전환을 시도한 기업의 경우 하나의 계획에서 또 다른 계획으로 옮겨 갈 때 중요하게 여겨야 할 것이 있다. 주의와 노력을 전환시키는 와중에도 목표에 대한 집중력을 잃지 말아야 한다는 것. 그레이록 파트너스의 동료이자, 고객 서비스 소프트웨어 스타트업 글래들리(Gladly)의 창업자 겸 CEO 조지프 앤사넬리(Joseph Ansanelli)는 경영자들에게 이렇게 말한다. "주된 플라이휠이 작동될 때까지는 두 번째 경로로 넘어가지 말라. 대부분의 성공한 기업들은 한 경로에서 지배력을 발휘한다."

멀티스레딩은 보통 블리츠스케일링의 도시단계에서 이루어진다. 회사의 직원 수가 1,000명이 넘어갈 정도로 커지면 조직에는 다수의 부서가 생긴다. 또한 사업단위도 여러 가지로 확장시킬 수 있게 된다. 이렇게 분권화된 조직으로 변하면 여러 부서와 사업단위를 조정하는 일이 더 어려워지겠지만, 각각의 부서가 특정 스레드에 집중하는 데에는 더 도움이 된다. 이때 각 부서에는 특정한 목표를 집요하게 좇는 능력(과 인력)이 필요하다. 만약 한 부서에 2개의 다른 사업 부문을 떼어주고 시간을 나누어 쓰라고 하면 두 사업 모두 실패할 가능성이 높다.

주된 스레드가 충분히 성장한 사업 부문일 때는 특히 더 멀티스레딩이 필요하다. 찰스 오라일리 3세(Charles A. O'Reilly III)와 마이클 투시먼(Michael L. Tushman)은 〈하버드 비즈니스 리뷰〉에 발표한 '양손잡이 조직(The Ambidextrous Organization)'에서 이를 설명한다. 회사가 성장한 사업 부문과 새로운 사업 부문을 양손에 올려놓고 동시에 진행할 때 얻게 되는 이점을 '활용(exploiting)'과 '탐구(exploring)' 측면으로 구분해 설명하는데, 대강 내용은 이렇다. 성숙한 사업 부문은 잘 알려진 시장을 활용함으로써 점진적 혁신에 집중한다. 반면 새로운 사업 부문으로의 확장은 새로운 시장 가능성을 탐구하는 일에 집중함으로써 급진적 혁신을 도모한다. 실제 그들은 9개의 업계가 새로운 스레드를 만들어내려고 시도했던 35가지 경우를 분석했다. 이때 새로운 스레드는 양손잡이 조직에서 구조적으로 독립된 단위로 조직화됨과 동시에 성공할 가능성 또한 가장 높았다. 달리 말해 새로운 스레드의 리더는 혁신의 자유를 얻게 되지만 동시에 고위 임원들과 조율하여 기존 자원과 성숙한 스레드들의 전문지식을 활용하는 능력도 갖춰야 한다.

멀티스레딩을 할 때 싱글스레드로 접근해서는 해결할 수 없는 문제를 다루게 된다. 예를 들어 링크드인은 사용자 참여 문제를 해결해야 했다. 링크드인은 이력서 데이터베이스로 엄청난 가치가 있었지만, 사실 직장인들을 위한 선두적 커뮤니티가 되었을 때 더 큰 가치가 있었다. 그러려면 직장생활을 하는 링크드인 사용자(개인)들이 직장을 잘 옮길 수 있게 도와주고, 또 새로운 직원을 채용하려는 회사(링크드인의 또 다른 사용자)에 정보를 제공하는 일을 뛰어넘어야 했다. 그것을 포함해 링크드인 사용자들이 자사의 서비스를 일상에서 더 지속적으로, 활발하게 이용할 수 있는 방법을 개발하는 것이 가장 큰 과제였다.

이 과제를 해결하기 위해 선택한 방법은 여러 개의 싱글스레드를 만드는 것이었다. 사용자들이 만나야 하는 사람들에 대한 추천 엔진과 전문 Q&A 서비스 등 여러 서비스를 차례로 내놓았다. 하지만 그 어떤 것도 과제를 해결할 만큼 효과를 내지 못했다. 이런 상황이 되자 이 과제에는 다양한 사용자 집단을 위한 다양한 사용 사례가 있는 스위스 아미(Swiss Army) 주머니칼 식의 접근법이 필요하다는 결론을 내렸다. 자사의 서비스를 이용하는 고객 중에는 뉴스 피드를 원하는 사람이 있는가 하면, 자신의 경력이 어떻게 더 나아졌는지 한눈에 보고 싶은 사람도 있고, 학업을 계속하는 데 열중하는 사람도 있으니 말이다. 다행히 링크드인 조직은 멀티스레딩을 지원할 수 있는 수준까지 성장해 있었다. 이런 판단이 들자 일단 제품 팀을 재편성했다. 그리고 각 제품책임자가 사용자 참여 문제를 해결하기 위해 다르게 접근하도록 했다. 이런 활동들 중 하나가 특효약으로 밝혀지지는 않았다. 하지만 이 여러 활동이 합쳐지자 사용자 참여 문제가 눈에 띄게 개선됐다.

멀티스레딩을 하는 데에는 상당한 비용이 든다. 이것이 경쟁우위를 강화시킨다고 생각해서 가능한 빨리 멀티스레딩에 뛰어들려는 사람들도 있다. 하지만 이런 결정에는 주의를 기울여야 한다. 구글과 같은 기업들은 개별적으로 움직이는 프로젝트에 상당한 자유를 부여한다. 그 결과 다양한 제품과 서비스가 하나로 매끄럽게 연결되지 않는다. 구글 서비스의 대부분은 하나하나가 그 자체로 강력한 성공의 역량을 가지고 있지만, 이것은 멀티스레딩 때문이 아니라 멀티스레딩에도 불구하고 그들이 성공하고 있다는 의미다.

반면, 애플은 상당히 일원적으로 접근한다. 이것은 대단히 통합적이고 세련된 제품을 생산할 수 있게 해준다. 하지만 결과적으로 이 때문에 애플은 제품군이 대단히 적고 제한적이다. 물론 이것은 의도적인 것이다. 잡스는 항상 목표의 통일성을 유지하기 위해서 가능한 싱글스레드에 가깝게 운영하는 것을 원했다. 잡스가 1997년 애플의 CEO로 귀환했을 때 가장 처음 한 일은 회사의 제품군을 줄인 것이다. 10여 가지 제품군에서 소비자 데스크톱 · 전문가 데스크톱 · 소비자 랩톱 · 전문가 랩톱, 이렇게 간단한 2×2 행렬로 말이다. 그리고 나서 그는 월터 아이작슨(Walter Isaacson)에게 이렇게 말했다. "하지 않아야 할 것을 결정하는 것은 해야 할 것을 결정하는 것만큼이나 중요하다." 잡스의 일화 중에 또 유명한 것이 있다. 하루는 애플 고위직에 있는 100명이 애플의 전략을 10개의 핵심 우선사항으로 줄였다. 잡스는 하위에 있는 7개의 항목을 지우고 이렇게 말했다. "우리가 할 수 있는 것은 3개뿐입니다."

멀티스레딩이 조직의 초점, 자원 효율 등에 미칠 수 있는 부정적인 영향을 현실적으로 평가한 다음 전략적으로 이것이 필요하다는 판단이 서면 스레드를 추가해야 한다. 실리콘밸리의 통념은 단일 수익 모델을 고수하는 것이다. 하지만 링크드인은 수익 모델을 멀티스레딩하는 전략적 결정을 내렸다. 우리는 구독료, 구인목록 수수료, 리크루터 제품에 대한 기업 인가 등 수익구조를 '뒤죽박죽'으로 만들었다는 비판을 받았다. 물론 이 전략이 집중의 측면에서 보면 손실이 따르는 것은 사실이다. 하지만 나는 단일 수익 모델을 선택해서 원하는 사업 규모를 달성할 만큼 우리에게 충분한 정보가 없다고 생각했다. 다수의 수익 라인을 지원하는 멀티스레딩은 전략적 위험을 경감시키고 스케일링에 도움을 주었다.

이런 결정을 하는 중요한 기법 중 하나는 기회의 규모는 물론 이익의 잠재적 가능성까지 고려하는 것이다. 10억 달러 규모의 기회를 좇는다면, 100만 달러 규모로 출발해 1,000%의 이익(1,000만 달러)을 얻는 것보다 초반에 투자를 많이 해 10억 달러 규모로 키운 다음 5%의 이익(5,000만 달러)을 얻는 게 더 유리하다.

10명의 우수한 직원을 중요한 단일 프로젝트에 투입하는 것이 2가지의 프로젝트에 나누어 투입시키는 것보다 나은 까닭도 이 때문이다. 예를 들어 구글 애드워즈는 구글에 엄청난 수익 동인으로 작용한다. 따라서 작은 비율로 상승해도 수익에서 큰 차이가 난다. 반대로 핵심 기회(주력 사업 부문)와 연관된 수익의 잠재적 가능성이 줄어들면, 종종 멀티스레딩이 더 나은 성장 기회의 발판이 되기도 한다. 이베이는 시장의 집합체라고 생각할 수 있다. 이 회사는 수집품 시장으로 출발했지만 현재의 규모에 이르는 데에는 자동차, 의류와 같은 다른 시장으로 확장하는 멀티스레딩이 필수적이었다. 텐센트가 위챗을 내놓은 것도 공격적인 멀티스레딩의 사례다.

조직이 멀티스레딩을 결정했다면, 가장 좋은 경영 방식은 각각의 스레드를 다른 회사로 생각하는 것이다. 각 스레드에 대해서 리더십을 가지고 움직일 만한 팀('공동창업자')을 꾸려 독립적으로 움직이게 하라. 기존 관리자들의 시기심 때문에 각 스레드를 책임지는 팀이 해체되어서는 안 된다. 또한 이때 성공에 대한 보상구조를 만들어야 한다. 이는 절대 쉽지 않은 일이다! 사실 이 결정에 대해서는 좀 더 복잡한 문제들이 있다. 멀티스레딩을 성공시키려면 기업가적 추진력을 가진 사람들이 필요하다. 사실 이런 부류의 사람들은 보통 자기 회사를 시작하고 싶어 하거나 회사의 주력 사업(주된 스레드)에 자신의 역량을 쏟아붓고 싶어 한다. 조직이나 경영자는 이런 직원들에게 계속해서 동기를 부여해줄 수 있어야 하는데, 이때 쓸 수 있는 한 가지 방법은 여러 스레드를 별개의 프로젝트로 만드는 것이다. 주요 스레드의 '플랫폼'에서 '앱'이 실행되는 것처럼 말이다. 이렇게 되면 "왜 나는 내 회사를 시작하지 않는가?"라는 직원의 질문에 플랫폼을 기반으로 사업을 구축하는 이점을 이야기해줄 수 있다. 이런 구조에서는 다수의 스레드들을 관리하는 것이 더 쉽다. 개별 스레드가 충돌할 가능성이 낮기 때문이다.

멀티스레딩을 장려하려면 각 스레드가 성공하는 것이 중요하다. 그러나 때때로 다른 스레드를 성공시키기 위해 지원자가 되어야 하는 각 스레드의 리더십을 지켜주는 일도 반드시 필요하다. 이런 균형이 없다면, 여러 스레드가 자원을 두고 서로 시기할 수 있고 무엇보다 각각의 스레드의 리더가 회사 전체의 건전성보다는 자신의 팀이 이끄는 스레드의 성공을 우위에 둘 수 있다. 따라서 각 리더가 다른 스레드를 희생시키지 않고 자신의 스레드를 움직일 수 있게 동기부여를 해야 한다. 달리 말하면, 각 스레드의 '주인'이 전체 회사의 주인인 것처럼 생각하게 해야 한다. 만약 장려책이 잘못 고안되면 성과가 형편없는데도 스레드를 없애지 못할 수 있다. 각 리더들이 스레드가 없어지는 걸 막기 위해 전력을 다해 싸우기 때문이다.

각 스레드를 전체 지주회사 내의 개별 기업으로 생각하고 싶을 수도 있다. 버크셔 해서웨이의 워런 버핏은 성공하지 않았는가? 하지만 여기에는 다른 점이 있다. 버크셔 해서웨이의 회사들은 독립적으로 운영해온 역사와 이를 지원할 완벽한 경영 팀이 있는 개별 기업이다. 그 회사들은 비경쟁적이며 자체적으로 현금을 창출한다. 반면에 블리츠스케일링 기업들은 멀티스레딩을 시작할 때 각각의 스레드들이 여전히 회사에 소속되어 있는 경우가 많다. 따라서 서로 경쟁하는 관계이거나 같은 자금 풀을 쓰고 있을 가능성이 높다. 물론 독립적으로 운영해온 역사도 없다.

이런 문제를 예외적인 방법으로 해결한 지인이 있다. 링크드인의 전 제품책임자이며 현재는 소프트뱅크의 제품책임자인 디프 니샤르(Deep Nishar)다. 니샤르는 링크드인의 다양한 제품 스레드를 만들고, 제휴층을 통해 제품리더들을 전문적으로 관리해서 주인의식의 범위를 넓혔다. 각 제품리더는 1차 스레드의 주인이었다. 하지만 동시에 2차 스레드의 구성원으로 동료 제품리더를 지원하면서 그에 대해 부분적인 책임을 지고 보상도 받았다. 이로써 추가적인 제휴층이 만들어졌고, 이것은 링크드인이라는 '지주회사'에 속한 모든 구성 요소의 제휴를 강화했다.

해적에서 해군으로 태세 전환

그동안 공격만 해왔다면, 회사가 성장하고 난 다음에는 공격과 수비를 동시에 할 수 있어야 한다. 좀 더 시적으로 표현하자면, 해적에서 해군으로 변모하는 것이다. 이때는 전략뿐만 아니라 회사의 문화도 진화해야 한다.

수십 년 동안 기술 사업을 중심으로 해오던 기업가들은 해적들에게 매력을 느꼈다. 해적은 예전부터 스타트업을 설명할 때 쓰던 비유적 표현인데, 이 말은 작고한 잡스에 의해 정착되었다. 전설적인 연쇄 기업가로 애플에서 일하면서 1세대 매킨토시의 설계를 도왔던 앤디 헤르츠펠드(Andy Hertzfeld)는 자신의 웹사이트 포크로어(Folklore.org)에 이 이야기를 실었다. 애플 리사 출시 직후 매킨토시 팀과 만난 잡스는 이 프로젝트를 이끄는 중요 지침으로 '회장 잡스의 말(Sayings from Chairman Jobs)' 3가지를 내놓았다.

1. 진정한 예술가는 작품을 발표한다.
2. 해군이 될 바에는 해적이 되는 게 낫다.
3. 1986년까지 맥을 책 한 권 크기로 만든다.

잡스의 말에서 영감을 얻은 매킨토시 팀은 직접 해적 깃발을 만들었다. 그들의 해적은 무지개색 애플 로고로 된 안대를 쓴 해골이었다. 이 해적 이미지는 스타트업과 계속해서 연관 지어졌다. TNT 방송국이 1999년 잡스·애플과 게이츠·마이크로소프트 사이의 열띤 경쟁을 다룬 영화를 내놓았을 때 그 영화에 '실리콘밸리의 해적들(Pirates of Silicon Valley)'이라는 제목이 붙기도 했다.

사실 많은 스타트업들이 해적을 좋아한다. 해적들에게는 공식적인 절차가 없으며 규칙에 기꺼이 이의를 제기하고 심지어 규칙을 깨뜨리기도 한다. 이런 유연성은 훌륭한 기업을 세우는 초기단계에 꼭 필요하다. 해적들은 적의 배가 접근할 때 무엇을 해야 할지 결정하기 위해 위원회(기업으로 치면 이사회)를 소집하지 않는다. 그들은 빠르고 결단력 있게 행동하며 기권의 결과가 죽음이라는 것을 알기에 기꺼이 위험을 무릅쓴다.

초기단계의 스타트업들 역시 확실히 자리를 잡은 큰 규모의 경쟁자들을 상대로 치열하고 전면적인 유격전을 펼친다. 그들은 빠른 공격, 기습을 무기로 이용한다. 기성 기업들이 감당할 수 없거나 감당하지 않는 위험을 감당하는 데 익숙하다. 블리츠스케일링의 초기단계(가족과 부족 단계) 동안은 위험을 감수하는 것이 더 쉽다. 잃을 것이 많지 않기 때문이다. 크리스 크리스토퍼슨(Kris Kristofferson)이 쓰고 재니스 조플린(Janis Joplin)이 부른 (다른 가수들도 불렀지만) '자유는 잃을 것이 남지 않았다'라는 노래 가사가 떠오른다.

해적으로서 성공한다면, 결국 마을·도시·국가 단계로 블리츠스케일링을 할 수 있는 부와 영토를 얻을 것이다. 그 시점부터는 뼛속부터 해적이었더라도 해적 깃발을 합법적이고 잘 통솔된 해군 깃발과 바꾸어야 한다. 한마디로 영화 '캐리비안의 해적'에 나온 잭 스패로우 선장이 성장하면, 멀쩡하고 책임감 있는 '스타트렉'의 장뤽 피카드 선장처럼 행동해야 한다. 그렇게 하지 않으면 조직은 혼란에 빠지고 만다.

물론 이렇게 바뀌는 것은 쉽지 않다. 창업자들과 초기 직원들은 자신들의 접근 방법을 바꾸는 데 거부감이 든다. 이 방법이 사업 초기에 성공으로 이끌어주지 않았나. 더구나 기업가들은 원래 반항적인 기질이 있다. 규칙을 잘 지키는 기질을 타고난 사람들은 '빠르게 움직여서 문제를 혁파'하는 식의 혼란스러운 스타트업 환경에 잘 적응하지 못할 것이다. 하지만 이 생태계에 있는 도중에 해적에서 해군으로 변신하지 못하면 재앙을 만나게 된다.

■ 모두를 위해 판을 바꾸려고 하는 것인가?

본격적으로 이야기를 하기에 앞서 '해적'이라는 단어에 함축된 의미를 살펴볼 필요가 있다. 보통 지면이나 스크린에 등장하는 해적들은 영화 포스터에서 볼 법한 '매력적인 악당'이거나 '반사회적인 범죄자'로 그려진다. 하지만 이 둘은 엄연히 다르다. 가장 차별화되는 지점은 매력적인 악당의 경우 사회에서 통용되는 법에 이의를 제기하고 때때로 이를 위반할 수는 있지만, 개인적으로 정한 윤리규범을 충실히 지키며 다른 사람을 해하지 않으려고 노력한다는 점이다. 기꺼이 규칙을 어기지만 도덕적이다. 윤리적인 또는 '착한' 해적인 것이다. 반면에 반사회적인 범죄자는 그 이름이 말해주듯이 자신만 생각한다. 자신의 이익을 위해서 규칙을 어기고 함부로 다른 사람을 해친다.

스타트업과 창업자들이 윤리규범을 잘 지키는 착한 해적처럼 행동하면 혜택을 받을 수 있다. 하지만 이익을 얻겠다고 반사회적 범죄자처럼 행동해서는 안 된다. 이는 도덕적으로 잘못되었을 뿐만 아니라 현실적으로 범법자가 일군 기업이 세상을 바꿀 수 없다. 이러한 방식으로 규범을 어기는 것은 주류사회로 옮겨 가는 것을 더욱 어렵게 만든다. 특히 요즘은 소셜 미디어가 회사의 비윤리적인 관행을 재빠르게 집중 조명하는 세상이다. 이는 회사의 평판을 떨어뜨리는 일이기도 하지만, 이로 인해 고객들은 법을 어긴 기업가를 잊지도 용서하지도 않을 것이다.

스스로 윤리규범을 잘 지키는 착한 해적인지 반사회적 인격장애자인지 판단하는 핵심적인 방법이 있다. "나는 모두를 위해 규칙을 바꾸려고 하는 것인가 아니면 그저 법망을 빠져나가려고 하고 있는 것인가?" 이렇게 자문해보는 것이다. 페이팔도 법을 어겼다. 하지만 그렇게 한 것은 모두에게 더 나은 일련의 규칙을 만들어나가고 있었기 때문이다. 그리고 오히려 그 행동들이 윤리적이라고 생각했다. 물론 기술적으로는 특정 은행법 규정을 위반했을 수 있다(우리는 우리가 은행이 아니라고 끊임없이 주장했지만 모두가 동의한 것은 아니었다). 하지만 장기적으로 봤을 때 우리가 사회나 사람들을 설득해서 규칙을 바꾸게 되면 모두 이를 따를 것이고, 그 결과로 세상은 좀 더 나아질 것이라고 믿었다. 실제로 역사는 우리 생각이 옳았다는 것을 입증하고 있다. 우리가 해적처럼 사고하며 움직이는 것에 화가 났던 여러 당사자들(이베이·은행·규제기관) 모두가 지금은 페이팔의 가치를 인정하고 있기 때문이다. 모두를 위해 규칙을 바꿈으로써 우리는 스퀘어와 스트라이프 같은 다른 결제회사들의 기틀을 마련해주었다. 이는 모바일 결제 시장을 한층 더 발전시켰다.

규칙이란 성경이 아니다. 규칙도 결국에는 세상을 더 나은 곳으로 만들기 위해 존재하는 것이다. 따라서 규칙을 개선할 수 있다면 그렇게 해야 한다. 다만 규칙이 존재하는 까닭도 분명히 있기 때문에 이것을 어길 때 자신만 옳다고 내세우면 안 된다. 그보다 모든 결과를 이해할 수 없다는 사실을 겸허히 받아들일 줄도 알아야 한다. 규칙을 어기려고 항상 속임수를 쓰진 않겠지만, 이는 커다란 위험을 감수해야 하는 활동이므로 항상 주의가 필요하다.

윤리적인 해적과 비윤리적인 해적이 공존하는 분야도 있다. 요즘으로 치면 비트코인과 ICO(initial coin offering) 같은 가상화폐가 이에 해당한다. 가상화폐 부문은 금융수단으로서 급속히 발전하고 있는 시장인데, 통화를 만들고 ICO를 보유하는 스타트업들은 법이 모호한 부분에서 운영되고 있다. 이렇게 되면 규칙을 어길 가능성이 높다. 이런 스타트업들 중 일부는 모두를 위해 규칙을 바꾸려고 노력하는 윤리적인 해적이지만, 다른 일부는 악마에게 발목을 잡히기 전에 가능한 많은 돈을 모으려는 반사회적 범죄자들이다. 시장이 활성화될 때는 양쪽 모두 짧은 기간에 돈을 번다. 하지만 사업을 지속적으로 끌고 가는 것도, 세상에 긍정적인 영향을 주는 것도 결국은 윤리적인 해적들뿐이다.

❷ 해군 입대

기업이 마을단계에 이르면 해적보다는 해군처럼 생각해야 한다. 이것이 무슨 의미일까? 규칙을 따르기 시작해야 하고, 방어전략을 준비해야 한다는 뜻이다. 지금까지는 공격에만 초점을 맞추고 움직이면 됐다. 고객이 없는 상황이라 고객을 어떻게 유지할지 걱정할 필요가 없었기 때문이다. 하지만 규모가 커진 시점에는 이런 의문을 가져야 한다. "어떻게 하면 경쟁을 피할 수 있을까?"

보통 해법은 더 강력한 블리츠스케일링일 때가 많다. 최초 스케일러가 되는 것은 더 많은 고객을 확보하고 투자자들을 붙잡아두고, 최고의 인재를 끌어들이는 데 도움이 된다. 이외에도 나는 우리 팀과 함께 신선하고 혁신적인 방어전략을 세울 때 이런 질문을 많이 했다. "우리 자신과 경쟁하고 있다면 어떤 일을 해야 할까? 우리가 스타트업이라면? 우리가 구글이라면? 페이스북이라면? 마이크로소프트라면?" 또 우리뿐만 아니라 사외이사에게 질문하기도 하고 네트워크를 활용해 뛰어난 전문가들에게 질문하여 외부의 관점을 듣는 것도 도움이 되었다.

도시단계에서는 방어에 초점을 두는 경우가 많다. 새로운 경쟁 우위를 확보하는 것은 대단히 어려운 일이고 그보다는 기존의 시장 포지션을 강화하는 데 중점을 두는 것이 유리하기 때문이다. 이렇게 하는 데에는 몇 가지 좋은 방법이 있다.

첫째, 기준을 세우는 것이다. 실리콘밸리에서 대대로 쓰는 전술 중 하나는 애플리케이션에서 플랫폼으로 이동하여 그것을 기반으로 삼을 사람들을 끌어들이는 (그로써 호환성 네트워크 효과를 활용하는) 것이다. 세일즈포스닷컴의 포스닷컴(Force.com)이 좋은 예다. 세일즈포스는 자신들의 플랫폼에 제3자 애플리케이션을 구축할 수 있게 하여 '전력의 승수(force multiplier)' 효과를 본다. IDC[International Data Corporation, 미국의 IT 및 통신 · 컨슈머 테크놀로지 부문 시장 조사 및 컨설팅기관]의 한 연구에 따르면 세일즈포스 앱익스체인지(AppExchange) 플랫폼에 있는 2,800개 이상의 애플리케이션이 세일즈포스닷컴 자체보다 2.8배 높은 수익을 창출하고 있었다. 세일즈포스닷컴의 수익이 84억 달러에 불과한 반면, 세일즈포스 플랫폼은 회사에 320억 달러 규모 기업의 경제적 영향력을 주고 있는 셈이다.

둘째, 더 완벽한 해법을 제공해서 경쟁자의 허를 찌르는 것이다. 나는 이를 두고 "두 사람이 물컵을 들고 서로 상대방의 물컵을 뒤집으려고 노력하고 있다."라고 말하곤 한다. 바꿔 말해 경쟁자가 갑자기 당신의 핵심 상품을 무료로 제공하기 시작한다면, 당신은 그 상품으로 계속 돈을 벌 수 있을까?

블리츠스케일링의 도시단계에서 하는 방어전략에도 차이가 있는데, 중국과 실리콘밸리를 비교해보면 꽤나 흥미롭다. 중국에서는 매력 있는 곳이면 어디에나 팀을 투입한다. 하지만 실리콘밸리의 경우 인재가 매우 귀하기 때문에 기업들이 추격자(fast follower) 전략에 의존할 수 없다. 따라서 상대적으로 다른 많은 공격전술을 구사한다. 이는 사실 중국이 실리콘밸리에 비해 훨씬 경쟁력이 있다는 의미이기도 하다. 물론 시간이 흐르면 중국도 실리콘밸리와 흡사해질 테지만.

국가단계는 해적에서 해군으로 완전히 변하는 시기다(그렇지 않다면 국가단계에 이르지 못했거나, 그런 변화를 일으키는 데 실패해서 국가가 혼란에 빠졌단 뜻이다. 2017년의 우버를 보라). 이 단계에서는 방어전략으로써 인수가 (필수적이지는 않더라도) 중요해진다. 혁신적인 기술과 팀을 인수한 뒤 그들이 스케일링을 하는 동안 엄청난 자원을 지원하는 것이다. 구글이 안드로이드를 블리츠스케일링할 때 사용한 방법이다. 구글은 2005년 안드로이드를 인수했다. 당시 안드로이드는 22개월 된 작은 스타트업으로, 휴대폰에 넣을 새로운 운영체제를 만들고 있었다. 구글은 안드로이드 창업자 앤디 루빈(Andy Rubin)이 엔지니어를 추가로 고용해 제품을 완성할 수 있도록 지원했다. 또 한편으로는 자신들의 시장 지배력과 평판을 이용해서 안드로이드 홍보 목적의 컨소시엄인 오픈 핸드셋 얼라이언스[Open Handset Alliance, 모바일 업계 관계자들이 모여 개방형 표준을 선언한 동맹]를 맺었다. 여기에는 하드웨어 제조사 삼성 · HTC · 모토로라, 통신사 스프린트와 티모바일(T-Mobile), 반도체 제조사 퀄컴과 텍사스 인스트루먼트(Texas Instrument)가 참여했다. 이런 구글의 지원 속에서 안드로이드는 2008년 가을에 출시해 빠르게 성장했다. 안드로이드는 2010년 출하된 휴대전화 운영체제 수에서 아이폰을 앞질렀고, 현재 매년 10억 대가 넘는 양으로 전 세계 스마트폰 기기 출하량의 거의 80%를 차지하고 있다.

인수는 국가단계에서 사용할 수 있는 가장 강력한 공격이자 방어전술이다. 주요한 경쟁 기업을 인수하여 인수자가 큰 시장을 얻은 경우를 생각해보라. 유튜브 · 인스타그램 · 왓츠앱의 인수는 방어인 동시에 공격이었다. 구글은 유튜브를 인수하여 구글 비디오 사업 실패를 만회할 수 있었고, 마이크로소프트와 같은 경쟁자들의 손에 유튜브가 넘어가는 것을 막을 수 있었다. 페이스북은 인스타그램과 왓츠앱을 인수하여 모바일의 급습을 막아냈고, 덕분에 모바일 업계에서 리더로 우뚝 섰다. 재무전략도 인수할 때 유용한 경쟁전략이 될 수 있다. 애플은 막대한 현금 비축량 덕분에 빠르게 움직이고 즉시 인수 대금을 지급했다. 이 2가지는 경쟁이 심한 입찰 과정에서 가장 중요한 이점이다.

마지막으로, 또 다른 전략은 해군 기동함대를 움직이는 것이다. 이는 전술적 측면에서 별로 이점은 없지만 전략적으로 움직여야 하는 상황에서 상대를 견제하는 데 유용하다. 예를 들어 마이크로소프트는 구글과 경쟁하기 위해 검색엔진을 내보내야 한다. 그것이 시장을 많이 점유할 가능성이 낮은데도 말이다. 왜냐하면 구글이 마이크로소프트를 상대로 생산성 애플리케이션들을 내놓고 있기 때문이다. 이 단계에서 견제전략을 쓸 때는 적이 자신들의 영토 전부를 방어하도록 유도해야 한다. 그래야 당신이 정말 중요한 공격을 가할 때 적이 당신의 공격을 막지 못할 것이기 때문이다. 성가신 해적들의 공격을 막아내려면 때때로 몇 척의 배를 남겨두어야 한다는 것을 잊지 말라.

❸ 선장에서 장군으로

우버는 2017년 한 해 동안 여러 가지 심각한 문제와 스캔들로 뉴스에 오르내렸지만, 실리콘밸리에서 가장 가치가 높은 스타트업이다(두 번째는 그 프레너미인 중국의 디디추싱이다). 우버의 안팎에서 벌어졌던 문제들은 전 우버 엔지니어 수전 파울러(Susan Fowler)가 밝힌 성추행 같은 내부적 문제뿐만이 아니었다. 뉴스 웹사이트인 '더 버지(The Verge)'의 보도에 따르면 우버는 라이벌 리프트로부터 운전사를 가로채기 위해 가짜 계정을 만들었고, 법 집행기관과 규제기관이 서비스에 접근하는 것을 막기 위해 소프트웨어인 그레이볼(Greyball)을 개발했다. 또 당시 최고운영책임자 에밀 마이클(Emil Michael)은 저널리스트들을 위협하기 위해 경쟁사 리서처들을 고용하는 데 돈을 쓰자고 제안했다. 이렇듯 자유경쟁·규제·언론을 와해시키려고 외부에서 진행했던 다양한 시도들과 몇몇 문제들은 명백하게 비윤리적인 행동이다. 이런 행동은 회사가 어떤 성장단계에 놓여 있든 규모가 어떻든 간에 절대 용납할 수 없고 크게 비난받아야 마땅하다.

우버는 회사의 규모가 커지고 영향력의 범위가 훨씬 넓어졌음에도 불구하고 자신들이 해적일 때 썼던 전략(대부분 초기라면 문제가 되지 않았을 전략)을 쉽게 포기하지 못했다. 따라서 이런 비윤리적 행동을 하지 않았더라도 결국 현실적인 문제에 부딪혔을 것이 분명하다.

우버 이사회가 2017년 9월, 새로운 CEO로 다라 코스로샤히(Dara Khosrowshahi)를 선택했을 때, 이것은 꽤 회사에 도움이 될 만한 선택이었다. 그는 전형적인 해군 장교 스타일, 무난하게 운영한다는 평판을 듣기에 탁월한 경영인이었기 때문이다. 하지만 사실 그것만큼 중요했던 것은 익스피디아(Expedia)에서의 경험이었다. 익스피디아는 직원 2,000명에 200억 달러의 수익을 올리는 대기업으로, 일과 생활의 균형이 조화로운 일터란 평가를 받으며 업계에서 가장 경영을 잘한다고 인정받고 있었기 때문이다.

코스로샤히는 그간 세간의 논란이 된 우버의 여러 논란거리를 해결해야 했지만, 그보다 더 큰 과제(그리고 가장 큰 기회)는 우버를 '해적'에서 '해군'으로 바꾸는 일이었다. 이는 어렵지만 반드시 해야 할 일이었다. 지금보다 우호적인 문화를 만들고, 인재들의 대량 유출을 막으며, 운전사와 승객의 충성도를 다시 끌어올리고, 회사를 괴롭히는 법적 분쟁을 끝마치기 위해서, 우버의 새로운 최고책임자는 해적의 선장보다는 해군의 장군으로서 움직여야 한다.

모든 스타트업들은 작은 규모의 가치를 알고 있다. 혁신, 민첩함, 집중, 결과 대 과정. 가능성 있는 기업들은 이런 가치를 바탕으로 회사의 규모를 작게 유지하려고 한다. 하지만 스케일링에 성공한 기업들을 보라. 대부분은 회사의 규모가 작을 때 얻는 긍정적인 면을 지키면서 규모를 키웠을 때 거둬들일 수 있는 이점까지 챙겼다. 코스로샤히 역시 이를 위해 2017년 우버의 문화적 기준을 다시 세우고 균형을 맞추기 위해 노력했다. 그는 링크드인의 포스팅을 통해 다음과 같은 변화를 선언했다.

성장에 집중하는 시대입니다. 그 안에서 책임 있게 성장하려면 우리는 어떤 희생을 치르더라도 문화를 진화시켜야 합니다. 저는 모든 것을 내던지는 대신 효과가 있는 것은 지키면서도 그렇지 않은 것은 빨리 변화시키는 데 집중하고 있습니다.

이것은 우리의 새로운 문화적 가치이며, 우리가 택한 접근법입니다. 이것을 오늘 직원들 앞에서 발표했습니다. 우리의 가치는 우리가 누구이고 어떻게 일하는지를 규정합니다. 하지만 저는 많은 직원들에게서 일부 직원이 우리가 원하는 회사를 대변하지 않았다는 이야기를 들었습니다.

문화는 아래에서부터 위로 쓰여야 한다는 굳은 믿음을 가지고 있는 코스로샤히는 새로운 가치를 정립할 때 회의실의 닫힌 문 뒤에서 혼자 만들어내지 않았다. 대신 그는 직원들에게 우버의 문화를 어떻게 개선시킬지에 대한 아이디어를 달라고 청했다. 1,200명 이상의 직원이 개선안을 제출했고 이에 대한 투표가 22번 이상 이루어졌다. 코스로샤히가 공개한 새로운 문화의 기준은 그 표현만 봐도 이전과는 다른 접근법임을 알 수 있다. 새로운 문화는 '언제나 빠르게'라는 식의 '고립주의'적 모토를 강조하지 않는다. 그 대신 모든 규범을 '우리'라는 말로 시작함으로써 집단을 강조한다.

우리는 차이에 높은 가치를 둔다.
우리는 옳은 일을 한다.
우리는 주인처럼 행동한다.
우리는 대담한 모험을 한다.

대담성과 공격성이라는 우버가 가진 '윤리적인 해적'의 가치에 책임과 옳은 일을 하는 것이란 '해군'의 가치를 덧입히기 위한 코스로샤히의 노력은 칭찬받을 만하다. 단, 해적에서 진짜 해군으로 변하려면 문화적 변화만으로는 충분하지 않다. 우버와 같은 큰 조직의 CEO가 한 척의 해적선 선장에서 여러 척의 함대를 규율로 지휘해야 하는 해군의 사령탑으로 변하려면 몇 가지 갖춰야 할 조건들이 있다. 다음 3가지 핵심 요소는 스타트업에서 글로벌 기업으로 좀 더 매끄럽고 효과적으로 성장할 수 있도록 도와준다.

1. 전 세계 개별 시장들을 책임지며, 그 시장에 대한 강력한 관리·제어력을 가진 관리자들이 있어야 한다.
2. 그 시장들이 어떻게 다른지 이해하고 있어야 한다. 이는 그 시장들마다 회사가 어떻게 성장할지에 대한 다양한 계획으로 이어진다.
3. 회사가 여러 나라에 지사를 둘 정도로 컸을 때, 국가별 회사의 운영을 맡은 관리자들을 살피고 전 세계에 흩어져 있는 회사들을 통일된 방침으로 운영하는 참모급 경영진이 있어야 한다.

첫 번째와 두 번째 요소의 경우, 분권화된 명령체계를 포함하고 있다. 이는 '선장' 개개인이 경영자로서 힘을 가지고 함대에 속하여 각각의 배를 지휘하게 하는 것이다. 반면 세 번째 요소에는 중앙집권화된 참모들이 포함된다. 이는 함대를 지휘하는 '장군'이 배 전체의 활동을 통솔하여 최대의 효과를 내도록 하기 위함이다. 우버는 초반에 첫 번째와 두 번째 요소를 잘 다루었다. 우버의 관리자들은 각각의 배를 지휘하는 선장 같았고, 그들의 능력은 우버가 (보스턴 시장에서 독립적으로 시행된 실험이었던) 서지 프라이싱[surge pricing, 수요가 많은 시간에 가격을 올리는 탄력 요금제] 같은 혁신을 이루는 데 도움을 주었다. 하지만 우버는 세 번째 요소, 즉 통일된 체제로 움직이는 경영진이 부재하여 실패했다. 능력 있는 선장이 아무리 많아도 이 선장들을 아우르는 함대를 관리하는 데 도움을 줄 만한 참모진을 만들지 못하면 결국은 해적 무리만이 남게 된다. 안타깝게도 이런 통일된 체제 안에서 움직이는 경영진을 구성하는 일은 대개 실패로 돌아간다. 일부 기업가들은 참모 중심으로 돌아가는 구조가 점점 커지고 공식화되어 자신들의 자유가 줄어드는 것을 받아들이지 못한다. 이런 사람들은 커다란 조직에 속해 일하는 것을 싫어하기 때문에 독립해서 자신의 기업을 꾸리려고 한다. 저널리스트 애덤 라신스키(Adam Lashinsky)는 《우버 인사이드》에서 우버의 트래비스 캘러닉(Travis Kalanick)이 거대 기업을 책임지고 있는 자신의 역할을 어떻게 보았는지 설명한다.

"크다고 여기지 않아야 합니다. 그게 제가 일하는 방식입니다." 캘러닉이 말한다. 그는 자신의 하루를 해결해야 할 일련의 문제로 보고 접근한다. (…) "항상 회사가 작다고 생각해야 합니다. 특히 내부 조직이나 공식, 문화적 가치들을 가능한 작게 만들어야 합니다. 그래야 계속해서 혁신을 하고 빠른 속도를 유지할 수 있습니다. 하지만 규모가 달라지면 일하는 방법도 달라집니다. 회사가 정말 작은 규모일 때는 부족단계에 필요한 지식만으로도 빠르게 진전할 수 있습니다. 하지만 규모가 엄청나게 커졌을 때 부족단계에서 쓰던 지식을 적용한다면 혼란이 올 것입니다. 진전 속도는 아주 더뎌질 것이고요. 그래서 당신은 질서와 혼란 사이에서 끊임없이 방법을 찾아야 합니다."

캘러닉의 말은 해적이 커다란 조직을 운영했을 때 어떤 불편을 감수해야 하는지 알려준다. 라신스키는 그의 말에 대해서 이렇게 적고 있다. "그는 틀림없이 스스로를 CEO이면서 최고 분쟁 중재자로 생각한다." 최고 분쟁 중재자로서 행동하는 것은 그의 성격과 잘 맞았을지 모르지만, 도시나 국가 단계에서 CEO가 할 일은 아니다. 문제 하나하나의 세부적인 사항까지 지나치게 개입하는 것은 CEO가 시간을 형편없이 사용하는 것이다. 한마디로 캘러닉은 조직에 필요한 일보다 그가 좋다고 판단한 일을 한 셈이다.

경영진을 고용하는 목적은 조직의 문제를 좀 더 확장 가능한 방법으로 해결하기 위함이다. CEO는 중추가 되어야 하고, 경영진은 CEO와 일선에서 움직이는 관리자·직원을 연결시키는 바큇살 같은 존재가 되어야 한다. 캘러닉은 자신이 일일이 감독하지 않아도 조직이 알아서 돌아가게끔 만드는 일에 소홀했다. 그는 중추인 동시에 바큇살이 되려고 노력했다. 참모회의를 취소하는 캘러닉의 습관만 봐도 왜 이런 기능 장애 문제가 발생하게 됐는지 알 수 있다. 경영진이 함께 시간을 보내지 않고서 집단 중심의 조직문화를 구축하거나 조직의 많은 계획을 조정하는 것은 어려운 일이다. 강력한 경영진은 규칙적으로 만나고 미래에 대해 적극적으로 논의하며 계획을 세운다. 또 중요한 계획과 사안에 집중한다. 2018년 〈포브스〉의 기사 '하버드 대학에서 영감을 얻어 실행했던 우버의 문화 교정 노력의 속사정(Inside Uber's Effort to Fix Its Culture Through a Harvard-Inspired 'University')'에 따르면, 우버의 리더십과 전략 부문을 맡은 수석 부사장 프랜시스 프레이(Frances Frei)는 경영진의 결집력 부족을 회사가 직면한 가장 큰 문제 중 하나라고 표현했다. 이 기사는 "우버의 수석 경영진은 팀으로서 일하지 않고 있었으며, 그들 개개인을 관리 · 감독하는 캘러닉과 일대일 관계만을 맺었다."라고 전한다.

회사의 규모가 작으면 조직이 혁신과 빠른 속도를 유지하는 데 도움이 된다는 캘러닉의 말은 전적으로 옳다. 하지만 항상 작은 규모를 유지한다고 혁신과 속도가 빨라지는 것은 아니다. 조직의 규모가 커지는 것을 되도록 피하면서 '언젠가' 한 번 크게 도약해서 변화하겠다고 기다리는 것보다 차라리 여러 번 반복하는 조직 구조를 구축하는 것이 더 낫다. 달리 말해, 그 규모에 맞는 경영전략을 세우란 것이다. 페이지 같은 똑똑한 사람도 구글 초기에 이 사실을 배웠다. 그는 경영진 없이 400명 전 직원이 당시 엔지니어링 부문 부사장이던 웨인 로징(Wayne Rosing)에게 직접 보고하도록 하는 방식으로 운영하려고 애썼다. 이 방식이 실패하면서 그는 당시 CEO이던 에릭 슈밋(Eric Schmidt)에게 구글의 현시점에 맞는 조직구조를 구축하라고 했다.

대부분의 경영구조는 일시적이다. 부족을 운영하던 방식으로 마을을 운영할 수 없고, 마을을 운영하던 방식으로 도시를 운영할 수는 없다. 단계에 맞는 구조가 갖춰지지 않고 다음 단계로 성장할 수 없다. 우버가 '크게' 여겨지는 것이 꺼려져 이전 규모에서 해오던 경영 방식을 고수하던 캘러닉의 선택은 결국 기능 장애적 조직구조로 이어졌다. 파울러는 자신의 개인 블로그에 응집된 경영진이 없는 우버를 두고 출세를 위해 싸우는 관리자들의 '왕좌의 게임식 정치전쟁(a game-of-thrones political war)'이라 묘사했다. 실제 우버는 그가 묘사한 모델처럼 움직이는 것 같았다.

이런 정치적 게임의 파문은 의미심장했다. 프로젝트들은 갈팡질팡했고, 목표나 핵심 결과 지표들은 매 분기마다 몇 차례씩 바뀌었다. 조직의 우선사항이 당장 내일부터 어떻게 변할지 아무도 알지 못했고, 처리되는 일은 거의 없었다. 모두가 우리 팀이 언제 와해될지 모르며, 또 다른 개편이 있을 것이고, 우리는 불가능한 마감 시한이 있는 또 다른 새로운 프로젝트를 시작해야 할 것이란 불안감 속에서 살았다. 수그러들지 않는 거대한 혼란 속에 있는 조직이었다.

우버는 타겟(Target) 출신의 제프 존스(Jeff Jones)처럼 경험 있는 경영자들을 고용해서 스케일링을 꾀하려고 했다. 하지만 고용된 이들은 조직을 변화시키는 대신 사표를 내고 말았다. 우버는 2017년 상반기에만 부사장이나 부서장급의 경영자 8명을 잃었다.

반면, 페이스북과 아마존 같은 기업들과 저커버그와 베조스 같은 리더들은 외부에서 경영자를 영입해 그들을 기존 팀원들과 융합시키면서 조직을 변화시키고 강화하는 일을 성공적으로 해내는 방법을 찾았다. 페이스북은 최고제품책임자 크리스 콕스(Chris Cox, 그는 2005년 스탠퍼드대를 중퇴하고 소프트웨어 엔지니어로 페이스북에 입사했다)와 같은 내부자들을 승진시키는 한편, 샌드버그 · 슈레퍼와 같은 화합이 가능한 외부 경영자들을 영입했다. 제프 블랙번(Jeff Blackburn)과 재시 같은 최고 참모들은 아마존 토박이지만, 베조스는 월크와 최고정보책임자 릭 달젤(Rick Dalzell) 등 핵심 간부를 각각 얼라이드시그널(AlliedSignal)과 월마트에서 스카우트했다. 외부에서 채용한 이 인물들은 회사가 엄청난 규모로 성장했을 때 유용했다. 마이크로소프트가 링크드인을 인수하면서 얻은 혜택 중 하나는 와이너와 최고기술경영자(CTO) 케빈 스콧(Kevin Scott)을 마이크로소프트 경영진에 합류시킨 것이다.

해적선의 배 자체와 추종자들이 늘어나면, 그들을 함대에 편입시켜 잘 훈련된 해군으로 만들 필요가 있다. 함대에는 기업가로서 추진력을 가지고 움직이는 강력한 선장들과 중앙집권화된 참모들이 필요하다. 성공하려면 창업자와 조직은 이런 변화를 겪어야 한다. 하지만 우버가 발견했듯이, 블리츠스케일링은 이런 변화를 (블리츠스케일링을 할 때 반드시 수반되는 속도로 인해) 더 어렵게 만드는 동시에 (효율보다 속도에 투자하는 데 내재하는 위험 때문에) 더 중요하게 만든다.

창업자에서 리더로

모든 창업자들에게는 성공하기 위한 보편적인 기술이 필요하다. 그들에게는 다른 사람들에게 굳이 설명할 이유가 없는 비전을 좇아 대담하게 위험을 감수하는 능력이 필요하다. 또한 (전혀 새로운 것을 하려 하기 때문에) 뭐든 배우려고 해야 한다. 스타트업이 스케일업으로 변모하는 데, 창업자가 장기적 역할을 맡으려면 창업자가 가질 수밖에 없는 불가피한 모순을 수용하고 해결해야 한다. 드롭박스의 창업자 휴스턴에게 이와 관련된 경험을 이야기해달라고 부탁하자, 그는 이렇게 말했다.

"저는 많은 기업가들이 자신이 알지 못하는 것에 대해 많이 불안해하며 일을 시작한다고 생각합니다. 하지만 그런 공포에 얼어붙지 말고 그것을 이용해야 합니다. 초조함에서 비롯되는 그 에너지를 자신을 더 낫게 만드는 데 써야 합니다. 당신의 개인적 학습곡선이 회사의 성장곡선을 앞질러야 합니다."

어느 정도의 겸손함과 균형감각을 유지한다면 회사를 블리츠스케일링하는 데 있어서 당신의 역할이 어떤 방향으로 변화해야 하는지 알게 될 것이다. 단, 정말로 블리츠스케일링을 원한다면, 당신의 자아를 포함한 다른 어떤 것보다 속도가 우선되어야 한다. 자기 **자신을** 스케일링하려면 이 3가지 방법, 위임·증폭·자기 계발에 주목하라.

❶ 위임

좋은 경영자를 찾고, 고용하고, 관리하고, 그다음에 그들에게 일을 넘기면 CEO가 직접 하기 어려운 일을 처리하게 할 수 있을까? 많은 창업자들은 뛰어난 재능을 가지고 있다. 그들은 일단 어떤 과제를 수행하기 시작하면 그것을 손에서 놓지 못한다. 그래서 다른 사람들에게 일을 맡길 때 종종 이런 생각을 한다. "다른 사람이 나만큼 이 일을 잘할 수 있을까?" 이 질문에 대해 확실하게 대답해줄 수 있는 말은, 바로 이것이다. "처음에는 당연히 그럴 수 없다. 하지만 시간이 지나면 해내게 될 것이다. 당신이 그랬듯이 말이다."

스타트업들은 저커버그나 체스키와 같은 창업자들의 피땀 어린 노력과 개인적인 재능 덕분에 시작된다. 하지만 페이스북이나 에어비앤비와 같은 거대 기업으로 블리츠스케일링할 수 있는 것은 창업자들이 위임하는 법을 배워서다. 위임을 할 때 가장 중요한 것은 경영자가 특정 사업 부문을 진두지휘하게끔 창업자가 권한(리더십)을 넘기는 것이다. 이는 창업자들에게 가장 어려운 일이기도 하다. 예를 들어 많은 훌륭한 창업자들은 제품에 밝은 사람들이다. 초기 제품과 시장의 궁합을 찾아내어 성공시키는 일은 제품에 대한 그들의 직관에 의해 달성된다. 하지만 회사가 성장하면 이 창업자들은 반드시 경영자를 고용해서 제품 구성에 관한 지휘권을 넘겨야 한다. 제품을 구성하는 일은 아주 중요하기 때문에 창업자가 짬을 내서 하는 정도의 일이 되어서는 안 된다.

이런 문제를 극복하기 위해서 내가 사용하는 주된 기법은 고용인을 그 사람이 맡은 역할로서 생각하는 것이 아니라 살아 숨 쉬는 특정한 사람으로서 그려보는 것이다. 예를 들어 '제품 부문 책임자'를 그려본다고 하자. 만약 이 사람을 떠올릴 때 이미지가 추상적이라면, 당신보다 일을 잘하는 얼굴 없는 독립체를 시각화하는 데 어려움이 많을 것이다.

하지만 특정한 개인을 떠올린다면? 가령 에어비앤비의 조 자데(Joe Zadeh)를 그려보는 것이다. 그 순간 당신은 갑자기 이런 생각이 떠오를 것이다. "이런 사람이 우리 제품 팀을 운영한다면 얼마나 좋을까?" 이런 모범적인 인재를 채용하는 건 어렵겠지만(그런 좋은 경영자를 현재 그가 일하는 회사에서 스카우트해 오는 일은 어려울 것이다), 시도해서 당신이 손해 볼 일은 없다. 오히려 실제 채용하고 싶은 사람들을 비교해볼 수 있는 좋은 참고 자료를 얻게 될 것이다.

❷ 증폭

당신이 하고 있는 일을 다른 사람들에게 위임하는 게 어렵다면 그 일을 **증폭**시키는 사람을 고용하는 것은 어떤가? 이 고용의 목표는 당신이 하고 있는 일에서 벗어나 다른 일을 하는 것이 아니다. 당신이 하는 일의 영향력을 훨씬 더 키우는 것이다. 이 일은 나도 살면서 개발하고 다듬으려고 노력해온 부분이기도 하다.

많은 창업자 · 경영자들과 마찬가지로 나에게는 스케줄과 세부적인 업무계획을 처리할 수 있게 도와주는 훌륭한 비서, 새다 사피에바(Saida Sapieva)가 있다. 그에게서 나는 증폭의 개념을 훨씬 더 크게 볼 수 있다는 것을 발견했다. 나는 실리콘밸리 스타트업 리더들 중 정치와 기성 기업 쪽에서 쓰던 '수석비서관'이란 개념을 최초로 도입했다. 전형적인 비서나 기술 부문 조수와 달리, 수석비서관은 사업의 영향력을 증폭시킨다. 수석비서관은 특정한 결정을 당신 대신 내릴 수 있어야 하고, 당신이 직접 내려야만 하는 결정 중 무엇이 중요한지 분류할 수 있어야 한다. 또한 수석비서관은 당신과 만나거나 교류하기를 원하는 모든 사람들에게 미리 용건에 대한 브리핑을 받아서 당신이 그들과 함께하는 시간을 효율적이고 효과적으로 쓸 수 있게 해야 한다.

내 첫 수석비서관 벤 카스노카(Ben Casnocha)는 나와 함께 일하기 전 성공한 작가이자 기업가였다. 두 번째 수석비서관 데이비드 샌퍼드(David Sanford)는 링크드인에서 나와 일했었고, 그 역시 기업가(이자 식당 경영자)였다. 카스노카와 샌퍼드는 나보다 더 내 생활을 잘 정리하고 조직했다. 그들이 나의 역량을 키워주기 시작하면서 생산성은 한층 더 향상되었다. 수석비서관의 역할과 가치에 대해서 더 알아보고 싶다면, 카스노카의 개인 웹사이트 카스노카닷컴(Casnocha.com)을 방문하라. 그리고 이 주제에 대한 에세이, '리드 호프먼과 함께한 1만 시간(10,000 Hours with Reid Hoffman)'을 읽어보길 권한다.

증폭이 가진 힘을 인정하기 시작하면 스스로 스케일링할 수 있는 많은 방법을 찾을 수 있다. 당신이 해야 하는 일 중에는 회사 · 업계 · 세상 전체에 대한 정보를 처리하는 일이 있다. 나는 우리 팀에 있는 프리랜서 연구자 브렛 볼코위(Brett Bolkowy)에게 이 일을 맡긴다. 그녀는 내가 새로운 것들을 배우는 데 도움을 준다. 또 특정한 주제에 관해 가장 적합한 정보를 찾아주고 이를 통해 핵심적인 의문사항에 답을 해준다. 또 다른 핵심 팀원인 이언 알래스(Ian Alas)는 내가 책을 쓸 때 시각 자료들을 준비해주는 등 창작 프로젝트를 도와준다. 《연결하는 인간》을 소개하기 위해 그가 만든 슬라이드 쇼의 조회 수는 1,500만 회에 이른다. 이것이 바로 증폭이다!

이렇게 수석비서관을 두는 것은 내가 특이해서 그런 것이 아니다. 저커버그는 자신의 소셜 미디어 커뮤니케이션 관리를 도와주는 견고한 팀을 두고 있다. 이 팀은 저커버그가 여행을 하거나 사람들을 만날 때 그런 상호작용의 영향이 극대화되도록 돕는다. 신뢰할 수 있는 직원, 프리랜서, 외부 컨설턴트로 구성된 팀이라면 누구라도 당신의 증폭기가 될 수 있다. 따라서 도움을 받고 싶다면 공식적인 관계보다 당신이 신뢰할 수 있는 사람으로 구성하는 것이 중요하다.

❸ 자기 계발: 거인의 어깨 위에 서라

블리츠스케일링을 통해 회사가 성장하고 변화하는 동안 회사의 발목을 잡는 존재가 되지 않으려면 빨리 스스로를 발전시키는 방법을 찾아야 한다. 첸이 좋아하는 표현대로 "창업자에게는 직무기술서가 없다. 역할이 바뀌지 않으면 뭔가 잘못된 것이다."

블리츠스케일링을 할 때는 매 단계마다 새로운 문제에 직면하게 되므로 **스스로 학습기계가 되어야 한다.** 내 친구 엘론 머스크가 그 좋은 예다. 그는 스탠퍼드대에서 응용물리학 박사 과정을 밟다가 중퇴했다. 스스로 더 많이 배울 수 있다고 생각했기 때문이다! 그는 로켓공학과 자동차 제조를 배워 스페이스X와 테슬라를 시작했다. 그렇다면 어떻게 해야 학습곡선을 가속시켜서 더 빨리 배울 수 있을까? 그 열쇠는 아이작 뉴턴이 말했듯이 '거인의 어깨 위에 서는 것'이다.

이는 다른 똑똑한 사람들과 자주 대화를 나누어서 그들이 한 성공과 실패를 배우는 것을 의미한다. 자신의 실수보다는 다른 사람의 실수로부터 배우는 것이 더 쉽고 고통도 덜한 법이다. 새로운 주제에 대해서 배워야 할 때면 나는 그 주제에 관한 책들을 탐독한다. 또한 거기에 그치지 않고 그 분야의 선두적인 전문가들을 만나 대화를 나눈다. 독서로 부족했던 부분을 보완하기 위해서다.

나 못지않은 놀라운 학습기계가 또 있다. 바로 에어비앤비의 체스키인데, 그 역시 비슷한 일을 한다. 샌드버그와 버핏 같은 멘토들에게 조언을 구하는 것이다. 체스키는 스탠퍼드대 블리츠스케일링 수업에서 이렇게 말했다. "제대로 된 정보원을 찾으면, 모든 것을 다 읽을 필요가 없습니다. 저는 전문가들에게 도움을 구하는 법을 배워야 했습니다. 보안에 대해서 배우고 싶었던 저는 전 CIA 국장 조지 테닛(George Tenet)을 찾아갔습니다. 최고의 사람을 만날 수 없더라도 최고인 사람에 대해서 읽을 수는 있습니다." 체스키는 이 조언을 그대로 실천한다. 그는 실제 디즈니와 같은 위대한 기업가들의 전기를 탐독하면서 많은 아이디어를 얻었다.

멘토에게 조언을 구할 때 유용한 또 다른 접근법은 샌드버그보다 덜 유명하지만 멀지 않은 과거에 자신과 비슷한 문제를 겪었던 (그리고 해결했던) 전문가들에게 도움을 받는 것이다. 드롭박스의 휴스턴은 같은 길을 가고 있는 동료 기업가들에게 배우고자 어떤 노력을 했는지 설명했다.

다른 기업가들과 이야기를 나누십시오. 유명한 기업가들뿐 아니라 당신보다 1년, 2년, 5년 앞서간 사람들과 말입니다. 그 사람들에게 매우 중요하면서도 크게 다른 것들을 배울 수 있습니다. 게임은 단계마다 소리 없이 변하기 때문에 장기적인 관점에서 바라보는 것이 큰 도움이 됩니다.

개개인에게 수시로 도움을 구하는 것도 좋지만 도움을 구할 만한 사람들을 조직화하는 것도 좋은 방법이다. 나는 기업가들에게 조언을 해주고 지식의 공백을 메우는 데 도움을 주는 개인 자문위원회를 두라고 충고한다. 예를 들어 나는 바이럴리티나 인적 관리와 같은 대단히 구체적인 분야뿐 아니라 내게 중요한 영역들에 대해서 배우는 데 도움을 주는 비공식적 조언자들을 두고 있다. 회사의 블리츠스케일링에 대해서 심각하게 고민하고 있다면, 멘토들을 이사회로 생각해야 한다. 회사의 진전 상황을 그들에게 정기적으로 보고하고 더 나은 방법이 없는지 물어야 한다. 누구나 피드백은 필요하기 때문이다. 체스키는 이런 상황에 대해 "저는 피드백 받는 것을 부끄러워하지 않습니다."라고 말한다. 그와 나는 매달 정해진 날 저녁식사를 하면서 우리가 배운 것을 공유하고 피드백을 주고받는다. 이사회를 이런 식으로 활용한다면 위험을 관리하고 행동의 긍정적인 잠재력을 높이는 데 도움이 될 것이다.

일이 너무 많은 것처럼 생각되는가? 하지만 숙고하고 피드백을 받는 시간과 여지를 남겨두는 것은 중요한 일이다. 끝없는 할 일

목록에만 사로잡히면 무엇이 중요한지 쉽게 잊게 된다. 이것은 내가 저커버그와 샌드버그에게 배운 것 중 하나다. 그들이 매주 월요일마다 처음으로 하는 일, 그리고 매주 금요일마다 마지막으로 하는 일은 서로를 만나는 것이다. 아무리 바빠도, 무슨 일이 일어나도 만난다. 금요일 회의는 특히 중요하다. 한 주를 반성하고 자신들이 배운 것을 되돌아보는 시간이기 때문이다.

대다수가 바쁜 스케줄 때문에 자기 계발할 시간을 낼 수 없다고 한다. 그러면서 한편으로 모두가 자신에게 기대를 걸고 있다고 생각한다. 이런 감정은 자연스러운 것이긴 하지만 역효과를 초래한다. 넷플릭스의 CEO 헤이스팅스는 스탠퍼드대 블리츠스케일링 수업에서 이렇게 경고했다. "퓨어 소프트웨어(Pure Software)를 운영할 때, 저는 제 자신을 위해 자기 계발하는 일을 이기적이라고 생각했습니다. '나는 일을 해야 해. YPO(Young President's Organization, 젊은 지도자 모임)에 초대를 받았지만, 하루도 쉴 수 없어.'라고 생각했습니다. 나무를 패느라 너무 바빠서 도끼를 갈 시간이 없었던 거죠. 다른 기업가들과 더 많은 시간을 보내야 했습니다. 요가나 명상도 했어야 했습니다. 저는 제가 자기 계발을 하면 회사 밖에서도 회사를 도울 수 있다는 사실을 미처 생각지 못했습니다." 지금이라도 당신이 먼저 나서서 자기 계발에 시간을 내는 모범을 보인다면, 회사 내 학습문화를 개발하고 독려하는 데 도움이 될 것이다.

9가지 반직관 전략

기업이 블리츠스케일링하는 일은 쉽지 않다. 쉽다면 누구나 그렇게 하지 않겠는가. 세상의 가치 있는 것들 대부분이 그렇듯이, 블리츠스케일링은 통념에 반하는 것이다. 블리츠스케일링에 성공하려면 위험을 최소화시키면서 효율적으로 적용할 수 있게 고안된 많은 '경영 규칙'들을 위반해야 한다. 사실, 불확실성과 변화 앞에서 공격적으로 성장목표를 달성하려면 완전히 새로운 규칙을 따라야 한다. 그 규칙이 그동안 경영대학원에서 배운 것에 정면으로 위배되고, 초기단계의 스타트업이나 전형적인 기업을 경영할 때 '최선의 관행'으로 받아들여졌던 것에 완전히 모순되더라도 말이다.

첫 번째 전략, 혼란을 기꺼이 수용하라

연간 계획. 수익 지표. 전형적인 기업은 이렇듯 경영 · 운영 · 재무 결과 부문에서 질서와 규칙을 세우고 따르려 노력한다. 기업이 질서와 규칙을 따르려는 것도 무리는 아니다. 이것은 그들이 효율적으로 사업을 꾸려나가도록 세부 조정을 할 수 있게 해주고 주주들에게 기분 좋은 안정감을 주기 때문이다. 하지만 블리츠스케일링을 할 때는, 앞에서 강조했던 것처럼 속도를 위해서 의도적으로 효율을 희생해야 한다. 즉, 질서와 규칙을 따르는 전형적인 태도를 취했다면, 이제 기꺼이 혼란을 수용하는 태도로 전환해야 한다. 그 혼란이 대부분의 하버드대 MBA들과 교수들을 경악하게 만들 만한 수준의 혼란이라도 말이다.

기업을 시작할 때는 제품과 시장의 궁합 찾기부터 경쟁구도, 미래의 팀 구성까지 거의 모든 일이 미지의 것이다. 아무리 세심하게 계획을 세워도 이 모든 불확실성을 제거할 수는 없다. 아직 해결해야 할 사안이 있다는 것을 안다면 (그리고 때로는 그것이 어떤 사안인지 정확히 알지 못하는 때라도) 행동을 취해야 한다.

예를 들어 많은 기업가들은 시장 진출 전략 없이 제품을 만들기 시작한다. 하지만 손을 들어버리면 성공할 수 없다. 혼란에 굴복하는 것은 승리를 위한 전략이 아니다. 혼란을 **수용한다는 것**은 불확실성이 존재한다는 점을 받아들이고 이를 관리하기 위한 조치를 취하는 것을 의미한다. 실수할 것을 아는 상황에서 뒤로 물러나 답이 찾아오기만을 기다리는 것도, 준비나 숙고 없이 밀고 나가는 것도 해법은 아니다. 확실하지 않지만 나름대로 가능성을 추정해서 이를 근거로 현명한 결정을 내려야 한다. 어쩌면 가장 중요한 것은 스스로 실수를 만회할 수 있다고 확신하는 일이다.

《연결하는 인간》에서 나는 'ABZ 계획'이란 유용한 개념을 소개했다. 기업가들은 항상 A안, B안, Z안을 가지고 있어야 한다. A안은 기존에 세운 최고의 계획을 말한다. B안은 '가능성이 높은' 상황을 대비한 계획으로, A안이 효과가 없거나 더 나은 가능성에 대해서 알게 되었을 때 적용하는 대체 방안이다. Z안은 최악의 상황에서 살아남기 위한 대비책이다. ABZ 계획은 실수를 하거나 계획에 차질이 생겼을 때 회복할 수 있는 여러 기회를 준다.

내 첫 번째 스타트업 소셜넷을 예로 들면, 뛰어난 서버 엔지니어를 고용하게(A안) 되어 무척 기뻤다. 하지만 그가 업무 시작 일자를 1년 미뤄달라고 요청하자 그 기쁨은 경악으로 변했다. 스타트업이 1년이나 엔지니어를 기다릴 수 없다는 것은 말할 필요도 없는 일이다. 1년을 지연시켜도 회사가 버틸 만큼 충분한 돈이 있다고 하더라도, 추진력이 떨어져 대부분의 팀원들이 손을 뗄 것이다. 우리는 다른 뛰어난 서버 엔지니어를 계속 찾을 수밖에 없었다(B안). 결국 엔지니어를 찾지 못해서, 다른 구성원들에게 최선을 다해달라고 부탁해가며 어쨌든 서비스를 계속 구축했다. 이후 서비스를 다시 구축해야 한다는(Z안) 사실을 알면서도 말이다.

원하는 사람을 채용하더라도, 시장의 피드백을 받고 나서 이를 바탕으로 조직이 변해야 할 수 있다. 자연스럽게 채용한 이들의 역할과 직함을 바꿔야 하는 일도 종종 생길 것이다. 우리는 페이팔을 모바일 암호화 제품으로 생각했고, 그에 따라 직원을 채용했다. 이후 우리는 모바일 전화 캐시, 다시 팜파일럿 캐시, 또 그다음에는 팜파일럿 간 결제, 마지막으로 이메일 결제 방식으로 서비스를 전환했다. 만약 초기에 채용한 직원들이 '모바일 암호화 엔지니어'와 같은 직함에 매여 있었다면 그렇게 하지 못했을 것이다. 페이팔의 초기 핵심 직원 중 하나였던 제이미 템플턴(Jamie Templeton)을 예로 들면, 처음에는 제품에 관한 일을 맡길 생각으로 그를 고용했지만 3년 동안 그는 회사의 필요에 따라 제품에서 엔지니어링·시스템·정책 분야까지 여러 분야를 두루 맡았다. 템플턴은 초기에 우리에게 정말로 필요한 유형의 직원이었다. 스타트업의 혼란을 기꺼이 수용하는 직원이었던 것이다. 링크드인 초기에 그를 합류시킨 것도 그 때문이다.

두 번째 전략, 가장 적합한 사람이 아닌 바로 지금 필요한 사람을 영입하라

실리콘밸리 역사를 들여다보면, 대부분의 스타트업이 경영자를 영입하고자 할 때 스케일링을 할 수 있는 사람을 빨리 끌어들이려고 했다. 이것이 업계의 통념이었다. 그렇게 하려던 까닭은 훨씬 더 큰 조직에서 경험을 쌓은 사람을 채용하면, 이후 그 단계에 진입했을 때 이들의 경험이 쓸모가 있을 것이라고 생각해서다.

하지만 오늘날의 스타트업 생태계에서는 이 규칙이 더 이상 적용되지 않는다. 적자생존 경쟁이 너무나 극심해서 현재의 스케일링 단계에 '올인' 해야 하기 때문이다. 따라서 앞으로의 성장까지 고려해 적합한 사람을 채용할 것이 아니라, '바로 지금' 성장단계에 필요한 관리자와 경영자를 채용해야 한다. 다음 단계에 도달할 수 없다면 다음 단계를 걱정하는 게 무슨 소용이겠는가. 직원을 10명 둔 회사를 운영하고자 직원 1,000명 규모의 회사를 관리해오던 사람을 채용하는 것은 오히려 역효과를 낸다. 각 단계에서 성공하는 데 필요한 기술들이 전혀 다르기 때문이다.

현재의 단계에서만 두각을 나타내는 것이 아니라 다음 단계까지 감당할 수 있는 경영자를 고용하면 물론 좋겠지만, 이건 이상에 가깝다. 여기에서 주요한 문제는 다음 단계까지 고려한 '확장 가능성'보다 지금 단계에서 당장 필요한 사람인가 '현재의 가치'를 따져보는 것이다. 회사가 다음 단계에 도달해야 비로소 개인으로서의 경영자를 스케일링할지 대체할지 걱정할 수 있다.

가끔 창업자들은 매출 1억 달러 규모로 회사를 스케일링하는 매출 부문 부사장을 채용할 때까지 영업 부문 경영자를 채용하지 말라는 조언을 듣는다. 말도 안 되는 소리다. 초고속 성장에 불을 붙이는 영업 부문 경영자와 스케일링에 필요한 영업 부문 경영자는 완전히 다르다. 처음으로 제품을 판매할 때는 규칙을 준수하기보다 공격적으로 움직이고 적응력이 뛰어난 영업자가 필요하다. 하지만 회사가 스케일링을 달성했다면 그때부터는 기계가 매끄럽게 굴러가는 것처럼 시스템이 잘 돌아가도록 철두철미하고 절차를 중시하는 영업자가 필요하다.

하지만 한 사람이 양쪽 모두에 뛰어난 경우는 찾기 어렵다. 그래서 채용 후보자를 평가할 때 꼭 확인해보아야 할 것이 있다. 채용하려는 사람이 스스로 일의 어느 단계를 좋아하는지, 자신이 어느 단계에 재능이 있다고 생각하는지 알고 있는가의 여부다. 가령 초기단계의 기업을 선호하는 사람들 중에서도 자신이 어떤 영역의 일을 잘할 수 있고 또 좋아하는지 이유가 제각각이다. 어떤 사람은 자신이 맡은 프로젝트에 대한 책임과 권한의 범위가 넓은 것을 좋아한다. 또 한편으로 어떤 사람은 추상적인 업무를 맡는 관리자보다 팀 리더가 되고 싶어 한다. 그래서 좀 더 직접적이고 눈에 보이는 영향력을 행사할 수 있는 핵심 기여자가 되길 원한다. 나는 초기단계의 기업에 합류하고자 하는 재능 있는 사람들을 많이 알고 있다. 그들은 창업자로서 많은 문제를 떠안고 싶어 하진 않지만, 뮤지컬 '해밀턴(Hamilton)'에서 에런 버(Aaron Burr)가 말했듯이 '그 일이 일어난 방 안에' 있고 싶기 때문에 이 단계에서 일하길 원한다.

개별 기여자, 관리자 그리고 경영자의 역할 모두 잘해내는 사람은 극소수다. 또한 그런 흔치 않은 인재도 자신이 선호하는 역할이 분명 있을 것이다. 실리콘밸리의 노련한 전문가들은 대체로 자신이 선호하는 단계와 역할을 파악하고 있다. 블리츠스케일링을 진행하는 기업에서 일하면 항상 불균형한 환경에서 여러 단계를 경험하기 때문이다. 다양한 단계에서 반복적으로 일을 해본 경험 덕에, 그들은 자신들의 기술과 욕구에 가장 잘 맞는 일에 집중할 수 있다. '바로 지금' 필요한 사람을 고용하는 일에는 언제 그 순간(바로 지금)이 지나가는지, 언제 그 사람을 놓아주어야 할지 아는 것도 포함된다. 예를 들어 가족이나 부족 단계에서 원맨쇼를 하는 데 뛰어난 디자이너는, 좀 더 규모가 큰 단계에서 디자인 팀의 일원으로 일할 때 제 역량을 발휘하기 어려울 수 있다.

링크드인의 미나 킹(Minna King)은 '바로 지금' 필요한 사람에 딱 맞는 핵심 직원 중 하나였다. 킹은 스타트업의 성장 과정 중 특정 단계에서 귀중한 틈새시장을 만들어온 뛰어난 기량을 가진 전문가다. 킹은 성공적인 소프트웨어 제품을 맡아 그것을 세계로 진출시키는 일을 전문으로 한다. 그녀는 닷컴 시대부터 쌓아온 오랜 경력을 통해 아주 특별한 일련의 기술을 얻었다. 그녀는 인터넷 소프트웨어가 다른 언어를 가진 다른 시장에서 성공하려면 데이터베이스 스키마부터 사용자 인터페이스에 이르는 영역까지 소프트웨어 개발 팀과 제품 팀이 어떤 일을 해야 하는지 정확히 알고 있다. 이후 그녀는 세계 출시에 앞서 여러 기능을 담당하는 팀과 함께 이런 변화들을 만들어낸다.

필요에 정확하게 들어맞는 사람을 찾는 것은 쉽지 않은 일이다. 링크드인에 들어가서 '선호하는 블리츠스케일링 단계'로 필터링만 해서 되는 일이 아니다(생각해보니 그리 나쁜 생각은 아닌 듯…). 이런 사람을 찾으려면 투자자들이나 이사회 구성원들에게 추천을 받아야 할지도 모른다. 하지만 일단 '바로 지금' 필요한 사람을 찾기만 한다면 조직에 엄청난 가치를 부가할 수 있다. 링크드인에서 킹이 내게 해준 일도 바로 그런 일이다. 링크드인에 합류하기 전 그녀가 오버추어와 이베이에서 한 일이기도 하고, 링크드인을 떠

난 후 대단히 크게 성공한 소프트웨어 기업 서베이몽키와 넥스트
도어(Nextdoor)에서 한 일이기도 하다. 그녀는 매번 초기 마을단계
의 회사를 선택했다. 그녀가 하는 일의 가치를 최대로 끌어올리기
위해서는 세계시장을 겨냥해야 할 정도로 규모가 크고 성공한 회
사이되, 그렇게 할 내부 기술 인력이 없을 정도로 규모가 작은 회
사여야 했기 때문이다.

세 번째 전략, '부적절한' 관리도 때로는 용인하라

블리츠스케일링을 할 때는 '잘 운영되는' 조직을 갖추는 일보다 속
도가 더 중요하다. 회사가 정상적으로 운영되는 상황이라면, 조
직의 일관성과 안정성에 초점을 맞춰야 한다. 혼란스럽고 불안정
한 조직은 직원을 불안하게 만들고 사기를 꺾기 때문이다. 하지만
아주 빠른 속도로 규모를 키우고 있을 때는 1년에 3번씩 회사를
개편하거나, 관리 팀의 구성을 계속 바꿔야 할 수도 있다. 당신 조
직이 매년 300%씩 성장하고 있다면, 승진시킨 직원이 준비가 되
지 않아 헤엄을 치지 못하고 가라앉을 경우, 그를 교체해야 한다.
일이 다 될 때까지 인내심을 가지고 기다릴 시간이 없다. 신속하
고 결단력 있게 행동해야 한다. 이 시기에는 항상 비자발적 변화
가 많다. 팀과 회사를 동시에 구축해야 한다. 속도를 내기 위해서,
중요한 결정을 내리고 실행하는 데 필요한 시간을 줄이기 위해서
직원들을 놀라게 하거나 기습하는 경우도 생길 수 있다.

직함과 관련된 문제들은 이런 혼란을 나타내는 흔한 징후다. 가족과 부족 단계에서는 신중한 승진 절차를 밟을 만한 시간이 없다. 둘러앉아서 누군가의 명함에 '엔지니어링 책임자'라고 적을지, '제품 부문 수석 부사장'이라고 적을지 입씨름할 시간이 없다(명함을 디자인하고 주문할 시간도 없다). 하지만 합리적인 회사라면 하지 않을 일들을 할 수도 있다. 가령 조직의 진전이나 책임의 수준을 반영하지 못하는데도 계속 직원들의 직함을 동일하게 유지하는 것이다. 또 직원들을 기분 좋게 하기 위해 직함을 의도적으로 부풀려놓고 '나중에' 이 직원이 그 직함에 맞게 상황을 바로잡을 능력을 갖출 것이라 기대하는 식이다. 어느 쪽을 선택하든 모든 노력을 성공에 집중시키는 대가로 조직적 위험을 감수하는 것이다.

페이팔을 예로 들어보겠다. 페이팔은 큰 성공을 거두었지만 회사의 관리 상태는 엉망이었다(고위간부 중 1명으로서 하고 있는 이야기다). 모든 직원에게 주 업무를 명확히 배정하고, 중요한 특정 프로젝트를 진행할 때는 초점을 분산시키지 않는 등 잘한 일도 있긴 하다. 하지만 페이팔이 해온 관리 대부분은 부족함이 많았다. 직원들의 경력 개발을 논의하기 위해 일대일로 대화하는 시간도 없었고, 팀을 꾸릴 때에도 단순히 선정했지, 어떤 사람으로 꾸릴지 등은 고려하지 않았다. 우리가 가지고 있던 몇 개 안 되는 규칙은 대부분 팀을 관리하기보다 직원 개개인을 장려하는 데 쓰였다. 사람들이 회의에 늦으면 기강을 바로잡기 위해서 마지막에 도착한 사람이 100달러의 벌금을 내는 식이었다. 회의가 중요하다는 것은 알고 있었지만, 핵심 사항과 어떤 조치를 취할 것인지 세부 항목들을 기록할 서기조차 따로 두지 않았다(실리콘밸리에서는 흔하고 기본적인 관행임에도).

하지만 페이팔의 이런 '부적절한' 관리는 블리츠스케일링을 하는 동안 수많은 반직관적 이점을 제공했다. 페이팔은 비즈니스 모델을 혁신하고 규모를 확장하는 중요한 시기에, 성패를 좌우하는 일련의 난제들(나는 이 문제들을 "오, 젠장!"을 외치는 순간이라고 부른다)도 해결해야 했다. "오, 젠장!" 사기 문제에 휘말렸고, 있지도 않은 돈 수백만 달러를 잃어야 했다. "오, 젠장!" 비자에서는 우리가 상품을 바꾸지 않으면 문을 닫게 만들겠다고 말했다. "오, 젠장!" 우리의 가장 중요한 비즈니스 파트너인 이베이가 우리와 경쟁관계에 놓인 벤처를 시작했다.

하지만 이런 '부적절한' 관리 덕분에 우리에게는 "3년 뒤에 회사는 이런 모습을 갖춰야 한다."라는 식의 선입견이 없었다. 혼란스러운 상황에 익숙했던 우리는 이 예기치 못한 심각한 지뢰들 앞에서도 민첩하게 움직일 수 있었다. 조직 내 모든 사람들의 일이 특별히 규정되어 있지 않고 유동적일 때는 "네가 지난 4일 동안 해온 일이란 건 알지만, 이제는 조금 다르게 해보자."라고 말하기가 더 쉽다. 내부의 혼란은 급속한 변화를 정상으로 받아들이는 효과를 낳았다. 이는 외부에서 비롯된 급속한 변화에 적응하는 능력이 더 크다는 것을 의미했다. 우리는 다른 사람들이 쏘는 총을 피하며 지뢰밭 사이를 활강하고 있다는 것을 알고 있었다. 영화 '어벤져스'에서 헐크로 변신하는 과학자 브루스 배너(Bruce Banner)의 말로 표현하면, 우리 슈퍼파워의 비밀은 우리가 늘 변화하고 있었다는 것이다.

우리는 타이밍에 있어서도 운이 좋았다. 관리의 부재 속에서 팀을 단결하게 하는 것 중 하나는 승리의 가능성이다. 닷컴 붕괴가 시작된 후, 많은 기술기업들이 무너졌지만 페이팔에는 여전히 성공의 기회가 있었다. 이제 남은 일은 일간 거래량의 지속적인 상승을 보여주는 표를 살피는 것뿐이다! 페이팔 직원들은 정상적인 상황보다 더 많이 인내할 수 있었다. 승리를 원했고 똑똑하고 능력 있는 선수들로 구성된 팀의 일원이 되고 싶었기 때문이다.

전형적인 '좋은' 관리와 기획은 어느 정도 안정성을 보장해준다. 하지만 블리츠스케일링을 하는 동안에는 그것이 항상 유용하지만은 않다. 기업가정신에 대한 오해 중 하나는 계획을 세운 뒤에 실행한다는 것이다. 기업을 '세운다'는 말에 함축된 의미를 생각해보라. '세운다'는 말 자체가 건축 계획을 따른다는 것을 암시한다. 하지만 혁신적인 비즈니스 모델을 만들고 스케일링을 해야 할 때는 상세한 청사진이 없을 때가 종종 있다. 건축 설계도를 갖추고 하기보다 "저쪽에 건물을 세우는 게 좋을 것 같아. 자, 땅을 파자!"라는 식에 가깝다. 그리고 나서 시멘트를 붓고 벽을 세우며

"호텔을 지어야겠어. 그럼 이런 평면도가 필요하겠군."이라고 방향을 결정할 수도 있다.

그렇다고 이것이 '부적절하고 나쁜' 관리일까? 물론 그럴지도 모르겠다. 하지만 이런 방식의 관리가 어떤 상황에서는 당신이 선택할 수 있는 최선의 접근법이 될 수 있다. 가령 적절치 못한 입지에 창고를 세우는 일을 막아주고 재빨리 성공적인 모델, 즉 호텔로 바꿔 지을 수 있게 해준다면 말이다(모바일 캐시 때문에 손해를 보지 않고 세계 결제시장을 재빨리 포착하게 해주는 경우도 이에 해당한다).

네 번째 전략, 상황은 뜻대로 흘러가지 않으므로, 시작은 빠르게

나쁜 제품을 만들라는 것이 아니다. 불완전한 제품을 가지고 빨리 시장에 진입하는 것과 '완벽한' 제품으로 천천히 시장에 진입하는 것 사이에서 선택을 해야 한다면 언제나 불완전한 제품을 선택해야 한다는 뜻이다. 시장에 빨리 진입할수록 제품을 개선하는 데 필요한 피드백도 빨리 얻을 수 있다. 실사용자의 반응이나 데이터가 아니라 당신의 직감에 근거해서 신중하게 보완한 대부분의 제품은 과녁을 빗나간다. 그리고 상당한 수정 과정을 반복해야 할 것이다. 이때 이상적인 것은 엄격한 OODA 순환, 즉 관찰(observe) · 지향(orient) · 결정(decide) · 행동(act)을 계속 반복하는 것이다. 속도는 정말로 중요하다. 출시 일자를 앞당기는 것은 당신이 훌륭한 제품을 만들 때보다 더 빠르게 학습곡선을 올라갈 수 있게 해준다. 저커버그는 페이스북이 성공한 것도 속도 덕분이라고 말한다. "가능한 한 빨리 배우면서 나아가십시오. 출시하려는 제품 하나하나가 완벽하지 않더라도 말입니다. 당신의 모든 아이디어에 대한 피드백을 얻기 위해 그냥 1년을 기다리는 것보다 이런 방식으로 1~2년 동안 움직이는 것이 훨씬 좋은 성과를 올릴 것입니다. 빠른 학습에 집중하는 것이 회사의 초점입니다."

나는 이 가르침을 나의 첫 스타트업 소셜넷을 운영하면서 어렵게 습득했다. 나는 첫 출시를 앞두고 당황스러운 상황을 만들고 싶지 않았다. 그래서 택한 방법은 출시를 해서 사람들이 가입하기 전에 제품 전체를 완성하는 것이었다. 이 접근법은 소셜넷의 시작을 1년이나 지연시켰다.

마침내 출시를 하고 뚜껑을 열었다. 어떻게 되었을까. 직원들과 나는 곧 우리가 공들여 만든 기능 중 절반은 중요치 않은 것이고, 오히려 없으면 서비스 전체가 쓸모없어지는 중요한 기능이 절반이나 빠져 있음을 알게 됐다. 이건 미처 생각지 못했던 것이었다. 소셜넷이 실패한 데에는 다른 이유들도 있겠지만, 빨리 출시해서 시장 피드백을 받고 이것을 근거로 수정, 보완하지 못했던 것이 가장 큰 원인이라고 생각한다.

페이팔의 경우는 빠르게 사업을 시작하고 제품을 반복해서 수정, 보완한 덕분에 성공을 거뒀다. 이 경험 때문에 나는 가능한 빨리 링크드인을 시작하기로 마음먹었다. 우리 팀은 시장에 진입하기 위해 최소한으로 필요하다고 생각한 기능의 목록을 만들었다. 몇 년 후 블랭크와 리스가 여기에 '최소 실행 가능 제품(Minimum Viable Product, MVP)'이라는 이름을 붙였다. 링크드인의 경우 MVP에 사용자의 직업적 프로필, 다른 사용자와의 연결 능력, 다른 사용자를 찾는 검색 기능, 친구들에게 메시지를 전송하는 기제가 포함되었다.

사업을 시작하기 직전, 우리는 프로필 사용자 수가 임계량에 도달하지 않은 상태에서 링크드인이 과연 유용한가에 대해 걱정하기 시작했다. 사용자가 링크드인에 로그인했을 때 사용자의 친구들이 아직 가입하지 않은 상태에서도 링크드인을 유용하게 쓸 수 있는 방법은 없을까? 우리는 콘택트 파인더(Contact Finder), 즉 링크드인 사용자가 잠재 공급자를 찾을 수 있게 해주는 검색 버전이 빠져 있다는 결론을 내렸다.

예를 들어 서비스를 세계화하는 방법을 배우고 싶어 도움을 줄 만한 컨설턴트를 찾아야 하는 상황이라고 하자. 이때 콘택트 파인더를 사용하면 미나 킹을 찾을 수 있다. 우리 엔지니어링 팀은 이 기능을 설치하는 데 한 달이 필요하다고 예측했다. 이제 어려운 선택을 해야 했다. 사업을 한 달 늦게 시작하느냐, 아니면 성공하기 위해 반드시 필요하다고 여긴 기능이 없는 채로 시작할 것인가? 당황스러운 상황에 놓일 때 적용하기로 한 원칙에 따라 우리는 콘택트 파인더 없이 시작하기로 결정했다.

그렇게 사업을 시작하고 나서 우리는 곧 훨씬 더 큰 문제를 발견했다. 링크드인 사용자들이 좀처럼 자신의 친구들을 초대하지 않는 것이었다. 프렌즈터 같은 개인 소셜 네트워크의 경우, 새로운 사용자가 친구들을 초대해서 그들이 가입하면, 네트워크가 폭발적으로 성장한다. 하지만 링크드인은 사용자들이 움직이지 않아 성장이 정체되었다. 우리의 베이스라인 제품은 우리를 당황스럽게 했다. 아무도 사용하지 않다니!

콘택트 파인더를 만들기 위해 사업을 한 달 미뤘다면 달라졌을까? 그래도 사용할 사람이 충분치 않았을 것이다. 한마디로 우리는 핵심적인 문제를 해결하지 못하는 기능을 만드는 데 한 달을 허비했을 것이다. 콘택트 파인더가 유용하려면 최소한 100만 명의 사용자가 필요했다. 이 문제를 해결하는 것이 무엇보다 우선이었다. 출시할 때 얻은 데이터를 기반으로 우리는 바이럴리티를 향상시키는 일에 집중했다. 이렇게 해서 링크드인은 주소록을 업로드할 수 있게 해주는 최초의 소셜 네트워크가 되었다. 이 기능은 링크드인이 사용자 프로필 100만 개라는 임계량에 도달하는 데 도움을 주었다. 그 뒷이야기는 모두가 다 아는 사실이다.

사업을 시작할 때 당신이 **당황스러운** 상황에 처할 수 있다는 점을 기억하라. 이것은 수치스럽거나 비난받을 일이 아니다! 또한 속도가 중요하다고 해서 일을 대충해서도 안 된다. 속도에 대한 욕구는 일을 대충하는 것에 대한 변명이 될 수 없다. 소송을 유발하거나 배우는 것 없이 돈을 날린다면, 그것은 너무 이르게 사업을 시작했다는 의미다. 제품을 빨리 출시하는 목적은 가능한 빨리 배우는 데 있다. 하지만 피드백을 통해 제품을 계속해서 수정, 보완하는 반복 능력이 없다면 학습도 소용이 없다. 제품에서 불길이 솟구쳐서 사람을 죽인다면 당신은 다른 기회를 얻지 못할 것이다. 링크드인의 첫 출시는 우리의 기대에 훨씬 못 미쳤다. 하지만 어떤 피해도 입지 않았다.

제품을 출시하기 전에 배우고자 하는 것이 무엇인지, 평판을 떨어뜨리거나 고객을 위험에 빠뜨리지 않는 상태에서 당신이 감당할 수 있는 위험이 어느 정도인지 확실히 파악하라. 기업가들은 고칠 수 있는 것과 치명적인 결함 사이에서 줄타기를 해야 한다! 고칠 수 있는 것과 치명적인 것을 구분하는 일은 제품의 속성에 좌우되는 경우가 많다. 제품의 2가지 차원, 즉 무료(혹은 프리미엄) 대 유료, 그리고 고객 대 기업만을 고려한다면 각 조합은 연속선 위에 배치될 수 있다.

· 개인 고객을 위한 무료 제품은 대부분의 결점을 피해 갈 수 있다. 고객들은 비용을 지불하지 않은 것에 대단히 너그럽기 때문이다.
· 기업 대상의 무료 제품은 좀 더 정제되어야 한다. 무료라 하더라도 전문적인 영역을 다루는 경우 리스크가 크기 때문이다.

· 유료의 기업 제품은 무료 제품보다 훨씬 더 정제되어야 한다. 하지만 그럼에도 불구하고 여전히 큰 결함이 있을 수 있다. 이런 유형의 제품들은 그 제품을 사용하는 것 외에 다른 선택지가 없는 전문 사용자를 대상으로 하기 때문이다.

· 개인 고객을 대상으로 한 유료 제품은 실수의 여지가 가장 작다. 고객들은 무료 제품의 결함에 대해서는 대단히 너그럽지만 비용을 지불한 제품은 완벽하기를 기대하기 때문이다. 그들은 자신들이 발견한 심각한 결함에 대해서 심하게 불평한다. "내가 뭣 때문에 돈을 낸 건데?"

때로는 실제 출시를 하지 않고도 사용자 피드백을 얻어서 리스크와 불확실성을 줄일 수 있다. 디자인적 사고방식은 종이 프로토타입이나 인비전(InVision)과 같은 시각화 도구, 유저테스팅닷컴(UserTesting.com)과 같은 테스트 도구를 통해 프로토타입 제작과 사용자 테스트를 요구한다. 하지만 이런 기법들조차 사용자에게 제품을 공개하기 전에 완벽하게 만들어야 한다는 것보다 가능한 빨리 테스트를 한다는 것을 목표로 삼는다.

일단 제품을 출시하면 시장 피드백을 통해 적절한 가르침을 받아야 한다. 링크드인의 첫 출시 사례가 보여주듯이 핵심적인 가르침은 고객들이 하는 말보다 그들이 하는 행동에 있다. 링크드인의 첫 사용자들은 대개 우리의 친구들이나 가족들이었다. 그들은 우리에게 대놓고 "이건 쓰레기야. 사용자가 더 많지 않으면 소용이 없어!"라고 말하지 않았다. 오히려 "아주 유용해질 것 같아."라고 격려해줬다. 하지만 그들의 행동은 달랐다. 자신의 친구들을 많이 초대하지 않았다.

물론 사용자들이 강조해서 이야기하는 것에 주의를 기울여야 한다. 하지만 그만큼 그들의 이야기를 언제 선택적으로 취하고 무시해야 하는지도 알아야 한다. 입증되지 않은 사용자의 피드백과 데이터가 서로 모순될 때는 데이터에 더 귀를 기울여야 한다. 사람들은 자신들이 변화에 어떻게 반응할지 예측하는 데 대단히 서투른 경우가 많다. 과학용어로는 예상 행동과 관찰 행동 사이의 모순이라고 한다.

예를 들어 페이스북이 사진에 담긴 회원들의 얼굴을 자동으로 태그하는 안면 인식 기능을 추가할지 고민하고 있을 때, 포커스 그룹 참가자들은 그 기능을 두고 "으스스하고 사생활 침해다."라고 말했다. 그 콘셉트에 대단히 부정적이었다. 하지만 실제 페이스북이 이 기능을 테스트하자, 사용자들이 몹시 좋아했다. 자동 태그 기능이 사용자 참여율을 크게 높였단 사실을 데이터가 말해줬기 때문이다.

이런 조언을 할 때 나는 때때로 "스티브 잡스가 쓴 방법이 아니다."라는 반대에 부딪힌다. 잠깐 기다려보라. 무엇보다, 대중들이 말하는 것과 반대로 잡스의 제품 모두가 처음부터 완벽했던 것은 아니다. 1세대 매킨토시에는 하드드라이브가 없었다. 1세대 아이 폰에는 앱스토어가 없었다. 물론 처음부터 훌륭한 제품을 출시한 기업가들도 많긴 하다. 예를 들어 테슬라의 모델 S는 머스크가 출시하자마자 〈모터 트렌드(Motor Trend)〉의 올해의 차로 선정되고, 〈컨슈머 리포트〉로부터 그 조직에서 테스트한 어떤 차들보다 높은 점수를 받으며 도로에서 가장 높은 평가를 받는 차가 되었다.

하지만 이렇게 하려면 사업을 시작하기 전에 새로운 시장을 겨냥한 제품과 시장 궁합을 정확하게 찾을 수 있다고 스스로 믿어야 한다. 또한 오로지 그러한 자신감에 근거해서 엄청난 자본을 투자할 수 있어야 한다. 머스크는 자신의 운과 투자자들 그리고 정부의 돈 수억 달러를 테슬라가 수백 년 역사를 가진 경쟁자들보다 좋은 차를 만들 수 있다는 데 걸었다. 이런 공격적인 베팅을 할 수 있고 이것을 기꺼이 실행하는 기업가는 많지 않다.

만약 당신이 보기 드문 천재이고, 시장이 무엇을 원하는지 정확하게 그리고 꾸준히 예측할 수 있다면, 머스크처럼 움직여라. 이런 경우 시행착오를 겪으면서 더 나은 제품을 만들려고 반복하는 것보다 자신의 직관을 믿는 것이 빠를 수 있다. 그 선택에 행운이 따르길 바란다! 평범한 인간에 불과한 나는 직관보다 시장 피드백을 따르겠다.

다섯 번째 전략, 불길이 타오르게 내버려 둔다

나는 창업자들에게 기업을 시작하는 것은 절벽에서 뛰어내리면서 그 와중에 비행기를 조립하는 것이라고 말하곤 한다. 모든 스타트업의 기본적인 결과는 실패다. 이는 어떤 대가를 치르더라도 이를 피하려면 빠르고 과감하게 움직여야 한다는 의미이기도 하다. 모든 'i'에 점을 찍거나 모든 't'에 선을 그을 만한 시간이 없다.

블리츠스케일링의 모든 단계에는 당신이 쓸 수 있는 보유 자원보다 당신이 주의를 기울여야 할 훨씬 많은 문제와 사안들이 있다. 마치 소방관이 됐다고 생각할 것이다. 다만 한 곳의 불길을 잡으려고 노력하는 대신 주변에 따로 떨어진 불길들을 봐야 한다. 당신에게는 모든 불길을 잡을 만한 시간이 없다. 블리츠스케일링을 하는 기업가들이 살아남을 수 있는 방법 중 하나는 어떤 불길은 타오르게 내버려 두는 것이다. 그 대신 손을 쓰지 않고 내버려 둘 경우, 급속히 번져 회사를 파멸로 몰아넣을 불길에 집중한다. 그레이록 파트너스의 동료 앤사넬리는 이렇게 말한다. "'노'라고 말하는 것이 '예스'라고 말하는 것보다 중요하다."

물론 영원히 그 불길들을 무시할 수는 없다. 그것들 역시 결국에는 위험하고 꺼야 하는 불길일 테니 말이다. 하지만 그 불길들은 최소한 블리츠스케일링을 하는 동안에는 큰 의미가 없다. 그런 불길을 잡는 것이 예상되는 결과에 유의미한 영향을 끼치지 않기 때문이다. 외상을 입은 환자의 생명을 구하기 위해 애쓰는 응급실의 외과 의사를 상상해보라. 응급수술 도중 의심스러운 종양을 발견하더라도 의사는 우선 환자의 터진 동맥을 잇는 데 집중할 것이다. 생체재료검사나 테스트할 시간은 나중에 마련해도 된다. 만일 수술실에서 환자가 목숨을 잃는다면 종양을 제거하는 일도 의미가 없다.

물론 여기에서 어떤 불길을 타오르게 내버려 둘지 아는 것이 중요하다. 불길의 우선순위를 정하는 일은 다양한 요인들이 혼합된 함수다. 첫 번째 요인은 **긴급성**이다. 어떤 불길이 당신의 회사에 가장 먼저 피해를 줄 것인가? 이는 회사의 존립을 위협하는 불길에 국한되지 않는다. 스타트업의 경우, 성장 역량을 앗아 가는 불길은 장기적으로 볼 때 당장 내일 회사 문을 닫게 하는 불길만큼이나 치명적이다. 보통 이 단계에서 처음으로 할 일은 이 불길이 이후에 처리할 수 있는 문제인지 여부를 결정하는 것이다.

토바코왈라가 서베이몽키에 합류했을 때 그녀가 먼저 잡아야겠다고 생각한 불길 중 하나는 제품의 디자인이었다. 흉측하고, 시대에 뒤떨어지고, 솔직히 당황스러웠다. 하지만 대단히 효과적이며 성공적이기도 했다. 우선 사용자의 참여도가 높았고 고객들이 만족하고 있었다. 토바코왈라는 더 긴급한 불길을 잡기 위해 제품의 디자인을 바꾸는 일은 일단 미루기로 결정했다. 이 결정 때문에 심미적 감성이 있는 엔지니어를 찾는 것이 더 어려워졌다. 하지만 이 결정이 회사를 파멸로 몰아넣지는 않았다.

경우에 따라, 스타트업에서 발생한 불길은 돈을 잡아먹기는 하지만 고객에게는 영향을 주지 않는다. 그런 낭비를 감당할 능력이 있다면 그 불길을 무시하고 시간을 벌 수 있다. 더 많은 자본을 조달하는 것은 급한 불길을 그대로 놓아둘 수 있게 하는 쉬운(값비싸기는 하지만) 방법이다.

두 번째로 고려해야 할 요인은 **효율**이다. 지금 당장 끌 수 있는 불길은 어떤 것이며 이후에 진압하는 것이 더 쉬운 불길은 무엇일까? 급박한 불길이지만 지금 당장 효과적으로 진압할 수 없다면, 그 불길을 무시하고 외부적 상황이 불길을 잠재워 주기를 기대해야 한다. 마찬가지로, 지금 당장 급하지는 않지만 번지게 놓아둘 경우 더 큰 혼란을 일으킬 수 있다면 초기에 싹을 잘라서 시련을 막아야 한다.

마지막으로 고려해야 할 요인은 **의존성**이다. A라는 불길을 잡을 경우 불길 B와 C를 더 쉽게 진압할 수 있는가? 이런 연쇄적 효과는 대단히 중요하다. 주어진 시간에 잡을 수 있는 것보다 더 많은 불길이 존재하기 때문이다. 불길에도 빠르게 성장하는 스타트업에 적용되는 매슬로의 단계가 있다는 것이 나의 생각이다. 다음 중 맨 위에 있는 요소가 제일 먼저 진압해야 하는 가장 시급한 불길이다.

고객 인터넷 서비스 스타트업의 경우 가장 중요한 불길은 유통이다. 유통이 화염에 휩싸이면 회사는 죽어갈 수밖에 없다. 그렇지만 이 불길을 잡을 수 있다면, 다른 불길들을 잡는 것은 훨씬 더 쉬워진다. 사용자를 확보하면 제품을 개선할 방법에 대한 피드백을 얻을 수 있다. 수백만 명의 사용자나 수천 명의 고객을 얻는다면 수익 창출이 훨씬 더 쉬워진다. 수익 창출은 현금흐름을 통해서든 투자를 통해서든 조직의 규모를 확대하는 데 필요한 인프라와 인력에 드는 비용을 더 쉽게 마련할 수 있게 해준다. 성공적인 기업으로 성장하고 있어야 이후 경쟁에 대해서도 대비할 수 있는 것이다.

링크드인의 경우, 바이럴리티를 구축하고 상당한 사용자 기반을 만들어서 유통 문제를 해결했다. 그리고 나자 수익 모델에 대해서 걱정하는 사람들이 생겼다. 그 당시 "링크드인은 어떻게 돈을 벌죠?"라고 묻는 사람들에게 5센트씩 받았다면 달리 수익 모델이 필요치 않았을 것이다. 하지만 나는 그 불을 무시해야 한다는 것을 알고 있었다. (1) 수익의 부재가 자금 조달을 막지 않는 한 그 문제가 사업 실패의 직접적인 원인이 되지 않을 것이고, (2) 제품이라는 불길이 훨씬 더 시급했기 때문에 우리는 여기에 집중해야 했다. 최소 100만 명의 임계량을 달성하는 데 필요한 유통 방안을 찾지 못하고, 사람들이 정기적으로 서비스를 이용하고 싶다고 생각할 만큼(혹은 최소한 링크드인의 요청에 반응할 만큼) 매력적인 제품을 만들지 못했다면, 수익 모델은 아무런 의미가 없었을 것이다.

당시 잠재적인 시리즈 A 투자[Series A 투자, 스타트업의 프로토타입이나 베타 서비스를 정식 제품 혹은 서비스로 만들려고 하는 투자]자들은 링크드인에 수익성을 달성할 만한 비즈니스 모델이 있는지 확인하고 싶어 했다. 나는 잠재 투자자들에게 다음 라운드 펀딩까지 수익을 내지 않을 것이며 따라서 비즈니스 모델은 아무런 의미가 없다고 말했다. 그런데도 그들은 비즈니스 모델을 고집했고, 나와 우리 팀은 수입원이 포함된 재무 모델을 만들었다. 지금은 우리가 거기에 무엇을 넣었는지도 기억하지 못한다! 우리는 몇 주를 낭비하는 대신 하루 저녁시간을 내서 와인 몇 잔을 마시며 비즈니스 모델을 준비했다(하루 저녁도 아까워서 화가 났었지만 와인이 맛있었던 덕분에 아주 시간 낭비는 아니었다).

이 이야기는 혼란·위험·불확실성에 대한 내성을 가진 사람들이 팀에 왜 필요한지 알려준다. 대부분의 사람들은 불길을 잡으려고 든다. 곧 어떤 불길이 퇴로를 차단할지도 모른다는 사실을 알면서 그보다 더 급박한 불길을 잡는 일에 집중할 수 있는 사람은 많지 않다. 하지만 링크드인 팀의 구성원들은 그런 불확실성을 편하게 받아들였다. 또 확실한 수익 모델이 없는 상태에서도 대단히 효과적으로 일을 해냈다. 불길이 타오르게 놓아둘 수 없는 사람들은 그 불길들을 잡는 데 모든 시간을 쏟을 것이다. 하지만 이렇게 되면 사업을 진전시킬 획기적인 기회를 만들 시간은 남지 않는다.

여섯 번째 전략, 규모가 나오지 않는 일을 한다

와이콤비네이터의 공동창업자 그레이엄은 유명한 에세이를 통해 기업가들에게 규모가 나오지 않는 일을 하라고 조언했다. 이 조언은 젊은 스타트업을 겨냥한 것이지만, 블리츠스케일링을 하는 스타트업에 더 중요하다.

엔지니어들은 일회성 작업을 싫어한다. 그들이 생각하기에 이는 낭비이며, 효율적이지도 않기 때문이다. 그들은 처음부터 제품을 적절하게 만드는 것이 낫다고 믿는 사람들이다. 따라서 제품을 한 번에(가능한 한 완벽하게) 만들려고 한다.

하지만 블리츠스케일링을 할 때 비효율은 예외가 아닌 원칙이다. 속도를 우선으로 삼는다는 건 보완에 대한 투자를 줄이고, 일이 어긋날 때까지 기다렸다가 QA 도구와 절차를 만들 수도 있다는 것이다. 이 모든 결정이 이후의 다른 문제로 이어지더라도, 제품을 만드는 데 지나치게 오랜 시간이 걸린다면 훗날이란 것이 아예 없을 수도 있다. 어쩌면 이 단계에서는 세련되게 가공한 해법보다 10분의 1에 해당하는 시간만 투자하면 만들 수 있는 투박한 해법이 유용할 수도 있다. 나중에 버리더라도 말이다.

세상은 '스케일링이 아닌 일'과 '스케일링인 일'을 말끔하게 구분해 전자가 후자에 매끄럽게 길을 내주는 식으로 진행되지 않는다. 스케일링의 한 단계에서 먹혔던 코드나 절차가 바로 다음 단계에서 실패할 수도 있고, 그것을 대체한 것으로 처음에는 스케일링을 할 수 없을지도 모른다. 에어비앤비의 창업자들이 에어비앤비닷컴에 포스팅하는 형편없는 숙박지 사진의 문제를 어떻게 해결했는지 생각해보라. 그들은 직접 나서서 사진을 촬영했다. 체스키는 이 문제를 설명할 때 이렇게 말했다. "우리는 RISD(Rhode Island School of Design)에 다니는 친구들에게 카메라를 빌린 다음 모든 호스트의 집 대문을 두드리고 다녔습니다."

체스키와 게비아는 하루에 10군데 정도를 촬영할 수 있었다(공동창업자 블레차르지크는 사무실을 겸한 아파트에서 사이트에 사고가 생기지 않도록 지켜야 했다). 한 호스트가 체스키에게 언제 돈을 받게 되는지

묻자 체스키는 배낭에서 회사 수표책을 꺼내 그에게 수표를 써주었다. 호스트는 수표를 넣으며 "그리 큰 회사는 아닌가 봅니다."라고 말했다. 에어비앤비가 도약하면서 집집마다 직접 다니며 사진을 촬영하는 일도 상당한 규모로 커져야 했다. 그래서 공동창업자들은 크레이그리스트를 통해 사진작가를 고용하고, RISD 친구들에게 부탁하고, 심지어는 사진촬영을 취미로 기재한 에어비앤비 호스트를 찾았다. 에어비앤비는 이런 재능을 가진 사람들을 활용해서 숙박지 촬영 한 곳당 50달러의 보수를 받는 사진작가를 5명에서 10명 정도 안정적으로 확보할 수 있었다. 그들은 정교한 스프레드시트 관리 도구를 이용해서 사진작가와 그들의 임무를 추적했다. 그러나 곧 이 시스템 역시 일을 감당할 수 없게 되었다. 그들은 시라큐스 대학에 다니던 엘리 티엘(Ellie Thiele)을 여름 인턴으로 채용했고 그녀에게 사진작가들을 관리하는 일을 전적으로 맡겼다. 티엘은 사진 관리에만 매달려 활동하는 사진작가의 수를 약 50명으로 늘렸다.

이 시점이 되어서야 에어비앤비는 진정으로 스케일링이 가능한 해법, 즉 소프트웨어를 갖게 되었다. 블레차르지크는 코드를 쓰면서 사이트에 2개의 버튼을 추가했다. 하나는 호스트들이 사진작가를 요청하는 버튼이었고, 다른 하나는 사진작가가 작업을 마쳤을 때 티엘에게 작업비를 청구하는 버튼이었다. 결국 창업자들은 자데를 말단 엔지니어로 채용해 그에게 티엘과 함께 사진촬영에 관한 절차를 모두 자동화시키는 일을 맡겼다. 에어비앤비는 코드를 만들기도 전에 사진촬영 문제를 처리하기 위해 3가지 다른 방법을 거쳤다. 그 후로도 사진촬영에 관한 시스템을 여러 차례 정비했다.

에어비앤비로서는 처음부터 사진촬영에 관한 문제를 비중 있게 다뤄 자동화 시스템을 구축하는 것이 의미 없는 일이었다. 회사가 긴 여정을 시작할 시점에, 그 사이트를 방문하는 사람은 하루에 단 10명뿐이었고 유일한 엔지니어링 인력은 블레차르지크였다. 만약 이 엔지니어가 자동화 시스템을 구축하는 작업에 매달렸다면 아마 에어비앤비는 사업을 성장시키는 데 필요한 다른 모든 엔지니어링 작업을 지연시켜야 했을 것이다. 에어비앤비는 규모가 나오지 않는 일, 자원의 제약과 이후에 폐기해야 할 스프레드시트를 만드는 '낭비적인' 일을 했지만 그 일 덕분에 성장할 수 있었다.

일곱 번째 전략, 고객을 무시하라

"고객은 항상 옳다." 이것은 오래전부터 고객 서비스 부문에서 따르던 업계 통념이다. 하지만 블리츠스케일링 기업들이 따라야 할 핵심 규칙은 다르다. "가능한 한 모든 고객 서비스를 제공하라. 단, 그것이 속도를 늦추지 않는다면. 이는 속도를 늦출 경우, 서비스를 제공하지 말라는 의미이기도 하다!" 그래서 많은 블리츠스케일링 스타트업들은 고객들이 포럼에서 서로 도움을 주고받을 거라 믿고 이메일로만 서비스를 지원하거나 전혀 지원하지 않는다. 물론 고객을 모른 체하는 일은 회사에 긍정적인 일이 아니다. 고객은 우리가 자신의 말에 귀 기울이는 것을 좋아한다. 그들을 무시하는 것은 결국 회사에 대한 고객의 충성도를 낮출 것이다. 하지만 블리츠스케일링을 하고 있다면 그래야 한다. 고객을 무시하고 방치하는 일은 보통 불타게 놓아두었다가 나중에 잡아도 되는 쉬운 불길일 경우가 많다. 그보다는 더 크고 치명적인 불길을 잡는 데 집중해야 한다.

초고속으로 성장하려면 고객 서비스에 대한 접근 방식에도 급속한 변화가 필요하다. 페이팔에서 했던 경험이 좋은 실례다. 2000년 2월, 페이팔의 거래량은 매일 3~5%씩 증가하고 있었다. 매일 수천 통의 이메일이 왔으나, 우리는 거기에 일일이 답을 하지 못하고 있었다. 이메일에 답을 받지 못한 고객들은 우리에게 또다시 이메일을 보냈다. 문제는 점점 가중되었다. "고객은 항상 옳다." 이 통념에 따르자면 고객이 보낸 이메일에 답변하기 위해 되도록 많은 인력을 투입해야 했다. 하지만 우리는 그와 정반대로 행동했다. 팀원 40명 중 고객 지원을 담당할 수 있는 인력은 2명이었다(그리고 사무실 관리자가 근무시간의 절반을 그들을 돕는 데 사용했다).

우리에게는 그보다 당장 꺼야 할 훨씬 더 급한 불길이 있었다. 예를 들어 우리는 그 시간에 (1) 첫 대규모 벤처 캐피털을 유치하고 있었고, (2) 우리의 가장 큰 파트너 이베이가 우리 사업을 복제해 내놓은 빌포인트와 경쟁하고 있었으며, (3) 머스크의 엑스닷컴(X.com)과 합병 협상을 하고 있었다. 일이 너무 바빠서 고객 서비스 문제를 해결할 시간이 없었다. 그 때문에 고객들의 불만을 방치했다. 하지만 어떤 불만사항도 거래량이 기하급수적으로 늘어나는 것을 막지 못했다. 물론 그 일에는 그만한 대가가 따랐다. 페이팔은 팰로앨토 지역 전화번호부에만 등재되어 있는데도, 많은 사람들이 전화번호를 찾아내어 아무 때나 전화를 했다. 전화를 하는 모든 고객은 대부분 화가 나 있었다. 우리는 전화받는 일을 중단했다.

고객을 모른 체하는 일은 **일시적인** 해법이다. 상당한 벤처 캐피털을 조달하고 엑스닷컴과의 합병을 발표하고 나자, 우리에게도 고객 서비스 문제를 해결할 시간과 자원이 생겼다. 우리는 네브래스카 주지사와 협력체제를 구축하고 오마하에서 고객 지원 인력을 구했다. 왜 오마하였을까? 엑스닷컴은 이미 그곳에 소규모의 고객 서비스 팀을 두고 있었다. 엑스닷컴은 왜 오마하를 선택했을까? 엑스닷컴의 초창기 직원들 중 1명에게는 그곳에 살고 있는 누나가 있었다. 그녀는 신생 스타트업인 우리를 도와 고객 서비스 전화를 받아주겠다고 제안했다.

회사 직원들과 그룹 인터뷰를 진행했고, 이렇게 해서 30일 만에 100명의 새로운 지원 인력을 고용하고 교육시킬 수 있었다.

그 일을 맡기려고 고용한 페이팔 직원 세라 임바치(Sarah Imbach)는 18개월 동안 오마하로 거처를 옮겼다. 다행히 관련된 모든 사람이 해피엔딩을 맞았다. 우리 제품은 우리가 고객 서비스 문제에 달려들 때까지 고객들을 붙잡아둘 만큼 그들에게 유용했다. 우리는 빌포인트를 누르고 상장했으며, 이베이에 15억 달러를 받고 회사를 매각했다. 임바치가 오마하에서 보낸 18개월은 여러 가지면에서 생산적이었다. 아직까지 오마하에서 1,000명 이상의 인력을 고용하며 서비스와 운영 조직을 구축한 것은 물론이고, 그녀는 그곳에서 남편을 만나기까지 했다.

여덟 번째 전략, 총알은 많을수록 좋다

기업가들은 보통 필요한 것보다 많은 자금을 모으려고 하지 않는다. 과도하게 자금을 끌어모으면 자신들이 차지하고 있는 회사 지분이 줄어드는 것은 물론, 우선적으로 처리해야 할 일들이 생기기 때문이다(가령 창업자와 직원들이 벌어들인 수익으로 상황을 뒤엎을 만한 일을 시작하기도 전에, 그 모든 돈을 투자자들에게 돌려주어야 할지도 모른다). 하지만 블리츠스케일링을 할 때에는 언제나 필요한 것보다 많은 (가급적 훨씬 많은) 자금을 조달해야 한다.

현금을 많이 조달하면 예측 불가능한 일을 잘 처리할 수 있게 된다. 블리츠스케일링을 할 때 예측할 수 있는 유일한 일은 당신이 언젠가는 예측 불가능한 일을 만나게 된다는 점뿐이다. 이 일

에는 주식시장의 붕괴, 이례적인 일에 경비를 사용하는 일, 사업
을 시작할 때는 존재하지 않았던, 예측할 수 없는 시장 내의 기회
에 이르는 모든 것이 포함된다.

사실, 대부분의 기업가들은 지나치게 많은 자금을 모으기보다
는 지나치게 적은 자금을 필요한 만큼만 조달할 가능성이 훨씬 더
높다. 노벨상을 수상한 경제학자 대니얼 카너먼(Daniel Kahneman)
과 그의 오랜 공동연구자 고(故) 아모스 트버스키(Amos Tversky)는
1979년, 논문 〈직관적 예측: 편견과 수정 절차(Intuitive Prediction:
Biases and Corrective Procedures)〉에서 '계획 오류(planning fallacy)'에 대
해 이야기하면서 이 같은 일반적 현상을 설명했다.

계획 오류란 사람들이 보통 계획을 세울 때 상황을 낙관적으로 바
라봐 최상의 시나리오를 생각한다는 것이다. 그래서 상황을 더 잘
알아야 할 때도, 최상의 시나리오에 따라 계획한 대로 결과가 나올
것이라고 예상한다.

내가 함께 일해온 거의 모든 기업가들이 이 계획 오류의 희생
자다. 처음 사업을 시작하는 기업가는 특히 더하다!

'추가' 자본은 계획된 결과가 나타나지 않을 때 쿠션 역할을 해
준다. 게다가 선택의 여지도 넓힌다. 성장하는 데 투자해야 할 경
우에는, 시간을 잡아먹지 않고 이 일을 해낼 수 있도록 도와준다.

자금을 조달하기 위해 다른 절차를 거치지 않아도 되니, 결과적으로 시간을 낭비하지 않고 더 많은 일을 할 수 있다. 민티드의 CEO 나피시는 이렇게 말했다. "은행에 맡겨둔 자금의 절반만 가지고 움직이는 것처럼 행동해야 합니다. 항상 훌륭한 기업가들과 기업을 위협하는 모든 실패 요인, 그것들의 가장 적합한 상태를 염두에 두어야 하기 때문입니다. 좋은 아이디어를 가지고 있으며 옳은 길을 가고 있는 너무나 많은 기업가들이 사실 돈이 떨어져서 실패하고 맙니다."

페이팔과 링크드인을 운영할 때 시장 붕괴 직전(2000, 2008) 거액의 자금을 조달했는데, 이는 대단히 만족스러운 결과를 낳았다. 페이팔의 경우, 그 자금 덕분에 닷컴 붕괴의 시기에도 계속 성장할 수 있었기 때문이다. 만약 그 자금이 아니었다면 IPO에 도달하지 못했을 것이다. 링크드인의 경우, 상황이 그렇게까지 심각하지는 않았지만 추가로 자금을 확보함으로써 선택지가 더 넓어졌다.

이것의 긍정적 가치는 지분이 약화되는 것 같은 부정적 가능성을 훨씬 능가했다. 돈이 꼭 필요하지 않더라도, 대규모로 자금을 확보하면 사람들에게 여러 가지 긍정적인 신호를 보낼 수 있다. 가령 당신 회사가 시장 주도자로 부상할 가능성이 높다는 확신을 심어준다. 또 다른 경쟁자를 지원하려던 투자자들의 의욕을 꺾는다. 대부분의 블리츠스케일링 스타트업들은 경비 지출 속도가 빠르다. 상품을 판매해서 얻은 자금으로 충당하기 어려울 만큼 영업이나 마케팅과 같은 성장 동인에 더 많은 돈을 투자해야 하기 때문이다. 빼어난 기업을 만드는 데에 많은 돈이 드는 것은 당연하다. 우리에게 벤처 투자자가 있는 이유가 여기에 있다.

하지만 성장을 위해서 돈을 쓰는 것(차별화시키기 위해 투자받은 자본을 사용하는 것)이 이치에 맞더라도, 이런 투자를 할 때는 반드시 장기적인 수익성을 염두에 두어야 한다. 장기적으로 봤을 때 경제 전망이 긍정적이거나 적은 비용으로 자본을 이용할 수 있다면 급속한 성장에 투자자본을 투입하는 것이 이치에 맞다. 회사는 단기적으로 봤을 때 수익성이 없더라도, 장기적으로 봤을 때 먼 미래에 높은 매출과 이윤을 낼 만한 가치가 있는 고객 기반을 만들 것이다.

기술 스타트업의 경우, 필요한 자금은 2가지 주요 요소에 의해 결정된다. 바로 인건비와 아웃바운드 고객 유치 비용이다. 좋은 소식은 이 비용의 경우 대개 예측 가능하다는 것이다. 따라서 단순히 상황을 모면하기 위해 대응하는 것이 아니라 숙고한 다음 행동할 수 있다. 실리콘밸리의 전형적인 법칙에 따르면 18~24개월간 회사를 운영할 수 있는 자금을 조달해야 한다. 다음번 벤처 캐피털을 유치하기까지 약 6개월이 걸리기 때문이다. 또 한 번 당신에게 투자해도 좋다고 벤처 투자자들을 설득하려면, 그만큼 진전된 모습을 보여줘야 한다. 이때 최소 18개월이란 '도움닫기' 기간

이 없다면, 그들에게 이를 입증할 시간이 1년도 남지 않는다.

이것이 중요한 이유는 자금 조달은 짧은 게임보다는 긴 게임으로 진행하는 것이 낫기 때문이다. 투자자들이 돈이 필요치 않은 사람에게 돈을 주는 쪽을 선호한다는 사실은 우리만 알고 있는 비밀이 아니다. 벤처 투자자에게 긍정적인 파블로프 반응을 이끌어내는 데 "우리는 자금을 더 확보할 필요가 없습니다."라는 말보다 좋은 것은 없다. 안타깝게도, 말은 쉽지만 현실은 그렇지 않다.

블리츠스케일링을 하고 있을 때는 대단히 빠르게 성장하고 조직이 여러 가지 측면에서 극단으로 내달리고 있기 때문에 항상 다양한 문제가 발생한다. 이럴 때 돈으로 문제를 해결하고 싶은 유혹이 들겠지만, 이겨내야 한다. 돈은 스케일링의 다음 단계에 도달하기 위해 해결해야 하는 중대한 문제들을 고치는 데에만 써야 한다. 다른 것들은 기다리게 해도 된다. 앞서 언급했듯이, 페이팔에서 우리는 고객 서비스 문제를 해결하는 데 필요한 지출을 의도적으로 피했다. 그것이 당장 중대한 문제가 아니라는 것을 알고 있었기 때문이다. 곡예를 계속하면서 지출을 미룰수록, 짧은 활주로라는 압박 없이 자금을 조달할 수 있게 된다. 회사를 시작하는 것은 절벽에서 뛰어내리며 그 와중에 비행기를 조립하는 일이라는 것을 기억하라. 이륙하는 데 필요한 연료와 부품에 쓸 돈이 없다면, 거기에 이르는 동안 당신이 얼마나 효율적으로 돈을 썼는지 아무도 알아주지 않을 것이다.

아홉 번째 전략, 문화를 진화시켜라

거의 모든 창업자, 비즈니스계의 거물, 저명한 교수들은 조직문화가 중요하다는 데 동의한다. 블리츠스케일링을 할 때 비효율을 감내하고 나중에 잡아도 되는 불길을 잠시 내버려 둘 수는 있지만, 조직문화를 방치하는 것은 선택지에 없다. 에어비앤비의 체스키는 단순하고 간결한 방식으로 문화를 정의한다. "일을 하는 공통의 방법."이라고 말이다. 조직이 일하는 방식을 명확하게 규정하는 것은 중요한 문제다. 블리츠스케일링을 할 때는 전략을 실행하는 실제적인 방식으로서 공격적이고 집중적인 조치와 불명확하고 모호한 문화를 따라야 하기 때문이다. 넷플릭스의 공동창업자이자 CEO인 헤이스팅스는 이렇게 말했다. "문화가 취약하면 조직이 산만해집니다. 사람들은 각기 다르게 행동할 것이고, 서로를 이해하지 못하며 이것은 조직 내의 정치적인 문제를 야기할 수 있습니다."

저커버그와 샌드버그는 페이스북에서 훌륭한 일들을 많이 해냈는데, 그중 하나가 통일된 문화를 구축한 일이었다. 저커버그의 원래 좌우명 "빠르게 움직여서 문제를 혁파한다."에 요약되어 있듯이, 그들은 공격적인 실험과 데이터 중심의 빠른 의사결정에 전념하는 문화를 만들었다. 페이스북의 이런 문화는 어떤 시도를 했을 때 실패할지도 모르지만 두려워할 필요는 없다고 직원들에게 상기시켜주었다. 이로써 페이스북은 빠르게 움직일 수 있었고

실험에 실패해도 그것에서 빨리 벗어날 수 있었다. 만약 당신의
스타트업 직원들이 다음과 같은 질문을 받는다고 상상해봐라.

당신의 조직은 무엇을 하려고 하고 있습니까?

그런 목표들을 달성하기 위해서 어떻게 노력하고 있습니까?

그런 목표들을 빨리 달성하려면, 당신이 일으킬 수 있는 위험 중
어떤 것을 감수해야 합니까?

일하는 도중에 어떤 특정한 가치와 맞바꿔야 한다면 어떤 가치가
우선시됩니까?

어떤 행동을 하면 채용되고, 승진되고, 해고됩니까?

이 질문을 받은 직원은 뭐라고 답할까? 다른 직원에게 똑같이
질문하면, 그 사람은 이전에 질문했던 사람과 같은 대답을 할까?
이때 직원들이 일관된 대답을 하고 그에 따라 행동한다면, 조직이
강력한 문화를 구축하고 있단 뜻이다.

강력한 문화를 구축하는 데 전념한다는 것은 조직문화에 맞지
않는 '주자들'을 채용하지 않는다는 뜻이기도 하다. 페이팔에서 일
하던 레브친은 엔지니어링 그룹에 합류하는 직원들을 채용할 때
문제 해결 능력을 테스트했다. 그는 단순히 좋은 코드를 쓰는 것
이 아니라 큰 그림을 그리고 거기에서 발생하는 문제들을 해결하
는 데 집중하는 문화를 원했다. 그래서 뛰어난 프로그래머라 하더

라도 문제 해결 지향성이 없다면 그 사람을 채용하지 않았다.

링크드인에서 일할 때 우리는 열심히 일하며 동시에 가족 지향 적인 사람들을 찾으려고 노력했다. 우리 창립 멤버들에게는 가정 이 있었고, 그들이 집에 돌아가 가족들과 저녁식사를 할 수 있는 (그리고 저녁시간에 재택근무를 할 수도 있는) 문화가 자리 잡길 원했다. 규범을 정립하길 원했다. 스타트업 직원이라면 매일 밤 10시까지 사무실에 있어야 한다고 생각하는 지원자들은 동료와 그 자신을 좌절하게 한다. 따라서 그런 사람들은 걸러냈다. 또 9시부터 5시 까지 정해진 시간 안에서만 일하고 싶어 하는 후보자들도 역시 걸 러냈다. 아무리 재능이 출중해도 말이다.

문화는 중대한 문제다. 문화는 구체적인 지시와 규칙이 없거나 그런 규칙들이 한계점에 이른 상태에서 사람들이 어떻게 행동해 야 하는지에 영향을 끼친다. 이와 관련된 악명 높은 사례가 있다. 2017년, 유나이티드 항공의 시카고 항공본부 직원들은 승객 데 이비드 다오(David Dao)를 강제로 끌어냈다. 적정 인원보다 예약을 더 받는 바람에 비행기에 탑승할 수 있는 정원이 초과됐기 때문이 다. 이 과정에서 다오는 코뼈가 부러지고, 2개의 치아가 부러졌으 며, 심각한 뇌진탕을 입었다. 그런데 더 황당한 건 다음 날 아침 유나이티드 항공의 CEO 오스카 뮤노스(Oscar Munoz)가 직원들에 게 보낸 이메일 내용이다.

우리 직원들은 상황을 해결하기 위해 기존의 절차를 따랐을 뿐입니다. 이런 상황이 벌어진 것은 대단히 유감스러운 일이지만, 나는 직원 여러분 모두를 칭찬해주고 싶습니다. 그건 어디까지나 안전한 비행을 위해 해야 할 일이었고, 직원 여러분은 제대로 비행할 수 있게 계속 노력했으니까요. 물론 이번 일을 통해 분명히 배운 것도 있을 것입니다. 회사도 이 사고를 둘러싼 상황을 예의 주시하고 있습니다. 고객과 직원 여러분 모두 서로 존중하고 존엄하게 대하는 것이 우리 업의 본질입니다. 상황이 아무리 어려워도 우리는 이 점을 항상 기억해야 합니다.

이 사건은 회사의 가치관을 잘못 표현했을 때, 이것이 문화를 어떻게 약화시킬 수 있는지 보여주는 전형적인 사례다. 유나이티드 항공의 지상 근무원들은 다른 승무원들을 비행기에 태우려면 (뮤노스가 말하는 '제대로 비행하는 것') 이미 탑승한 승객들 중 일부를 비행기에서 내리게 해야 한다고 생각했다. 또한 정시 출발과 비행 취소와 같은 지표를 충족하는 것이 '존중과 존엄'으로 고객을 대하는 것보다 중요하다는 식으로 행동했으면서, 자신들이 하는 업의 본질이 '존중과 존엄'으로 고객을 대하는 것이라고 말했다. 일반적으로 우리는 코뼈를 부러뜨리고 치아를 부러뜨리는 것이 사람을 존중하는 태도라고 생각하지 않는다.

반면, 사우스웨스트 항공은 회사의 가치관을 명확히 함은 물론, 사람을 채용하고 인력을 관리할 때도 이 가치관을 판단 기준으로 삼는다. 그들은 '보면 안다'는 식으로 판단하지 않고, '이미 이 사람이 우리의 방식대로 살고 있는가?'라는 관점에서 생각하고 판단한다. 이 회사는 인터뷰를 할 때 행동에 관련된 질문들을 하는데, 이를 통해 후보자들이 조직문화에 적합한지 평가한다. 예를 들어 이타적인 팀원이 될 수 있는가를 판단하고자 할 땐 채용 후보자들에게 이렇게 묻는다. "동료의 일을 성공시키기 위해 당신은 맡은 업무 이외에 무엇을 더 할 수 있습니까?"

물론 이 항공사도 특정한 업무를 수행해야 하는 자리에는 그에 합당한 기술이 필요하다는 것을 인정한다. 사우스웨스트 항공은 이 점을 이렇게 표현한다. "우리는 태도가 아무리 훌륭해도 비행기를 날게 하지 못하는 조종사를 고용하지는 않는다!" 다만 자격이 동일하다면 사우스웨스트의 가치관에 맞게 살아가는 사람을 채용하겠다는 말이다. 그러나 자격이 되어도 항공사의 가치관과 맞지 않는 후보자라면 역시 채용하지 않는다. 그 자리를 오래 비워두더라도 그런 가치관을 가진 사람을 계속 찾는다. 사우스웨스트의 인재 개발과 승진 관행 역시 이런 회사의 가치관에 직접 연결되어 있다. 인사고과에서는 성과뿐 아니라 그들이 어떻게 그런 결과를 얻어냈는지를 기준으로 직원을 평가한다. 그래서 실제로 '전사 정신' '섬김의 마음' '즐겁게 일하는 태도'와 같은 것들이 평가의 기준이 된다. 달리 말해, 문화는 사우스웨스트 항공 웹사이트의 강령에만 드러나 있는 것이 아니라 이 항공사의 절차와 관행에 깊이 스며들어 있는 것이다.

두 경우 모두, 문화는 기업에 실제적인 영향을 미친다. 유나이티드 항공은 강력한 가치관이 없는 조직문화 때문에 회사의 평판이 땅에 떨어지는 끔찍한 사고를 겪었다. 사우스웨스트 항공은 직원들의 '섬김의 마음'과 '즐겁게 일하는 태도'라는 가치관이 구체적인 고객 만족 지표로 드러난다. 정시 도착과 같은 지표만 보면 사우스웨스트가 거둔 성과는 평균에서 크게 높지 않다. 하지만 이 항공사는 이런 가치관을 바탕으로 한 문화 덕분에 꾸준히 승객당 고객 불만 지수를 최저치로 낮추고 있다.

조직문화는 실리콘밸리의 부상에도 핵심적인 역할을 했다. 기술 업계를 형성하고 업계 전반을 정의해온, 아이콘 같은 역할을 한 기업들(HP·인텔·애플·구글·페이스북)은 그 연혁에 상관없이 독특한 문화로 널리 알려져 있다. 에어비앤비와 세일즈포스닷컴과 같은, 최근 스타트업 시장을 주도하는 기업들도 마찬가지다.

보통, 이런 문화를 정립한 공로는 창업자들에게 돌아간다. 빌 휼렛(Bill Hewlett)과 데이비드 패커드(David Packard)는 HP의 일하는 방식과 동의어다. 밥 노이스(Bob Noyce)·무어·그로브는 인텔의 삼위일체라고 불린다. 잡스·페이지·브린·저커버그는 애플·구글·페이스북 문화의 원천으로 간주된다. 이렇게 창업자와 창립 멤버들의 개성은 조직의 문화를 정의하는 데 중대한 역할을 한다. 하지만 사실 조직문화는 창업자들만이 아닌 조직 내 많은 사람들의 행동을 근거로 오랜 시간에 걸쳐 드러난다고 말하는 것이 더 정확하다.

조직의 주된 문화는 보통 회사가 성공하는 데 가장 기여도가 큰, 중요한 기능적 역할을 맡은 영역에서 비롯된다. 가령 HP의 문화는 초창기 엔지니어링이 지배하는 문화가 그 기반이 되었다. 기술 업계가 커지면서 영업이 훨씬 중요해지자, 오라클과 시스코(Cisco) 같은 회사에는 영업 중심의 문화가 생겨났다. 오늘날의 기업들은 제품 문화, 디자인 문화, 마케팅 문화, 재정 문화나 심지어는 운영 문화도 가질 수 있다. 다만 이 모든 문화가 성공적이더라도 당신은 조직의 성공에 핵심이 되는 기능에 집중해야 한다.

조직문화의 개발은 브랜딩과 밀접하게 연관돼 있다. 문화는 스스로나 다른 사람들에게 우리가 누구이며, 세상에서 차지하는 우리의 위치가 어디쯤인지 알려주는 이야기의 중심이다. 다른 사람들이 우리에 대해 이야기를 할 때, 그 이야기의 중심이기도 하다! 회사를 소개하는 웹사이트에 당신이 원하는 모든 가치관을 나열할 수 있다. 하지만 그것들이 정말 회사의 조직문화에서 필수적인 부분이 되려면, 그 가치관들을 전략의 일부로 만들고 다른 사람들이 부응할 만한 이야기(구체적인 증거와 세부사항을 기반으로)를 할 수 있어야 한다. 이것만이 유일한 방법이다.

그렇다면 조직에서 강력한 문화를 어떻게 개발할 수 있을까? 나는 내버려 둔 채로 점잖게 지켜보며 문화가 유기적으로 진화하길 기대하는 것과 전반적인 문화를 솔직하게 규정하려고 노력하는 것의 절충안을 찾아야 한다고 생각한다. 전자의 경우 문화를 더 취약하게 하거나 회사의 니즈에 맞지 않는 문화를 발전시킬 위험이 크다. 후자는 지나치게 융통성이 없고 단호하다.

대부분의 문화는 유기적으로 형성되기 시작한다. 앞서 말한 것처럼 창업자들이 어떤 사람인가에 따라 그들은 조직문화에 큰 영향을 끼친다. 창업자들이 특정한 신념과 관행을 따르며 그것이 승리의 근본적인 열쇠라고 믿으면, 그 신념과 관행은 가까이에서 일하는 사람들에게 전염된다. 이런 일은 채용 과정 중 필터링을 통해서 일어나기도 하고 가까이에서 일을 하면서 일어나기도 한다. 물론 둘 다인 경우에도 일어난다. 예를 들어 구글의 페이지는 학문적 배경지식이 견고한 첨단기술 전문가다. 그 결과 구글은 스탠퍼드대의 컴퓨터공학과 대학원을 몹시 닮은, 기술 지향적인 학구적 문화를 발전시켰다. 예를 들면 구글의 엔지니어들은 4명이 함께 사용하는 사무실에 앉아 있다. 스탠퍼드대 대학원생들의 연구실이 그런 식으로 되어 있기 때문이다. 구글은 막강한 비즈니스 경험을 끌어들이기 위해 슈밋을 고용했지만, 슈밋의 학문적 배경(그는 UC버클리에서 전기공학과 컴퓨터공학 박사 학위를 받았다)이 페이지 그리고 공동창업자 브린과 문화적으로 섞일 수 있다고 믿었다.

블리츠스케일링을 하는 기업의 경우, 조직이 성장하면 문화는 점점 중요해진다(그리고 유지하기가 점점 어려워진다). 회사 초창기부터 직원들이 맺어온 유대감은 문화의 기틀을 다지는 데 강력한 힘이 될 수 있다. 하지만 조직이 커지고 공식적인 구조가 생겨나면 이렇게 자발적으로 상호작용을 해오던 방식은 점점 밀려나 유지하기가 어려워진다. 문화를 유기적으로 전파하는 데에는 개개인이 상호작용을 할 시간이 필요하다. 이런 문화적 삼투현상은 블리츠스케일링의 가족단계, 심지어는 부족단계에서도 먹힐 수 있지만, 이후의 단계에서는 소용이 없다. 창업자들이 모든 직원과 직접적인 상호작용을 하지 못하기 때문이다. 상호작용이 짧고 산발적일 때는 삼투현상이 일어나지 않는다. 회사의 규모가 매년 2~3배씩 커질 때는 창업자들과의 짧고 산발적인 상호작용조차 최선의 시나리오가 된다! 조직이 블리츠스케일링의 마을단계에 이르면(직원이 최소 100명), 일대일 상호작용이 어려워진다. 문화가 여러 지점에 걸쳐 동조되어야 할 때는 특히 더 그렇다.

휴스턴은 모든 드롭박스 직원이 합심해 문화를 재창조해야 한다고 말한다. "우리는 직원들에게 이렇게 말합니다. '당신은 지난주에 막 입사했을 수도 있습니다. 하지만 언젠가 선임자가 될 것입니다. 그러니 지금 일하면서 좋았던 것을 기억해두십시오. 그 문화들을 유지하게 하는 것이 당신의 책임이 될 것입니다.'"

유기적으로 문화를 전파하다가 의도적으로 문화를 전파하는 방식으로 바꾸는 것은 쉬운 일이 아니다. 헤이스팅스의 경험이 꼭 그렇다. "우리 넷플릭스는 상장할 당시 150명의 직원을 두고 있었습니다. 사람들은 상장을 하면 모든 것이 엉망이 될 것이라고 걱정했습니다. 여러 절차가 도입되면 위험을 감수하는 일을 멈춰야 한다고요. 하지만 우리는 지금껏 직원의 자유를 독려하는 일을 해왔습니다. 아주 적은 수의 규칙으로 운영하고 싶다면 배경을 만들어야 합니다." 초기 직원들은 의도적인 문화 개발이 관료주의를 야기할까 두려워하곤 했지만, 헤이스팅스의 주장대로, 문화는 사실 관료주의나 규칙을 대체할 수 있다. 왜냐하면 문화가 강력할수록 사람들의 행동을 엄격하게 단속할 일이 줄어들기 때문이다.

의도적으로 문화를 전파하는 데 필요한 2가지 지렛대는 커뮤니케이션과 인력 관리다. 커뮤니케이션은 창업자가 모든 직원들에게 이르도록 직접적인 경로를 마련해주기 때문에 중요하다. 이는 공식적인 대면회의부터 전자기기를 통한 커뮤니케이션, 사무실의 배치나 디자인과 같이 중립적으로 보이는 것들까지 다양한 형태로 나타난다.

예를 들어 에어비앤비는 문화 전파를 극대화하는 데 광범위한 수단들을 사용하고 있다. 체스키가 모든 에어비앤비 직원들에게 매주 보내는 이메일도 그중 하나인데, 아주 강력하다. 그는 스탠퍼드대 강의에서 이렇게 말했다. "반복적인 일들을 계속해서 해야 합니다. 특히 문화를 구축하는 데 정말로 중요하다고 생각하는 일들은 몇 번이고 계속해서 반복하세요. 이것이 무엇보다 중요합니다." 에어비앤비는 시각적으로 각인시키며 이런 언어 메시지들을 강화시킨다. 체스키는 픽사 출신의 화가를 고용해서 에어비앤비 고객들이 하는 경험의 처음부터 끝까지를 담은 스토리보드를 만들었다. 그들이 에어비앤비 문화의 특징이라고 생각하는 고객 중심 디자인을 강조한 스토리보드였다. 심지어 에어비앤비 회의실도 이런 스토리를 담고 있다. 각각의 회의실에는 에어비앤비 서비스에서 이용할 수 있는 방을 그대로 재현해놓았다. 에어비앤비 직원들은 이런 회의실 중 한 곳에서 회의를 할 때마다 손님들이 그곳에서 묵을 때 무엇을 느낄지 생각하게 된다.

아마존에서 베조스는 파워포인트 사용을 금지하고 손으로 쓴 메모를 고집하는 것으로 유명하다. 매번 회의를 할 때마다 조용히 이 메모들을 읽는다. 이 메모 정책은 아마존이 진실을 전달하는 문화를 구축하는 방법 중 하나다. 메모는 구체적이고 포괄적이어야 한다. 또 메모를 읽는 사람들은 가만히 앉아서 파워포인트 슬라이드의 중요 항목들을 보고 고개를 끄덕이며 분명치 않은 동의 의사를 전달해선 안 된다. 그 대신 같은 방식으로 응답해야 한다. 베조스는 메모가 더 예민하게 질문하게끔 하고 깊은 사고를 촉진한다고 생각한다. 메모는 자기만족이기 때문에(슬라이드를 보여주는 사람이 필요치 않고), 아마존 내의 더 많은 사람들이 더 쉽게 받아 볼 수 있다.

잡스는 픽사에 몸담을 당시 커뮤니케이션 문화를 구축하기 위해 건축을 핵심 전략으로 이용했다. 픽사 본사 건물을 디자인한 것이 바로 그 전략이었는데, 정문부터 중앙계단, 중앙극장, 시사회실까지 모두 카페와 우편함이 있는 아트리움으로 이어지도록 만들었다. 이로써 모든 부서와 각 전문 분야의 직원들이 다른 분야의 동료들을 정기적으로 만나게 되었다. 덕분에 자연스럽게 픽사의 협력적이고 포괄적인 문화를 강화할 수 있었다. 아이작슨의 전기에서 잡스에 관한 이야기를 할 때, 픽사의 최고창작책임자 존 래시터(John Lasseter)는 이렇게 말한다. "그의 전략은 첫날부터 효과를 발휘했습니다. 몇 달 동안 보지 못했던 사람들을 계속 마주치게 되었죠. 나는 이보다 협력과 창의성을 촉진하는 건물은 본 적이 없습니다."

■ '테세우스의 배'를 건조하라

문화를 전파하는 데 중요한 또 다른 지렛대는 조직의 인력 관리 관행이다. 조직문화에 가장 큰 영향을 미치는 것은 누구를 고용하고, 누구를 승진시키며, 누구를 해고하느냐다. 에릭 슈미트는 구글의 채용전략이 문화를 어떻게 만들었는지 이야기했다. "고용하는 사람들이 문화를 만듭니다." 슈미트가 말했다. "우리는 어떤 방면에서든 특별한 사람들을 고용합니다. 특징이 없는 사람은 고용하지 말아야 합니다. 노력을 통해 성과를 만들어온 사람을 고용해야 합니다." 에어비앤비의 채용 과정에서도 문화가 중요한 역할을 한다. 각 후보자는 담당 인사책임자가 아닌 에어비앤비 직원이 진행하는 가치관 인터뷰를 거친다. 이를 통해 조직이 그 후보의 특정한 직무기술을 얼마나 필요로 하는지와는 별개로 그 사람의 가치관을 고려할 수 있게 한다.

사업이 엄청난 속도로 성장할 때는, 인력이 절박하게 필요하다. 그래서 직원을 얻기 위해 어떤 대가든 치르고 싶어진다. 문제는 그럴 경우 문화를 구축하는 데 기여하는 선교사보다는 돈 버는 데만 관심 있는 용병을 채용하게 된다는 것이다. 매년 회사의 규모가 3배씩 커지고 있다면 단 1년 만에도 선교사가 절대다수인 문화에서 용병이 절대다수인 문화로 변할 수 있다. 급속한 성장의 또 다른 부작용은 절대다수까지는 아니더라도 많은 직원들이 경험이 부족한 관리자의 휘하에 있게 된다는 점이다. 다른 불길들이 타오르고 있을 때에는 문화를 우선하기가 힘들 수 있다. 그래서 블리츠스케일링의 가족단계, 심지어는 부족단계에서도 인사 팀을 별개의 부서로 두지 않는 경우가 많다. 보통은 트라이넷(TriNet)과 같은 전문 인사 채용 관리 업체에 아웃소싱하거나 일반 관리자나 행정직 참모가 짬을 내서 처리한다. 결과적으로, 노련한 사람이 감독하지 않기 때문에 초창기 직원들의 무의식적인 습관이나 패턴이 조직문화로 자리 잡는 경우가 많다. 이렇게 되면 회사에 인사 팀이 생겨도 보통 그 부서의 첫 번째 우선사항은 가능한 한 빨리 많은 직원을 채용하는 일이 된다. 인사 팀에서 문화와 가치관 구축에 집중하길 바란다면, 창업자들과 지도부가 먼저 인사 팀에 그렇게 할 만한 시간과 자원을 지원해야 한다. 또한 새로 들어온 직원들을 그에 따라 관리 · 평가 · 보상해야 한다.

회사가 성장하고 회사의 니즈가 진화하면 이러한 기제들도 계속 진화해야 한다. 헤이스팅스와 넷플릭스는 넷플릭스 컬쳐 덱(Netflix Culture Deck)으로 유명하다. 100장 이상의 슬라이드로 이루어진 이 프레젠테이션은 넷플릭스의 성과 높은 문화를 설명한다. 헤이스팅스와 패티 매코드(Patty McCord)는 넷플릭스 문화에 맞지 않는 입사 지원자를 걸러내고자 넷플릭스 컬쳐 덱을 만들었다. 하지만 그렇다고 이것이 절대적인 것은 아니다. 넷플릭스는 정기적으로 넷플릭스 컬쳐 덱을 수정하고 있다. 문화를 발전시켜야 하는 이유 중 하나는 '테세우스의 배'의 역설 때문이다. 고대 역사가 플루타르코스는 전설의 영웅 테세우스가 미노타우로스[Minotauros, 사람의 몸에 소의 머리를 가진 괴물]를 죽이고 아테네로 돌아올 때 탔던 배에 관한 이야기에 착안하여 이 용어를 만들었다. 전설에 따르면 아테네 사람들은 이 유명한 배를 보존하고자 낡은 나무판자를 계속 새로운 것으로 대체했고, 결국 원래의 나무판자는 전혀 남지 않게 되었다고 한다. 심지어 당시 철학자들은 대체된 부품으로 이루어진 이 배가 여전히 테세우스의 배인가를 두고 답 없는 공방을 계속했다고 전한다(흥미롭게도, 철학자 토머스 홉스는 대체된 후에도 원래의 나무들이 남아 있어서 그것을 이용해 두 번째 배를 만든 경우에는 어떻게 되느냐고 질문해 문제를 더 복잡하게 만들었다).

모든 기업들은 테세우스의 배와 같다. 직원이 들어와서 일정 기간 근무를 하고 떠나면 새로운 직원이 그를 대신한다. 성장 속도가 느린 안정적인 회사는 수십 년 이상 존속하면서 천천히 직원이 대체되기 때문에 그 규모와 강한 연속성을 유지한다. 달리 말해, 테세우스 배의 '나무판자'들이 수십 년간 교체되지 않는 것이다. 반면, 페이스북과 같은 블리츠스케일링 기업은 매년 규모가 2~3배씩 커지기 때문에 10년 만에 가족단계에서 국가단계로 성장할 수도 있다. 달리 말해 새해 첫날에 배에 탔던 전 직원이 다음 해 첫날에는 소수 집단이 될 수 있다. 초기 직원들이 그대로 남아 있지 않고 어느 시점에 떠나게 되면, 원래 배를 이루던 '판자'가 훨씬 줄어든다. 하지만 이런 변화는 블리츠스케일링을 할 때 필수적이다. 기업이 성장할수록 새로운 기술을 가진 새로운 사람들이 필요하기 때문이다.

사람·제품·사무실은 블리츠스케일링을 하면서 변할 수 있고 또 변해야 한다. 문화는 배가 궁극적인 정체성을 유지할 수 있게 해주는 몇 가지 기제 중 하나다. 문화는 잡스가 유명을 달리한 뒤에도 애플이 '애플다움'을 유지할 수 있는 이유다. 인튜이트(Intuit)가 개인금융 소프트웨어를 판매하다가 클라우드 회계 프로그램 패키지를 제공하는 방향으로 사업을 전환했어도 여전히 '인튜이트다움'을 유지할 수 있는 이유다. 블리츠스케일링 시대에 들어서자 조직문화는 더 많은 사람들의 관심을 끄는 주제가 되었다. 문화는 안정적이고 정체되어 있을 때보다 빠르게 성장하고 변화할 때 더 중요하기 때문이다.

문화를 발전시킬 때에는 아슬아슬한 줄타기를 해야 한다. 지나치게 천천히 발전시키면 주변의 변화하는 세상이나 새로운 사업에 적응하는 데 뒤처질 것이다. 그렇다고 지나치게 빠르게 발전시키면 테세우스의 배라는 환상이 깨지고 사람들은 더 이상 소속감을 느끼지 못하게 된다. 네덜란드 역사가 요한 하위징아(Johan Huizinga)의 말대로, "문화를 보존하기 위해서는 계속해서 문화를 창출해야 한다."

❷ 다양성의 부족과 기타 문화적 위험 요소

강력한 조직문화를 구축할 때 그에 따른 잠재적 위험 요소를 고려하는 일도 중요하다. 첫째, 강력한 문화와 추종은 종이 한 장 차이다. 채용 과정에 조직문화를 심는다는 것은 계획적으로 문화에 맞지 않는 사람들을 제외시키되, 너무 비슷비슷한 사람만 채용하지 않도록 주의를 기울여야 한다는 뜻이다. 조직이 성공하려면 조직문화에 부합하는 사람도 필요하지만 동시에 다양한 유형의 사람들이 조화를 이뤄야 한다. 적절한 동일성(예를 들어 똑똑한, 의욕이 넘치는, 지적인, 열심히 일하는, 책임감 있는)을 가진 집단은 페이팔의 경우처럼 회사에 유리하게 작용한다. 하지만 지나치게 비슷하면 집단 순응 사고·편견·정체로 이어질 수 있다. 지나치게 많은 기업들이 '문화적 적합성'에 따라 고용한다는 것의 의미를 잘못 해석한다. 이로 인해 어떤 기업은 손꼽히는 일류 대학을 나온 젊은 백인 남성의 비율이 압도적으로 높은 팀을 구성하기도 한다. 이는 혁신을 이루고 더 넓은 시장으로 나아가는 조직의 능력을 저해한다. 하지만 그런 문제가 되는 관행이 아니더라도 '적합성'에 따라 고용한다는 것은 "당신에게 이 상자가 딱 맞는가?"라고 묻는 것과는 전혀 다른 문제다.

예를 하나 들어보겠다. 많은 스타트업에는 직원들이 아침 10시 이후에 출근하고 저녁시간에는 술집에서 함께 어울리며 시간을 보내는 문화가 있다. 꼭 대학생활의 연장 같다. 당신의 스타트업이 그런 문화를 가지고 있다면, 일찍 출근했다가 저녁 9시 전에 회사를 나서는 직원은 고용하려고 하지 않을 것이다. 이것이 '문화적 적합성'에는 타당할지 모르겠지만, 동시에 특정한 사람들을 배제하게 된다. 달리 말해, 종교적인 이유 등으로 술을 마시지 않는 사람들, 부모님이 있는 사람들, 심지어는 결혼한 사람들(혹은 최소한의 결혼생활을 유지하고 싶은 사람들)을 고용하지 않는다는 의미이기도 하다. 피상적인 방식(성별·인종·학연 등을 기반으로 한)으로 회사의 조직문화에 '적합'한 사람을 고용하는 것보다는 그 문화에 도움이 될 만한 사람을 고용하라. 벨린다 존슨(Belinda Johnson)은 2011년 에어비앤비에 입사하면서 이 젊은 회사에 아주 색다른 배경과 경험을 가져다주었다. 창업자들은 20대였지만 존슨은 그들이 기저귀를 차고 있을 때 이미 변호사였고, 십수 년을 야후의 경영자로 일했다. 존슨과 에어비앤비가 팀으로서 성공하는 데 도움을 준 것은 바로 이런 차이였다. 체스키는 그녀를 에어비앤비의 '국무장관'이라고 부른다. 그녀의 외교술과 지식은 이 회사가 규제기관이나 지방자 치단체와 생산적인 관계를 맺고 발전시키는 데 도움을 주었다. 새 로운 직원들은 회사의 문화를 다듬고 회사의 역량을 높일 가능성 을 가지고 있다. 그들이 기존 문화와 화합하면서 동시에 문화를 좋은 쪽으로 발전시키는 데 도움이 되는 요소를 끌어들여야 한다. 조직의 기존 '면역체계'가 거부반응을 보이지 않는 이식기관을 찾 는 것이 핵심이다.

블리츠스케일링 기업들은 속도에만 초점을 맞추기 때문에 다 양성이 부족한 문화를 구축하기가 쉽다. 보통 이런 기업들이 가장 빠르고 쉽게 사람을 채용하는 방법은 직원들에게 친구를 추천하 라고 하는 것이다. 하지만 비슷비슷한 유형의 사람들만 고용하는 것은 조직이 동질화되기 마련이다. 코드에서 지름길을 택함으로 써 스타트업이 '기술적 부채[마감을 위해 불만 꺼나가듯이 코드를 작성하는 과정에서 코드가 복잡해지고 중복성이 발생하는데, 이러한 결함으로 인해 새로운 기능을 개발하거나 확장하는 데 어려움이 발생할 때 이르는 말]'를 떠안는 것 처럼 채용 관행에서 지름길을 택함으로써 '다양성의 부채'를 떠안 는 셈이다. 이런 다양성의 부채는 개별 기업은 물론 사회 전체로 서도 심각한 문제다. 동질화는 회사에 해를 끼친다. 집단 순응 사고가 회사의 탄력성과 적응성을 감소시키기 때문이다. 동질화는 사회에도 해를 끼친다. 블리츠스케일링이 제공하는 많은 가능성들이 성별·성적 취향·종교·혈통과 관계없이 자격을 갖춘 모든 사람들에게 완벽히 개방되지 못하기 때문이다.

가장 추악한 문제 중 하나가 여러 회사에서 폭로된 성차별과 성추행 문화다. 대부분 이런 문제들은 절대다수로 이뤄진 집단에 속한 한 명 이상의 직원들이 소수에 속하는 직원들에 대한 지배권을 쥐고 있기 때문에 발생했다. 경영자가 권력을 남용해서 다른 직원들에게 불명예스러운 본보기가 된 경우가 많다. 절대 용납될 수 없는, 강력한 조치가 필요한 문제다. 예를 들어 2017년, 나는 권력과 지위를 이용해서 여성들(그리고 일부 남성들)에게 위해를 가한 남성들을 둘러싼 벤처 캐피털 업계의 심각한 문제를 해결하기 위해 품위서약(Decency Pledge)을 요구했다.

대부분의 블리츠스케일링 기업들이 그런 나쁜 행동을 용인하는 문화를 그대로 두지 않을 것이라고 기대한다. 하지만 그것보다 이런 일이 벌어지지 않게 하는 가장 좋은 방법은 처음부터 포용력 있는 문화를 구축하는 것이다. 포용력 있는 문화가 유기적으로 진화하게 놓아두는 것으로는 불충분하다. 가족단계에 있더라도 회사는 성별·성적 취향·종교·혈통·연령을 이유로 배타적인 태도를 취하지 않기 위해 노력하겠다는 점을 문서에 명시해야 한다. 그리하여 다양성을 존중한다는 입장을 분명히 해야 한다. 또한 처음

10명의 직원을 두었을 때부터 다양성을 고용의 최우선 과제로 두어야 한다. 제품·엔지니어링·마케팅과 같은 핵심 부문에 있어서는 특히 더 그렇다.

부족과 마을 단계에서 직원을 늘릴 때에는 다양성에 대한 좀 더 체계적인 접근 방법이 요구된다. 이때는 적어도 3개의 핵심 정책을 시행할 것을 추천한다. 첫째, 인력을 어떻게 구성할 것인지 정확히 측정하고, 그 정보를 내외적으로 투명하게 공개한다. 어떤 지표에서나 그렇듯이, 측정을 하지 않는 대상을 관리할 수는 없다. 둘째, NFL(National Football League, 북아메리카 프로미식축구 리그)의 루니 규칙(Rooney Rule)에 상응하는 것을 도입한다. NFL 팀은 미식축구 운영진 간부를 채용하고자 인터뷰를 할 때 소수집단에 속하는 후보를 적어도 1명 포함시켜야 한다(반드시 고용해야 하는 것은 아니다). 셋째, 회사의 다양한 목표를 진척시켰다면, 이를 간부 포상 정책의 일부로 포함시킨다.

모든 기업이 처음부터 다양한 인재를 구성하는 것은 이상적인 일일 것이다. 하지만 회사가 더 많은 사람을 채용할수록 다양성은 더 중요해진다. 다양성을 최우선 목표로 삼는 데 망설이지 마라. 1만 명의 직원을 둔 기업에서는 '브로그래머[brogrammer, 남자끼리 서로를 편하게 부르는 호칭인 '브로(bro)'에 '프로그래머(programmer)'를 합성한 단어로 세련되고 부유하며 유행에 민감한 백인 남성 프로그래머를 뜻함]'의 안식처에 가까운 조직문화를 진정한 포용력 있는 문화로 뒤바꾸는 것이 다른 기업보다 훨씬 더 어렵다. 또 다른 함정은 문화적 위선이다. 강력한 문화라고 설파하고 다니려면, 실제로 그에 부응해야 한다. 그렇지 않으면 득보다는 실이 많다. 말과 행동이 따로 논다면, 직원들은 그런 위선을 알아채 버리고 만다. 신용은 말뿐이 아닌 행동으로 얻어야 한다. 스타트업 내에서 도덕적 권위를 가지고 있다거나 지위로 인해서 말과 행동의 영향력이 커지기 마련인 창업자가 아닌 CEO들에게는 특히 중요한 문제다. 창업자와 CEO들은 문화적 롤 모델이다. 그들이 문화의 본보기가 되지 못하면 문화는 약화될 수밖에 없다.

그때그때 달라져야 한다

8가지 핵심 이행과 9가지 반직관적 규칙의 공통점은 무엇일까? 블리츠스케일링을 할 때는 계속 변화가 필요하다는 것이다. 핵심 이행이나 반직관적인 규칙을 적용해서 판도를 바꿨다면, 그 시점은 멈추어야 할 때가 아니라 다시 시작해야 할 때라는 것을 기억하라.

영원히 높은 가치를 유지하는 시장은 없다. 이는 중요한 시장을 장악하여 국가단계에 성공적으로 이른 기업이라 하더라도 블리츠스케일링을 시도할 다음 시장을 계속해서 탐색해야 한다는 의미다. 엄청난 부의 창출을 뒷받침했던 모든 흥미로운 새 기술이나 시장도 결국에는 지루하고 정체된 업계가 된다.

역사의 한 획을 그은 영역을 살펴봐라. 화물선 · 철도 · 자동차 업계는 세상을 바꾸고 여러 세대에 걸쳐 이어질 정도로 어마어마한 부를 창출하는 기업과 혁신을 낳았다. 하지만 오늘날 그런 영역들은 대개 활기 없는 낙후 지역이 되었다(테슬라 같은 기업들이 새로운 활력을 주는 경우가 있기는 하지만). 전혀 무관하고 무가치한 영역은 아니지만 그렇다고 대규모 성장을 내포한다거나 흥미로운 가능성을 많이 담고 있지는 않다. 실리콘밸리만 봐도 같은 패턴이 나타났다. 디램(DRAM) · 하드드라이브 · 퍼스널컴퓨터 시장은 인텔 · 시게이트(Seagate) · 컴팩을 엄청난 가치로 성장시켰으나 이제는 이윤이 낮은 상품 시장이 되었다(인텔은 고이윤 CPU로의 전환 덕분에 계속 성장하고 있으나, 시게이트와 컴팩은 생기를 잃었고, 컴팩의 경우 HP에 인수되어 사라졌다).

최고의 창업자와 기업들은 한 시장에서 블리츠스케일링을 성공시킨 다음 다른 시장에 뛰어든다. 인텔은 디램에서 마이크로프로세서로 이동해 두 번째 물결을 타고 더 높은 위치에 올랐다. 마이크로소프트는 운영체제에서의 지배력을 이용해 더 지배력이 큰 마이크로소프트 오피스 플랫폼을 개발했다. 아마존은 전자 소매업에서 블리츠스케일링을 성공한 덕분에 AWS를 통한 클라우드 컴퓨팅의 선두주자가 될 수 있었다. 페이스북은 VR을 통해 비슷한 일을 할 것이다.

끝없는 변화의 필요성은 두려움과 기대를 함께 가져다줄 것이다. 절대 쉬거나 가만히 있을 수 없기 때문에 두렵겠지만, 늘 새로운 시장이 드러날 것이다. 이는 실리콘밸리에서 상하이까지(그리고 그 사이에 있는 모든 곳의) 모든 사람에게 새로운 로켓선을 만드는 데 전혀 부족함이 없는 기회를 가져다줄 것이란 기대를 갖게 한다.

　루이스 캐럴의 고전 《거울나라의 앨리스》에서 붉은 여왕은 앨리스에게 말한다. "자, 보다시피 같은 장소에 있으려면 있는 힘껏 달려야 한다. 다른 곳으로 가고 싶다면 그보다 2배 빨리 뛰어야 해." 회사를 블리츠스케일링 하는 것은 있는 힘껏 뛰어도 결국 같은 자리에 있는 것일지도 모른다. 하지만 우리의 세상과 붉은 여왕의 세상이 다른 점은 블리츠스케일링은 세상을 더 낫게 만드는 것을 구축하기 위한 레이스라는 점이다. 새로운 시장이 머신러닝이든, 새로운 유형의 무선 컴퓨팅이든, 아직 발명되지 않은 어떤 것이든, 블리츠스케일링에는 부산물이 있다. 그것을 이르는 단어는 '진보'다.

'골리앗'은
더 큰 '골리앗'이
이긴다

─ 대기업 ─

Big Business

이 책에서 주로 실리콘밸리 기술기업들을 예시로 들었지만, 사실 블리츠스케일링은 그보다 더 많은 영역에 적용된다. 다른 지역과 업계에서는 블리츠스케일링이 어떤 효과를 불러일으킬까. 블리츠스케일링이 세계경제의 미래에 끼치는 영향은 무엇일까. 더 넓은 블리츠스케일링의 장을 만들려면 어떻게 해야 할까. 이번 장에서는 이에 대한 이야기를 해보려고 한다. 특히 새롭게 뜨는 곳인 중국에서 블리츠스케일링을 어떻게 하는지 비중 있게 다룰 것이니 집중하길 바란다. 이것은 우리에게 정말 중요한 주제다.

전통적 산업의 약한 고리를 쳐라

지금까지 들은 이야기에 따르면 블리츠스케일링은 첨단기술 분야에나 어울릴 법하다. 하지만 사실 강력한 성장 인자(시장 규모·유통·매출총이익·네트워크 효과)들을 입증하고 성장을 가로막는 제약 인자들을 극복할 수 있는 업계라면 어느 분야든 블리츠스케일링을 할 수 있다.

스페인에 기반을 둔 자라를 예로 들어보겠다. 의류업체라니, 구글과 페이스북 같은 인터넷 기업과 비교했을 때 멀어도 한참 멀어 보인다. 자라가 지금의 위치에 오르기까지 물론 오랜 시간이 걸렸지만(1975년, 우연이지만 이 회사는 마이크로소프트와 같은 해에 설립되었다), 업계에서의 지배력과 규모는 첨단기술 분야의 업체에 필적할 만하다. 어쨌든 그 덕분에 자라의 창업자 아만시오 오르테가(Amancio Ortega)는 세계에서 세 번째로 부유한 사람이 되었다(베조스와 게이츠에는 뒤졌지만 버핏보다는 앞섰다). 이 회사는 엄청나게 넓은 시장에서 활약하고 있는데, 수치로 따지면 2016년 의류 총매출은 1조 4,000억 달러가 넘었고, 10년 만에 매출총이익 최저치를 기록한 2017년에도 이윤율은 57%였다(구글은 61%, 아마존은 35%). 또한 자라는 전 세계에 자리 잡은, 광범위한 매장 유통망을 보유하고 있다. 의류는 강력한 네트워크 효과를 창출하진 못하지만 소비자 충성도가 상당히 높기 때문에 자라는 어느 정도의 장기적 우위를 누릴 수 있다.

그렇지만 이렇게 되기까지 결정적이었던 건 자라가 사업을 하는 데 블리츠스케일링 기법을 사용했기 때문이다. 자라의 '패스트 패션' 사업전략의 토대는 속도다. 수십 년에 걸쳐 정립된 이 사업전략의 핵심은 한 문장으로 요약할 수 있다. "고객들이 원하는 것을 제공하되, 누구보다 빨리 제공하라." 따라서 자라의 사업은 모두 속도 중심으로 조직된다. 이에 따른 결과도 인상적이다. 자라는 새로운 제품을 개발하고 매장에 내놓는 데 단 2주일(업계 평균 6개월)밖에 걸리지 않는다. 또한 매년 1만 개가 넘는 새로운 디자인을 출시한다. H&M이나 갭(Gap) 같은 경쟁업체보다 몇 배나 빠르고 많은 수준이다. 자라는 재고도 딱 6일 동안만 보유한다. 라이벌 H&M의 경우 보관기간이 거의 10배 길다. 1970년대에 오르테가는 매장에 들어오는 의류 주문을 48시간 안에 처리해야 한다는 규칙을 세웠다. 이 회사는 스페인의 한 지역의 소매업체로 시작해 아프리카와 아시아에 수많은 매장을 둔 세계적인 기업으로 성장한 지금까지도 그 규칙을 따른다.

무엇보다 자라는 이런 결과를 달성하기 위해 혼란을 수용하는 반직관적 규칙을 따랐다. 또 한편으로는 운영 확장성에 관한 성장 제약 인자에 집중하는 균형 잡힌 방법도 찾았다. 거대한 규모를 생각한다면 자라가 이윤율을 높이기 위해서 중국으로 눈을 돌릴 것이라고 예상하기 쉽다. 애플이 아이폰의 경우에 그랬듯이 말이다. 하지만 경쟁자들과 달리 자라는 여전히 의류의 대부분을 스페인에서 제조한다. 이 회사는 엄청난 재정 덕분에 고도로 자동화된 공장을 스페인 14곳에 세울 수 있었다. 이 공장에서는 주로 '그레이지 상품[greige goods, 표백과 염색을 하지 않은, 새롭게 제조된 의류]'을 만든다. 다 만들어진 옷은 스페인과 포르투갈 소재 300개 이상의 소규모 업체들로 이루어진 협력 네트워크를 통해 가공, 상품으로 완성된다. 중국보다 인건비가 비싸서 '효율'은 낮을 수 있지만, 믿을 수 없을 정도로 빠른 속도와 즉각 대처하는 능력을 보상으로 얻는다.

이렇게 빠르게 움직이는 제조 시스템은 자라의 비즈니스 모델에 대단히 중요하다. 자라의 의류는 자사 디자인센터에 소속된 소규모의 팀이 디자인한다. 이 팀의 디자이너들은 패턴 제작자, 판매 전문가들과 함께 일한다. 피드백은 매일, 매장 관리자들이 보낸다. 판매 전문가들이 그 피드백을 분석한 다음 디자이너와 패턴 제작자에게 알려주면 그들은 이를 반영하여 바로 디자인을 뽑는다. 놀랍게도 이런 방식으로 하루 평균 3개의 새로운 아이템을 만든다. 이 디자인은 상품으로 만들기 위해 공장으로, 그다음에는 협력업체로 보내진다. 자라는 물류 모델 역시 효율보다 빠르게 대처하는 능력을 우위에 둔다. 자라의 제품들은 작은 크기로 묶어 유통되는데, 이는 잦은 배송에 최적화된 형태다. 물류비는 높지만 이런 방식 덕분에 유럽·중동·아메리카의 매장에는 24시간 이내, 아시아와 라틴아메리카의 매장에는 48시간 이내에 의류를 보낼 수 있다.

창업자가 앞장서서 속도에 집중하는 태도는 조직 전체에 활기를 불어넣는다. 2013년 〈포천〉은 이와 관련해 오르테가의 일화 하나를 소개했다. 신호에 걸려 차를 세운 오르테가는 때마침

1970년대 스타일의 패치들로 뒤덮인 진 재킷을 입고 오토바이를 탄 젊은이를 발견했다. 그는 즉시 휴대전화를 집어 들어, 직원에게 전화를 걸었다. 그리고 자신이 본 재킷에 대해 설명한 다음 그 디자인을 생산하라고 지시했다. 자라의 여성트렌드 부문 책임자 로레토 가르시아(Loreto García)는 〈포천〉과의 인터뷰에서 트렌드에 번개처럼 빠르게 반응해야 하는 이유를 설명했다. "오늘 근사하게 보이는 것도, 2주 후면 사상 최악의 아이디어가 되니까요."

이 모든 혼란, 소매 규모로 배송하는 유통 시스템, 제조에 따른 비효율에도 불구하고 자라의 이윤율은 항상 경쟁사인 H&M(55%)이나 갭(29%)보다 앞서 있다. 빠르게 속도를 내는 과정에서 발생하는 비효율이 팔리지 않은 디자인의 재고를 막아주기 때문이다. 재고가 누적되는 것은 대부분의 의류업체가 이윤율을 높이지 못하는 가장 큰 장애물 중 하나다. 오르테가는 이 모델을 불과 열여섯 살에 고안했다. 재고를 쌓아놓고 팔리기를 기대하는 대신 사람들이 원하는 것을 파악한 다음 바로 생산하는 방식 말이다.

의류 업계 말고 또 어떤 업계가 블리츠스케일링을 할 수 있을까. 2000년대 미국에서 급부상하고 있는 셰일오일과 천연가스 업계도 가능하다. 에너지 부문은 우리가 이 책에서 정의한 성장 인자들에 잘 부합한다. 오일과 가스는 대단히 효율적인 유통체계를 갖춘, 이윤율이 엄청나게 높은 업계다. 셰일 업계는 네트워크 효과가 크지 않지만, 강력하고도 장기적인 경쟁우위의 원천을 가지고 있다. 통상 에너지 업계는 토지를 직접 매입하기보다는 토지 임대료와 사용료를 지불하는 대가로 99년 동안 사용할 수 있는 시추권을 얻는다. 이런 방식으로 토지에 대한 권리를 사면 최소한 임대기간 동안은 그 토지에서 나오는 오일과 가스를 확실히 독점하게 된다. 셰일 업계는 블리츠스케일링을 통해 놀라운 속도로 성장했다. 2002년 셰일 업계의 대표주자인 체서피크 에너지(Chesapeake Energy Corporation)는 7억 3,800억 달러의 매출을 기록했다. 그러고 나서 불과 4년 뒤 73억 달러로 뛰었으며, 이 회사 주식은 대형기업 주식을 상징하는 S&P 500지수에 포함됐다. 미국에서 고등학교를 졸업하는 데 걸리는 시간 동안 엄청난 성장을 이룬 것이다.

체서피크 에너지의 공동창업자들, 고(故) 오브리 매클렌던(Au-brey McClendon)과 그의 동업자 톰 워드(Tom Ward)는 시추 탐사와 가스를 정제하는 데 필요한 산업적 기반을 가지고 있지 않았다. 일단 매클렌던과 워드는 시추 시설이나 정유공장을 운영하지 않았다. 그보다 그들은 현장에 나가 토지 소유자들과 채굴권 임대 협상을 하는 '광업권 소개' 전문가에 가까웠다. 그러나 이런 그들의 전문지식은 블리츠스케일링의 열쇠가 되었다. 셰일암층에서 탄화수소(오일과 가스)를 뽑아내는 수평시추와 수압파쇄법 등 핵심 기술들이 개선되면서, 1990년대 말 최초로 셰일원유가 채산성을 얻게 되었다. 그 전까지 에너지 기업들은 수평축으로 암층을 뚫고 그 구멍에 고압의 물을 주입해 바위를 깨고 더 많은 오일과 가스를 추출하는 방식으로 원유를 채취했다. 따라서 단단한 셰일암층에는 전통적인 방식의 시추 기법을 적용할 수 없었고, 당연하게도 셰일암층이 포함된 토지 또한 임대된 적이 없었다. 그러나 획기적인 방식의 수압파쇄법이 도입된다면 새로운 기회가 활짝 열리는 것이었다. 사실 체서피크 에너지가 수압파쇄법을 적용한 최초의 회사는 아니었다. 이미 1997년 미첼 에너지(Mitchell Energy)가 텍사스 바넷 셰일암층에 수압파쇄법을 적용한 바 있었다. 체서피크 에너지는 이런 기술적 혁신을 놓치지 않고 매클렌던의 사업적 혁신과 결합시켜 역사상 가장 빠르게 성장한 에너지 기업이 된 것이다.

많은 광업권 중계업자들을 고용해 조사도 없이 땅을 임대하는 것은 비효율적인 일이었다. 유정에서 가스를 생산할 때까지는 말이다. 하지만 셰일가스 시추기술의 발전이 유정의 수익성을 극적으로 끌어올리면서 체서피크 에너지의 블리츠스케일링 의지는 성과를 만들어냈다. 매클렌던과 체서피크 에너지의 사례 역시 초고속 성장이라는 이름 아래 효율성을 희생하는 일에는 위험이 숨어 있다는 것을 분명히 보여준다. 블리츠스케일링을 한다는 것은 때로 큰 성공에도 **그리고** 큰 손실에도 이를 수 있다는 말과 같다. 같은 회사에서라도 말이다. 체서피크 에너지는 가격이 높더라도 더 많은 땅을 임대하기 위해 계속 돈을 빌렸다. 매클렌던은 블리츠스케일링 전략만 따르면 성공이 보장되는 것처럼 행동했으나, 체서피크 에너지는 결국 2008년 세계적 불황을 맞아 큰 타격을 입었다. 2008년 6월 62.40달러로 최고액을 기록했던 주가는 2016년 초 2.61달러로 곤두박질쳤다(2017년 체서피크 에너지의 주식은 주당 4~8달러로 거래되었다). 그럼에도 매클렌던은 체서피크 에너지의 주식을 사기 위해 또 돈을 빌렸다. 개인 재정에서도 큰 위험을 무릅쓴 셈이다. 2008년의 마진 콜(margin call)로 그는 자신이 가진 체서피크 에너지 주식 94%를 큰 손실을 보며 팔아야 했다. 이로 인해 매클렌던은 2013년 체서피크 에너지의 회장직에서 물러났다. 하지만 그는 누구보다 단호한 블리츠스케일러로 남아 있다. 2016년 사망 당시, 매클렌던은 체서피크 에너지를 떠나고 나서 설립한 아메리칸 에너지 파트너스(American Energy Partners)를 운영하고 있었다. 이 회사에서 그가 끌어모은 투자금만 150억 달러에 달했다.

소프트웨어 중심 첨단기술 기업의 비즈니스 모델을 다른 업계에 그대로 적용하긴 어렵다. 하지만 이 사례들에서 발견했듯이 성장 인자와 성장 제약 인자를 면밀하게 분석한다면, 어느 분야든 블리츠스케일링을 할 수 있으며, 그에 결부된 보상을 챙길 기회를 얻을 수 있다. 티셔츠나 유정도 블리츠스케일링을 할 수 있다면, 어떤 사업 분야에서도 블리츠스케일링을 할 수 있다.

"대기업도 블리츠스케일링이다!"

블리츠스케일링을 통한 초고속 성장이 종종 규모가 작은 스타트업에나 해당되는 말처럼 들리지만, 규모가 큰 대기업에서도 블리츠스케일링을 통해 더 큰 규모로 도약을 이룰 수 있다. 대기업 또한 급속한 성장과 최초 스케일러 우위를 달성하려면 반드시 블리츠스케일링에 나서야 한다. 물론 대기업이 블리츠스케일링을 할 때 스타트업에 비해 이점도 있고 약점도 있다. 블리츠스케일링의 핵심을 생각해보면 답이 보인다. 바로 빠른 속도와 위험을 감수하는 것이다. 스타트업은 대기업에 비해 잃을 것이 훨씬 적기 때문에 더 민첩하게 움직인다. 이것은 스타트업이기 때문에 갖는 이점이기도 하다. 반면 대기업은 규모가 크기 때문에 상대적으로 속도와 위험을 감수하는 부분에서 약점이 있을 수밖에 없다. 이 부분은 현실적으로 인정해야 한다. 다만 이 약점을 극복하기 위해 더 큰 이점을 찾으면 된다.

달려들 수 있는 기회의 창이 다르다

너무 당연하게 들릴지 모르겠지만, 대기업처럼 규모가 있어야 달려들 수 있는 기회들이 있다. 이 '규모'는 대기업이 갖는 첫 번째 이점이기도 하다. 예를 들어 아마존이 엄청난 규모의 데이터센터와 그런 데이터센터를 관리하는 세계 선도업체가 되지 않았다면 어땠을까? AWS를 시작할 수 없었을 것이다. 아무것도 없는 상태에서 그런 상품을 만드는 것은 거의 불가능하다. 아마존이 가진 규모의 경제와 운영을 잘한다는 우수한 평판 없이는 더더욱 말이다. 현재도 AWS의 주된 경쟁업체는 마이크로소프트 · 구글 · IBM과 같은 다른 대기업이다.

기술 분야 밖에서는 이런 규모를 가진 것이 더 큰 이점이 될 수 있다. 퀴큰 론스(Quicken Loans)는 10분 안에 온라인에서 대출을 해주는 로켓 모기지를 차렸다. 로켓 모기지는 퀴큰 론스의 소비자 마케팅 전문지식(슈퍼볼' 광고를 비롯한)을 이용해 고객을 확보했으며, 그들이 가진 재정적 연줄 덕분에 자금도 조달했다. 결과적으로, 로켓 모기지의 대출금은 영업 1년 만에(2016) 70억 달러에 이르렀다. 아마 독립적인 회사였다면 미국 전체 모기지 대출업체 중 30위 안에 들었을 것이다. 이는 퀴큰 론스의 전체 대출금액을 2015년의 790억 달러에서 크게 상승한 960억 달러로 밀어 올리는 힘이 되었다.

하지만 이런 규모가 이점으로 작용하지 않는 때도 있다. 스타트업이 대기업과 맞붙을 수 있는 상황에서는 규모에서 정말 엄청난 차이를 보이지 않는 한, 이는 큰 이점이 되지 못한다. 예를 들어 에어비앤비는 블리츠스케일링을 하고 있을 당시 자신들보다 훨씬 규모가 큰 홈어웨이(HomeAway)와 경쟁하고 있었다. 그렇지만 홈어웨이가 그렇게 규모를 키우기까지 21번에 걸친 인수합병이 있었다. 이는 인수한 모든 업체들이 제각기 다른 기술 플랫폼에서 운영되고 있었으며, 다른 고객들에게 서비스를 제공했다는 의미였다. 어떻게 보면 홈어웨이가 가진 큰 규모는 오히려 약점이었다! 결국 홈어웨이는 에어비앤비의 위협에 대응하고자 결단을 내렸다. 그것은 익스피디아에 인수되는 것이었다.

실패해도 더 많이 반복할 수 있다

대기업들이 갖는 또 다른 이점은 여러 번 반복해서 블리츠스케일링을 하는 능력이다. 블리츠스케일링은 위험한 전략이며, 처음 시도했을 때 성공하지 못할 수도 있다. 슬롯머신을 계속하려면 돈이 필요하듯이 블리츠스케일링도 계속 시도하려면 충분한 자본이 필요하다. 마이크로소프트는 이 능력이 탁월했는데, 그 덕분에 모조품으로 시작해 시장을 지배하기에 이르렀다. 마이크로소프트 윈도우의 첫 번째 버전과 두 번째 버전은 애플의 매킨토시 운영체제를 복제하려던 과정에서 나온 것으로 실패작이었다. 세 번째 버전은 영감을 준 매킨토시에 비교하자면 한참 뒤떨어지긴 했지만 썩 괜찮았다. 마이크로소프트는 윈도우 95, 윈도우 NT와 같은 후속 버전을 내면서 어마어마한 마케팅 비용을 썼고(마케팅 측면에서 블리츠스케일링을 펼쳤다), 이로써 시장을 지배하게 되었다. 마이크로소프트는 이후 엑스박스(Xbox) 사업에서도 이 전략을 반복했고, 엑스박스는 엑스박스 360, 엑스박스 원으로 진화했다.

스포츠에 비유하자면, 점수를 올리기 위해선 계속해서 슛을 쏘아야 한다. 대기업들은 목표 지점을 향해 여러 차례 슛을 쏠 만큼 충분한 공이 있다. 그만큼 자금을 쉽게 조달한다는 것이다. 물론 이것은 기술 분야에 한정되지 않는다. 셰일오일 업계를 예로 들면, 체서피크 에너지가 그 분야에서 선구적인 업체로 성공하기까지 재정적 수단이 중요한 역할을 했다. 매클렌던은 2012년 미국의 대중문화 잡지인 〈롤링스톤(Rolling Stone)〉에서 이렇게 말했다. "10년간 돈을 빌리고 경기변동의 주기를 이겨낼 수 있는 능력은 수평시추법만큼이나 중요합니다. (…) 어떤 일이 효과가 없다면, 이 능력으로 재정비해서 효과가 있는 일을 찾으면 되니까요."

장기전에 유리하다

여러 번 블리츠스케일링을 시도하는 것도 중요하지만, 대기업이 갖는 또 하나의 이점은 한 번 시도했을 때 좀 더 길게 보고 움직일 수 있다는 것이다. 스타트업은 계속 자금을 조달하기 위해서 즉각적인 결과를 보여줘야 하는 반면, 대기업은 그렇지 않기 때문에 장기적인 관점에서 일을 진행할 수 있다(물론 주주들이 참을성이 있는 경우). 구글은 자율주행차부터 노화 치료제에 이르기까지 다양한 기술 분야에서 이런 장기전을 펼치곤 한다. 페이스북 역시 오큘러스 리프트(Oculus Rift)와 VR에서 이런 장기전을 벌이고 있다. 이때 핵심은 언제 스케일링을 해야 하는지 그 시점을 아는 것이다. 마이크로소프트는 윈도우 CE를 가지고 지나치게 일찍 스마트폰으로 스케일링을 하려 했다. 하지만 알다시피, 이런 스마트폰 환경은 무어의 법칙에 따라 모바일 CPU가 충분히 강력해지고, 애플이 소프트웨어와 정전식 터치스크린, 코닝(Corning)의 충격에 강한 고릴라 글래스(Gorilla Glass), 중국의 대량생산 시스템을 결합시킨 후에야 실현 가능해졌다.

작은 군대를 흡수해 천만 대군을 만든다

마지막 이점은 다른 기업을 인수해서 블리츠스케일링을 추진하는 능력이다. 이미 블리츠스케일링을 하고 있는 회사나 블리츠스케일링의 잠재력을 가진 기업을 인수해서 기존의 기업을 변화시킬 수 있다. 예를 들어 '부르는 게 값(name your price)'이란 항공요금으로 널리 알려진 여행사 프라이스라인은 부킹닷컴(Booking.com)을 인수하면서 이 전략을 완벽하게 실행했다. 이 인수합병으로 프라이스라인은 호텔예약 시장에서 지속적인 이익을 얻게 되었다. 배우 윌리엄 샤트너(William Shatner)가 출연하고 "프라이스라인 협상가(Priceline Negotiator)"라는 문구가 시선을 끈 프라이스라인 광고에 친숙한 많은 미국 소비자들은 이 회사의 매출 3분의 2 정도가 미국 밖 호텔예약에서 나온다는 사실을 전혀 모를 것이다. 2015년 프라이스라인은 〈포천〉 글로벌 500대 기업 중 10년 동안 주식 수익률이 가장 높은 기업이었다.

인수합병 전략이 성공하려면, 직접 블리츠스케일링을 할 때 못지않게 시장에 관한 독특하고 보기 드문 통찰력이 필요하다. 다른 여행업체들도 온라인에서 호텔을 예약하는 일의 가치를 알았다면, 프라이스라인은 부킹닷컴을 인수할 수 없었을 것이다. 기성 업체들이 급속하게 성장하는 데 인수합병 전략을 쓸 수 있지만, 여기에는 한 가지 전제조건이 따른다. 홈어웨이보다 인수한 회사들을 더 잘 통합할 줄 알아야 한다. 예를 들어 페이스북은 인스타그램 · 왓츠앱을 인수해서 스냅과 같은 위험한 경쟁자들을 막아냈고, 젊은 세대를 대상으로 하는 소셜 네트워크에서 지배적인 위치에 오를 수 있었다.

방심은 금물

대기업들이 블리츠스케일링 전략을 실행할 때 감안해야 하는 여러 약점들(단순히 민첩하지도, 빠르지도 못하다는 것 외에)도 있다. 그중 가장 큰 약점은 '장려책'이다. 정확히 말하면 이 장려책이 공격적인 블리츠스케일링보다 신중하게 확장하는 데에 초점이 맞춰져 있다는 것이다. 성공한 기업들은 보통 자신들이 이미 '가치'를 전유하고 있다고 생각한다. 그런데 어떤 일을 했다가 실패하면 그 '가치'를 파괴하게 되기 때문에 위험을 감수하길 꺼려한다.

하지만 스타트업에는 이런 문제가 없다. 기본적으로 잃을 것이 없기 때문이다. 대기업들은 주주 · 애널리스트 · 언론이 가하는 압박에도 시달린다. 어떻게 보면 대기업 리더들이 신중한 태도를 취하는 것은 잘못이 아니다! 특히 큰 규모로 추진했다가 공개적으로 실패하기라도 한다면 기업의 주가(그리고 평판)가 바닥으로 떨어질 수 있다. 더구나 위험을 감수하는 일에 잠재적인 보상이 커야 하는데 대기업 입장에서는 그렇지 않을 경우가 많다. 가령 1,000만 달러짜리 기회가 있다고 했을 때, 스타트업은 생사를 걸어볼 만한 모험이지만, 대기업에는 푼돈이다.

직원들에게 동력을 공급하는 장려책은 대기업 내부에서 블리츠스케일링을 시도하는 데 부정적인 영향을 줄 수 있다. 보통 블리츠스케일링을 시도해서 성공했을 때, 이 위험한 전략을 제안한 직원이나 경영자가 당연히 가장 많은 보상(승진·보너스·영향력 등)을 얻는다. 반면에 다른 직원들은 얻는 것이 거의 없을 뿐 아니라, 오히려 피해를 볼 수도 있다. 블리츠스케일링을 주도한 사람이 그들을 뛰어넘어 승진이나 보너스를 차지하게 되니 말이다. 또한 장려책이 성공적이지 못해 회사가 돈을 많이 소모하게 된다면, 그 실패의 비용은 직원 모두가 나눠서 감내해야 한다. 그러니 대담한 장려책들이 이사회에서 버려지는 것도 전혀 이상한 일이 아니다.

자원이 많아도 계획이 없다면 무용지물

대기업의 또 다른 약점은 투자를 계획하지 않거나 집행하기를 꺼려하는 것이다(대개는 자초한 것이다). 이는 실패했을 때 담당자에게 책임을 묻고, 성장 기회를 과소평가하면서, 관리자들이 올린 매출을 근거로 보상하는 내부 장려책에서 비롯된다. 따라서 투자를 계획하고자 회사가 어떤 실험을 해야 할 때도 관리자들은 회사의 불리한 면을 최소화시키려고 한다. 하지만 그런 실험들은 대부분 실패하기 때문에, 대기업 관리자들은 더 많은 자원을 투입해서 실패의 위험을 줄이려고 노력한다.

불행히도, 엄청나게 성공할 수 있는 대부분의 기회들은 매우 위험하고 불확실하다. 또한 대단히 많은 자본을 필요로 한다. 그래서 무계획적으로 많은 돈을 투자하는 것은 회사를 건 도박과 같다. 성공이 아니면 곧 죽음이 운명인 스타트업에는 이런 도박이 큰일이 아닐지 몰라도, 수년 심지어는 수십 년 동안 꾸준히 수익을 낼 정도로 성업 중인 기업에는 이런 도박이 대단히 큰 문제다.

또한 고위 관리자들은 눈에 확 띄는 발표나 거창하게 약속하는 것을 선호할 수 있다. 성공할 경우 전격적으로 확장할 수 있는, 가능성 있는 실험들에 자금을 대량으로 투자하는 것보다 그편이 자존심을 세우기에 더 낫기 때문이다. 그뿐만 아니라 대기업은 훨씬 더 많은 운영 간접비를 떠안는다. 제안에 대한 승인이 난 시점에 경쟁자는 이미 시장을 차지했을 것이다. 계획적인 투자와 실험에 계속 가치를 두고 그것을 장려하는 대기업은 아마존이다. 베조스는 자신의 유명한 주주 서한 중 하나에서 이에 대해 이야기했다. 그는 아마존이 계속해서 스타트업처럼 사고하길 원했다. 이런 사고방식을 '데이 1(Day 1)'이라고 부른다. "데이 1에 머무르려면 여러분이 끈기 있게 실험하고, 실패를 받아들이고, 씨앗을 뿌리고, 묘목을 잘 돌보고, 고객이 기뻐하는 것을 보았을 때는 더 열심히 일에 매진하는 자세가 필요합니다."

압박해오는 경쟁자

마지막 약점은 대기업일수록 주식 상장으로 인해 분기별로 재정적 성과를 내야 한다는 압박을 받는다는 것이다. 하지만 블리츠스케일링 전략은 보통 장기적인 가치 창출을 위해 단기적인 효율(여기서는 분기별 재정적 성과)을 희생시킨다. 비공개 기업들은 소수의 주주가 지배하는 것이 보통이다. 따라서 주요 주주들을 설득해 위험하고 장기적인 투자를 하기가 비교적 쉽다(주주들이 훨씬 더 큰 보상을 받고자 기꺼이 위험을 감당하는 경우). 하지만 상장기업은 블리츠스케일링 전략을 수행하려고 시도할 경우 액티비스트 투자자(activist investor, 회사 경영에 변화를 일으키기 위한 목적으로 그 경영에 압력을 가하기 위해 상장기업의 지분을 매수하고 사용하는 개인 또는 집단)나 주주의 저항에 부딪힐 수 있다. 이렇게 되면 최악의 시나리오가 펼쳐질 수도 있다. 블리츠스케일링을 하기 위해 초기 비용만 발생하고 정작 장기적 보상을 거둬들이기 위한 헌신과 후속 조치는 이루어지지 않는 것이다. 이때 구글과 페이스북과 같은 많은 상장기업 블리츠스케일러들이 쓰는 방법은 2종류의 주식을 발행하는 것이다. 그래서 의사결정 권한을 소수의 사람들(즉, 페이지 · 브린 · 저커버그)에게만 주어 시장의 압력을 피하려 한다.

블리츠스케일링 핵

여러 가지 이점과 약점을 염두에 두고, 대기업이 블리츠스케일링 을 할 때 사용할 수 있는 구체적인 관리 기법들이 있다.

기존의 대기업이 블리츠스케일링을 하는 데 도움이 될 만한 생산적인 핵[hack, 생산성 · 효율성 · 편리성 향상을 노린 속임수, 기교 또는 새로운 수법]은 **이미 블리츠스케일링을 해봤던 사람들과 기업이 활용한 방법을 이용하는 것이다.** 특히 그중 가장 흔한 방법은 블리츠스케일링 스타트업과 제휴하는 것이다. 예를 들어 GM(제너럴 모터스)은 우버의 블리츠스케일링 라이벌인 리프트에 5억 달러를 투자해 무인 자율주행 택시 프로젝트를 진행했다. 이로써 우버의 부상에 맞서는 한편, 기존의 자동차 시장(사람이 운전하는 자동차)의 위협에도 대응했다. 또한 GM은 자율주행차 기술을 얻기 위해 크루즈(Cruise)를 인수함으로써 이런 모험에 따르는 위험에 대비했다.

그보다 덜 빠한 기법은 **벤처 투자자들의 조언을 받는 것이다.** 벤처 투자자들은 블리츠스케일링과 그것이 가져다주는 보상을 열렬히 지지하는 팬이다. 그들에게 당신이 진행하고 있는 프로젝트의 소수 투자자가 되어달라고 청한다면 그들은 당신에게 현실적인 평가를 해줄 것이다. 많은 대기업들이 자기 자산의 가격을 잘

못 매기거나 자신의 장점을 과대평가한다. 그래서 무분별한 시도라고 보일 때도 블리츠스케일링을 시도한다. 벤처 투자자들을 만나 객관적인 평가를 들어보는 것은 정통한 전문가들이 당신 자산의 가치를 어떻게 평가하는지 감지할 수 있는 빠른 방법이다.

대기업이 블리츠스케일링 고유의 위험을 경감시킬 수 있는 마지막 방법은 **새로운 프로젝트를 분리해 일반 프로젝트와 다르게 독립적으로 관리하는 것이다.** 일종의 회사 안에 다른 회사를 둔다고 생각하면 좋다. 빠른 속도를 추구하기 위해 낮은 효율은 기꺼이 감내하는 블리츠스케일링 전략은 꾸준한 성장을 목표로 고안된 전형적인 계획들과 비교해 평가했을 때 무모하고 낭비처럼 보일 수 있다. 따라서 블리츠스케일링 프로젝트를 진행할 때는 회사의 다른 부분들과 분리해 책임을 맡은 경영자가 효과적으로 운영할 수 있게 해야 한다.

잡스가 1세대 매킨토시 팀을 관리하던 방식이 좋은 예다. 1세대 매킨토시 팀은 일반 애플 직원들의 출입이 금지된 별개의 사무실에서 일했다. 페이지도 안드로이드에 같은 기법을 적용했다. 루빈의 팀은 별도의 사무실에서 일하면서(구글 직원 배지가 있어도 안드로이드 사무실에 들어갈 수 없었다), 모기업과는 다른 방식으로 사람들을 채용했다. 소니의 플레이스테이션 프로젝트, 아마존의 킨들 프로젝트, IMB의 왓슨 팀도 마찬가지 경우였다.

블리츠스케일링은 어디에서나 통한다

 불확실성에 맞서 빠르게 움직이기 위해 효율을 희생하는 블리
츠스케일링은 사실 일반 기업뿐만 아니라 어느 영역에서나 활용
가능하다. 어떻게 공적인 측면에서 블리츠스케일링이 활용될 수
있을까? 이때 성장 인자와 성장 제약 인자는 어떻게 해석될 수 있
는지 살펴보자.

말라리아로 고통받는 사람들의 수가 의미하는 것

비영리사업의 경우, 매출 같은 재정적 지표로 평가할 수 없기 때
문에 시장 규모를 측정하려면 새로운 척도를 찾아야 한다. 그중
최선은 비영리사업으로 인해 삶이 개선된 사람들의 수일 것이다.
물론 '수명'이나 '저감 탄소량' 등도 같은 역할을 할 수 있다.

 중요한 것은 이런 지표들은 바뀔 수 있지만, 시장 규모의 원리
는 동일하게 적용된다는 (시장의 규모가 크지 않으면 블리츠스케일링을 하
는 의미가 없다) 것이다. 자선단체인 빌 앤드 멀린다 게이츠 재단(Bill
& Melinda Gates Foundation)이 말라리아를 치료하고 예방하는 사업
을 하는 주된 이유 중 하나는 엄청난 시장 규모(?) 때문이다.

 2012년 2억 700만 명이 말라리아로 고통받았고, 62만 7,000명
이 사망했으며, 그 사망자의 77%는 5세 이하 어린이였다. 그나마
이 수치도 게이츠 재단이 노력한 덕분에 2000년에서 2012년까

지 연간 사망자가 42% 감소한 것이다. 만약 말라리아를 예방하는 일에 블리츠스케일링 전략이 통한다면, 엄청난 영향을 미칠 것이다. 말라리아 질병에 대한 시장 규모는 그만큼 거대하다.

유통

유통은 비영리사업에서도 매우 중요한 요소다. 제품이 고객의 삶을 개선하는 데 얼마나 잠재적 효과가 있든(그 제품이 사회복지 사업이든, 선거 후보자든), 그 영향력은 당신이 실행하는 효과적인 유통전략에 정확하게 비례한다.

모질라 재단(Mozilla Foundation)은 웹브라우저(파이어폭스)를 만드는 유일한 오픈소스 조직은 아니었지만, 유통전략으로 시장 점유에서 선두를 차지한 유일한 비영리단체다. 또한 2008년 오바마가 대통령 선거에서 이긴 이유 중 하나도 지역사회 네트워크인 기존의 풀뿌리 네트워크(grassroots networks)를 활용하고 소셜 미디어를 통해 바이럴리티를 달성한, 말하자면 인터넷 유통 역량을 이용한 최초의 선거운동이었기 때문이다.

매출총이익

다수의 비영리단체들은 금전적 대가를 바라지 않는다. 따라서 매출총이익이란 성장 인자를 적용하거나 이를 측정할 수는 없다. 하지만 경제적 파급효과처럼 매출총이익을 보조할 만한 지표들을 이용할 수는 있다. 매출총이익이 높다는 것은 달러당 값어치도 그만큼 높다는 의미로 해석할 수 있으므로, 달러당 미치는 영향력이 큰 비영리사업이라면 블리츠스케일링에 적합하다.

예를 들어, 국제 시민사회 지원(International Civil Society Support) 단체는 말라리아를 치료하고 예방하는 데 쓰는 돈 1달러가 20달러의 경제적 효과를 낸다고 보고 있다. 가령 살충제 처리를 한 모기장을 공급하는 것이 비용 대비 효율이 가장 높다. 이는 소프트웨어 매출총이익에 비교해도 뒤지지 않는 영향력이다.

네트워크 효과

비영리사업에서는 비교적 네트워크 효과가 일어나기 어렵다. 국제 적십자사나 세계공동모금회[United Way Worldwide, 지역 사무소, 자선단체와 연합해 기금을 모으거나 자선사업을 지원하는 비영리단체] 같은 대형 NGO들이 있기는 하지만, 그들이 시장에서 차지하는 위치는 네트워크 효과 때문이라기보다는 주로 규모의 경제에 기인한 것이다. 하지만 네트워크 효과를 이용하는 것은 대단히 큰 효과를 내기 때문에 그것을 활용할 수 있는지 고려해보는 것은 가치 있는 일이다.

온라인 교육가 살만 칸(Salman Khan)이 만든 교육 서비스 비영리단체 칸 아카데미(Khan Acadamy)는 그가 인터넷을 활용해 어린 사촌의 개인교습을 시작하면서 출발했다. 다른 사촌들도 가입하기 시작하자, 그는 자신의 강의를 유튜브에 올려서 전 세계 사람 누구나 이용할 수 있게 하기로 마음먹었다.

유튜브를 활용하기로 한 이 중대한 결정은 칸 아카데미에 두 가지 이점을 주었다. 하나는 엄청난 시장(유튜브에 접속하는 사람이라면 전 세계 누구나), 다른 하나는 강력한 유통 플랫폼(유튜브에서 교육 콘텐츠를 검색하면 누구나 칸 아카데미를 볼 가능성이 높았다)이었다.

거대한 사용자 기반을 얻게 되자, 칸 아카데미는 직접 네트워크 효과와 표준 네트워크 효과의 혜택을 보기 시작했다. 먼저 선생님들이 공식 교육과정에 칸 아카데미의 비디오를 활용하기 시작했고, 학습 계획안을 만들어 다른 선생님들과 공유했다. 덕분에 현재 매달 4,000만 명의 학생과 200만 명의 선생님들이 칸 아카데미를 이용한다(미국에서는 유치원부터 고등학교까지의 교육과정을 거치는 학생 수가 5,070만 명이다). 여기에 자원봉사자들도 나서서 그의 교육 동영상을 36개 언어로 번역하고 있다.

제품과 시장의 궁합

영리기업의 경우, 제품과 시장 궁합을 찾는 데 실패하면 무자비한 시장경제 논리에 따라 빠르게 사라진다. 사업을 견인하는 능력이 없다면 생존에 필요한 매출을 달성하지 못할뿐더러, 투자자에게 추가로 투자받을 수도 없다. 반면, 비영리단체는 대부분 보조금이나 기부금을 받기 때문에 그 자금이 언제나 조직의 효율성에 초점을 맞출 필요는 없다. 또한 비영리단체에서 '사용자(Clients)'는 단체가 봉사하는 대상이지만 '제공자(Customer)'는 이 단체에 기부하는 사람들이다.

하지만 이런 조직도 블리츠스케일링을 원한다면 제품과 시장의 궁합을 찾아야 한다. 일반적으로 비영리단체는 '사용자'에게 효과적으로 서비스를 제공할수록 '제공자'들의 자금을 더 많이 조달할 수 있다.

채리티워터(Charity:Water)는 개발도상국 사람들에게 깨끗하고 안전한 식수를 공급하는 비영리단체다. 이 단체는 재단과 후원자들의 기부금으로 운영되며, 그들의 기부금은 2만 3,000개 이상의 식수 프로젝트를 진행하는 데 쓰인다. 후원자들은 우물을 만드는 과정을 담은 사진을 보며 자신의 기부금이 프로젝트를 지원하는 데 쓰이고 있다는 것을 확인할 수 있다.

이 비영리사업의 제품과 시장의 궁합은 안전한 식수를 공급받는 사용자와 프로젝트를 지원하기 위해 기부금을 내는 자금 제공자이다. 설립 10년 만인 2006년, 채리티워터는 30만 명 이상의 개인 기부자들에게서 2억 5,200만 달러의 자금을 조달했다.

운영 확장 가능성

비영리사업에서 운영 확장 가능성을 노리기란 더 어렵다. 보통 영리기업은 규모가 커지면 매출이 늘고 벤처 캐피털 자금도 받게 된다. 그러면 이 자금을 다시 확장시킬 만한 인프라에 공격적으로 투자하거나, 직원을 추가로 채용하는 데 쓴다. 그래서 영리기업들은 급속한 성장을 관리할 수 있는 직원들을 더 쉽게 끌어들일 수 있다.

반면 비영리단체에는 보통 그와 동일한 금융자본이 없고, 비영리사업 영역에서 블리츠스케일링을 해본 숙련된 인적자본을 얻기는 더더욱 힘들다. 이러한 이유로 인프라에 투자하기보다 모질라 재단처럼 스케일링을 하는 데 많은 자원을 쓰지 않아도 되는 비즈니스 모델을 만드는 일이 더 가치 있다.

성장 인자와 성장 제약 인자 외에, 또 다른 중요한 잠재적 차이는 비영리단체가 경쟁을 바라보는 관점이다. 영리기업(그리고 선거운동 본부와 같은 특정한 비사업적 조직)의 경우, 경쟁은 블리츠스케일링의 가장 큰 동인이다. 이때의 경쟁은 보통 경쟁자를 앞서는 데 초점이 맞춰져 있다. 하지만 비영리단체의 경우 경쟁은 좀 다른 의미로 해석된다. 가령 말라리아를 퇴치하는 게 목적인 게이츠 재단을 '앞서기' 위해 수십억 달러를 쓰는 경쟁주자가 나타났다고 가정해보자. 아마 게이츠 재단은 이 경쟁자를 앞서야겠다는 생각보다 그들을 기쁘게 맞이할 것이다.

이러한 차이는 비영리사업 부문에서 블리츠스케일링이 비교적 흔하지 않은 이유이기도 하다. 그렇지만 기후변화에서부터 빈곤, 개혁이 필요한 교육체계에 이르기까지 우리 앞에 놓인 문제들의 규모를 고려해보라. 과거에는 확장 가능성이 없었던 문제라고 해도 이제 확장 가능한 기술적 해법을 적용해야 할 때가 왔다. 그렇다면 영리 목적의 비즈니스나 이런 영역 외에 어떤 분야에 블리츠스케일링 원리를 적용해볼 수 있을까? 이를 확인하고자 아주 특이하면서도 서로 다른 2가지 사례를 살펴보도록 하겠다.

❶ 자금 없이 사업을 키운 드레스 포 석세스

드레스 포 석세스(Dress For Success, DFS)는 저소득층 실직 여성이 일자리를 구할 수 있도록 돕는 비영리단체다. DFS가 주로 하는 일 중 하나는 실직 여성들이 취업 면접을 보러 갈 때 필요한 정장 같은 옷을 빌려주는 것인데, 이 옷들은 미국의 여러 의류 브랜드에서 기부받는다. 또 실직 여성들의 면접 준비도 돕는다. 이 단체는 보조금이나 정부의 재정자금, 후원자들의 기부금을 받아 운영된다.

사업을 확장하는 데 필요한 투자금을 조달하지도 못하고 딱히 매출이라고 할 만한 것도 없었던 DFS 창업자 낸시 루블린(Nancy Lublin)은 돈을 쓰지 않고 운영 확장성이라는 문제를 해결할 좋은 방법을 찾아야 했다. 그래서 선택한 전략이 조직이 가진 인프라의 제약을 역이용해 모자란 인력의 한계를 극복하는 것이었다. DFS는 사업을 키우기에 앞서 (이 단체의 도움이 가장 필요한 사람에게 서비스를 제공하기 위해) 잠재적 서비스 사용자와 의류 매장의 직원이 이 사업의 적절한 대상인지 가려낼 방법을 찾아야 했다.

보통은 유급 직원을 채용하거나 자원봉사자를 많이 뽑아서 이 문제를 해결하겠지만, 루블린은 돈을 쓰지 않고 이 문제를 해결해야 했기 때문에 다른 방법을 찾아야 했다. DFS는 자신들이 서비스를 제공하려는 대상과 비슷해 보이는 사람들을 돕고 있는 지역의 가정폭력 보호소 같은 조직들과 제휴를 맺었다. 덕분에 루블린은 전혀 비용을 들이지 않고 2가지 일을 다 해냈다. 먼저 DFS는 제휴한 조직이 추천하는 사용자만 받아들였다. 그리고 DFS가 이들을 돕는 대가로 제휴한 조직들은 DFS에 매장 운영을 도와줄 만한 자원봉사자들을 제공했다. 이로써 DFS는 본인들의 서비스를 필요로 하는 사용자들은 물론, 이 서비스를 제공하는 데 도움을 줄 만한 조력자까지 충분히 확보할 수 있었다. 단 한 푼도 들이지 않고 말이다!

루블린은 DFS의 '프랜차이징'을 통해 혁신적인 유통 모델의 힘도 활용했다. DFS 매장을 시작하고자 하는 사람이라면 누구나 뉴욕으로 초대해서 자신의 집에 머물게 했다. 머무는 동안 그들을 교육시켜 다시 고향으로 돌려보낸 다음, DFS 매장을 시작하게 했다. 루블린은 2002년 DFS를 떠날 때까지 매장을 76개로 늘렸다. 이후 DFS는 22개국으로 확장되어 100만 명에 가까운 여성들을 도왔다.

② 오바마를 백악관에 입성하게 한 핵심 전략

2008년 오바마 대통령 선거운동은 블리츠스케일링의 힘과 영향력을 잘 보여주는 사례다. 그의 선거본부는 실리콘밸리의 도구와 블리츠스케일링 전략(특히 비즈니스 모델 혁신)을 이용해 일리노이주 상원의원 자리에 처음으로 오른 그를 백악관으로 보냈다. 이는 떠오르는 샛별인 일리노이주 출신 초선의원이 영부인을 지낸 상원의원 힐러리 클린턴과 일련의 저명한 정치인들에 맞서 거둔 승리였다.

승산이 없던 오바마 대통령 선거운동의 흐름을 뒤집은 비즈니스 모델 혁신의 핵심은 무엇이었을까. 바로 다양한 네트워크를 연결하고 활용한 것이었다. 이는 분권화된 움직임을 활성화 · 조직화하는 데 유례를 찾아볼 수 없었던 방법이다. 오바마는 2007년 2월 10일, 대권 도전을 발표했다. 선거운동 고문 스티브 스피너(Steve Spinner)에 따르면, 선거운동 인력은 단 1년 만에 0에서 700명으로 증가했다. 이런 급속한 성장의 열쇠는 기존의 대규모 네트워크를 활용해 강력한 유통전략을 세운 데 있었다. 그의 선거본부가 활용했던 구체적인 방법을 살펴보자.

첫째, 오바마는 부유한 민주당 후원자들에게서 거액의 기부금을 받는 방식을 선택하는 대신, 인터넷으로 개인 지지자들에게 소액의 기부를 받는 데 집중했다. 사실 이는 불가피한 조치이기도 했다. 민주당 공천에서 가장 유력한 후보로 여겨지던 힐러리 클린턴이 이미 백악관과 상원에서 큰손 기부자들과 오랫동안 깊은 관계를 맺어왔기 때문이다. 여기에 맞서려면 다른 방법이 필요했다.

어쨌거나 이 새로운 비즈니스 모델 덕에 오바마는 이전의 그 어떤 후보보다 많은 선거자금을 모을 수 있었다. 그의 선거 기부금은 조지 W. 부시가 2004년 재선 캠페인을 여는 동안 세운 이전 기록보다 거의 3억 달러가 많은 6억 5,000만 달러였다. 또한 기부금의 절반은 200달러 이하의 소액 기부로 채워졌다. 2004년 부시가 선거기간 동안 조달한 자금 중 소액 기부자에게서 나온 것은 27%에 불과하다.

둘째, 오바마 선거캠프는 대규모 자원봉사자 집단을 구축하고 관리하는 데 집중했다. 이 부분에 탁월했던 덕분에 득표에 성공하고 큰 행운을 얻게 됐다. 그가 출마를 선언하기 직전, 선거운동 본부는 젊은 소셜 네트워크인 페이스북에 연락을 취해 공식 페이지 제작을 의뢰했다. 그들이 연락했던 상대는 페이스북 공동창업자 크리스 휴스(Chris Hughes)였다. 그는 오바마가 당선되어서 세상을 바꿀 수 있다는 확신을 얻었고, 페이스북을 떠나 선거운동에 합류했다. 휴스는 세계에서 가장 훌륭한 블리츠스케일링을 해낸 기업 중 한 곳에서 일하며 얻은 경험을 끌어들였고, 실리콘밸리의 도구들을 오바마 선거운동에 적용하기 위해 빠르게 움직였다.

휴스와 그의 팀은 오바마가 선거에서 승리하도록 성장 인자들을 활용하는 3가지 핵심 도구를 만들었다. 첫 번째는 마이버락오바마닷컴(my.barackobama.com, 이하 MyBO)이었다. MyBO는 기존의 오바마 후원 네트워크들을 활용하는 소셜 네트워크로, 그들이 서로 연락을 취하고, 그룹을 조직하고, 행사를 기획하고, 자금을 조달할 수 있게 했다. 선거운동 기간 동안, 자원봉사자들은 MyBO를 이용해 200만 개의 프로필을 만들고, 20만 회의 오프라인 행사를 열고, 3,000만 달러의 자금을 모았다.

두 번째 도구는 네이버투네이버(Neighbor-to-Neighbor) 여론조사 도구였다. MyBO 사용자가 로그인하면, 네이버투네이버는 그들이 방문하거나 전화를 걸 수 있는 유동 유권자의 목록을 제공한다. 네이버투네이버는 온라인 데이터베이스를 이용하여 연령·직업·사용언어·군복무 등의 요소를 고려해 자원봉사자들을 그들이 접촉하고 싶은 사람들과 연결해준다. 네이버투네이버는 800만 건의 통화와 엄청난 입소문을 만들어냈다.

마지막 도구는 보트포체인지(Vote for Change) 유권자 등록 사이트였다. 오바마에게 투표할 유권자들이 정확하게 등록할 수 있도록 아주 복잡한 유권자 등록 규칙을 자동으로 정리해주는 사이트였다. 예를 들어 대학생이 로그인을 하면 대학과 고향의 지역을 묻는다. 이후 보트포체인지는 학생의 투표권이 더 절실히 필요한 주에 등록되도록 돕는다. 선거운동 기간 동안, 보트포체인지는 100만 명이 선거에 참여할 수 있게 투표권 등록을 도왔다. 구식 호별 방문 방법을 사용했다면 2,000명의 유급 직원을 상주시켜야 했을 것이다.

2008년 11월 4일 화요일, 오바마는 미국 44대 대통령으로 당선되었다. 선거운동에 블리츠스케일링 전략을 활용한 덕분에 그는 6,900만 표를 획득했다. 이 역시 역대 미국 대통령 후보가 세운 최고 기록이다.

이런 사례가 보여주듯이, 블리츠스케일링은 이윤이 큰 거대한 사업체를 구축할 수도 있지만, 사회적으로 영향력을 발휘하고 변화를 이끌어내는 일에도 강력한 도구가 될 수 있다. 물론 쉬운 일은 아니다. 상당한 자본을 끌어들여야 하고 (2008년 오바마의 선거운동에서 보았듯이) 지역공동체나 기존의 네트워크를 활용할 수 있는 능력(DFS에서 보았듯이)이 필요할지도 모른다. 어쩌면 그 두 가지 모두 필요할 수도 있고 말이다. 하지만 이런 분야에서도 블리츠스케일링을 활용해 급속한 성장을 할 수 있다면, 이 블리츠스케일링 전략이야말로 당신이 어떤 일을 하든 급속한 성장의 중압감을 관리하고 세상에 미치는 영향을 극대화하는 데 도움을 줄 것이다.

지역적 우위는 명백한 강점이다

지난 10년 동안 비즈니스계의 발전 중에서 흥미로운 것 중 하나는 미국 태평양 연안의 다른 첨단기술 생태계들이 실리콘밸리와 더 긴밀하게 통합되었다는 점이다. 20세기 대부분 동안, 시애틀·로스앤젤레스·실리콘밸리는 서로 매우 다르고 차별화된 산업 중심지였다. 실리콘밸리는 컴퓨터 부문을 전문적으로 다룬 반면, 시애틀과 로스앤젤레스는 항공우주와 방위 산업 부문에서 강했다. 생태계 측면에서 따져봐도 시애틀은 커피, 로스앤젤레스는 엔터테인먼트 산업 분야에서 시장 주도적 지위를 자랑했다. 하지만 21세기에 들어와 시애틀과 로스앤젤레스는 점차 실리콘밸리와 밀접하게 연관된, 첨단기술 생태계의 본거지가 되었다.

〈이코노미스트〉는 2017년 '미국의 두 기술 중추가 어떻게 수렴되고 있는가(How America's Two Tech Hubs Are Converging)'란 제목의 기사에서 시애틀과 실리콘밸리의 관계가 점점 더 밀접해지고 있다고 주장했다. 그 일례로 시애틀 스타트업에 대한 대부분의 벤처 캐피털 투자가 실리콘밸리에서 나오고 있다는 사실을 들었다. 그뿐만 아니라 약 30개의 실리콘밸리 기업들이 시애틀에 컴퓨터 과학자들을 대거 두기 위해 그곳에 사무실을 열었다는 것, 시애틀의 두 지배적 블리츠스케일러인 아마존과 마이크로소프트가 실리콘밸리에 수천 명의 직원을 두었다는 것에도 주목했다.

로스앤젤레스 역시 스타트업과 스케일업의 중추로서 인상 깊은 성장세를 보여주었다. 리서치 기업 CB 인사이츠(CB Insights)에 따르면, 로스앤젤레스에 기반을 둔 스타트업들의 2016년 자금 유치액은 2012년 이래 6배가 늘어난 30억 달러였다. 태평양 연

안의 소위 실리콘비치 지역을 포함한 로스앤젤레스 생태계에서
는 각기 기업가치가 100억 달러에 이르는 스냅과 스페이스X를
비롯한 중요한 기업들은 물론이고, 달러 쉐이브 클럽(Dollar Shave
Club)과 같은 성공 스토리를 만들어냈다. 우리는 여기서 스냅의
공동창업자들이 스탠퍼드대에서 공부하던 시절에 만났고, 스페
이스X는 샌프란시스코에 살던 머스크가 설립했으며, 그 투자자
들의 대부분이 라이트스피드(Lightspeed), 파운더스 펀드(Founders
Fund), 벤록(Venrock)과 같은 실리콘밸리의 벤처 캐피털 회사였다는
것에 주목해야 한다.

시애틀과 마찬가지로, 로스앤젤레스는 구글과 같은 주요 실리
콘밸리 기업들의 운영 기반이다. 시애틀과 로스앤젤레스가 실리
콘밸리와 가까워서 자본·인재·학습 네트워크가 뒤얽힐 수밖에 없
다는 것을 생각하면, 이런 관계가 그리 놀라울 일은 아니다. 실리
콘밸리까지 짧은 비행거리(시애틀은 2시간, 로스앤젤레스는 1시간 거리)
나 로스앤젤레스에서 고속도로(I-5)를 타고 테슬라 슈퍼차저의 힘
을 빌리면 실리콘밸리까지 6시간 만에 닿을 수 있다. 이는 자본
네트워크를 통합시키는 데에도 도움이 된다. 실리콘밸리 투자자
들이 시애틀과 로스앤젤레스에 기반을 둔 거래에 투자하는 것은
아주 손쉽다. 항공편으로 이사회에 참석할 수 있기 때문이다. 또
한 이는 인재 네트워크를 통합시키는 일에도 도움이 된다. 기업가
들이 이런 중추들 사이를 쉽게 여행하면서 관계를 개발하고 유지

하며, 직접 얼굴을 맞대고 식견과 가르침을 공유할 수 있기 때문이다. 예를 들어 머스크는 테슬라(실리콘밸리)와 스페이스X(로스앤젤레스)를 동시에 경영할 수 있다.

또한 시애틀과 로스앤젤레스는 실리콘밸리에 비해 주택 가격이 저렴하고(그렇더라도 싸지는 않지만), 문화의 중심지이며, 인기 있는 여행지이기 때문에 여기에서 일하는 사람들의 삶의 질을 높여줄 수 있다. 고속열차나 머스크가 제안한 하이퍼루프, 자율주행차의 출현으로 교통수단이 추가되어 이 도시들과 실리콘밸리 사이의 여행이나 통근이 훨씬 싸고 빠르게 이루어지게 되면 이러한 유대는 더 긴밀해질 것이다. 따라서 로스앤젤레스와 시애틀은 점점 더 비옥한 기업가정신의 토대이자 블리츠스케일링을 계획하는 회사를 세우기 좋은 장소가 되고 있다.

아마존이 제2본사를 설립하기 위해 HQ2 프로젝트(아마존은 50억 달러를 들여 직원 5만 명을 수용할 새로운 기업 캠퍼스를 건설할 계획이다)를 추진 중이다. 아마존이 이 프로젝트를 통해 과연 '더 커다란 실리콘밸리'를 더 넓게 확장시킬지 지켜보는 것은 흥미로운 일이 될 것이다. 무디스는 오스틴을 가장 유력한 도시로 선정했고, 〈뉴욕타임스〉는 덴버가 될 가능성이 높다고 생각했다. 실리콘밸리에서 콜로라도주로의 오랜 이주 패턴과 사우스웨스트 항공이 산호세와 오스틴 사이를 운항하는 '너드버드(nerd bird)' 비행 편들을 고려하면 두 도시 모두 합리적인 확산점이 될 수 있다.

스케일러가 공략하기 좋은 생태계

미국 내에서는 보스턴과 오스틴 같은 도시들이 강력한 기술 중추로 떠올랐고, 최근에는 콜로라도주 볼더와 심지어는 뉴욕까지 그 뒤를 잇고 있다. 유럽의 경우, 런던 · 스톡홀름 · 베를린(잠버 형제가 로켓 인터넷을 비즈니스 모델로 산업화시키려고 블리츠스케일링을 시도하고 있다) 이 주목할 만한 기업들을 내놓기 시작했다. 펜실베이니아대 와튼 스쿨에서 진행한 연구에 따르면, 스톡홀름에는 기업가치가 10억 달러가 넘는 '유니콘' 스타트업이 실리콘밸리에 이어 두 번째로 많다. 스웨덴 노동인구(18~65세)의 65%는 스웨덴에 회사를 시작할 좋은 기회들이 있다고 생각한다. 미국의 경우 이 비율이 47%다.

예를 들어 스톡홀름의 스트리밍 음악 기업 스포티파이는 대부분의 실리콘밸리 유니콘들이 부러워할 만한 블리츠스케일링 기록을 가지고 있다. 스포티파이의 공동창업자 다니엘 에크(Daniel Ek)와 마틴 로렌손(Martin Lorentzon)은 이전에 블리츠스케일링을 경험한 연쇄 기업가다. 에크는 스타돌(Stardoll)의 최고기술경영자였으며 로렌손은 트레이드더블러(Tradedoubler)를 공동으로 창업했다. 스포티파이는 입증된 프리미엄 비즈니스 모델을 사용하면서 기본 무료 서비스를 제공한다. 그러면서 사용자들이 광고 없는 고품질 오디오를 구독하도록 독려한다. 스포티파이는 2008년 출시 이래, 아주 공격적으로 투자를 해왔다. 파운더스 펀드 · 액셀(Accel) · 클라

이너 퍼킨스 코필드 앤드 바이어스(Kleiner Perkins Caufield & Byers)
와 같은 실리콘밸리 벤처 캐피털은 물론 리자청(李嘉誠)의 호라이
즌(Horizon)과 유리 밀너(Yuri Milner)의 디지털 스카이 테크놀로지
(Digital Sky Technologies, DST) 등 스케일링을 경험한 세계적인 투자
자들에게서 25억 달러 이상의 자금을 유치했다. 그리고 이것을
가지고 2011년 100만이었던 유료 구독자를 2017년 6,000만 명
으로 키웠다.

그러나 2016년, 에크와 로렌손은 스톡홀름에서 성공했음에도
불구하고 스포티파이가 그곳에 남을 수 없겠다고 걱정했다. 이
민자에 대한 제한적이고 비용이 많이 드는 주택규정 정책들과 스
톡옵션에 대한 중과세가 그들의 발목을 붙잡았기 때문이다. 결국
2017년 2월, 스포티파이는 뉴욕 사무소에 새로운 일자리 1,000개
를 만들어 미국을 스포티파이 직원 대다수의 고향으로 만들겠다
고 발표했다.

다른 나라는 전망이 훨씬 밝아 보인다. 중국은 말할 것도 없
고 인도 역시 이번 세기 안에 미국 경제를 앞지를 것으로 예상된
다. 인도의 전자상거래 기업 플립카트(Flipkart)는 액셀(실리콘밸리) ·
타이거 글로벌(Tiger Global, 뉴욕) · 내스퍼스(Naspers, 남아프리카공화
국) · GIC(싱가포르) · 소프트뱅크(일본)를 비롯한 세계 전역의 투자자
들에게서 73억 달러에 가까운 투자금을 받았다. 플립카트의 창업
자 사친 반살(Sachin Bansal)과 비니 반살(Binny Bansal)은 아마존에서

일한 경험이 있었다. 아프리카는 엠페사(M-Pesa) 같은 모바일 결제 서비스들을 개척하고 있다. 엠페사는 영국에서 개발되었고, 운영은 미국의 IBM이 관리하며, 그들의 기술은 현재 중국의 화웨이가 관리하고 있다. 엠페사는 2015년 케냐에서 280억 달러의 송금 거래를 처리했다. 같은 해 케냐의 GDP는 630억 달러였다. 라틴아메리카는 빠르게 성장하는 거대한 시장이며, 주로 스페인어를 사용한다. 어떤 나라보다 인구 대비 스타트업이 많은 이스라엘은 사이버 보안 기업들의 중심지이며, 번성하는 벤처 캐피털 커뮤니티의 근거지이기도 하다. 오스트레일리아도 아틀라시안(Atlassian)과 같은 성공적인 기술기업들을 배출했다.

신생 생태계에서 블리츠스케일링을 할 때는 다른 문제와 다른 가능성이 제기된다. 신생 생태계에는 실리콘밸리나 더 넓게는 미국 시장과 같은 기성 생태계가 제공하는 플랫폼이 부족하다. 가령 변호사나 회계사 같은 전문 서비스를 제공하는 사람들, 노련한 경영자, 공격적인 벤처 투자자는 말할 것도 없고 결제 시스템, 운송회사 같은 것들 말이다. 이 때문에 블리츠스케일링이 더 어렵고 더 더디게 성장할 수밖에 없다. 이런 생태계에서는 직접 플랫폼을 구축하는 것보다는 기존 플랫폼을 활용하는 것이 훨씬 더 쉽다. 그러나 일단 성공하기만 하면 자신의 플랫폼을 구축했다는 것이 큰 경쟁우위가 될 수 있다. 시간이 지날수록 플랫폼의 규모도 기하급수적으로 커지기 때문에, 장기적으로 봤을 때 더 빨리 성장하는 결과를 낳는다.

초기에 메르카도리브레는 아마존보다 훨씬 느린 속도로 성장했다. 라틴아메리카의 경우 소비자의 절반 이상이 은행계좌를 가지고 있지 않다. 메르카도리브레는 아마존이 했듯이 그 흔한 신용카드 네트워크와 기성 운송업자들을 활용할 수 있는 여건이 아니었다. 이 회사는 직접 결제와 물류 시스템을 구축해야 했다. 그렇지만 지금 메르카도리브레는 라틴아메리카의 선두적 전자상거래 경제 시스템 메르카도 파고(Mercado Pago)와 같은 플랫폼을 소유하고 있기 때문에 빠른 성장 속도를 유지하면서 동시에 잠재적으로 경쟁에 대비한 장벽을 쌓을 수 있다. 미국 시장에서 아마존과 겨루고자 하는 라이벌은 비자와 UPS 덕분에 빨리 출발하고 빨리 성장할 수 있지만, 메르카도리브레의 경쟁자는 메르카도리브레의 경제 플랫폼과 물류 플랫폼을 사용해야 하기 때문에 이들에 못지않은 견인력을 얻기가 상당히 힘들다.

메르카도리브레는 이베이와 같은 이전의 블리츠스케일러들이 배운 교훈을 따르기도 했다. 2001년 이베이는 아이바자(iBazar)라는 프랑스 회사(이 회사는 브라질에 자회사를 두고 있었다)를 인수했다. 그러나 이베이는 유럽 시장에 집중하고 싶었기 때문에 메르카도리브레에게 한 가지 제안을 했다. 메르카도리브레의 지분 19.9%와 브라질 사업 인수권을 맞바꾸자는 것이었다. 이 거래에는 5년간 경쟁을 금지한다는 조항(메르카도리브레는 최소한 그 기간 동안 이베이가 라틴아메리카로 확장하는 것을 걱정할 필요가 없었다)과 성공 사례를 공유한다는 조항이 포함되었다. CEO인 갈페린은 경쟁 금지 조항 때문에 계약을 체결했지만, 사실 메르카도리브레에 더 중요했던 계약 조항은 이베이가 치열하게 싸워 얻어낸 성공 사례를 나누는 조항이었다고 밝혔다.

우리는 5년간 거의 이베이의 자회사나 마찬가지였습니다. 우리는 분기마다 실리콘밸리의 이베이 본사로 갔고, 우리 회사에 적용시킬 만한 성공 사례를 배웠습니다. 덕분에 규모를 확장하는 데 큰 도움을 받았습니다. 우리는 이베이가 세계 곳곳에서 다양한 경쟁자들을 상대하며 겪고 있는 여러 문제들을 모두 살펴볼 수 있었습니다. 우리는 선택할 수 있었죠. 이베이가 하는 것 중에 정말 마음에 드는 것이 있는가 하면 라틴아메리카에는 적용시키기 어려워 보이는 일들도 있었습니다. 이런 경우 우리는 다르게 대응했습니다.

갈페린과 그의 팀은 단순히 이베이를 모방한 것이 아니었다. 그들은 이베이가 했던 최선의 방법에 대해 배운 다음, 라틴아메리카 시장의 특수성에 맞게 그 방법을 조정했다.

전 세계에 걸친 이 모든 새로운 생태계를 들여다보면, 15년 전의 중국이나 25년 전의 실리콘밸리에서나 볼 법한, 흥미롭고 잠재적이며 차별화된 기회가 보인다. 예를 들어 보스턴은 세계적인 수준의 병원과 대학 덕분에 의료 분야에서 주도적인 위치를 얻었다. 반면 뉴욕은 렌트 더 런웨이(Rent the Runway)와 버치박스(Birchbox) 같은 패션 관련 산업의 선두주자다. 에스토니아 같은 나라들은 국제시장에 대한 의존성을 강점으로 만들었다. 반면 에스토니아 출신의 프로그래머 프리트 카세살루(Priit Kasesalu)와 얀 탈린(Jaan Tallinn)이 창업한 스카이프는 미국에서 시작될 여지가 적다. 국제전화는 미국 소비자에게 중요하지 않기 때문이다.

광활한 기회의 땅, 중국

2010년 위챗을 만들어 블리츠스케일링에 나서겠다는 마화텅의 결정을 기억하는가? 그는 위챗이 성장할 대로 성장한 QQ 데스크톱 제품과 텐센트 전체의 기업 이익에 엄청난 위험을 가할 수 있다는 사실을 알면서도 이런 결단을 내렸다. 그러나 마화텅이 위챗을 출시한 덕분에 회사는 활기를 되찾았고, 더 크게 키울 수 있었다. 위챗의 사례는 중국이 실리콘밸리보다 블리츠스케일링을 하기에 더 나은 생태계라는 점을 잘 보여준다. 실리콘밸리와 마찬가지로 중국은 기꺼이 위험을 감수하는 기업문화와 공격적인 성장에 기꺼이 자금을 대는 매우 선진적인 금융 시스템이 갖춰져 있다. 또한 대단한 기술 인재들도 많이 확보해둔 상태다. 이렇듯 민기 힘든 성장 덕분에, 중국의 시장은 엄청나게 규모가 커졌지만 동시에 혼란도 생겼다.

중국은 수십 년간 세계에서 가장 빠르게 성장해온 경제국 중 하나였다. 프라이스워터하우스쿠퍼스(PricewaterhouseCoopers)는 2030년쯤 되면 중국 경제 규모가 미국을 추월할 것으로 보고 있다. 사실 이미 많은 부분에서 중국이 미국을 앞지르고 있다. 2016년 중국의 모바일 결제액은 8조 6,000억 달러였다. 그에 비해 미국은 1,120억 달러였다. 달리 말해, 중국의 모바일 결제 시장이 미국보다 거의 77배 큰 셈이다. 디디추싱은 중국에서 하루에만 **2,000만 건**의 승차 서비스를 제공한다. 우버가 전 세계에 제공하고 있는 서비스 양의 3배가 넘는다. 이런 요소들로 인해 시장 규모라는 성장 인자 측면에서 중국은 다른 그 어떤 생태계보다 유리하다. 특히 유연한 노동시장 덕분에 운영 확장성이라는 성장 제약 인자를 극복하는 데에도 큰 이점을 누린다. 2012년 〈뉴욕타임스〉는 중국에서 애플의 상품을 제조하는 것과 관련해 중국의 노동시장을 이렇게 분석했다. "애플의 경영진은 아이폰을 제조하는 20만 명의 조립라인 노동자를 감독하고 이끄는 데 약 8,700명의 엔지니어들이 필요하다고 추산했다. 또한 이런 엔지니어들을 미국에서 구하려면 9개월이 걸릴 것이라고 예상했다. 하지만 중국에서는 15일이면 구한다."

이런 요소들을 활용한 결과물이 바로 기업이 믿기 힘든 속도로 성장하고, 분해되고, 재조합되는 생태계다. "혁신은 여기에서 더 빠르게 움직인다." 시노베이션 벤처스(Sinovation Ventures, 创新工场)를 운영하며, 구글의 중국 운영책임자였던 리카이푸(李開復)의 말이다. 중국 시장은 성장을 거의 모든 문제에 대한 첫 번째, 마지막, 그리고 최선의 해법으로 본다. 중국 스타트업들이 실리콘밸리의 기업들보다 훨씬 빠르게 규모를 확장하는 경향이 있는 것도 이 때문이다.

예를 들어 중국 스마트폰 제조업체 샤오미가 창업 이래 2014년 세계에서 가장 가치가 높은 스타트업이 되기까지는 5년이 채 걸리지 않았다. 이후 우버, 디디추싱이 샤오미를 앞질렀지만, 그렇다고 해도 그들의 블리츠스케일링 속도가 떨어진 것은 아니었다. 레이쥔(雷軍)은 2010년 샤오미를 설립했다. 2015년 샤오미는 삼성과 애플에 이어 세계 3위의 스마트폰 제조업체가 되었다.

중국에서는 기업들이 빠르게 부상하는 만큼 빠르게 추락한다. 2016년 미국의 컨설팅기관 IDC는 샤오미의 매출이 해마다 40%씩 급감하고 있다고 보고했다. 온라인으로만 상품을 판매하는 온라인-온리(online-only) 영업전략이 흔들리고, 오포(OPPO)와 비보(Vivo) 같은 경쟁자들이 소매 유통업자들에게 물건을 판매하며 시장을 점유했기 때문이다. 한 애널리스트는 샤오미의 가치가 90% 이상 떨어질 것이라 예측했다.

이런 위기 속에서 샤오미는 레이쥔의 치열한 경쟁력을 바탕으로 아주 빠르게 움직였다. 이런 놀라운 반응 속도는 중국에서나 가능한 것이었다. 이 회사는 대규모 오프라인 판매 경로를 민첩하게 구축하며 유통 문제에 대처했다. 1년 만에 100개의 미 홈(Mi Home) 소매점을 개점한 것이다. 2019년까지 2,000개의 매장 개점을 목표로 하고 있다. 2017년 1사분기 샤오미 스마트폰 매출의 34%는 이 100개의 소매점에서 올린 것이다. 샤오미는 애플 스토어에 이어 제곱피트당 매출액이 2위라고 주장한다. 2017년 IDC는 샤오미의 매출이 이전 해에 비해 59% 반등해 샤오미가 다시 세계 5대 스마트폰 제조업체에 들어가게 되었다고 보고했다. 이것은 무일푼에서 부자가, 다시 무일푼이, 또다시 부자가 된 이야기다. 게다가 이 모든 일은 10년도 안 되는 기간 안에 일어났다.

실리콘밸리와 중국, 두 생태계는 서로를 통해 귀중한 교훈들을 배울 수 있다. 예를 들어 중국의 속도는 치열한 경쟁이 동인으로서 가지는 가치를 보여준다. 샤오미의 레이쥔은 이렇게 말한 적이 있다. "미국 기업가들은 게을러요. 우리 회사 직원들은 토요일 밤 9시까지 일을 합니다." 어떤 면에서는 그의 말이 맞다. 실리콘밸리에는 중국의 블리츠스케일러들과 견줄 만큼 강도 높게 일하는 사람이 거의 없다. 미국의 표준 근무시간은 오전 9시부터 오후 5시까지인데, 샤오미는 이를 따르지 않고 오전 9시 출근, 오후 9시 퇴근, 주 6일 근무의 "996" 모델로 운영한다. 나는 링크드인 차이나에서도 같은 상황을 목격했다. 중국 링크드인 팀 리더 데릭 셴

(Derek Shen)은 '레드 호스(Red Horse)' 프로젝트의 촉박한 마감 시한을 맞추려고 개발 팀 전체를 2주 동안 호텔에 묵게 했다. 팀원들이 일상사의 어떤 방해도 받지 않고 밤낮없이 일할 수 있게 하기 위해서였다.

이 강력한 직업윤리의 부산물은 훨씬 더 빠른 의사결정을 할 수 있다는 것이다. 그것은 블리츠스케일링의 핵심 장점이기도 하다. 스탠퍼드대 교수로 코세라(Coursera)를 공동 창업했고, 구글과 바이두(Baidu, 중국의 선도적인 검색엔진)에서 머신러닝 사업을 이끌었던 앤드루 응(Andrew Ng, 吳恩達)이 한번은 자신의 이야기를 한 적이 있었다. 그가 바이두에 있을 당시의 일화다. 그는 저녁식사 도중 인사 문제에 관해 궁금증이 생겼다. 그래서 저녁 7시에 인사 책임자에게 문자 메시지를 보냈다. 책임자는 곧장 팀원들에게 정보를 달라는 메시지를 보냈고, 응은 7시 30분에 답변을 받을 수 있었다. "그녀가 답을 주는 데 1시간 이상 걸렸다면 저는 걱정했을 겁니다." 그의 말이다. 이런 식의 빠른 의사결정을 불편하게 여길 사람도 많을 것이다. 하지만 중국의 기업가들은 계속해서 이런 방식으로 빠르게 의사결정을 해왔다. 그 결과로 자유가 없다는 사실이나 불확실성에 내성이 생기게 됐으며, 이것이 다시 그들을 더 빠르게 움직일 수 있도록 만들었다.

중국의 또 다른 장점은 엄청난 인재 풀이다. 인적 자원이 풍부하기 때문에 중국의 기업들은 여러 도시에 여러 개의 사무실을 동시에 내는 등 조직의 규모를 더 빠르게 확장시킬 수 있다. 또한 중국이 전체 인재 풀을 활용하는 면에서 실리콘밸리가 배울 만한 점이 1~2가지 더 있다. 예를 들어 중국은 여성 기업가들이 일하기에 대단히 좋은 환경이라는 것을 입증해왔다. 세계의 자수성가형 여성 억만장자 73명 중 49명(3분의 2가 넘는다!)이 중국에 산다. 세계에서 가장 부유한 여성 자수성가 10명 중 8명이 중국인이다.

마지막 장점은 중국이 비교적 최근에 산업 강국으로 부상했다는 점이다. 이는 중국의 많은 업계가 이제 막 크고 있는 시점이기 때문에 누구에게나 이 시장을 차지할 기회가 있다는 것을 의미한다. 실리콘밸리는 소프트웨어와 인터넷 시장을 장악하고 하드웨어 부문을 부업으로 삼고 있다. 반면, 중국은 농업에서 화학까지 분야가 다양하며, 그 모든 업계마다 빠르게 성장하는 기업들이 존재한다. 이런 장점들은 아주 인상적이다.

물론 중국도 실리콘밸리에서 배울 것이 있다. 우선, 실리콘밸리는 중국이 움직이는 속도에 비해 그 열기가 비교적 덜하다. 하지만 이러한 실리콘밸리의 속도는 실리콘밸리가 더 깊이 있는 기술과 더 장기적인 안목을 가지고 있다는 것을 의미한다. 행성 간 여행을 약속한 머스크와 생명 연장을 위한 칼리코(Calico)의 '큐어 데스(cure death)' 프로젝트에 7억 5,000만 달러를 투자한 구글처럼 말이다. 실리콘밸리는 인공지능·가상현실·우주 비행·원자력 등 대부분의 깊이 있는 기술 혁신에서 여전히 선두의 자리에 있다.

실리콘밸리가 가차 없는 경쟁의 장이긴 하지만, 이런 분위기는 기업 간의 더 많은 협력을 장려하기도 한다. 기업 간 협력은 그들의 네트워크를 서로 활용하게 하여 전 지역에 더 큰 혁신과 생산성을 추진시킨다. 2015년 텐서플로(Tensorflow) 소프트웨어 라이브러리를 공개한 구글은 외부 네트워크를 활용해 자사의 머신러닝 프로젝트를 발전시킬 수 있었다. 그뿐만 아니라 실리콘밸리 전역(그리고 그 외 세계)의 기업들이 각자의 머신러닝 프로젝트를 가속화시킬 수 있었다.

또 하나, 블리츠스케일링의 역사를 보면 실리콘밸리가 중국보다 수십 년 앞서 있다. 특히 집중된 경험과 제도적 지식의 측면에서 말이다. 세계에서 가장 가치 높은 기술기업의 절반이 바로 실리콘밸리, 인구가 400만이 채 되지 않는 이 작은 지역에 모여 있다는 것을 기억하라. 광저우 도심보다 10배가 작고, 중국의 인구보다 350배 적다. 중국의 두 회사, 알리바바와 텐센트의 기업가치는 1,000억 달러가 넘지만, 역사를 따져보면 아직 설립된 지 20년이 되지 않았다. 이러한 사실이 무엇을 말해주는가? 중국은 거대한 노동력 풀이 있고 많은 기술 인재들을 공급하는 놀라운 능력이 있지만, 아직 실리콘밸리와 같은 밀도를 갖추진 못했다. 블리츠스케일링 기업을 관리해야 하는 스케일링 경영자의 대체 능력 역시 여전히 제한적이다.

마지막으로 중국의 배타적인 경영과 채용 관행은 블리츠스케일링에 장애가 될 수 있다. 야후의 공동창업자이자 알리바바에서 선 구안을 가지고 투자했던 제리 양은 중국 기업들이 조직 내에서 리 더를 키우려 한다는 점을 관찰했다. 실리콘밸리와 달리, 중국에서 는 외부에서 임원급 관리자를 영입하는 경우가 드물다. 채용된 소 수의 사람들이 있다고 해도 좋은 결과를 내지 못했다. 예를 들어 휴고 바라(Hugo Barra)는 구글에서 인정받던 경영자였다. 그는 국제 부문 부사장으로 샤오미에 합류했으나 2년을 조금 넘기고서 페이 스북의 VR 사업을 맡기 위해 샤오미를 떠났다. 이런 접근 방식은 블리츠스케일링에 큰 영향을 미친다. 리더의 자리를 어떻게 채울 지는 몇 년 앞서 생각해야 하는 문제이며 따라서 당장 그 일에 대 비하려면 사람들도 미리 준비시켜야 한다. 이는 기업 간의 이동이 훨씬 적으며 그 때문에 아이디어와 혁신의 혼합도 적다는 의미다.

물론 이런 상황은 바뀔 수 있다. 제리 양은 중국의 1세대 스타 트업 거물들이 이미 다음 세대의 씨앗을 준비하고 있다고 지적했 다. 예를 들어 승차 서비스 기업 디디추싱의 창업자인 청웨이(程 維)는 창업 전에 알리바바에서 8년 동안 근무하면서 스케일링 방 법을 배웠다. 그 경험은 청웨이가 우버가 부러워할 정도의 속도로 회사를 키우는 데 도움을 주었을 것이다. 우버보다 3년 늦게 설립 되었지만, 디디추싱은 2015년 우버가 창립하고 나서 그 시점까지 제공한 것보다 많은 승차 서비스를 제공했다. 한편, 알리바바 · 텐 센트 · 바이두와 같은 1세대 기업들이 모두 디디추싱의 투자자라는 사실도 주목할 만하다. 이는 디디추싱의 경영진이 블리츠스케일링에 유용한 지식 네트워크에 접근할 수 있다는 뜻이다.

종합적으로 볼 때 중국의 기술 업계 주도 업체들은 실리콘밸리의 교훈을 잘 따르고 있는 듯하다. 중국에서 강연을 하다 보면 청중들이 실리콘밸리에서 일어난 일들을 친숙하게 받아들인다. 그도 그럴 것이 대부분의 중국 경영자들은 영어로 말하고 읽으며 매일 최신 업데이트된 영어 뉴스를 읽는다. 미국이나 유럽 경영진 중 얼마나 많은 사람이 중국어를 읽고 뒤처지지 않도록 중국의 발전 상황을 파악하고 있을까? 중국에서 일어나고 있는 혁신이 영어권 언론에 등장할 때까지 기다린다면, 세계시장에서 중국의 블리츠스케일러가 1년 빨리 시작할 수 있는 기회를 주는 것과 같다.

실리콘밸리와 중국이 도모할 수 있는 가장 큰 기회는 함께 일하며 각자의 장점을 결합하는 것이다. 앤드루 응은 획기적 발전을 하고 싶다면 태평양 양안의 아이디어 조합이 필요하다고 말한다. 엔비디아(Nvidia)와 같은 실리콘밸리 기업들이 머신러닝 네트워크에 동력을 공급하는 GPU[graphical processor units, 그래픽 처리를 위한 고성능 장치로 그래픽카드의 핵심]를 제공하긴 했지만, 진전은 GPU 프로그래밍에 대한 실리콘밸리의 전문지식과 중국의 슈퍼컴퓨팅에 대한 전문지식이 합쳐지면서 이루어졌다. 2016년 11월, 세계에서 가장 강력한 슈퍼컴퓨터는 중국 우시의 국립 슈퍼컴퓨팅 센터(National Supercomputing Center)에 있는 선웨이 타이후라이트(Sunway

TaihuLight)이고, 2위는 톈허 2호(Tianhe-2, 天河二)다. 테네시주 오크
리지 국립연구소(Oak Ridge National Laboratory)에 있는 미국에서 가
장 강력한 슈퍼컴퓨터 타이탄(Titan)은 선웨이 타이후라이트 성능
의 5분의 1에도 못 미친다[2019년을 기준으로 세계에서 가장 강력한 슈퍼
컴퓨터는 IBM에서 제작한 오크리지 국립연구소의 '서밋'이며, 덕분에 미국은 세
계 1위 자리를 되찾음]. 장차 다가올 미래에 이 두 생태계를 주도하는
혁신가들이 협업을 한다면 과연 어떻게 될까? 어떤 유형의 부와
진보가 나타날지 상상조차 할 수 없다.

'방어전략'인 3가지 '공격전략'

지금까지는 블리츠스케일링 전략으로 스타트업을 어떻게 스케일
업으로 키울지, 새로운 제품이나 사업단위를 빠르게 스케일링할
수 있을지 설명하는 데 중점을 두었다. 다시 말해, 당신은 지금껏
기업을 시작하는 시점에서 공격을 펼치는 전략을 배운 셈이다. 하
지만 기성 기업 입장이라면? 얻는 것보다 잃을 것이 더 많은 상황
이라면? 경쟁자가 다 걸고 덤비는 바람에 당신이 끌고 오던 사업
이 사라져버릴 위기 상황이라면? 지금부터는 공격이 아닌 방어전
략으로서 어떻게 블리츠스케일링을 펼칠 것인지 설명할 것이다.
크게는 3가지 방법이 있다. 바로 경쟁자를 이기거나, 그들을 합류

시키거나, 그들을 피하는 것이다.

먼저 펀치를 날려라

첫 번째 방법은 상대가 지칠 때까지 게임을 계속해서, 결정적인 순간에 그들을 이기는 것이다. 앞서 논의했듯이, 모든 것을 쏟아 부어야 하는 블리츠스케일링은 실패로 돌아가기가 쉽다. 실패한 비즈니스 모델의 성장 인자와 성장 제약 인자를 평가해서, 그들이 블리츠스케일링에 적합해 보이지 않으면 과도한 행동을 하지 않는 것이 최선의 전략이 될 수 있다. 작고한 무함마드 알리의 팬들이라면 조지 포먼(George Foreman)을 상대로 한 '정글의 혈투(Rumble in the Jungle)'에서 그가 구사한 '로프어도프(rope-a-dope)' 전략을 기억할 것이다. 로프어도프 전략은 상대가 자신에게 펀치를 날릴 기회를 주었다가 상대가 지칠 때쯤 반격해서 그를 이기면 된다.

닷컴 붐 동안 온라인 슈퍼마켓 웹밴의 경우, 블리츠스케일링을 시도했으나 사실상 처음부터 실패할 수밖에 없는 운명이었다. 비즈니스 모델에 문제가 많았기 때문이다(낮은 이윤, 거대한 운영상의 확장성 문제). 기존의 식료품점들은 본질적으로 로프어도프 전략을 사용했다. 그들은 나름대로 온라인 식료품점으로 주도권을 쥐려고 했으나, 투자가치가 낮았고 품이 많이 들 뿐이었다. 슈퍼마켓 체인 세이프웨이(Safeway)는 심지어 웹밴의 이런 실패를 역이용했다. 웹밴이 얼리어답터들을 대상으로 온라인에서 식료품을 구매

하는 습관을 들여놓았을 무렵, 온오프의 강점을 접목해 더욱 빠른
식품 배달 서비스를 제공하는 방식으로 고객들을 낚아챈 것이다.
물론 오늘날에도 동일하게 식료품업체들이 홀 푸드 마켓(Whole
Foods Market Inc.)을 인수한 아마존과 경쟁해야 하는 상황이긴 하다.
이런 상황들을 해결하는 방법은 단순치는 않고, 매우 다른 해법이
필요해 보인다. 아마존이 제풀에 지칠 것 같지는 않기 때문이다.

정규군에 합류시켜라

시장이 블리츠스케일링을 할 만큼 크다면 기업은 당연히 블리츠
스케일링을 시작해야 한다. 다만 당신이 기성 기업이라면 정면 승
부에서 이길 만한 기술이나 전문지식이 없을 수도 있다는 점이 문
제다. 기술이나 전문지식을 사들일 수도 있지만 여기에는 그 나름
의 위험이 따른다. 첫째, 블리츠스케일링이 일어나고 있는 시장
이라면 투자자들은 문턱을 낮춰 자본을 제공하려고 할 것이다. 어
떤 방식으로 인수하든 대단히 많은 돈이 들 것이다. 이건 거의 확
실하다. 둘째, 체스키가 윔두를 인수할 때 내가 조언했듯이, 모든
인수나 합병에는 문화적으로 충돌하는 문제가 따른다. 기존의 안
정된 기업이 가진 문화와 위험을 감수하는 블리츠스케일러의 문
화는 전혀 다르다.

아마존과의 싸움에서 월마트는 제트닷컴(Jet.com)을 인수하기
위해 33억 달러를 썼다. 13개월 된 스타트업을 사기에는 대단히

큰 액수였다(그 가격은 이미 높을 대로 높은 가치 평가를 받는 아마존의 몇 배에 해당하는 매출을 반영한 것이었다). 이후 월마트는 제트닷컴 직원들에게 사무실 내 해피 아워, 술병 쌓아두기, 자리에서의 음주 행위 등을 일절 금지시켰다. 두 회사는 이미 몇 차례 문화 충돌을 겪었다. 2017년 〈월스트리트저널〉에 따르면, 제트닷컴의 경영진이 불평하자 월마트는 제트닷컴이 사무실 내 해피 아워를 부활시킬 수 있게 해주었다.

반면, 월마트의 전자상거래 매출은 인수 이후 급상승했다. 제트닷컴은 월마트가 밀레니얼 세대의 관심을 끌 수 있게 해주었다. 보통의 경우라면 이 세대는 전형적인 월마트의 매장을 기피했을 것이다. 블리츠스케일링은 위험하다. 하지만 경쟁자가 성공적으로 규모를 키우고 있는데 아무것도 하지 않는 것은 더 위험할 수 있다.

피할 수 있으면 피하라

가장 성공률이 높은 방법은 기존 시장을 블리츠스케일러에게 내주고 기존 자산을 이용해 새롭고 덜 취약한 시장으로 이동하는 것이다. 도입 부분에 소개한 1,000만 달러 가치를 지닌 기술기업들의 목록을 떠올려보라. 그 목록에서 가장 역사가 긴 업체가 바로 이 전략을 성공적으로 실행해냈다.

IBM은 1세대 컴퓨터 블리츠스케일러 중 하나다. IBM은 시스템/360 중앙처리장치와 같은 혁신적인 제품이 성장하는 데 기꺼이 투자해서 수십 년간 컴퓨터 업계를 장악했다. IBM은 토머스 왓슨 주니어(Thomas Watson Jr.)의 지휘 아래 시스템/360을 개발하고 출시하는 데 50억 달러(지금의 시세로 300억 달러)를 투자했다. 하지만 1993년 4월 루 거스트너(Lou Gerstner)가 CEO 자리를 인계받은 시점에 IBM은 미국 기업 역사상 최대 금액인 80억 달러 손실을 기록했다. 델과 같은 젊은 블리츠스케일러에게 추월당할 위험에 놓인 것처럼 보였다. 하지만 거스트너는 문제를 무시하지 않았다. 1981년 만들어진 PC 시장에서 직접 경쟁을 시도하지도 않았다. 대신 신뢰받는 시스템 통합자에서 미국 경제계의 기술 컨설턴트로 IBM의 위치를 리포지셔닝하는 데 주력했고 성공했다.

IBM의 이동 범위는 2가지 거래에서 확인된다. 2002년 거스트너가 CEO로서 일한 마지막 해에 IBM은 컨설팅업체 프라이스워터하우스쿠퍼스를 인수했다. 또 2005년 PC 사업(IBM의 아이콘이나 다름없는 씽크패드 브랜드와 함께)을 중국 출신의 새로운 블리츠스케일러 레노버(Lenovo, 2014년 IBM의 서버 사업도 인수했다)에 매각했다.

강렬한 사례가 한 가지 더 있다. 바로 아마존의 맹공을 견디며 재기한 독립서점들의 이야기다. 보유하고 있는 책의 종류나 가격 면에서 아마존과 직접 겨룰 만한 독립서점은 없다. 하지만 아마존이 계속해서 규모를 키워가고 있는 와중에도 독립서점들의 수는 지난 7년 동안 매해 증가했다. 작가 사인회, 북클럽 미팅, 낭독회 등 독립서점 공간이 문화행사의 장소로 변화하면서 사업 자체도 서적 판매가 주가 아닌 문학 커뮤니티로 변화했기 때문이다. 독립 서점들은 아마존이 제공할 수 없는(적어도 VR이 더 발전될 때까지는) 경험을 독자들에게 제공한다. 책 냄새가 나고, 친절한 직원이 있고, 책을 좋아하는 사람들이 있는 장소에 있는 경험 말이다. 블리츠스케일링 경쟁자의 표적이 되는 것은 겁나는 일이지만, 적절한 대응 법을 선택한다면 사형선고로만 받아들일 일은 아니다. 하지만 결정은 빨리 내려야 한다. 블리츠스케일링을 할 때 시간을 지체하는 것은 아무것도 하지 않는 것과 같다.

최초에서
최후의 스케일러로

Responsible

나은 방법은 미국의 4대 대통령 제임스 매디슨(James 〈연방주의자 논문 10호(Federalist No. 10)〉에서 설명한 건국을 위한 원리를 활용하는 것이다. 매디슨은 여기에서 ', 즉 공동체 전체의 이익에 반하는 행동을 하는 특정 험을 이야기하고 있다. 매디슨은 파벌이란 자유가 낳은 은 결과이며, 거기에 대비하는 최선의 전략은 특정한 파 하지 못하도록 다양성이 있는 사회를 만드는 것이라고 매디슨은 이렇게 적고 있다. "활동 영역을 넓히고 훨씬 단과 관심을 받아들여라. 이로써 대다수의 시민이 다른 리를 침해하는 공통의 동인을 가지게 될 가능성은 낮아 . 혹 그런 공통의 동인이 존재한다 해도 다수에 속하는 스스로의 힘을 발견하고 같은 생각을 가진 사람들과 마 행동하는 일은 더 어려워질 것이다."

근법은 정치는 물론 경제에도 적용된다. 대단히 다양하 한 기업들이 (부정한 결탁이 금지된다면) 어느 특정한 독립체 이고 악의적인 목표를 상쇄시킬 수 있다. 삶의 모든 것 이, 블리츠스케일링은 승자와 패자를 낳는다. 스타트업 할 수 있다. 모든 기업은 창업자·직원·투자자에게 위험 다. 동시에 그들은 새로운 기업, 새로운 혁신, 새로운 일 능성을 창출한다. 하지만 대부분의 성공한 현대사회는 을 없애려고 노력하기보다는 자유에 치중한다. 이것이

상황이 이상적으로 돌아간다면, 블리츠스케일링을 하는 조직들은 사회가 기업에 바라는 '착한 기업'의 덕목을 구현할 것이다. 가령 다양하고 포괄적인 직원, 주주와 이해관계자들의 강한 책임감, 보수가 좋은 일자리를 충분히 공급하는 것, 사회의 리더이자 도덕적 롤 모델 역할을 하는 경영자와 같은 것들 말이다. 이처럼 블리츠스케일링을 하면 좋은 점이 많이 따른다.

하지만 이 조직 역시 때때로 다른 기업들이 저지르는 것과 같은 죄를 범할 수도 있다. 특히 책임 있게 행동하려고 노력할 때마다 본질적으로 어려운 문제에 직면할 수 있다. 블리츠스케일링 기업들은 대부분 경쟁이 심한 시장에서 움직인다. 그 안에서 생존하고 번성하려면 라이벌보다 빨리 성장해야 한다. 가장 좋은 시나리오는 사업을 구축하는 데 무자비하게 달려들면서도 더 광범위한 사회적 목표를 달성하기 위해 노력하는 것이다. 최악의 시나리오는 수단과 방법을 가리지 않고 빠르게 몸집만 불리려고 노력하는 것이다. 이렇게 너무 빨리 성장하는 데에만 집중하면 충분히 성숙

하지 못한 채로 사회의 핵심 주자가 될 확률이 높다. 그 결과 기업 문화에 문제가 생기고, 규제기관과 적대적인 관계를 맺을지도 모른다. 또 미심쩍은 의사결정을 초래할 수도 있다.

그렇다고 블리츠스케일링을 하는 데 의욕을 꺾어서는 안 된다. 이런 문제를 예방하고 싶다면 책임감과 속도를 결합하면 된다. 그래서 성공적으로 최초의 스케일러 우위를 차지하되 강력한 도덕적 잣대를 개발해 따르게 하는 것이다. 회의론자들은 블리츠스케일링을 통해 규모를 키우는 것 자체가 본질적으로 부정적일 수밖에 없으며 사회가 회사의 지나친 성장을 막아야 한다고 주장한다. 후일 연방대법원 대법관이 되는 루이스 브랜다이스(Louis Brandeis)는 1911년 의회 증언에서 이렇게 주장했다. "지난 20년 동안 해온 경험을 바탕으로 우리가 2가지 이야기를 할 수 있다고 생각합니다. 우선, 기업은 생산과 유통의 가장 효율적인 수단이 되기에는 너무 커졌습니다. 둘째, 경제적 효율이 가장 높아진 것과 관계없이, 기업은 자유를 원하는 사람들 사이에서 용인되기에는 너무 커졌습니다."

오늘날 우리는 규모의 유해성에 대한 이런 입장에 동의하지 않는다. 첫째, 브랜다이스는 J.P. 모건 같은 인물들이 미국 산업계를 US스틸(U.S. Steel)과 같은 강력한 거대 기업으로 통합시켰던 '트러스트(trust)'의 시대를 살았다. 하지만 오늘날의 블리츠스케일러들은 도금시대[鍍金時代, Gilded Age. 미국 자본주의가 급속하게 발전

한 1865~1890년경까지의 시기]의 트러스트 러스트들은 사실상 강철과 원유 같했다. 소비자들에게는 다른 대안이다. 반면 애플과 아마존 같은 기업한다. 이 기업들이 고객을 끌어들이노트북을 주문하거나 반스 앤드 노블

둘째, 큰 규모가 때로 부정적일 수다. 규모는 업계를 지배하는 회사를 창출한다. 예를 들어 이제 우리 생활는 스마트폰은 규모의 경제에 의존한제품이기 때문이다. 과거 AT&T 독막았던 것처럼 기술이나 사적으로 혁가 막아야 한다는 점에서는 브랜다이늘날의 대기업들은 비즈니스 생산성인먼트(넷플릭스)에 이르기까지 모든 것사실상 혁신과 더 많은 가치를 창출위해 자본이 집중되는 것도 모두 나쁘중되면 블리츠스케일러는 우주여행(스웨이모)와 같이 우리의 삶을 극적으로혁신적인 프로젝트]'에 달려들 수 있다.

대기업을 해체시키지 않고 스케일

우리에게는 유리하다. 기업가들이 그런 위험을 짊어질 것이기 때문이다.

법률로 통제하는 것이 책임 있는 행동을 확보하는 가장 간단한 방법이라고 생각할 수 있다. 하지만 우리는 경쟁이 심한 시장에서 살고 있다. 융통성이 없는 규제로 기업을 눌러 자국 안에서 기업의 성장 속도를 늦추는 정부는 자신들의 영토 밖 블리츠스케일러들이 신흥 산업을 지배하는 것을 더 쉽게 만들 뿐이다.

페이스북과 트위터가 미국 선거 과정을 해킹하려는 정당들(외국과 국내 모두)에 이용당했다는 것이 밝혀졌을 때 일어난 혼란을 생각해보라. 분명히 나쁜 일이다. 사용자 데이터가 노출되게 놓아둔 취약성의 문제를 이해하고 해결하기 위해 모든 수단을 동원해야 할 것이다. 하지만 모든 사용자가 다른 정부의 사법권 아래 있는 소셜 미디어 플랫폼을 채택했다고 생각해보라. 미국 대중은 그 문제를 해결할 능력은커녕 그에 대해 알지도 못했을 것이다.

페이스북이 세계적인 네트워크라는 사실 때문에 사용자들은 전 세계 사람들과 훨씬 더 쉽게 접촉할 수 있다. 예를 들어 '영국의 페이스북' 같은 것은 없다. 하지만 페이스북은 영국이 아닌 미국의 사법권 아래 있다. 이는 영국 사용자의 개인정보가 유출되어서 영국 의원이 저커버그에게 의회에 출석해달라는 서한을 보낸다 해도 저커버그는 그렇게 할 의무가 없다는 의미다. 이미 세계화된 세계에서 기업을 규제하는 데 존재하는 한계란 바로 이런 것이다.

영향력은 '덤'이다

책임 있는 블리츠스케일링은 중요하다. 간혹 성공한 블리츠스케일러들을 보면 단순한 기업 수준을 넘어서기 때문이다. 기업은 자신이 속한 사회의 구조에 영향을 미친다. 페이스북이나 트위터와 같은 소셜 미디어는 정보를 소비하고 소통하는 방식을 변화시켰다. 알리바바와 이베이 같은 마켓플레이스는 경제적 기회를 제공했다. 상인들 중에는 생계 전체를 그들에게 의존하는 이들도 있다. 에어비앤비와 같은 공유경제 서비스는 그것들이 운영되는 도시에 더 많은 관광객과 다양성을 끌어들인다. 아마존은 소매 업계 자체를 변화시키고 있으며, 이는 모든 사람에게 영향을 미친다. 스파이더맨이 우리에게 가르쳐주었듯이, 커다란 힘에는 커다란 책임이 따른다.

블리츠스케일러들이 지켜야 할 책임은 단순히 법을 지키면서 주식의 가치를 최대화시키는 것을 넘어선다. 기업의 활동이 더 큰 사회에 어떤 영향을 미칠 수 있다는 것을 염두에 두고 그에 대해서도 책임을 져야 한다. 책임 있는 블리츠스케일링은 도덕적 의무를 넘어서 좋은 사업전략이기도 하다. 사회는 당신이 살고 있는, 당신의 회사가 운영되는 생태계를 제공한다. 즉, 사회가 당신의 성공에 대한 책임을 주장할 수 있다. 달리 말해, 당신의 성공으로 사회가 적절히 기능하느냐에 달려 있다. 실리콘밸리에는 하늘과 바다 등에 도시를 띄워놓는 공상을 품은 사람들이 있을 수 있다. 하지만 사실 블리츠스케일링 기업은 법의 지배, 견고한 금융 시장, 재능 있는 직원을 키워내는 교육 시스템, 건전한 소비자 시장에 의존한다. 버핏의 말을 빌리면, 블리츠스케일링 생태계에서 태어난 우리는 '난소 복권(ovarian lottery)'에 당첨된 셈이다.

더구나 책임 있는 블리츠스케일링을 실천한다면, 성장궤도의 둔화를 위협하는 법제로부터 안전할 수 있다. 보통 규제란 업계가 책임 있는 행동을 하지 않는다는 정부의 믿음에서 나온다. 예를 들어 미국에는 (다른 많은 나라들과 마찬가지로) 환경법규들이 있다. 기업들이 되는대로 환경을 오염시키면서 시민들에게 또 자연에 해를 끼쳤기 때문이다.

현명한 블리츠스케일러들은 스스로 의식 있게 행동하는 것이 정부의 규제를 늦추거나 막을 수 있다는 점을 알고 있다. 하지만 대부분의 기업가들은 규제기관이 복잡하게 흘러가는 사업의 속성을 이해하지 못하기 때문에 기업에 불합리한 정책을 만드는 것이라고 불평한다. 기업들은 가장 효율이 높은 방식으로 사회적 목표를 달성하기 위해 자신들의 전문지식을 활용할 수 있다. 기업들 스스로 자율규제를 하는 방식은 이것을 가능하게 만든다.

제거할 수 없는 '위험'은 상수다

성장 속도를 늦추지 않으면서 책임 있게 블리츠스케일링을 하는 열쇠는 다양한 유형의 위험을 구분할 줄 아는 것이다. 무엇이 당신에게 위험한 상황인지 다음 표를 참고하라. 상단 가로축 요소를 알려진 것과 알려지지 않은 것, 왼쪽 세로축 요소를 체계적인 것과 비체계적인 것으로 설정해 당신이 고려해야 할 4가지 위험한 상황을 구분해보았다. 기준은 세로축에 써져 있는 체계적인 위험과 그렇지 않은 위험이다.

	알려진	알려지지 않은
체계적	알려진 체계적 위험	알려지지 않은 체계적 위험
비체계적	알려졌으나 비체계적인 위험	알려지지 않은 비체계적인 위험

불확실성 그 자체는 본질적으로 위험한 것이 아니다. 불확실성은 그저 알려지지 않았다는 것, 발생하지 않았다는 것뿐이다. 추리소설을 읽어보았거나 새로운 도시를 여행해보았거나 새로운 언어를 배워본 적이 있는 사람이라면 알 것이다. 삶의 가장 큰 즐거움 중 하나가 발견이라는 것을. 이것은 알려지지 않은 것을 알려진 것으로 만드는 여정이기도 하다.

상황이 이상적으로 돌아간다면, 블리츠스케일링을 하는 조직들은 사회가 기업에 바라는 '착한 기업'의 덕목을 구현할 것이다. 가령 다양하고 포괄적인 직원, 주주와 이해관계자들의 강한 책임감, 보수가 좋은 일자리를 충분히 공급하는 것, 사회의 리더이자 도덕적 롤 모델 역할을 하는 경영자와 같은 것들 말이다. 이처럼 블리츠스케일링을 하면 좋은 점이 많이 따른다.

하지만 이 조직 역시 때때로 다른 기업들이 저지르는 것과 같은 죄를 범할 수도 있다. 특히 책임 있게 행동하려고 노력할 때마다 본질적으로 어려운 문제에 직면할 수 있다. 블리츠스케일링 기업들은 대부분 경쟁이 심한 시장에서 움직인다. 그 안에서 생존하고 번성하려면 라이벌보다 빨리 성장해야 한다. 가장 좋은 시나리오는 사업을 구축하는 데 무자비하게 달려들면서도 더 광범위한 사회적 목표를 달성하기 위해 노력하는 것이다. 최악의 시나리오는 수단과 방법을 가리지 않고 빠르게 몸집만 불리려고 노력하는 것이다. 이렇게 너무 빨리 성장하는 데에만 집중하면 충분히 성숙하지 못한 채로 사회의 핵심 주자가 될 확률이 높다. 그 결과 기업 문화에 문제가 생기고, 규제기관과 적대적인 관계를 맺을지도 모른다. 또 미심쩍은 의사결정을 초래할 수도 있다.

그렇다고 블리츠스케일링을 하는 데 의욕을 꺾어서는 안 된다. 이런 문제를 예방하고 싶다면 책임감과 속도를 결합하면 된다. 그래서 성공적으로 최초의 스케일러 우위를 차지하되 강력한 도덕적 잣대를 개발해 따르게 하는 것이다. 회의론자들은 블리츠스케일링을 통해 규모를 키우는 것 자체가 본질적으로 부정적일 수밖에 없으며 사회가 회사의 지나친 성장을 막아야 한다고 주장한다. 후일 연방대법원 대법관이 되는 루이스 브랜다이스(Louis Brandeis)는 1911년 의회 증언에서 이렇게 주장했다. "지난 20년 동안 해온 경험을 바탕으로 우리가 2가지 이야기를 할 수 있다고 생각합니다. 우선, 기업은 생산과 유통의 가장 효율적인 수단이 되기에는 너무 커졌습니다. 둘째, 경제적 효율이 가장 높아진 것과 관계없이, 기업은 자유를 원하는 사람들 사이에서 용인되기에는 너무 커졌습니다."

오늘날 우리는 규모의 유해성에 대한 이런 입장에 동의하지 않는다. 첫째, 브랜다이스는 J.P. 모건 같은 인물들이 미국 산업계를 US스틸(U.S. Steel)과 같은 강력한 거대 기업으로 통합시켰던 '트러스트(trust)'의 시대를 살았다. 하지만 오늘날의 블리츠스케일러들은 도금시대[鍍金時代, Gilded Age. 미국 자본주의가 급속하게 발전

한 1865~1890년경까지의 시기]의 트러스트와는 질적으로 다르다. 트러스트들은 사실상 강철과 원유 같은 물적 자원을 독점하여 공급했다. 소비자들에게는 다른 대안이 없었고 그들과 거래해야만 했다. 반면 애플과 아마존 같은 기업들은 매일 고객을 끌어들여야 한다. 이 기업들이 고객을 끌어들이지 못하면, 소비자들은 델의 노트북을 주문하거나 반스 앤드 노블에서 책을 주문할 것이다.

둘째, 큰 규모가 때로 부정적일 수는 있지만, 긍정적일 수도 있다. 규모는 업계를 지배하는 회사를 만들지만 또한 엄청난 가치를 창출한다. 예를 들어 이제 우리 생활에 없다고 생각할 수조차 없는 스마트폰은 규모의 경제에 의존한다. 대량으로 판매되는 전자 제품이기 때문이다. 과거 AT&T 독점이 전기통신 부분의 발전을 막았던 것처럼 기술이나 사적으로 혁신을 가로막는 독점을 사회가 막아야 한다는 점에서는 브랜다이스의 생각은 옳다. 하지만 오늘날의 대기업들은 비즈니스 생산성 소프트웨어(슬랙)에서 엔터테인먼트(넷플릭스)에 이르기까지 모든 것에 플랫폼을 제공함으로써 사실상 혁신과 더 많은 가치를 창출하고 있다. 스케일링을 하기 위해 자본이 집중되는 것도 모두 나쁘다고 볼 수 없다. 자본이 집중되면 블리츠스케일러는 우주여행(스페이스X), 자율주행차(구글의 웨이모)와 같이 우리의 삶을 극적으로 향상시키는 '문샷[moonshot, 혁신적인 프로젝트]'에 달려들 수 있다.

대기업을 해체시키지 않고 스케일의 악용 가능성을 누그러

뜨리는 더 나은 방법은 미국의 4대 대통령 제임스 매디슨(James Madison)이 〈연방주의자 논문 10호(Federalist No. 10)〉에서 설명한 건전한 공화국을 위한 원리를 활용하는 것이다. 매디슨은 여기에서 '파벌(faction)', 즉 공동체 전체의 이익에 반하는 행동을 하는 특정 집단의 위험을 이야기하고 있다. 매디슨은 파벌이란 자유가 낳은 자연스러운 결과이며, 거기에 대비하는 최선의 전략은 특정한 파벌이 지배하지 못하도록 다양성이 있는 사회를 만드는 것이라고 주장했다. 매디슨은 이렇게 적고 있다. "활동 영역을 넓히고 훨씬 다양한 집단과 관심을 받아들여라. 이로써 대다수의 시민이 다른 시민의 권리를 침해하는 공통의 동인을 가지게 될 가능성은 낮아질 것이다. 혹 그런 공통의 동인이 존재한다 해도 다수에 속하는 사람들이 스스로의 힘을 발견하고 같은 생각을 가진 사람들과 마음을 합쳐 행동하는 일은 더 어려워질 것이다."

이런 접근법은 정치는 물론 경제에도 적용된다. 대단히 다양하면서 강력한 기업들이 (부정한 결탁이 금지된다면) 어느 특정한 독립체의 이기적이고 악의적인 목표를 상쇄시킬 수 있다. 삶의 모든 것이 그렇듯이, 블리츠스케일링은 승자와 패자를 낳는다. 스타트업들은 실패할 수 있다. 모든 기업은 창업자·직원·투자자에게 위험을 야기한다. 동시에 그들은 새로운 기업, 새로운 혁신, 새로운 일자리의 가능성을 창출한다. 하지만 대부분의 성공한 현대사회는 모든 위험을 없애려고 노력하기보다는 자유에 치중한다. 이것이

우리에게는 유리하다. 기업가들이 그런 위험을 짊어질 것이기 때문이다.

법률로 통제하는 것이 책임 있는 행동을 확보하는 가장 간단한 방법이라고 생각할 수 있다. 하지만 우리는 경쟁이 심한 시장에서 살고 있다. 융통성이 없는 규제로 기업을 눌러 자국 안에서 기업의 성장 속도를 늦추는 정부는 자신들의 영토 밖 블리츠스케일러들이 신흥 산업을 지배하는 것을 더 쉽게 만들 뿐이다.

페이스북과 트위터가 미국 선거 과정을 해킹하려는 정당들(외국과 국내 모두)에 이용당했다는 것이 밝혀졌을 때 일어난 혼란을 생각해보라. 분명히 나쁜 일이다. 사용자 데이터가 노출되게 놓아둔 취약성의 문제를 이해하고 해결하기 위해 모든 수단을 동원해야 할 것이다. 하지만 모든 사용자가 다른 정부의 사법권 아래 있는 소셜 미디어 플랫폼을 채택했다고 생각해보라. 미국 대중은 그 문제를 해결할 능력은커녕 그에 대해 알지도 못했을 것이다.

페이스북이 세계적인 네트워크라는 사실 때문에 사용자들은 전 세계 사람들과 훨씬 더 쉽게 접촉할 수 있다. 예를 들어 '영국의 페이스북' 같은 것은 없다. 하지만 페이스북은 영국이 아닌 미국의 사법권 아래 있다. 이는 영국 사용자의 개인정보가 유출되어서 영국 의원이 저커버그에게 의회에 출석해달라는 서한을 보낸다 해도 저커버그는 그렇게 할 의무가 없다는 의미다. 이미 세계화된 세계에서 기업을 규제하는 데 존재하는 한계란 바로 이런 것이다.

영향력은 '덤'이다

책임 있는 블리츠스케일링은 중요하다. 간혹 성공한 블리츠스케일러들을 보면 단순한 기업 수준을 넘어서기 때문이다. 기업은 자신이 속한 사회의 구조에 영향을 미친다. 페이스북이나 트위터와 같은 소셜 미디어는 정보를 소비하고 소통하는 방식을 변화시켰다. 알리바바와 이베이 같은 마켓플레이스는 경제적 기회를 제공했다. 상인들 중에는 생계 전체를 그들에게 의존하는 이들도 있다. 에어비앤비와 같은 공유경제 서비스는 그것들이 운영되는 도시에 더 많은 관광객과 다양성을 끌어들인다. 아마존은 소매 업계 자체를 변화시키고 있으며, 이는 모든 사람에게 영향을 미친다. 스파이더맨이 우리에게 가르쳐주었듯이, 커다란 힘에는 커다란 책임이 따른다.

블리츠스케일러들이 지켜야 할 책임은 단순히 법을 지키면서 주식의 가치를 최대화시키는 것을 넘어선다. 기업의 활동이 더 큰 사회에 어떤 영향을 미칠 수 있다는 것을 염두에 두고 그에 대해서도 책임을 져야 한다. 책임 있는 블리츠스케일링은 도덕적 의무를 넘어서 좋은 사업전략이기도 하다. 사회는 당신이 살고 있는, 당신의 회사가 운영되는 생태계를 제공한다. 즉, 사회가 당신의 성공에 대한 책임을 주장할 수 있다. 달리 말해, 당신의 성공으로 사회가 적절히 기능하느냐에 달려 있다. 실리콘밸리에는 하늘과 바다 등에 도시를 띄워놓는 공상을 품은 사람들이 있을 수 있다. 하지만 사실 블리츠스케일링 기업은 법의 지배, 견고한 금융 시장, 재능 있는 직원을 키워내는 교육 시스템, 건전한 소비자 시장에 의존한다. 버핏의 말을 빌리면, 블리츠스케일링 생태계에서 태어난 우리는 '난소 복권(ovarian lottery)'에 당첨된 셈이다.

더구나 책임 있는 블리츠스케일링을 실천한다면, 성장궤도의 둔화를 위협하는 법제로부터 안전할 수 있다. 보통 규제란 업계가 책임 있는 행동을 하지 않는다는 정부의 믿음에서 나온다. 예를 들어 미국에는 (다른 많은 나라들과 마찬가지로) 환경법규들이 있다. 기업들이 되는대로 환경을 오염시키면서 시민들에게 또 자연에 해를 끼쳤기 때문이다.

현명한 블리츠스케일러들은 스스로 의식 있게 행동하는 것이 정부의 규제를 늦추거나 막을 수 있다는 점을 알고 있다. 하지만 대부분의 기업가들은 규제기관이 복잡하게 흘러가는 사업의 속성을 이해하지 못하기 때문에 기업에 불합리한 정책을 만드는 것이라고 불평한다. 기업들은 가장 효율이 높은 방식으로 사회적 목표를 달성하기 위해 자신들의 전문지식을 활용할 수 있다. 기업들 스스로 자율규제를 하는 방식은 이것을 가능하게 만든다.

제거할 수 없는 '위험'은 상수다

성장 속도를 늦추지 않으면서 책임 있게 블리츠스케일링을 하는 열쇠는 다양한 유형의 위험을 구분할 줄 아는 것이다. 무엇이 당신에게 위험한 상황인지 다음 표를 참고하라. 상단 가로축 요소를 알려진 것과 알려지지 않은 것, 왼쪽 세로축 요소를 체계적인 것과 비체계적인 것으로 설정해 당신이 고려해야 할 4가지 위험한 상황을 구분해보았다. 기준은 세로축에 써져 있는 체계적인 위험과 그렇지 않은 위험이다.

	알려진	알려지지 않은
체계적	알려진 체계적 위험	알려지지 않은 체계적 위험
비체계적	알려졌으나 비체계적인 위험	알려지지 않은 비체계적인 위험

불확실성 그 자체는 본질적으로 위험한 것이 아니다. 불확실성은 그저 알려지지 않았다는 것, 발생하지 않았다는 것뿐이다. 추리소설을 읽어보았거나 새로운 도시를 여행해보았거나 새로운 언어를 배워본 적이 있는 사람이라면 알 것이다. 삶의 가장 큰 즐거움 중 하나가 발견이라는 것을. 이것은 알려지지 않은 것을 알려진 것으로 만드는 여정이기도 하다.

그렇지만 불확실성이 부정적 결과를 낳을 가능성과 결합되면 위험이 야기된다. 위험의 크기는 심각한 수준, 부정적 결과로 이어질 잠재적 가능성에 비례한다. 블리츠스케일링에는 언제나 위험이 따른다. 하지만 모든 위험이 같은 것은 아니다. 이 때문에 체계적인 위험과 비체계적인 위험을 구분해야 하는 것이다.

비체계적인 위험은 분산되어 있고 기껏해야 시스템의 일부에 영향을 준다. 반면 체계적인 위험은 직접적으로 또는 연속적인 문제들의 결과로 시스템 전체에 영향을 주거나 심지어는 시스템을 파괴시킬 수도 있다. 체계적인 (심지어 멸종으로 이어질 만큼 심각한) 위험의 대표적인 예는 핵전쟁이다. 이 위험을 완전히 제거할 수는 없더라도, 이 위험의 규모를 고려하면 발생 가능성을 줄이는 데 많은 노력을 기울여야 한다.

이런 기준으로 위험의 유형을 분석하다 보면 블리츠스케일링을 할 때 두려워하는 대부분의 위험이 비체계적인 위험이라는 것을 알 수 있다. 블리츠스케일링을 할 때 발생할 수 있는 비체계적 위험을 하나 예로 들면, 블리츠스케일링은 기술 경영자들의 독재 체제를 만들어낼 수 있다. 이 경영자들은 사회나 정부에 막강한 권력을 행사할 정도로 강력한 힘을 가지고 있다. 하지만 따지고 보면 기술기업들이 세계에서 가장 가치 높은 기업의 타이틀을 휩쓸고 있는 지금도 루퍼트 머독(Rupert Murdoch)과 코크(Koch) 형제들과 같은 전통 비즈니스계의 거물들이 베조스 · 페이지 · 저커버그 같

은 기술 분야의 리더들보다 공공정책에 훨씬 막강한 영향력을 행
사한다.

널리 알려지기 시작한 체계적 위험 중 한 가지는 소셜 미디어
(주로 블리츠스케일링 기업들의 제품)가 유난히 위험한 기술이라는 인식
이다. 이것이 소비자(특히 어린 소비자)들에게 중독을 유발하고 그들
의 모든 관심을 끌어 해를 입힌다는 것이다. 건강과 생산성 측면
에서 소셜 미디어를 적정시간 이상 과하게 소비하는 사람들이 있
는 것은 사실이다. 하지만 이것이 정말 체계적인 위험일까?

2010년 미국의 웹진 〈슬레이트(Slate)〉에 '그 다이얼에 손대지
말라!(Don't Touch That Dial!)'라는 제목의 기사가 실렸다. 여기에는
비평가들이 정보를 소비하는 새로운 매체가 사회를 붕괴시킬 것
이라고 주장했던 역사의 여러 시기들이 나열되어 있었다. 과거
소크라테스도 문자의 치명적 영향에 대해 경고했다. 문자가 사
람들의 기억력을 망칠 것이라고 믿었기 때문이다. 16세기에 콘
라트 게스너(Conrad Gessner)는 모든 책의 목록을 편집하려고 애썼
다. 이 작업으로 인해 그는 새로운 인쇄기가 자료의 과잉 상태를
유발했으며, 그것은 다시 사람들을 혼란스럽게 하고 피해를 입혔
다고 결론지었다. 프랑스의 정치가 말셰르브(Guillaume-Chrétien de
Lamoignon de Malesherbes)는 신문이 독자들(신문이 아니었다면 교회 설교
단에서 뉴스를 접했을 사람들)을 사회적으로 고립시킨다는 글을 남겼
다. 이런 경고에도 불구하고 문자 · 인쇄기 · 신문은 인류에게 엄청

난 혜택을 가져다주었다. 소셜 미디어가 이전의 다른 형태의 매체와 질적으로 다른 영향을 줄 가능성은 있더라도 그것이 그리 크지는 않다. 사람들이 "이번엔 달라."라고 말하기 시작한다. 하지만 보통은 그렇지가 않다는 것을 발견할 것이다.

새로운 기술은 언제나 새로운 문제를 유발할 가능성을 안고 있다. 신문은 선동적인 '황색 저널리즘(yellow journalism)'으로 이어졌다. 광고는 가짜 약장수들을 양산했다. 해답은 신문이나 광고를 금지하는 것이 아니라 관련된 위험을 최소화하는 정책과 기구를 만드는 것이다. 이것이 우리에게 명예훼손법과 연방통신위원회(Federal Communications Commission) 같은 규제기관이 있는 이유다. 시간이 흐르면 청중 스스로 수준이 더 높아지고 자기만의 '면역 반응(immune response)'을 발전시킬 것이다. 소셜 미디어를 비판하는 사람들은 정치적 담론의 양면성과 객관적인 증거 중심의 진실이라는 이상들에 소셜 미디어가 미치는 부식 효과를 지적한다. 이 부분에서는 그들의 말이 옳다. 이것은 실제적인 문제이며, 곧 우리가 문제를 해결하기 위해 노력해야 한다는 뜻이다. 소셜 미디어는 광고에 돈을 대는 사람이 누구인지 더 투명하게 밝혀야 하고, 광고의 진실성에 대해서 다른 매체와 동일한 기준을 요구해야 한다.

반면, 블리츠스케일링 기업들이 내세우는 기술 중에는 현실적이고 체계적인 문제를 야기할 수 있는 것들이 있다(아직은 미디어의 관심을 훨씬 덜 받고 있지만). 크리스퍼 카스나인(CRISPR-Cas9) 표적 게

놈편집이 주도하는 합성생물학은 의약과 영농 분야에 큰 혜택을 줄 수 있는 가능성을 갖고 있지만, 악의를 가진 이들이 치명적인 전염병을 조작할 수 있는 체계적 위험을 안고 있기도 하다. 이 분야는 변화와 발전이 너무나 빠르기 때문에 정부가 이런 위험을 관리할 수 있는 지능적 규제제도를 만들기가 어렵다. 따라서 책임 있는 블리츠스케일러라면 체계적 위험에 대해 진지하게 생각해야한다. 규제기관에 저항하거나 담을 쌓지 말고 광범위한 이해관계자들과 구조적 대화를 모색해야 한다.

역으로, 규제기관은 업계보다 더 잘 안다고 생각하며 일방적으로 결정해서는 안 된다. 투명성과 열린 소통이 함께 하는 광범위한 협력은 체계적인 위험을 확인하고 또한 그것을 감소시키는 데 가장 희생이 적은 개입방법이 무엇인지 찾게 해준다. 동시에 급속한 혁신을 촉진하는 가장 좋은 길이기도 하다.

체계적인 위험이나 비체계적 위험이 계속해서 변하기 때문에, 그 속성을 단정하기 어렵다. 블리츠스케일러는 그에 따라 자신의 접근법도 변화시킬 준비를 해야 한다. 예를 들어 페이스북은 사용자들에게 큰 비난을 받은 적이 있다. 2016년 미국 대통령 선거에서 가짜 뉴스를 유포한 것은 물론, 케임브리지 애널리티카 (Cambridge Analytica) 같은 정치 컨설팅 기업이 사용자의 개인정보를 활용하지 못하도록 적절한 조치를 취하지 않았기 때문이다. 이 2가지 모두 우려할 만한 사안이다. 두 문제 모두 사용자들의 신뢰를 무너뜨렸기 때문이다. 사용자는 이 2가지 일로 인해 페이스북에서 찾는 콘텐츠에 대한 신뢰와 페이스북 자체에 대한 신뢰 모두를 잃었다.

페이스북은 규모 덕분에 2억 명 이상의 미국인들에 대한 방대한 자료들을 관리하게 되었을 뿐 아니라 대부분의 미국인들이 뉴스를 접하고 친구들과 공유하는 주된 경로가 되었다. 이는 데이터 프라이버시와 거짓된 콘텐츠의 문제가 페이스북과 그 사용자에게만 영향을 미치는 것이 아니라 사회의 구조 자체에도 영향을 미친다는 의미다. 페이스북이 아이비리그 대학생들을 위한 틈새 소셜 네트워크로 남았다면, 그 영향은 특정 지역에 국한되었을 것이다. 하지만 이런 문제들이 2016년 대선 결과에 실제로 영향을 주었다면 그것은 의심할 여지없는 체계적 위험이다.

이런 경우, 기업은 정부와 손을 잡고 문제를 해결하기 위해 나서야 한다. 그런 정도의 일이라면, 작은 위험만 있어도 새로운 규제기관을 창설해야 한다. 하지만 정부 규제만으로는 블리츠스케일링의 급속한 변화를 따라잡을 수 없다. 그렇다고 기업의 자율적인 규제만으로도 충분치 않다. 필요한 것은 정부가 조언하고 기업이 실행하는 민관 파트너십이다.

소셜 네트워크를 통한 잘못된 정보 확산이 선거 결과에 영향을 끼칠 수도 있다는 것이 드러나자, 〈뉴욕타임스〉와 〈워싱턴 포스트〉 같은 전통적 대중매체는 페이스북이 '가짜 뉴스'를 감시하는 편집자 직원들을 채용해야 한다고 주장했다. 이는 "망치가 있으면 모든 것이 못으로 보인다."라는 말을 떠올리게 하는 전형적인 사례다. 50명 규모의 보도국에 맞게 고안된 전형적인 편집 절차를 페이스북 플랫폼에 적용할 수는 없다. 그 플랫폼은 훨씬 큰 규모, 즉 10억 명의 잠재 '기자'들이 매일 수백만 개의 '기사'를 쓰는 규모로 되어 있기 때문이다. 페이스북은 그대로 복사해 붙이는 식의 해법을 시도하는 대신 문제를 해결하는 자신들만의 아이디어를 만들고 그것을 실행에 옮기는 확장 가능한 방법들을 찾아야 한다. 이러한 해법들이 완벽할 필요는 없다. 다만 이전에 나왔던 것보다 나아야 하고, 더 중요하게는 시간이 지나면서 계속 개선되어야 한다. 어려운 문제가 될 것이다. 하지만 그 해법들이 구식 시스템보다 더 나은, 더 많은 의견과 투명한 사실 확인, 사회적 증거를 통합하는 최종 산물을 만들어낸다.

예측하지 못한 상황

위험을 알려진 것과 알려지지 않은 것, 체계적인 것과 비체계적인 것으로 분류했다면, 이제 그것들에 대해 어떻게 대응할지 결정해야 한다. 우리가 할 수 있는 잠재적 대응은 크게 4가지 범주로 나눠진다.

결정적인 조치

체계적 위험이라는 판단이 서면, '하던 일을 즉각 멈추는' 방식으로 대응할 수 있다. 2011년 샌프란시스코의 한 에어비앤비 호스트는 에어비앤비 손님이 그녀의 집을 엉망으로 만들고, 할머니의 보석을 비롯한 물건들을 훔쳐 갔다는 것을 알아챘다. 이때 에어비앤비는 경찰에 협조하고 피해를 입은 호스트에게 금전적 보상을 하면서 그런 사고가 사례별로 다루어질 것이라는 점을 강조했다. 법적으로는 문제가 없었지만 체계적으로 문제를 해결하지 못했다. 호스트들은 에어비앤비에 대한 신뢰를 잃었다.

문제의 심각성을 인지한 체스키는 결정적인 조치를 취했다. 첫째, 전적인 책임이 에어비앤비에 있다고 인정하며 공식 블로그에 글을 올린 것이다. '신뢰와 안전에 대한 우리의 약속(Our Commitment to Trust and Safety)'이란 글을 보면 "EJ의 사건으로 그녀를 실망시켰다. 그 점에 대해서는 대단히 유감스럽게 생각한다. 그녀가 안심할 수 있도록 더 빨리 대응하고, 더 신중하게 소통하고, 더 결정적인 조치를 취했어야 했지만 우리는 이런 위기에 대한 준비가 없었다. 그래서 돌이킬 수 없는 실수를 저질렀다."라고 쓰여 있다. 둘째, 그는 재산상의 손해를 입을 경우 회사가 5만 달러까지 보상한다는 에어비앤비 개런티(Airbnb Guarantee)를 발표했다. 이 사건의 잠재적 영향력과 범위를 고려할 때, 에어비앤비뿐 아니라 동종업계 전체에 반드시 필요한 조치들이었다.

단기적 조치

당장 결정적 조치를 취하지 않고 임시방편으로 상황을 모면할 수도 있다. 페이팔의 경우 신용카드 사기는 페이팔의 존재 자체를 위협할 만한 체계적인 위험이었다. 사용자가 신뢰하지 못하는 결제 시스템은 무용지물이기 때문이다. 하지만 우리는 이 문제에 대한 즉각적인 해법을 가지고 있지 않았다. 따라서 페이팔 사용자들이 피해액에 대한 영향을 받지 않도록 대응하는 것이 최선이었다. 이것이 임시방편이라는 것을 알았지만, 당장은 다른 방법이 없었다. 대신 이 방법 덕에 사기 문제를 가려낼 만한 더 강력한 제품을 구축하는 시간을 벌었다.

문제 인정 후 조치

당장은 내버려 둬도 되는 불씨라도 훗날 체계적인 위험으로 클 가능성이 있다면, 문제를 완전히 무시할 수는 없다. 이럴 경우 즉각적인 조치를 취하지는 않아도 이후 이 문제에 관해 어떤 조치를 취해야 할 때 반드시 전념해야 한다. 그래야 실제 체계적인 위험으로 발전했을 때 허를 찔리지 않는다.

페이팔 초기, 신용카드 사기 문제 외에도 불법적인 거래 문제가 있었다. 우리는 페이팔이 약물을 사고팔거나 범죄자나 테러리스트에게 자금을 대는 일에 연루되지 않길 바랐다. 이런 문제는 체계적인 위험이 분명하다. 그러나 페이팔은 부정적발 회계나 경찰 업무에 대한 전문지식이 없었다. 또한 당시는 거래량이 낮았고, 불법적인 거래가 발생할 가능성도 대단히 낮았다. 따라서 그 문제를 즉각 처리하지 않고 일단 미뤘다. 다만 이후 그 문제를 효과적으로 해결하고자 여기에 필요한 전문지식과 인프라를 구축하는 데 전념했다.

방치

전혀 알려지지도 않았고, 체계적이지도 않은 위험에 직면했을 때, 그 문제를 분석할 만한 가치가 없다고 판단할 수 있다. 최소한 그 순간에는 그저 타오르게 내버려 두어야 하는 작은 불길처럼 보이기 때문이다.

책임과 속도는 비례한다

책임과 속도의 균형을 찾는 것은 까다로운 게임을 하는 것과 같다. 이 2가지 우선사항은 성장하는 매 단계마다 매우 다른 양상을 보이기 때문이다. 광범위하긴 하지만 많은 기업에 적용되는 몇 가지 패턴이 있기는 하다. 이것에 대해 살펴보자.

초기, 가족이나 부족 단계에서 책임 있는 블리츠스케일링을 하려면 어떻게 해야 할까. 이 단계에서는 먼저 회사의 사명을 명확하게 정의할 줄 알아야 한다. 또한 더 큰 사회의 책임감 있는 일원이 되는 것에 가치를 두는 문화의 토대를 마련해야 한다. 그러려면 회사가 글로벌 대기업으로 성장하는 성공적인 미래를 상상하고, 그런 성공이 핵심 이해관계자나 사회 전체에 미칠 영향이 어느 정도인지 알아야 한다.

예를 들어 당신과 고객 사이의 거래가 외부 당사자에게 비용을 부과하는 부정적인 결과를 초래하진 않는지 살펴야 한다. 존 록펠러(John D. Rockefeller)는 스탠다드 오일(Standard Oil)을 블리츠스케일링할 때 지구의 기후에 미칠 영향을 인식하지 못했을 수 있다. 하지만 그의 후손들은 이 점을 깨달았다. 2016년 록펠러 패밀리 펀드(Rockefeller Family Fund)는 스탠더드 오일의 가장 거대한 후예라 할 수 있는 엑슨모빌의 보유 주식을 즉각 처분할 것이라고 발표했다.

비즈니스 모델을 근본적으로 수정하거나 다른 사업으로 전향할 만한 시간이 있을 때 이런 외부에 끼칠 영향이나 효과를 예측해보는 것은 이상적이다. 규모가 작을 때는 급진적 변화를 시도하거나 프로젝트를 완전히 포기하는 것이 더 쉽기 때문이다. 또한 이 단계에서는 성장했을 때의 내부효과도 예측할 수 있어야 한다. 예를 들어 블리츠스케일링 기업은 빠르게 직원을 고용하고자 직원 소개나 개인 네트워크에 의존해 구직자를 구하는 경우가 많다. 다만 이런 기법을 부주의하게 적용할 경우 직원들을 포괄하고 그들이 동질감을 느낄 만한 기업문화를 만들지 못할 수 있다. 물론 스케일링 이전에 다양하고 포괄적인 네트워크를 구축한다면, 그 네트워크 안에서 고용하고 난 다음 다양성 측면을 고려할 때 큰 문제가 발생하진 않을 것이다.

회사가 마을단계로 성장하면 스스로 이런 질문을 던져야 한다. "지금 당장 고치지 않고 규모가 확장되고 나서 고친다고 했을 때, 기능적으로 불가능한 문제가 있는가?" 이 단계에서는 도덕성과 속도 사이의 균형을 맞추는 일이 특히 힘들다. 회사가 모든 실린더에 불을 붙인 채 번개처럼 빠르게 성장하는 데 전력을 기울이고 있기 때문이다. 이 와중에 어떤 문제를 고친다고 멈추거나 속도를 늦추면 경쟁자가 코앞에서 최초 스케일러 우위를 차지할 수도 있다. 이 질문에서 '어려운'이 아니라 '불가능한'이라는 표현이 들어간 이유가 여기에 있다.

또한 이 단계에서는 성공하고 났을 때 일어날지도 모를 잠재적인 부정적 영향에 대해서도 심각하게 고민해봐야 한다. 초기단계에서는 단순히 미래를 추측했다면, 마을단계에서는 꽤 구체적인 미래를 추정할 만한 충분한 데이터를 얻게 된다. 물론 예측이 틀릴 가능성은 여전히 존재한다. 하지만 부정적 영향을 고려하지 않은 채 부도덕적 문제로 인해 최악의 사태를 맞이하게 된다면, 이 문제에 대해 부주의했다는 비난을 면치 못하게 될 것이다.

회사가 도시나 국가 단계에 도달했다면 이제 창업자가 아닌 현

직 경영자가 책임을 떠안아야 한다. 그의 책임은 창업자의 책임과
는 크게 다르다. 앞서 이후에 고칠 수 있는 문제가 무엇인지 자문
했던 것을 기억하는가? 그때가 왔다.

　이전에 다양성·준법·사회정의 같은 문제들을 무시했었다면 이
제 모든 사람들의 시선이 경영자를 향하고 있다는 것을 알아야 한
다. 사람들은 경영자가 책임 있는 시민이자 롤 모델이 되어주길
기대하기 때문이다. 이런 책임의 문제에 미리 대처하지 않는다면
사후적인 대처를 해야 할 텐데, 이는 대가가 더 크고 고통스럽다.
회사가 도시나 국가 단계에 도달했다면 좋든 싫든 시장이나 대통
령처럼 생각하라. 그리고 오로지 당신의 이익을 위해서가 아니라
인류 전체의 이익을 위한 규칙을 마련하라.

에필로그

시장은
정체와 안주를
'응징'한다

지난 수십 년 동안 블리츠스케일링은 수많은 업계를 재정의해왔다. 또한 우리 삶의 거의 모든 부분을 형성하는 데 도움을 주었다. 우리는 눈만 뜨면 과거에 블리츠스케일링을 했던, 현재 블리츠스케일링을 하고 있는 기업들의 제품들을 사용한다. 하지만 사실 블리츠스케일링의 시대는 이제 막 시작된 것이나 다름없다.

지금까지 블리츠스케일링은 소프트웨어와 인터넷에 집중되어 있었다. 하지만 미래에는 물리적 인프라나 심지어는 우리의 몸까지 재형성될 것이다. 자율주행차와 더 나은 머신러닝 덕분에 곧 인공지능을 어디에서나 볼 수 있게 될 것이다. 크리스퍼 유전자 편집과 같은 생명과학 분야의 기술 혁신은 생명 자체의 구조를 변화시킬 것이다. 가상화폐와 블록체인 기술은 세계 금융과 상업 분야에서 정부와 기업의 역할을 바꿔놓을 것이다.

새로운 기술이 빠르게 등장하고 있고, 모든 것에 대한 변화를 약속하고 있다. 다시 한 번 말이다. 이런 신기술들은 새로운 비즈니스 모델을 가능케 할 것이다. 새로운 업계를 만들어낼 것이다.

첨단기술의 역사에서, 중앙처리장치에서 클라이언트 서버로의 변화, 웹에서 모바일로의 플랫폼 변화는 엄청난 기회였다. 오늘날 다양한 플랫폼이 등장하거나 변화하면서 더 복잡해졌지만 그만큼 속도도 빨라졌으며, 속도에 대한 엄청난 보상도 따르게 되었다.

한편, 점점 많은 시장과 투자자들이 블리츠스케일링에 대한 공격적인 투자에 나서고 있다. 개인 투자자들이 기꺼이 성장 자금을 대고 있기 때문에 기업들은 비공개 기업으로 남아 블리츠스케일링에 계속 투자를 할 수 있게 됐다. 아마 공개시장이었다면 이는 거리낄 수도 있는 문제다. 에어비앤비와 샤오미 같은 기업들의 가치는 100억 달러에 이른다. 비공개 기업이라는 위치는 대다수의 공개 기업보다 그들의 가치를 더 높게 만든다. 공개시장의 투자자들은 IPO 이후의 블리츠스케일링에서 많은 이익을 얻을 수 없기 때문에 비공개 기업에 대한 투자 기회를 찾고 있다. 이 때문에 블리츠스케일링에 조달하는 자금은 더 많아지고 있는 추세다.

사회의 여러 이해관계자들이 블리츠스케일링 현상에 대해서, 그것이 세상을 어떻게 바꾸고 있는지에 대해서, 거기에 어떻게 대응해야 하는지에 대해서 이해하길 바란다. 기업가들은 블리츠스케일링이 주요 신기술, 비즈니스 생태계, 기업이 자리를 잡고 이전의 것들을 대체하는 주된 패턴이라는 것을 알아야 한다. 또한 이 책에서 얻은 지식과 방법들을 자신의 회사에 좀 더 효과적으로 적용하라. 경쟁자들이 경쟁의 장을 변화시키기 위해서 당신이 사용하고 있는 기법과 동일한 것을 채용할 수 있다는 사실을 인식하라. 그렇게 되면 경쟁에 위협받기보다 더 나은 대응책을 준비할 수 있게 될 것이다. 책임 있게 블리츠스케일링 하는 방법을 이해하고, 사회를 발전시키며, 이를 자랑스럽게 여길 수 있는 기업을 구축하게 될 것이다. 기업 경영진과 조직의 리더들은 블리츠스케일링이 조만간 업계와 사업에 영향을 줄 것이란 점을 인식해야 한다. 기술은 모든 사업에서 필수적이다(모든 기업이 기술기업이 되고 있다는 것을 기억하라). 기술 변화의 속도는 모든 사업의 변화 속도를 더 높일 것이다.

블리츠스케일링을 이해하면, 기존 기업들은 시장 판도가 어떻게 변하는지 이전보다 좀 더 잘 예측하고 효과적으로 적응할 수 있게 된다. 물론 금세 사그라드는 변화도 있을 것이다. 하지만 모든 것을 뒤바꾸고, 시장 리더를 비롯한 모두가 그에 따라 변해야 하는 변화도 있을 것이다. 대기업 입장에서 이런 적응은 쉽지 않은 일이다. 자본 구조에서부터 조직적 유인에 이르는 모든 것이 큰 리스크를 감당하기 어렵게 만든다. 하지만 이 책에서 알려주는 전략을 활용한다면 블리츠스케일링을 하는 경쟁자들을 막아낼 수 있다. 또한 새로운 사업을 블리츠스케일링하는 데 투자하는 시장 리더들은 앞으로도 계속 시장 리더로 남게 될 것이다.

정부·정치인·규제기관 역시 블리츠스케일링이 사회에 피해를 주기보다는 **도움**을 준다는 점을 이해하도록 노력해야 한다. 블리츠스케일링이 가져오는 급속한 변화는 와해적이다. 따라서 두려움을 유발할 수도 있다. 그에 대해 본능적으로 나오는 반응은 세금이나 규제를 통해 블리츠스케일링의 속도를 늦추려고 하는 것이다. 이런 반응이 이해가 가지 않는 것은 아니다. 하지만 이런 본능에 굴복하는 것의 문제는 당신 뒷마당에서 시작된 것이든 아니든 변화는 반드시 일어난다는 점이다. 속도를 늦추는 것은 마음을 편하게 해줄지는 모르겠지만 그사이 다른 지역의 경쟁자가 세계 시장에서 영속적인 지배력을 얻게 될 것이다. 그런 대가를 치르겠는가?

블리츠스케일링은 투자자본을 끌어들이고 새로운 업계를 만든다. 공동체나 국가에는 더 적은 블리츠스케일링 기업이 아니라 더 많은 블리츠스케일링 기업이 필요하다. 블리츠스케일링의 긍정적인 면과 부정적인 면을 잘 이해했다면, 정부는 블리츠스케일링을 장려하는 데 적합한 정책을 마련하고 적절한 사회적 결과에 이를 가능성을 높이는 데 도움을 줘야 한다.

지난 30년 동안 이어진 중국의 경제개혁과 성장은 8억 명을 빈곤에서 구제했다. 그 기간의 다른 어떤 정책이나 프로그램보다 큰 성과였다. 사회와 환경적 측면에서 보면 여러 가지 현실적인 문제들도 생겼지만, 어찌되었든 세상은 그로 인해 더 나아졌다. 블리츠스케일링은 사회적 이동성도 향상시킨다. 디트로이트의 가장 가난한 20%에 속하는 부모에게서 태어난 아이에 비해 샌프란시스코의 가장 가난한 20%에 속하는 부모에게서 태어난 아이는 성인이 되었을 때 가장 부유한 20%에 속할 가능성이 2배 높다. 블리츠스케일링은 그런 종류의 경제적 기적을 세계의 다른 지역에도 불러일으킬 수 있다. 소양이 있는 블리츠스케일러들은 긍정적인 사회적 영향력을 추구하는 윤리적 의무를 다할 것이라고 믿는다.

엠페사가 2007년 도입된 이후 아프리카에 미친 긍정적 영향을 생각해보라. 소득을 높였고, 경제성장을 촉진했으며, 여성들에게 경제적인 권한을 부여했다. 알렉산더 해밀턴(Alexander Hamilton)은 1790년대에 미국의 전국적 은행업 시스템을 제안했고, 그의 비전이 실현되기까지는 거의 1세기가 걸렸다. 블리츠스케일링 덕분에 엠페사는 여러 나라에서 이런 일을 단 10년 만에 해냈다.

진보는 새로운 아이디어가 나타나고 확산되는 때 일어난다. 이런 아이디어들은 때로 인쇄기나 스마트폰 같은 기술의 형태를 취하기도 하고, 민주주의나 자본주의와 같은 추상적 개념으로 남기도 한다. 블리츠스케일링은 추상적인 밈(meme)이겠지만 세상에 대해 대단히 구체적인 영향력을 가진다. 블리츠스케일링이라는 밈은 실리콘밸리에서 시작되어 중국에 뿌리를 내렸고, 더 빠르게 퍼져나가고(블리츠스케일링이 아는 유일한 방법) 있다. 블리츠스케일링은 확산되면서 다른 아이디어들의 영향력을 가속시키는 촉매제 역할도 한다. 우리는 이 책이 북아메리카와 아시아는 물론이고 아프리카 · 중동 · 유럽 · 라틴아메리카까지 모든 지역을 탈바꿈시키는 데 도움이 되는 것을 보고 싶다.

여기, 블리츠스케일링 시대에 대해서 우리 모두가 알아야 할 것이 있다. 빠른 속도와 불확실성은 새로운 안정성이다.

빠르게 변하는 세계에서 번영하는 유일한 길은 변화의 불가피성을 받아들이는 것이다. 그것을 당신의 강점으로 이용하라. 당신이 중점을 두는 문제가 개인의 삶이든 나라의 운명이든.

이 책은 블리츠스케일링이 네트워크 시대를 만드는 데 어떤 도움을 주었으며 기업가 · 리더 · 기업 · 정부가 어떻게 다가올 변화에 영향을 줄 수 있는지 설명한다. 첫째, 무한한 학습자가 돼라. 변화의 빠른 속도가 가진 최악의 단점이자 최고의 장점은 어떤 새로운 현상에 대해서도 10년 이상의 경험을 가진 전문가가 없다는 것이다. 다른 사람보다 학습곡선을 빨리 오를 수 있다면, 거기에서 엄청난 가치를 창출할 기회를 얻을 수 있다. 성공을 보장하는 간단하고 포괄적인 규칙 목록을 만들 수 있다면 좋겠지만, 다음 몇 십 년은커녕 다음 몇 년 동안 일어날 변화에 대해서도 그에 적용되는 전략을 설명할 수 있는 사람이 없다. 판도는 계속해서 변한다. 거기에 적응하는 방법은 학습뿐이다.

둘째, 첫 번째 응답자가 돼라. 새로운 기술과 트렌드가 등장하면서 그것들이 어디로 향할지에 대한 불확실성이 많은 사람을 무력하게 만들고 행동을 못 하도록 막을 것이다. 불확실성에도 불구하고 기꺼이 행동에 나서는 (그리고 빨리 행동하는) 사람들이 확실한 우위를 점할 것이다. 블리츠스케일링을 실행하는 기업과 시장을 찾아라. 그곳에서 가장 큰 성장과 기회를 찾게 될 것이다.

마지막은 상당히 모순적이지만 안정성의 원천이 돼라. 지속적인 변화와 불확실성의 세상을 사는 사람들은 확신과 지원이 필요하다. 폭풍 한가운데에서 다른 사람들이 혼란스러워할 때 안정과 평온을 제공한다면 당신은 자연스럽게 리더가 될 것이다.

두렵고 부담스러운 일이다. 하지만 이 치열한 경쟁의 시대가 좋은 것이라고 믿는다. 경쟁은 개인이나 개별 기업에는 부담이자 도전이지만 인류 전체에는 좋은 것이다. 생물의 다양성과 마찬가지로 이 '블리츠-다양성(blitz-diversity)'은 다양한 유형의 성장을 뒷받침할 것이고 블리츠스케일링이 중요한 문제들에 광범위하게 적용되도록 할 것이다. 또한 블리츠스케일링은 정체와 안주를 경계하는 데에도 도움을 준다. 블리츠스케일링이 새로운 영역을 등장시키고 빠르게 성장하게 하면서 기존의 경영자들이 적응할 수밖에 없도록 만들기 때문이다.

미래가 과거보다 나을 것이라고 믿는 사람에게 블리츠스케일링은 희망이다. 그런 미래에 더 빠르게 이를 것이기 때문이다. 미래가 과거보다 못할 것이라고 생각하는 사람에게 블리츠스케일링은 공포다. 블리츠스케일링이 기존의 질서를 더 빠르게 전복시킬 것이기 때문이다. 우리는 블리츠스케일링을 이렇게 생각한다.

우리는 미래가 과거보다 나을 수 있고 또 반드시 그래야 한다고 믿는다. 블리츠스케일링을 하면서 불편한 것은 그런 미래에 더 빨리 이르기 위해 참을 만한 가치가 있는 일이다.

우리는 블리츠스케일링을 통해 더 많은 기업가들이 변혁적인 기업을 구축하고 엄청난 성공을 거두길 기대한다. 더 많은 기성 기업들이 블리츠스케일링을 해서 미래에 대응하고 준비된 상태로 맞서길 바란다. 활동가와 정부가 블리츠스케일링 도구들을 이용해서 세상을 더 나은 곳으로 바꾸길 기대한다. 곧 모든 산업 분야에서 블리츠스케일링을 선택한 기업들이 진보의 속도를 결정할 것이다. 당신 자신을 위해, 당신의 회사를 위해, 사회 전체를 위해 이러한 변화를 이끄는 일은 당신의 몫이다. 미래를 향해 달려라.

이 책에 나오는
블리츠스케일러들

이 책에는 수많은 블리츠스케일러들의 이야기가 나온다. 그들의 회사에 관한 기본적인 배경지식이 궁금하다면 아래 내용을 참고하길 바란다[한국어판의 경우 기업들을 가나다 순으로 재배열함].

구글

알파벳(Alphabet Inc)은 구글(이 회사의 핵심 인터넷 사업들)을 비롯해 캘리코(Calico) · 베릴리(Verily) · 웨이모 · X · 네스트랩스(NestLabs)와 같은 비 인터넷 기업들을 포함한 지주회사다. 우리가 이 책에서 언급한 구글은 바로 이 회사를 말한다. 그렇게 부르는 까닭은 대부분의 사람들이 이 회사를 구글로 알고 있기 때문이기도 하고, 우리가 이 회사의 인터넷 사업에 초점을 맞춰 이야기하고 있기 때문이기도 하다. 이 회사는 1998년 9월 캘리포니아주 팰로앨토에서 창립되었다.

그루폰

지역 상인들이 내놓은 물건을 가입자들이 살 수 있게 연결시켜주는 전자상거래 마켓플레이스 회사다. 주력 부문은 활동 · 여행 · 재화 · 서비스다. 2008년 1월 일리노이주 시카고에서 창립되었다.

넷플릭스

회원권을 구매한 고객들에게 오리지널 시리즈, 다큐멘터리, 장편영화를 비롯한 TV 프로그램과 영화를 제공하는 인터넷 엔터테인먼트 회사다. 회원들은 광고 없이 언제 어디에서나 원하는 만큼 콘텐츠를 시청할 수 있다. 1997년 8월 캘리포니아주 스코츠밸리에서 창립되었다.

드롭박스

크라우드 저장소, 파일 동기화, 개인 클라우드, 클라이언트 소프트웨어를 제공하는 파일 호스팅 서비스 회사다. 2007년 캘리포니아주 마운틴뷰에서 창립되었다.

로켓 모기지

이 회사의 웹사이트나 모바일 애플리케이션을 통해 재정 관련 세부 사항을 업로드한 사용자는 몇 분 내에 주택 담보 대출 결정 여부를 알 수 있다. 퀴큰 론스는 2015년 11월 미시간주 디트로이트에서 로켓 모기지를 차렸다.

링크드인

세계 최대의 직업 네트워크 서비스를 제공하는 회사다. 전 세계의 전문인력을 연결시켜 그들이 더 생산적이고 성공적인 직업 생활을 할 수 있게 한다. 2002년 12월 캘리포니아주 마운틴뷰에서 창립되었다.

마이크로소프트

컴퓨터 소프트웨어 · 가전제품 · 퍼스널컴퓨터 · 서비스를 개발하고, 제조하고, 라이선스를 제공하고, 지원하고, 판매한다. 매출 기반, 세계에서 가장 큰 컴퓨터 소프트웨어 제조업체다. 1975년 4월 뉴멕시코주 앨버커키에서 창립되었다.

메르카도리브레

개인과 기업에 온라인으로 제품을 구매하고, 판매하고, 광고하고, 결제하는 해법을 제공한다. 1999년 5월 아르헨티나 부에노스아이레스, 캘리포니아주 스탠퍼드에서 창립되었다.

샤오미

전자 · 소프트웨어 기업으로, 스마트폰 · 모바일 애플리케이션 · 노트북 관련 소비자 가전을 디자인하고 개발하며 판매한다. 2010년 4월 중국의 베이징에서 창립되었다.

세일즈포스닷컴

클라우드 기반의 판매 · 서비스 · 마케팅 애플리케이션을 제공하며, 파트너들이 세일즈포스 플랫폼(Salesforce Platform)에서 자체 솔루션을 제공하고 운영할 수 있게도 해준다. 1999년 2월 캘리포니아주 샌프란시스코에서 창립되었다.

스트라이프

기업들이 온라인과 모바일 애플리케이션을 통해 결제를 받을 수 있도록 돕는다. 2010년 캘리포니아 팰로앨토에서 창립되었다.

스포티파이

사용자들이 재생 목록뿐 아니라 개인 트랙도 만들어 음악을 들을 수 있도록 서비스를 제공하는 음악·팟캐스트 스트리밍 전문 회사다. 2006년 4월 스웨덴의 스톡홀름에서 창립되었다.

슬랙

여러 팀의 작업 수행에 필요한 애플리케이션·서비스·자원을 통해 팀들을 연결시키는 클라우드 기반의 협업 도구와 서비스를 제공한다. 2009년 캐나다의 밴쿠버에서 창립되었다.

아마존

전자상거래 기업으로, 킨들(Kindle), 에코(Echo)와 같은 가전제품도 생산하고 있으며 세계 최대의 클라우드 컴퓨팅 서비스 제공업체다. 1994년 7월 워싱턴주 시애틀에서 창립되었다.

알리바바

전자상거래·소매·기술 분야를 망라하는 복합 기업으로, 전자 결제와 클라우드 컴퓨팅을 비롯한 소비자와 소비자 간(C2C), 기업과 소비자 간(B2C), 기업과 기업 간(B2B) 서비스를 제공한다. 1999년 4월 중국

항저우에서 창립되었다.

애플

아이폰, iOS 운영체제, 퍼스널컴퓨터, 맥(Mac) 등 가전제품·컴퓨터 소프트웨어·온라인 서비스를 디자인하고, 개발하고, 판매한다. 1976년 4월 캘리포니아주 로스앨터스에서 창립되었다.

에어비앤비

온라인 마켓플레이스이자 숙박 서비스를 제공하는 회사로, 사람들은 이 회사를 통해 민박, 임대 아파트, 홈스테이, 호스텔, 호텔을 비롯한 단기 숙소를 빌릴 수 있다. 2008년 8월 캘리포니아주 샌프란시스코에서 창립되었다.

엠페사

휴대전화 기반의 송금·융자·소액금융 서비스를 제공하는 회사로, 케냐에서 시작되었지만 전 세계 시장에 서비스를 제공하고 있다. 2007년 3월 케냐 나이로비에서 창립되었다.

우버

운송기술업체다. 이 회사는 승객 운송은 물론 음식 배달도 가능한 모바일 애플리케이션을 개발하고 마케팅하며 운영한다. 2009년 3월 캘리포니아주 샌프란시스코에서 창립되었다.

자라

자라(지주회사인 인디텍스 포함)는 세계 최대의 의류 · 패션 소매업체다. 1974년 5월 스페인의 아르텍소에서 창립되었다.

체서피크 에너지

석유와 천연가스를 개발하고 생산하는 업체다. 1989년 5월 오클라호마주 오클라호마시티에서 창립되었다.

클래스패스

월정액으로 회원들이 전 세계의 피트니스 강좌를 들을 수 있게 서비스를 제공한다. 2013년 6월 뉴욕에서 창립되었다.

테슬라

자동차 및 에너지 저장, 태양열 패널을 제조하는 업체다. 2003년 7월 캘리포니아주 산카를로스에서 창립되었다.

텐센트

여러 자회사를 통해 중국은 물론 전 세계에 다양한 인터넷 관련 서비스 · 제품 · 기술을 제공하는 지주회사다. 주요 서비스로는 QQ와 위챗이 있다. 1998년 11월 중국의 선전에서 창립되었다.

트위터

사용자들이 '트윗'이라는 메시지를 주고받으며 교류하는, 온라인 뉴스 · 소셜 네트워킹 서비스 회사다. 2006년 3월 캘리포니아주 샌프란시스코에서 창립되었다.

페이스북

페이스북 · 인스타그램 · 왓츠앱과 같이 사람들이 서로 관계를 맺고, 공유하고, 발견하며 소통할 수 있게 하는 제품을 제공한다. 2004년 2월 매사추세츠주 케임브리지에서 창립되었다.

페이팔

온라인 송금을 지원하며 수표나 우편환과 같은 전통적 방식을 전자 방식으로 대체하는 전 세계적인 온라인 결제 시스템을 운영한다. 1998년 12월 캘리포니아주 팔로알토에서 창립되었다.

프라이스라인

소비자와 지역 협력업체들에게 온라인 여행 및 여행과 관련된 서비스를 제공한다. 주요 브랜드로는 부킹닷컴(Booking.com) · 프라이스라인닷컴(priceline.com) · 아고다닷컴(agoda.com) · 카약(KAYAK) · 렌탈카즈닷컴(Rentalcars.com) · 오픈테이블(OpenTable)이 있다. 1997년 코네티컷주 스탬퍼드에서 창립되었다.

플립카트

인도 시장을 주력으로 하는 전자상거래업체다. 2007년 10월 인도 벵갈루루에서 창립되었다.

블리츠스케일링

2020년 4월 10일 초판 1쇄 | 2024년 3월 4일 8쇄 발행

지은이 리드 호프먼, 크리스 예 **옮긴이** 이영래
펴낸이 박시형, 최세현

책임편집 조아라
마케팅 양근모, 양봉호, 권금숙, 이도경 **온라인홍보팀** 신하은, 현나래, 최혜빈
디지털콘텐츠 최은정 **해외기획** 우정민, 배혜림
경영지원 홍성택, 강신우, 이윤재 **제작** 이진영
펴낸곳 (주)쌤앤파커스 **출판신고** 2006년 9월 25일 제406-2006-000210호
주소 서울시 마포구 월드컵북로 396 누리꿈스퀘어 비즈니스타워 18층
전화 02-6712-9800 **팩스** 02-6712-9810 **이메일** info@smpk.kr

ⓒ 리드 호프먼, 크리스 예 (저작권자와 맺은 특약에 따라 검인을 생략합니다)
ISBN 979-11-6534-072-8 (03320)

쌤앤파커스(Sam&Parkers)는 독자 여러분의 책에 관한 아이디어와 원고 투고를 설레는 마음으로 기다리고 있습니다. 책으로 엮기를 원하는 아이디어가 있으신 분은 이메일 book@smpk.kr로 간단한 개요와 취지, 연락처 등을 보내주세요. 머뭇거리지 말고 문을 두드리세요. 길이 열립니다.

옮긴이 **이영래**

이화여자대학교 법학과를 졸업하고 리츠칼튼 서울에서 리셉셔니스트로, 이수그룹 비서 팀에서 비서로 근무했으며, 현재 번역에이전시 엔터스코리아에서 전문 번역가로 활동하고 있다. 주요 역서로는 《사업을 한다는 것》, 《일에 관한 9가지 거짓말》, 《똑똑한 사람들의 멍청한 선택》, 《로켓 CEO》 등이 있다.